O REI

CHRISTOPHER ANDERSEN

O REI
A VIDA DE CHARLES III

Tradução
Alessandra Bonrruquer

1ª edição

Rio de Janeiro | 2023

TÍTULO ORIGINAL
The King – The Life of Charles III

CIP-BRASIL. CATALOGAÇÃO NA PUBLICAÇÃO
SINDICATO NACIONAL DOS EDITORES DE LIVROS, RJ

A56r

Andersen, Christopher
   O rei : a vida de Charles III / Christopher Andersen ; tradução Alessandra Bonrruquer. - 1. ed. - Rio de Janeiro : BestSeller, 2023.

   Tradução de: The king : the life of Charles III
   ISBN 978-65-5712-273-0

   1. Charles III, Rei da Grã-Bretanha, 1948-. 2. Grã-Bretanha - Reis e governantes - Biografia. I. Bonrruquer, Alessandra. II. Título.

23-84053

CDD: 942.0862092
CDU: 929Charles III, Rei da Grã-Bretanha

Meri Gleice Rodrigues de Souza - Bibliotecária - CRB-7/6439

Copyright © 2022 by Andersen Productions, Inc.
Copyright de tradução © 2023 by Editora BestSeller Ltda.

Todos os direitos reservados. Proibida a reprodução,
no todo ou em parte, sem autorização prévia por escrito da editora,
sejam quais forem os meios empregados.

Direitos exclusivos de publicação em língua portuguesa para o Brasil
adquiridos pela
Editora Best Seller Ltda.
Rua Argentina, 171, parte, São Cristóvão
Rio de Janeiro, RJ — 20921-380
que se reserva a propriedade literária desta tradução.

Impresso no Brasil

ISBN 978-65-5712-273-0

Seja um leitor preferencial Record.
Cadastre-se e receba informações sobre nossos
lançamentos e nossas promoções.

Atendimento e venda direta ao leitor:
sac@record.com.br

Para Graham, Charlotte e Teddy

"Inquieta é a cabeça que carrega a coroa."
— O rei em *Henrique IV*, de William Shakespeare

SUMÁRIO

PREFÁCIO
11

UM
Fantasmas, valentões e um túnel de pesar
13

DOIS
O pequeno príncipe
49

TRÊS
Luz do sol sobre a magia
73

QUATRO
"Estou esperando um rei"
101

CINCO
"Você jamais será rei!"
129

SEIS
Ciúmes, intrigas, traições e conspirações
185

SETE
"Ah, pare de reclamar. Todos nós temos problemas com nossos pais"
229

OITO
"Nossos múltiplos pecados e maldades"
265

NOVE
"Cortem as cabeças!"
335

DEZ
A nação paralisada
363

AGRADECIMENTOS
415

FONTES E NOTAS
421

BIBLIOGRAFIA
441

"A rainha morreu pacificamente
no Castelo de Balmoral esta tarde.
O rei e a rainha consorte
permanecerão em Balmoral esta noite
e retornarão a Londres amanhã."

Quinta-feira, 8 de setembro de 2022
— Palácio de Buckingham

PREFÁCIO

Ela se foi. Um colosso com uma bolsa nas mãos, dominando oito décadas e cinco gerações, ela talvez tenha sido a pessoa mais famosa da era moderna. Seu reinado — mais longo do que o de qualquer outro monarca britânico — viu 15 primeiros-ministros, 14 presidentes norte-americanos e sete papas. Em uma estimativa, 98% da população mundial só conheceu o mundo com a rainha Elizabeth II nele.

Durante todo esse tempo, o primogênito e herdeiro aguardou nos bastidores. Desde que respirou pela primeira vez, seu destino estava determinado. Poucas pessoas no planeta — aquelas destinadas a herdar uma coroa — nasceram para ter somente um emprego por toda a vida. Não havia como ele saber que precisaria esperar a vida inteira para exercê-lo.

Entrementes, o mundo acompanhou a trajetória de Charles, o príncipe de Gales, da infância dourada à meia-idade digna, passando por seu casamento — como marido infiel da idolatrada princesa Diana e pai dos príncipes William e Harry — imerso em escândalo, tragédia e sofrimento.

Mas, apesar de toda a pompa e circunstância, do espetáculo, das intrigas palacianas e da história sendo escrita, sem mencionar milhões de palavras publicadas sobre ele e sua celebrada família, o rei Charles III permanece um enigma. Esta é sua história.

"O príncipe Charles é o ser humano mais solitário da Terra."
— Patti Palmer-Tomkinson, amiga de Charles

UM

FANTASMAS, VALENTÕES E UM TÚNEL DE PESAR

A Abadia de Westminster está cheia de fantasmas. Não surpreende. Mais de 3 mil pessoas estão sepultadas ali: repousam sob o frio piso de mármore, em elaboradas tumbas entalhadas, Charles Dickens, Rudyard Kipling, Charles Darwin, George Frideric Handel, Sir Laurence Olivier e Sir Isaac Newton, entre outros que veem a eternidade passar. Cavaleiros e suas damas também descansam em paz no interior das paredes sagradas da abadia, juntamente com aventureiros, poetas, primeiros-ministros e heróis militares. Todos eles dividem essa honra com 17 monarcas britânicos, incluindo Edward V e seu irmão caçula, o duque de York (ainda meninos, foram assassinados por asfixia em 1483, a mando de seu tio, o rei Richard III); aquela que perdia a cabeça facilmente (até perdê-la de vez), Mary, a rainha da Escócia — cujo corpo está a metros da prima que mandou executá-la, a rainha Elizabeth I —, e a atormentada e aterrorizante meia-irmã de Elizabeth, Mary Tudor, a rainha sanguinária.

Os fantasmas cuja presença Charles talvez tenha sentido no dia de sua própria coroação são mais recentes. Foi ali que, em 1953, com apenas 4 anos, ele se sentou inquieto entre a avó, a rainha-mãe, e a tia Margaret enquanto sua mãe era entronizada rainha — o clímax da primeira coroação televisionada da história. Foi ali que, em 1997, o conde Spencer, fazendo um comovente panegírico durante o funeral da irmã Diana, culpou a imprensa por assassinar a princesa de Gales e censurou a família real pela falta de compaixão. Foi ali que, cinco anos depois, envergando seu uniforme naval, ele tomou seu lugar na vigília dos príncipes em torno do caixão da rainha-mãe. Em Westminster Hall, onde estava sendo velada, Charles deu seu último adeus à amada avó, que viveu até os 101 anos. E foi ali, em 2011, que seu filho e herdeiro, o príncipe William, casou-se com a bela, elegante e infinitamente paciente Kate Middleton — que esperou uma década inteira pelo pedido de casamento —, em uma cerimônia assistida por dois bilhões de pessoas em todo o mundo.

Foi o local da coroação do filho mais velho e herdeiro de Elizabeth II como monarca do Reino Unido, o emprego que lhe foi prometido quando nasceu e pelo qual esperou até a velhice. Charles sempre soube que, quando a hora chegasse, seria um momento agridoce, já que a mãe teria morrido ou se tornado frágil demais para continuar no papel que desempenhara por mais tempo que qualquer um de seus predecessores. "É melhor não pensar muito nisso", disse ele certa vez, tentando encontrar as palavras mais adequadas para descrever o peculiar dilema. "Eu penso um pouco a respeito, mas é melhor não pensar. É algo que acontece como resultado da morte de um pai ou de uma mãe, o que não é agradável, para dizer o mínimo."

Apesar de todo espetáculo, ritual e pompa, todas as preces e os planos, a maioria das coroações não transcorreu com suavidade. Entre rumores de que o tio planejava matá-la e reclamações no Parlamento sobre o custo, a coroação de Vitória em 1838 foi interrompida brevemente quando Lord Rolle, de 82 anos, tropeçou ao saudar a nova rainha e, para horror de Sua Majestade, caiu de costas degraus abaixo.

Dois dias antes de sua coroação em 1902, o reconhecidamente libidinoso Edward VII, filho mais velho de Vitória, teve apendicite, uma doença que tinha alta taxa de mortalidade na época. Se seu médico não tivesse realizado o que era então um procedimento cirúrgico radicalmente inovador, o novo rei poderia ter morrido — ele foi coroado seis semanas depois da data prevista.

George V, filho de Edward, tornou-se rei em 1911 entre rumores de alcoolismo e bigamia que terminaram em um sensacional julgamento por difamação — o jornalista francês que alegara, por escrito, que o rei George se casara secretamente com a filha de um almirante em Malta ficou na prisão por um ano.

A ascensão ao trono de Edward VIII, em 20 de janeiro de 1936, agitou as instituições de tal maneira que ele não teve coroação. Sua insistência em se casar com a norte-americana divorciada Wallis Simpson criou uma gigantesca crise constitucional que só teve fim quando, depois de apenas 11 meses como rei, ele abdicou, "pela mulher que amo", em 11 de dezembro. A data marcada para entronizar Edward seria 12 de maio de 1937, que foi mantida para a coroação de seu irmão mais novo, Bertie, como George VI. "Me-me-mesma data, rei di-di-diferente", disse o gago e extremamente tímido avô de Charles. Dessa vez, foi o deão de Westminster que tropeçou nos degraus enquanto carregava a coroa de Santo Eduardo — a mesma que o arcebispo de Canterbury se atrapalhou para colocar na cabeça do soberano. Com a esposa Elizabeth Bowes-Lyon, coroada rainha consorte, a seu lado, o rei tinha certeza de que não estava à altura da tarefa — como se viu, ele estava errado. Elizabeth temia que o fardo de liderar a nação durante a Grande Depressão e a Segunda Guerra Mundial cobrasse um preço alto demais da saúde do marido. Infelizmente, ela estava certa. Depois de um reinado de 15 anos, um mês e 25 dias, George VI morreu, em 6 de fevereiro de 1952, aos 56 anos, enquanto dormia.

Horas antes, George VI brincara com os netos, Charles e Anne, em Sandringham, a residência real no condado de Norfolk. Charles, que tinha somente 3 anos na época, não se lembra do avô, mas se recorda com detalhes do que aconteceu no ano seguinte, quando a mãe foi coroada. Na noite antes do grande evento, contou Charles mais tarde, ele e Anne não conseguiam conter o riso ao verem a mãe caminhar de um lado para o outro tentando equilibrar a coroa de 1,8kg na cabeça. O marido, de pé em um canto do quarto, achava que ela estava exagerando. "Não pode ser tão ruim assim", disse o príncipe Philip.

"Mas é", respondeu a rainha. "Muito incômodo. Honestamente, Philip, parece que vou quebrar o pescoço se não fizer isso direito." Décadas depois, a rainha confessaria, com um sorriso irônico, que "há algumas desvantagens nas coroas, mas elas são muito importantes".

Nos bastidores, alguns se perguntaram se a rainha de 25 anos não seria esmagada pelo peso dos deveres reais. O primeiro-ministro Winston Churchill chorou ao saber da morte de George VI e temeu que Elizabeth fosse jovem e ingênua demais para lidar com a situação. "Eu sequer a *conheço*! Ela é somente uma criança!", desabafou. A mãe da nova rainha também tinha dúvidas. "Não consigo pensar em Lilibet tendo que carregar tal fardo ainda tão jovem", disse ela, usando o apelido infantil de sua filha mais velha.

O público discordava. O racionamento persistia em um país cuja economia não se recuperara. De muitas maneiras, a Grã-Bretanha, que ainda não se levantara dos destroços do pós-guerra, era um lugar frio, feio e abatido; seu povo precisava de algo para celebrar, e a coroação de uma glamourosa jovem mãe oferecia a combinação exata de espetáculo, orgulho e esperança por um futuro melhor.

O amor pela nova soberana era palpável. Charles se lembrava de esperar pela chegada da mãe dentro de Westminster; o rugido da multidão do lado de fora era ensurdecedor e parecia ondas quebrando contra as paredes da abadia. Sorrindo e acenando corajosamente, apesar da dor, a rainha percorreu as ruas de Londres na Gold State Coach, a carruagem dourada de 7 metros puxada por oito cavalos cinzentos — Cunningham, Tovey, Noah, Tedder, Eisenhower, Snow White, Tipperary e McCreery. "Foi horrível", disse ela décadas mais tarde, descrevendo os solavancos e consequentes hematomas causados pelos 8 quilômetros que fizera ao lado de Philip. "São molas recobertas com couro. Não é muito confortável", queixou-se, falando do design da carruagem de contos de fada do século XVIII.

A irmã mais nova da rainha, a princesa Margaret, mais tarde descreveria aquela como "a hora da fênix" para a Grã-Bretanha: "Tudo se erguia das cinzas. Lá estava aquela belíssima e adorável jovem, e não havia nada que impedisse as coisas de melhorarem." Mesmo Philip, em geral genioso, ficou impressionado com a mudança de humor da nação. "A adulação foi extraordinária. Foi inacreditável", maravilhou-se ele.

Pelo ritual, durante a própria coroação, Charles caminharia até o lugar no qual ficou em pé naquele dia, quando tinha 4 anos. Usando short azul-marinho, camisa branca de cetim com babado e medalha no peito, o cabelo escuro penteado com pomada, o menino passou a maior parte do tempo entediado ou inquieto ao lado da avó (Anne, com 3 anos incompletos, fora considerada jovem demais para comparecer). Já não sendo a soberana, mas rainha-mãe, ela folheou pacientemente o espesso programa, colocando uma mão afetuosa e reconfortante nas costas do neto. Ela era, na verdade, o único membro da família que Charles podia procurar em busca de abraços, beijos ou qualquer manifestação física do afeto familiar que era considerado normal na maioria dos lares. Philip foi um pai notoriamente brusco — resultado da infância disfuncional que viveu no exílio — e, embora Elizabeth tivesse um relacionamento caloroso e amoroso com os pais, ela mergulhou em seu novo papel com tal ferocidade que tinha pouco tempo para atender às necessidades emocionais dos filhos.

Na verdade, mesmo quando ainda era princesa, Elizabeth raramente dispunha de tempo para conversar com o filho. Charles e Anne tinham uma audiência de 15 minutos com os pais depois do café da manhã e após o chá, e então retornavam aos cuidados das babás. Mesmo esses breves encontros, com exceção do memorável ato de equilibrismo da coroa, foram interrompidos durante as frenéticas semanas que levaram ao que Elizabeth veria como o dia mais importante de sua vida. Charles não tinha ideia do que estava acontecendo — até que, como todos os outros filhos de membros da família real, aristocratas e dignitários considerados merecedores dessa honraria, um criado de libré lhe entregou o convite, feito para as crianças e pintado à mão, para a coroação da própria mãe.

Aparentemente em reconhecimento à sua posição como herdeiro, as câmeras de televisão focalizaram o rosto de Charles no momento em que o arcebispo de Canterbury colocava a coroa na cabeça da nova rainha. O ato fez Charles pensar na "horrenda gosma" em sua própria cabeça, que ele limpou com a mão aberta e desdenhosamente a estendeu para a inspeção da avó. Mas, com exceção da brilhantina fedorenta e de uma vaga memória de vestidos reais e trombetas, Charles não conseguiu distinguir entre o que realmente se lembrava da coroação da mãe e o que tinha assistindo no noticiário.

O que aconteceu depois, no entanto, permaneceu marcado para sempre em sua mente. Quando a família real retornou ao Palácio de Buckingham, todos correram até a Sala do Centro, com portas de vidro de 3,5 metros que levam até o balcão. Toda criança que pisava na sala vistosamente decorada se encantava com os dragões coloridos, os murais chineses e os candelabros em forma de lótus — exemplos de *chinoiserie* exótica trazida do pavilhão real em Brighton. Do lado de fora, mais de um milhão de britânicos, que haviam esperado no frio e na chuva, entoavam: "Queremos a rainha! Queremos a rainha!" Depois de dois criados de libré abrirem as portas do balcão, ouviu-se uma fanfarra de trombetas, e Charles se encolheu quando a multidão rugiu sua aprovação. A rainha, ainda usando traje cerimonial completo, saiu primeiro, seguida por sete damas de honra que arrumaram a cauda com borda de arminho de seu vestido. Como herdeiro, Charles saiu em seguida — na frente da irmã Anne, do pai, o duque de Edimburgo, da rainha-mãe e da princesa Margaret. Subitamente energizado, o principezinho foi até a beira do balcão, posicionou-se em frente à mãe e acenou para a multidão histérica logo abaixo. Momentos depois, Charles ouviu trovões e, juntamente com os outros membros da família real, olhou para cima e assistiu ao tradicional sobrevoo das aeronaves da Real Força Aérea em saudação à nova soberana.

Alguns minutos mais tarde, Charles e Anne foram retirados do balcão por seus cuidadores, deixando a rainha, acompanhada de seu elegante consorte, para acenar, muito sem jeito, aos súditos enamorados. A coisa toda durou apenas alguns minutos, mas a aparição de Charles no balcão, ao lado da mãe, foi a primeira vez que ele se deu conta de que não era igual a todos os outros meninos da Inglaterra. Também foi quando compreendeu que a mãe era verdadeiramente amada por seu povo e que, por razões que só saberia mais tarde, era esse elo que mantinha a monarquia e o país.

Acomodando-se exatamente no mesmo local em que se sentara agitado ao lado da tia Margaret e da avó sete décadas antes, talvez Charles tenha sido assombrado pela pergunta que se fez a vida inteira: eles me amarão como a amaram? Sua resposta conteria uma pergunta retórica: como podem me amar depois de tudo que fiz? Tudo que fiz à minha primeira esposa. Ao meu povo. Aos meus próprios filhos...

Londres
6 de setembro de 1997, 10 horas da manhã

Ele não consegue olhar para os filhos. Não agora, não enquanto eles estão em pé a seu lado, sob o escaldante sol de fim de verão, em frente ao Palácio de

Kensington, esperando o caixão dela passar diante deles. Não importa que estejam a apenas alguns metros, desejando palavras ternas de encorajamento ou, ao menos, um toque reconfortante. O príncipe Harry, que, aos 12 anos, mal chega aos ombros do pai, está posicionado à direita de Charles — tão perto que tudo que Charles precisa fazer é estender o braço e pousar a mão no ombro do filho. Mas ele não faz isso. Então Harry permanece em solitário silêncio, com as costas eretas e os pequenos punhos tão apertados que as unhas deixam marcas na palma das mãos. O jovem príncipe parece ainda menor ao lado do príncipe de Gales e dos três outros homens que caminham atrás do caixão de sua mãe: o avô, príncipe Philip; o irmão William; e o tio, de 1,80 metro, o conde Spencer. Se Charles se virasse e os olhasse, notaria a expressão fixa no rosto aflito dos meninos — uma expressão que misturava o famoso olhar de baixo para cima de sua mãe, chamado de "Di tímida", com nuances de desânimo, pesar e muita fúria.

Tanta coisa acontecera e ainda estava por vir nos anos à frente, mas, para os homens destinados a carregar a monarquia até o século XXI, a marcha de trinta minutos atrás do caixão de Diana seria a memória mais dolorosa de todas — uma lembrança que, como revelariam duas décadas depois, os modelaria não somente como homens, mas também como defensores da monarquia. No exato momento em que precisavam tão desesperadamente partilhar seus sentimentos, eles receberam ordens de caminhar em um silêncio sepulcral enquanto o restante do mundo chorava a morte da "princesa do povo".

Apesar do inegável sofrimento que sentiam, William, então com 15 anos, e Harry não eram os únicos homens da família a serem testados naquele dia. De certo modo, os jovens príncipes estavam mais bem equipados que o pai para lidar com a granada de pesar, choque e raiva que fora lançada em sua direção. Mesmo sendo criados para reprimir emoções, eles podiam ao menos *sentir* que isso era errado — certa medida de humanidade que Diana infundiu nos filhos.

Charles, como todo integrante da família real antes dele, fora criado para ver qualquer expressão externa de emoção como conduta inadequada a um membro da classe governante. Todavia, os últimos cinco dias haviam desafiado sua famosa determinação, forçando-o a lidar com mais angústia e perturbação do que já enfrentara em toda a vida. Às vezes, mesmo para o extremamente passivo Charles, era demais.

Na verdade, a abordagem britânica surgida durante a Segunda Guerra Mundial do *Keep Calm and Carry On* ("Fique Calmo e Siga em Frente"), personificada por Charles e sua mãe, a rainha, começara a amenizar em anos recentes — graças, quase inteiramente, à influência humanizadora de Diana. Após 15 tempestuosos anos tentando forçar a teimosa esposa a se adequar ao molde real, Charles passara a sentir renovado respeito, e mesmo afeto, pela princesa de Gales. Ela sentia o mesmo. Eles estavam divorciados há somente um ano, mas, durante esse breve período, miraculosa e finalmente, havia paz entre eles. Já não estavam presentes o ciúme, o profundo ressentimento e a raiva que definiram sua vida de casados tanto em público quanto em caráter privado. Charles e Diana viam um ao outro sob uma nova e mais simpática luz, e perceberam que estavam inextricavelmente ligados pelo profundo amor que sentiam pelos filhos pequenos.

Infelizmente, era tarde demais. A vida de Charles — e a história da monarquia — mudou em 31 de agosto, quando o telefone preto próximo à sua cama com dossel de mogno entalhado o acordou, depois de tocar umas seis vezes, logo depois de uma hora da manhã. O príncipe de Gales, que tinha sono pesado, dormia agarrado a Teddy, o ursinho de pelúcia que tinha desde a infância. Aos 48 anos, Charles ainda o levava para toda parte. Sempre que o bichinho de pelúcia perdia um botão ou começava a desfiar, ele insistia para que Mabel Anderson, sua babá quando menino, fosse chamada para costurá-lo.

Quando finalmente atendeu, Charles ouviu a telefonista do Castelo de Balmoral anunciar, com seu forte sotaque escocês, que Robert Janvrin, o vice-secretário particular da rainha, estava na linha. "Sinto muito por acordá-lo, senhor", disse Janvrin, explicando que acabara de receber um telefonema do embaixador da corte de St. James em Paris informando que a princesa Diana se ferira durante um acidente de carro.

"Um acidente em Paris?", perguntou Charles, confuso. "Diana?"

"Ainda não temos todos os fatos, senhor", respondeu Janvrin. "Mas parece que o acidente foi muito sério. O amigo da princesa, Dodi Fayed, morreu, e o motorista também."

Quando terminou de ouvir os poucos detalhes que Janvrin tinha à disposição, Charles telefonou para a pessoa em que mais confiava no mundo: sua amante de longa data, Camilla Parker Bowles. Sempre inabalável, ela fez o que sempre fazia quando percebia preocupação na voz do príncipe: ofereceu palavras reconfortantes para acalmá-lo. Diana sempre usava cinto de segurança. Ela era jovem e estava em forma, e se recuperaria rapidamente se tivesse se ferido. A imprensa, lembrou Camilla, costumava exagerar. Não se sabia se um acidente tinha mesmo acontecido.

Em seguida, Charles telefonou para o quarto da rainha, do outro lado do castelo. Ela já fora informada por Janvrin, e disse ao filho que decidira só acordar William e Harry quando soubessem mais sobre o estado de Diana. Enquanto isso, Charles foi para a sala de estar ao lado de seu quarto e ligou o rádio. Às 3h30 da manhã, horário de Londres, a *BBC Radio 5 Live* relatou que testemunhas do acidente no túnel da ponte de l'Alma haviam visto Diana se afastar andando do local do acidente. Fontes no Hospital Pitié-Salpêtrière, para onde ela havia sido levada, supostamente disseram que a princesa só tivera um braço quebrado, uma concussão e alguns cortes nas pernas.

Charles ouviu esse relato reconfortante e não sabia que Diana fora declarada morta meia hora antes. O secretário particular da rainha, Sir Robert Fellowes, que era casado com a irmã da princesa de Gales, Jane, atendeu ao telefone momentos depois e soube da devastadora verdade. A princesa sangrara até morrer, disse o oficial da embaixada britânica que estava no hospital, durante uma cirurgia. Pálido e tremendo, segurando o telefone com força, Fellowes repetiu a notícia para Charles.

O que aconteceu então chocou Fellowes e o oficial da embaixada em Paris, que ainda estava na linha. O príncipe de Gales soltou "um grito de dor muito espontâneo, vindo do coração", disse o oficial. "Um uivo de angústia", descreveu outra testemunha, foi ouvido no salão, alto o bastante para fazer a equipe de Balmoral correr até o quarto de Charles, para encontrar o príncipe jogado em uma poltrona, chorando incontrolavelmente.

Charles não foi o único. As mesmas telefonistas cujo forte sotaque escocês fora afetuosamente imitado por Diana estavam tão transtornadas que tiveram que ser substituídas. Criados de libré, criadas e membros uniformizados da Guarda Escocesa soluçaram sem pudor ou engoliram as lágrimas. O mesmo não se deu com os pais de Charles. Embora abalados, a rainha e o príncipe Philip não foram tomados pela emoção do momento. Eles calmamente discutiram a questão mais urgente: como dar a terrível notícia a William e Harry.

O primeiro impulso de Charles foi acordá-los imediatamente, mas a rainha o convenceu de que não seria útil privar os meninos de uma última boa noite de sono. "Não vejo razão para isso", disse ela, quase despreocupadamente. Mas um dos meninos não estava dormindo. Mais tarde, William contou que se revirava na cama, incapaz de se livrar da inexplicável sensação de que "algo estava errado. Acordei várias vezes durante toda a noite".

Conforme se aproximava o momento no qual teria que dar a notícia aos filhos — inquestionavelmente a coisa mais difícil que já fizera —, Charles saiu para uma caminhada pela propriedade. Ao retornar ao castelo, uma hora depois, ele não fez nenhum esforço para esconder seus sentimentos; como um funcionário disse mais tarde, "os olhos do príncipe estavam vermelhos e inchados de tanto chorar".

Às 7 horas da manhã, Charles bateu à porta do quarto de William, sentou-se na beirada de sua cama e, minutos depois, os dois príncipes choravam abraçados. Quando se recompuseram, foram ao quarto ao lado, onde Harry dormia, e o devastador processo — "Harry, houve um acidente terrível em Paris" — se repetiu.

Por mais triste que tenha sido o momento, essa habilidade de compartilhar seu mais profundo pesar, inédita entre membros da família real, ocorreu naturalmente para Charles e os filhos. Embora o mundo estivesse consciente da devoção eterna de Diana aos "*mah* boys", como ela os chamava de brincadeira, esse mesmo mundo não sabia que Charles sempre fora o tipo de pai que fazia guerra de travesseiro com os filhos no chão da sala de estar e lia para eles antes de dormir, e que, a despeito de ambos já serem adolescentes, ainda lhes dava beijos de boa-noite.

O elo entre pai e filhos parecia muito mais forte em Balmoral, onde os três passavam os longos dias de verão pescando, caçando e percorrendo trilhas pelas charnecas. Quando os príncipes se recompuseram, eles se uniram a Elizabeth e Philip na sala de estar da rainha. Com seus tapetes xadrezes, estatuetas de corgis e poltronas antigas recobertas de chita, aquele era o santuário de Sua Majestade em Balmoral.

Se Charles esperava que a rainha colocasse os braços em torno dos meninos e os envolvesse em um abraço maternal, enganou-se. A vovó, como eles a chamavam, disse a William e Harry quanto ela e o príncipe Philip estavam tristes com a notícia. Em seguida, ouviram em silêncio enquanto Charles informava sobre os vagos detalhes fornecidos pelo secretário particular dela.

Charles não sabia que sua mãe já fizera uma investigação por conta própria. Preocupada com o fato de Diana poder ter viajado com joias pertencentes à Coroa — algo que a princesa fizera frequentemente ao longo dos anos —, a rainha instruíra a embaixada britânica em Paris a se assegurar de que tais joias não caíssem em mãos erradas. Juntamente com outros funcionários do Hospital Pitié-Salpêtrière, a enfermeira-chefe Beatrice Humbert ficou chocada quando um oficial da embaixada britânica entrou no quarto onde o corpo nu de Diana jazia coberto por um lençol e exigiu: "Madame, precisamos achar as joias, e rápido! A rainha quer saber *onde elas estão!*" No fim das contas, Diana não levara nenhuma joia real para Paris.

Mesmo os amigos da princesa reconheceram que a rainha, que despira Diana de seu status real depois do divórcio no ano anterior, queria proteger os meninos do que Lady Elsa Bowker chamou de "fatos desagradáveis". Sua Majestade ordenou que todas as TVs, rádios e outros aparelhos eletrônicos permanecessem desligados e que os jornais fossem escondidos dos jovens príncipes. Charles ficou chocado, no entanto, quando a mãe insistiu para que todos — incluindo William e Harry — fossem à missa na paróquia local, Crathie Kirk, como faziam aos domingos quando estavam em Balmoral. "Seria prudente obrigá-los a enfrentar outras pessoas tendo se passado apenas três horas depois de saberem da morte da mãe?", perguntou Charles. "Sim", respondeu a rainha sem hesitar. "Aprendi que há conforto na rotina." Além disso, continuou ela, era melhor que seus netos não "ficassem remoendo as coisas".

Mais tarde, Charles admitiu estar confuso demais para entender como foi difícil para os filhos comparecer à igreja naquela manhã. Do outro lado do rio Dee, os fiéis que se reuniam todos os domingos para ter um vislumbre da família real os encaravam em silêncio enquanto os príncipes saíam de uma das três limusines Rolls-Royce pretas. Charles observou, sem saber o que fazer, William e Harry caminharem pela calçada de pedra até a igreja, parecendo "chocados e pálidos, mas calmos", nas palavras de um paroquiano.

Do lado de dentro, o nome de Diana jamais foi pronunciado — nem mesmo durante as preces que mencionavam, como todos os domingos, o nome de cada membro da família real. "O que os filhos dela deviam estar pensando?", perguntou-se uma paroquiana, que disse ter esperado que os príncipes "se levantassem e gritassem 'O que está acontecendo?'".

Charles queria fazer o mesmo. Olhando de vez em quando para os filhos com uma expressão de dor, ele sabia que, como o restante da congregação, os dois estavam confusos com a ausência de qualquer menção a Diana. Harry finalmente deixou escapar e perguntou ao pai: "Você tem certeza de que a mamãe morreu?"

Certamente nenhuma explicação seria dada pela rainha ou pelo duque de Edimburgo, que não pareciam nem um pouco perturbados pelo fato de ninguém reconhecer a súbita e trágica morte da princesa de Gales. Não demorou muito para que Charles entendesse. A pedido de Sua Majestade, o nome da mãe deles não seria mencionado durante a missa para não "perturbar" os meninos.

Seja forte. Seja altivo. Esteja, de toda maneira concebível, acima de tudo. Essa era a definição de ser membro da família real. A emoção era o inimigo. Quando ainda era um jovem oficial naval, Charles ficara aborrecido quando, ao contar à mãe sobre a morte de um marinheiro adolescente sob seu comando, ela reagira com pouco-caso. "Charles precisa endurecer", dissera ela na época à prima Margaret Rhodes. É claro que ele jamais ousaria demonstrar o menor traço de tal sensibilidade na presença do príncipe Philip. *Duro* e *amedrontador* foram somente duas das muitas palavras pejorativas que Charles usou para descrever o pai. Durante toda a vida, ele esteve consciente de que o duque de Edimburgo sentia repulsa pelo que chamava, muitas vezes com desdém, de natureza "delicada" do filho mais velho.

A rainha-mãe não era considerada uma fã de Philip, e o pai de Charles encontrara na sogra uma adversária formidável. Depois da morte do marido, ela construíra sua base de poder com a nomeação como conselheira de Estado. Com toda influência que tinha, a avó de Charles se opunha aos ambiciosos planos de Philip para reformar e modernizar a monarquia.

Ao mesmo tempo, a nêmesis de Philip não queria passar dos limites. Embora dissesse à rainha que Philip era duro demais com o filho, a rainha-mãe relutava em insistir na questão — porque providenciara para que seus netos usassem o sobrenome inglês adotado pela família real, Windsor, e não Mountbatten, a versão anglicizada do sobrenome Battenberg, que soava alemão demais. (Tecnicamente, o sobrenome real de Philip era ainda mais teutônico: Eslésvico-Holsácia-Sonderburgo-Glucksburgo.) "Sou somente uma maldita ameba! Sou o único homem do país que não pode dar o sobrenome aos próprios filhos!", protestara Philip.

Quanto às habilidades maternas da rainha, "não é que ela fosse insensível ou fria", explicou seu ex-secretário particular Martin Charteris. "Mas era muito distante. E acreditava que Philip deveria ser o responsável. Jamais interferiria na autoridade dele. Mesmo que ele fosse bastante duro com Charles."

William e Harry haviam sido criados de maneira diferente, protegidos pela mãe das influências mais tóxicas dos Windsor. Diana teve uma criação bem dolorosa — tinha somente 6 anos e seu irmão, Charles, mal completara 3 anos quando a mãe abandonara a família por outro homem, deixando os filhos para serem criados por uma sucessão de babás. Uma delas reagia à menor infração batendo com uma colher de pau na cabeça deles. Como resultado, Diana sempre defendia os mais fracos e sentia uma empatia jamais vista em um membro da família real. Determinada a transformar isso em regra em vez de exceção no palácio de Buckingham, Diana expusera os filhos à dor e ao sofrimento dos menos afortunados — pacientes sofrendo de Aids, crianças doentes em estágio terminal, desabrigados e vítimas de abusos — e os encorajara a não terem medo de demonstrar seus sentimentos.

Diana morrera há menos de 24 horas e já se sabia como seria a vida de seus filhos sem ela. Charles não era capaz de oferecer todo o consolo de que eles precisavam. Apático pelo choque, ele se viu preso em uma batalha real contra a própria mãe sobre como a monarquia devia homenagear a amada princesa do povo da Grã-Bretanha. Na opinião da rainha, o jato real não devia ser enviado a Paris para recuperar o corpo de Diana, a princesa não merecia que a bandeira do palácio de Buckingham ficasse a meio-mastro e não devia receber um funeral real — coisas que Charles achava que a mãe de seus filhos merecia e que o público exigia.

O príncipe de Gales tentava resgatar a monarquia de si mesma e, nessa empreitada, seu maior aliado foi o novo primeiro-ministro, Tony Blair. "A raiva do público voltava-se contra a rainha", disse Blair, sobre aquele momento crucial. A popularidade do próprio primeiro-ministro disparou quando ele chamou Diana de princesa do povo e, ao mesmo tempo, defendeu a família real das cortantes acusações da grande imprensa. "Eu senti muito pela rainha", lembrou ele mais tarde, reconhecendo que, como primeiro-ministro, "respeitava a rainha e estava meio deslumbrado por ela. Não a conhecia ou sabia como receberia o conselho direto que eu tinha de lhe dar. Então fui falar com Charles".

O príncipe de Gales insistiu em voar até Paris e acompanhar o corpo da ex-mulher de volta a Londres a bordo de uma das aeronaves de Sua Majestade. Ele não estava preparado para o que viu ao entrar no quarto do hospital em que estava o corpo de Diana. Como Paris enfrentava uma onda de calor, o ar-condicionado estava no máximo e os ventiladores estavam ligados. O vento balançava o cabelo de Diana e fazia seus cílios estremecerem. "Por um momento, pensei: 'Meu Deus, ela está viva!' Fiquei em choque", disse Colin Tebbutt, membro da equipe da princesa que chegara horas antes.

Charles também estava em choque. Quando entrou no quarto e a viu, ele recuou "como se tivesse sido atingido por uma força invisível", lembrou a enfermeira Humbert. "Estava pálido, como se não pudesse acreditar no que via. Foi demais, demais." O príncipe de Gales ficou "destruído", disse outra enfermeira que presenciou a cena, Jeanne Lecorcher. "Como todo mundo, eu sabia que ele amava Camilla. Então, fiquei muito impressionada com quão emocionado o príncipe ficou. Muito impressionada."

Enquanto isso, a rainha tomou a não tão sábia decisão de não retornar a Londres; em vez disso, continuou suas férias em Balmoral. Embora mais tarde Sua Majestade tenha explicado que lá poderia se dedicar mais aos netos, para a maioria de seus súditos pareceu que ela não estava disposta a interromper suas férias de verão. "Onde está nossa rainha? Onde

ESTÁ SUA BANDEIRA?", perguntou o jornal *The Sun* na primeira página. O *The Mirror* pediu: "FALE CONOSCO, MADAME. SEU POVO ESTÁ SOFRENDO." E o *The Express* exigiu: "MOSTRE QUE SE IMPORTA!"

Quando retornou à Inglaterra, o príncipe Charles finalmente persuadiu a mãe a trocar Balmoral por Londres, onde a bandeira foi baixada a meio-mastro no palácio. Relutante, ela também concordou com uma cerimônia fúnebre televisionada na Abadia de Westminster — tecnicamente, não um funeral real ou de Estado, mas uma cerimônia adequada à bela, passional, complicada e combativa jovem que recebera a atenção de todo o planeta durante 17 anos.

A rainha incorreu na ira de seu povo ao permanecer em silêncio, e coube a Charles avisar que ela poderia ser vaiada durante o funeral, ou pior. Se quisesse que a monarquia sobrevivesse à crise, argumentou ele, a rainha precisava falar diretamente com o povo. "Se você não fizer isso, irei à TV e pedirei desculpas", disse Charles abruptamente. A rainha, lembrou um funcionário do palácio, "pareceu levar um choque, como se a névoa tivesse se dissipado e ela visse pela primeira vez o que fizera. Ou melhor, o que falhara em fazer".

Como se viu, havia muitos motivos para preocupação. Três dias depois da morte de Diana, pesquisas mostraram que dois terços do povo britânico acreditava que a monarquia estava fadada à ruína. Dos entrevistados, 58% declararam que queriam William, e não Charles, como próximo monarca. Esses números poderiam ter sido ainda piores se o público soubesse que a rainha vetara os planos de enterrar Diana ao lado de outros membros da família real no Castelo de Windsor, como o legista real, o Dr. John Burton, fora levado a acreditar.

No dia seguinte, Charles, cercado por conselheiros, sentou-se diante da televisão em seu escritório no segundo andar do Palácio St. James, enquanto a mãe fazia o discurso mais importante de sua vida. De costas para o famoso balcão do Palácio de Buckingham e com milhares de enlutados visíveis atrás de si, a rainha respirou fundo e olhou diretamente para a câmera. "Falo agora, como rainha e como avó, do fundo do coração", começou ela. "Primeiro, quero prestar um tributo a Diana. Ela era um ser humano excepcional e talentoso [...]. Eu a admirava e a respeitava por sua energia, seu comprometimento com os outros e, especialmente, sua devoção aos dois filhos."

A rainha teve um desempenho espetacular, mas Charles não sabia se seria o suficiente para fazer pender a balança a favor da família real. Com membros-chave de sua equipe ainda na sala, o príncipe de Gales telefonou para sua conselheira mais confiável: a amante. O discurso da rainha, disse Camilla Parker Bowles, "pareceu sincero".

Mesmo assim, o herdeiro do trono não estava convencido de que aquilo bastaria. A "firma", como os membros da família real chamavam a si mesmos, concordara com relutância em demonstrar por Diana o respeito que ela merecia — e somente diante de manchetes contundentes, multidões furiosas e da queda vertiginosa da popularidade nas pesquisas de opinião.

Mesmo depois de fazer o histórico discurso elogiando Diana, a rainha considerava "irracional" a reação do público à morte da antiga nora. Mas, vendo pela janela do escritório o mar de flores que se avolumava em frente aos portões do palácio, ela não podia negar que aquela era uma enxurrada de emoções mais intensa do que tudo que ela já vira durante seu reinado. "Centenas de milhares de pessoas lotaram as ruas para homenagear o pai da rainha e Winston Churchill. O clima na época era diferente, porém, muito mais sóbrio e contido. O clima em Londres durante a primeira semana após a morte de Diana foi uma espécie de histeria em massa, para ser sincero", disse Lord Charteris.

Na noite anterior ao funeral, Charles levou William e Harry até a Capela Real do Palácio St. James, onde o corpo estava sendo velado. Hesitantes, eles se aproximaram do caixão da mãe coberto pelo estandarte real do *ancien régime*. Um assessor puxou o pavilhão onde se viam harpas e leões dourados, vermelhos e azuis, e levantou a tampa do esquife, revelando uma serena e bela Diana. Em suas mãos, havia fotos dos filhos e do falecido pai, o conde Spencer, juntamente com um rosário que lhe fora dado semanas antes por sua amiga madre Teresa de Calcutá. (Em uma estranha reviravolta do destino, madre Teresa morreria um dia depois do enterro de Diana.)

Harry não ousou olhar, mas William chorou até que Charles ordenou o fechamento do caixão. Um buquê de lírios brancos, a flor favorita de Diana, foi colocado na cabeceira do esquife, e Harry depositou uma coroa de rosas brancas na extremidade oposta. O jovem príncipe então retirou um cartão branco e quadrado do bolso e o colocou sobre a coroa. Ele escrevera "Mamãe" no cartão, em grandes letras maiúsculas — a palavra que definia o que Diana significara para os meninos podia ser facilmente lida à distância.

De acordo com uma testemunha, "o príncipe de Gales pareceu surpreso quando Harry colocou o cartão no caixão da mãe, e secou uma lágrima. Foi um momento muito emocionante".

Com Charles na liderança — assessorado por Blair e Sir Robert Fellowes —, o funeral foi planejado com precisão militar. Como se esperava que mais de um milhão de pessoas fosse às ruas do centro de Londres para ter um vislumbre do ataúde de Diana indo da residência oficial da princesa, o Palácio de Kensington, até a Abadia de Westminster, um carro funerário relativamente discreto foi preterido em favor de uma carruagem puxada a cavalos, com o caixão recoberto por uma bandeira. Em 1901, os cavalos do funeral da rainha Vitória empinaram durante a procissão, e marinheiros se ofereceram para carregar o caixão pelo restante do caminho — desde então, tornou-se um costume que militares fizessem isso. Agora, seis cavalos pretos tinham a chance de redimir a Tropa Real de Artilharia Montada no que seria o funeral mais assistido de todos os tempos.

A ideia de os homens das famílias Windsor e Spencer — Charles, William, Harry, o príncipe Philip acompanhados de Charles Spencer, o irmão de Diana — caminharem atrás do caixão foi dada pelos misteriosos plutocratas do palácio, que Diana chamava de "homens de cinza". Mas Charles e seu pai, cuja conhecida rixa com Diana exigiu que ele fizesse um esforço para prestar sua homenagem, concordaram sem reservas. O irmão de Diana, o nono conde Spencer, tinha dúvidas. Desde o início, a noção de submeter William e Harry a uma experiência tão dolorosa parecia cruel e mesmo sádica. "Senti que Diana não iria querer que eles fizessem aquilo. O pequeno Harry não deveria ter que fazer aquela caminhada penosa. Eu estava muito preocupado com o trauma que ele sofreria por andar atrás do corpo da mãe. É uma ideia horrorosa. Tentei evitar que isso acontecesse, para ser sincero. Foi muito bizarro e cruel pedir que eles fizessem aquilo. Ainda tenho pesadelos a respeito disso. Foi horrível", lembrou Spencer.

Harry achava não estar em posição de objetar. "Quando vi, já estava de terno, com camisa branca e gravata preta [...] e fazia parte daquilo", lembrou. Mesmo quando se juntou aos homens da família Windsor, o conde Spencer continuou a protestar contra a participação dos meninos, mas lhe disseram — falsamente — que William e Harry haviam pedido para caminhar atrás do caixão da mãe. Na verdade, fora Philip quem os persuadira. "Se eu for, vocês irão comigo?", perguntara o avô.

Charles, no início estranhamente inconsciente da relutância dos filhos, interveio e os convenceu de que deviam atender aos desejos de um poder maior. "Nossos pais nos ensinaram que há um elemento de dever, é necessário fazer coisas que não queremos", contou William, sobre aquele doloroso momento. "Quando se trata de algo tão pessoal quanto caminhar atrás do cortejo fúnebre de sua mãe, é outro nível de dever. Mas fiquei pensando no que minha mãe iria querer e achei que ela sentiria orgulho de mim e de Harry. Além disso, senti que ela estava lá conosco. Senti que ela caminhava a nosso lado para nos ajudar a passar por aquilo."

William tentou, em vão, chamar a atenção do pai. Charles admitiu estar perdido nos próprios pensamentos — "em um tipo terrível de atordoamento" — e tão confuso com o "mar de humanidade" à sua volta que não entendeu o impacto duradouro que a marcha forçada teria nos filhos. William usou vários truques para manter a compostura quando a "longa e solitária caminhada" começou. Olhando o caminho à sua frente com a cabeça abaixada, ele se escondeu atrás da larga franja de cabelo loiro que usava quando adolescente, tal como a mãe fazia — era "meu cobertor de segurança", segundo ele. O tempo todo, equilibrava "ser o príncipe William e ter que fazer minha parte *versus* ser somente William, que só queria ir para o quarto e chorar porque perdi minha mãe". Seu irmão mais novo passaria anos lidando com o pesar e o ressentimento daquela manhã de setembro. Embora mais tarde alegasse se sentir feliz por ter participado, Harry também se espantou com a insensibilidade dos adultos naquele dia. "Minha mãe tinha acabado de morrer e precisei caminhar uma longa distância atrás do caixão dela, cercado por milhares de olhares, enquanto outros milhões de pessoas assistiam pela televisão", lembrou Harry décadas depois. "Não acho que se deva pedir isso a qualquer criança, em nenhuma situação. Não acho que isso aconteceria hoje em dia."

Descrevendo a caminhada atrás do caixão da irmã como "a experiência mais angustiante de minha vida", o conde Spencer, posicionado entre os sobrinhos, falou da "sensação de emoção à minha volta, de tristeza e confusão, fechando-se em torno de mim. Era um túnel de pesar".

As ruas estavam lotadas com estimados 1,5 milhão de pessoas, criando o que William chamou de "ambiente alienígena" — e que ficaria ainda mais alienígena no minuto em que o caixão de Diana chegou ao Palácio de Kensington, onde Charles, Philip, o conde Spencer, William e Harry se uniram ao cortejo. De ambos os lados, havia uma dúzia de guardas galeses usando chapéus altos de pele de urso negro. "Mamãe, mamãe, olhe!", gritou uma garotinha. Ela apontou para o caixão recoberto com a bandeira. "É a caixa com a princesa!"

De repente, Charles olhou para os filhos, alarmado. Acabara de lhe ocorrer que Philip e os outros podiam estar errados, que aquilo poderia ser demais para qualquer criança. Mas era tarde demais. "O príncipe Charles pareceu tão triste olhando para William e Harry", disse um dos espectadores atrás das barricadas da polícia no Palácio de Kensington. "Tive a sensação de que ele pensava: 'Ah, não. O que foi que fizemos com esses meninos?'"

Durante a maior parte da procissão, a multidão permaneceu em silêncio — um silêncio quase sinistro. Mas, como no caso da garotinha, em todo o quarteirão "havia pessoas incapazes de conter a emoção", disse Harry, mencionando que cada uma dessas explosões ameaçava seu autocontrole. William, lembrando os "gritos horríveis" da multidão, ficou confuso e irritado com a "histeria" de estranhos. "Não conseguia entender por que todo mundo queria chorar o mais alto possível e demonstrar tanta emoção se não conheciam nossa mãe", confessou ele. "Eu me senti um pouco protetor. E pensei: 'Vocês sequer a conheciam, por que e como estão tão chateados?'"

Segundo o fotógrafo real Arthur Edwards, um favorito do palácio durante décadas, "tudo o que se ouvia era o som dos cavalos martelando o asfalto e os soluços das pessoas. Uma mulher gritou 'Deus te abençoe, Harry!', mas ele continuou caminhando de cabeça baixa". Em certo momento, Edwards, que trabalhava para o *The Sun*, viu "o rosto dele se despedaçar. Não tive coragem de fotografá-lo, porque ele parecia muito triste".

William e Harry fizeram o possível para sobreviver àquela procissão — "a coisa mais difícil que já fizemos" — e aos acontecimentos históricos daquele dia. A rainha esperou pelo cortejo fúnebre em frente ao Palácio de Buckingham e, quando ele passou, curvou a cabeça em sinal de tributo — um gesto inédito de contrição e respeito que Charles implorara que a mãe fizesse.

Em todo o planeta, uma audiência de 2,5 bilhões de pessoas, uma das maiores a acompanhar um evento ao vivo pela televisão, continuou a assistir o drama real no interior da Abadia de Westminster. Depois que Elton John cantou seu triste tributo musical à princesa, "Candle in the Wind 1997", que instantaneamente se tornou a música mais vendida da história, o conde Spencer fez um comovente e incendiário discurso. Em seguida a um contundente ataque à imprensa, que ele acusou de perseguir Diana e levá-la à morte, o irmão da princesa mirou na própria Casa de Windsor. Com a rainha, Philip e o príncipe Charles sentados a apenas alguns metros, Spencer disse que Diana fora "a própria essência da compaixão, do dever, do estilo, da beleza [...]. Alguém com uma nobreza natural que ultrapassava as barreiras de classe e que provou, no último ano, que não precisava de título real para continuar a gerar sua mágica particular".

Os olhos da rainha-mãe se arregalaram de espanto quando o irmão de Diana prometeu, em nome dos Spencer, que "nós, sua família de sangue, faremos tudo que pudermos para dar continuidade à maneira criativa como você criou esses dois jovens excepcionais, a fim de que suas almas não sejam imersas no dever e na tradição, mas sim possam cantar tão abertamente quanto você planejou".

A voz de Spencer fraquejou quando ele concluiu, agradecendo a Deus "pela vida da única, complexa, extraordinária e insubstituível Diana, cuja beleza, tanto interna quanto externa, jamais se extinguirá em nossa mente". As centenas de milhares de pessoas que assistiam à cerimônia nos telões do lado de fora da abadia demonstraram sua aprovação ao erguer uma onda de trovejantes aplausos. Quase todos os que estavam do lado de dentro, incluindo William e Harry, aplaudiram também — mas não a rainha e seus quatro filhos, incluindo Charles. A monarca permaneceu impassível, os olhos pousados sobre o caixão de Diana. Seu filho mais velho não conseguiu esconder a raiva pelo ataque do conde Spencer à família real. Furioso, em certo momento ele foi visto batendo no joelho com o punho fechado, e parou apenas quando viu as lágrimas no rosto dos filhos.

Haveria outros momentos de partir o coração naquele sábado de setembro. Após a histórica cerimônia fúnebre na Abadia de Westminster, um cortejo acompanhou o carro funerário com o caixão de Diana pelos 120 quilômetros entre Londres e Althorp, a espetacular propriedade rural de cinco séculos dos Spencer em Northamptonshire. Lá, Charles, William, Harry e a família Spencer assistiram, de cabeça baixa, à princesa de Gales ser depositada em uma pequena ilha no centro do Round Oval, um lago ornamental na propriedade. Lágrimas voltaram a rolar e, dessa vez, longe dos pais e de outros membros da família real que ficaram em Londres, Charles desmoronou.

"O príncipe Charles é o homem mais introspectivo da família real, mas isso não quer dizer muita coisa. Ele pensava nos filhos e na dor que estavam sentindo. Afinal, eles haviam perdido a mãe", explicou a prima e confidente da rainha, Margaret Rhodes.

Posteriormente, Charles confidenciaria a um de seus poucos amigos próximos que chorara por si mesmo, por Diana e pelos filhos. A prima de Sua Majestade confessou que nem a rainha nem o príncipe Philip haviam expressado alguma vez "o que se pode chamar de afeto parental" por Charles — "Não é nem nunca foi um relacionamento carinhoso. A estrutura da família jamais esteve voltada para o carinho."

Para Charles, era mais que isso. Naquele momento, preso no turbilhão de emoções causado pela morte de Diana, o príncipe de Gales foi tomado pela culpa. Uma coisa era ele sofrer sob a influência do pai dominador; outra era permitir que o príncipe Philip e o palácio causassem dor a seus filhos. Será que ele se tornara o tipo de pessoa que desprezava mais que todas as outras: um valentão?

Maio de 1962

"Peguem ele!" Antes que pudesse reagir, Charles foi derrubado de cara na lama e então levou chutes e socos antes que os outros jogadores de rúgbi se dessem por satisfeitos — por ora. "Acabamos de bater no futuro rei da Inglaterra!", gabou-se um deles antes de lhe dar um último tapa na nuca.

Assim era a vida do jovem sensível e de orelhas de abano que acabara de chegar a Gordonstoun, o espartano colégio interno na costa nordeste da Escócia, para onde fora despachado aos 13 anos. Um ano antes, a rainha-mãe pedira que a filha enviasse Charles a Eton, o colégio mais reverenciado da Grã-Bretanha, convenientemente localizado a uma breve caminhada do Castelo de Windsor. De fato, a suposição geral era de que Charles, assim como 19 primeiros-ministros e gerações de aristocratas britânicos antes dele, seria enviado para lá.

"Suponho que ele fará a prova de admissão para Eton em breve", escrevera ela alegremente para a rainha. "Espero que passe, porque será o colégio ideal para seu caráter e temperamento. Os filhos de todos os seus amigos estão em Eton, e é importante crescer com as pessoas que farão parte de seu círculo durante a vida adulta. Será agradável e importante que você e Philip possam vê-lo durante o ano escolar e saber o que acontece. Charles ficaria terrivelmente isolado e solitário no extremo norte."

Conhecendo o neto melhor que qualquer outro membro da família real, a rainha-mãe tinha razões para se preocupar. Infelizmente, Elizabeth II declarou não ter nenhum desejo particular de estar perto do filho mais velho e se perguntou, em voz alta, se o menino não ficaria muito "mole" se soubesse que podia "correr para a mãe" a qualquer momento. Além disso, para compensar o fato de ter forçado o marido a aceitar a humilhação de chamar os filhos de Windsor em vez de Mountbatten, a rainha concordara que Philip teria a última palavra em todas as questões relacionadas às crianças.

A ida de Charles para Gordonstoun era um *fait accompli*. Vinte e oito anos antes, o desenraizado príncipe Philip da Grécia chegara lá buscando direção na vida e a sensação de estabilidade que lhe fora negada durante a infância. Nascido das famílias reais grega e dinamarquesa em 10 de junho de 1921 (embora na mesa da cozinha da desgastada residência real grega na ilha de Corfu) e batizado Philippos, o príncipe estava ligado à futura noiva de várias maneiras: trineto da rainha Vitória, primo distante do rei George III e descendente direto do czar Nicolau I da Rússia. Infelizmente, ele tinha somente 18 meses quando, em 1922, um tribunal revolucionário sentenciara seu pai, o príncipe Andrew, à morte por fuzilamento, forçando a família a fugir para o exílio. Philip fora tirado da cidade em um caixote de laranjas, e a família correra para o navio de guerra britânico enviado pelo rei George V.

Daquele momento em diante, a empobrecida família de Philip sobrevivera quase exclusivamente da generosidade de seus parentes reais na Grã-Bretanha, embora tivesse escolhido morar no subúrbio parisiense de Saint-Cloud. A profunda humilhação de perder tudo foi muito sentida por seu único filho. "Philip amava o pai, mas este estava perdido no próprio mundo. Andrew tinha pouco tempo para o filho", disse um amigo da família.

Quando Philip tinha 9 anos, seu pai deixara a família para viver com a amante no sul da França. No ano seguinte, a mãe (surda de nascença), a princesa Alice de Battenberg, começara a "ouvir uma voz" — e uma bem específica. Ela afirmava que Deus falava diretamente com ela. Para complicar um pouco mais as coisas, tinha relações sexuais com Jesus e outras figuras religiosas. Diagnosticada com esquizofrenia, a avó paterna de Charles passou por um procedimento novo e radical, defendido por Sigmund Freud, que envolvia bombardear os genitais com raios X. O bizarro "tratamento" a levou a um colapso nervoso. A princesa Alice foi medicada e levada para um sanatório na Suíça por homens de jaleco branco.

Sem os pais, Philip não podia pedir ajuda para as irmãs mais velhas, três das quais — Sophie, Margarita e Cecile — haviam se casado com príncipes alemães que se tornaram figuras poderosas no Partido Nazista. Um deles, o príncipe Christoph de Hesse, era coronel na equipe do chefe da SS, Heinrich Himmler, e diretor do Ministério do Ar do Terceiro Reich, além de também liderar o temido serviço secreto do comandante da Luftwaffe, Hermann Göring. O príncipe Christoph e a tia paterna de Charles, Sophie, estavam tão embriagados por Adolf Hitler que batizaram o primeiro filho homem que tiveram de Karl Adolf, em homenagem ao Führer.

"Era uma mistura confusa: incerteza, negligência e, mesmo assim, a sensação de ser especial", observou o historiador britânico Ben Pimlott. Afinal, Philip era um príncipe, conhecido da família real britânica desde criança: depois de tomar chá com Philip no Palácio de Buckingham, a rainha Mary (esposa do rei George V e bisavó de Charles) declarou que o príncipe grego sem uma gota de sangue grego era "um garotinho muito querido de olhos muito azuis".

Depois de passar a maior parte da infância em Paris, Philip foi abruptamente enviado para o outro lado do canal até Cheam, um colégio interno 77 quilômetros a sudoeste de Londres, em Hampshire. Fundado em 1645, Cheam era o colégio particular mais antigo da Grã-Bretanha, tão famoso por educar a elite inglesa que, em meados do século XIX, fora apelidado de "pequena Câmara dos Lordes". Para Philip, a escola forneceu uma muito necessária estrutura e permitiu que ele se tornasse fluente no que era chamado informalmente de "inglês do rei", o padrão ouro para o correto uso do idioma. Embora Philip da Grécia e da Dinamarca não falasse grego nem dinamarquês, até então ele se comunicara em francês e alemão. Seu inglês viera da escola primária norte-americana MacJannet, que frequentara em Paris, e, portanto, falava com um sotaque norte-americano acentuado.

Isso, é claro, foi rapidamente solucionado no Cheam. De acordo com um colega de turma, em pouco tempo Philip "falava um inglês muito elegante, como todo mundo". Determinado a se adaptar, o pai de Charles minimizava suas conexões reais. Philip mantinha sua fotografia com o rei George V — assinada "Do tio George" — escondida sob uma pilha de roupas em sua maleta. Sempre visto como um forasteiro, acostumado a se sentir em casa em locais estranhos, rapidamente conquistou os outros garotos. Em função de seu atletismo natural e de sua inata autoconfiança, o recém-chegado jamais se deixou intimidar. "Ninguém o provocava porque sabia que ele revidaria!", disse seu colega John Wynne.

Em um ano, Philip voou até a Alemanha três vezes para comparecer ao casamento das irmãs. Durante um breve período, frequentou uma escola alemã que já estava no processo de ser assumida pelos nazistas. A maioria dos estudantes havia se alistado na Juventude Hitlerista, e Philip, como os outros, era pressionado a fazer a saudação nazista várias vezes ao dia.

"Os nazistas haviam praticamente assumido o controle, e a vida estava ficando difícil", lembrou Philip. O garoto de 13 anos talvez tenha se sentido desconfortável ao lidar com a influência nazista na escola alemã que frequentava, mas isso era nada quando comparado ao sofrimento de seu fundador. Kurt Hahn era um educador respeitado, mas também crítico declarado de Adolf Hitler — e judeu. Em 1933, ele fugiu da Alemanha e se estabeleceu em Moray, na Escócia. Lá, fundou Gordonstoun, uma escola nascida do humilhante colapso econômico da Alemanha depois da derrota na Primeira Guerra. A instituição, seguindo os princípios delineados em *A república*, de Platão, buscava construir uma geração de "reis filósofos" — líderes políticos com "a determinação dos sonhadores" e "a coragem de liderar".

O futuro pai do rei da Inglaterra se tornou o décimo estudante a se matricular em Gordonstoun. Como fizera no Cheam, Philip, adaptável e belo como um viking, floresceu no novo ambiente. Com exceção das cartas que recebia das irmãs — durante os cinco anos seguintes, seus pais não se deram ao trabalho de enviar sequer um cartão de aniversário —, ele tinha pouco contato com a família. O diretor Hahn, os professores e os outros alunos preenchiam esse vazio, servindo como âncora emocional. "A família se desfez. Eu tinha que seguir em frente. É isso que se faz nessas situações", recordou ele anos depois, referindo-se a esse período.

Mesmo para alguém acostumado a tumultos, os eventos de 16 de novembro de 1937 foram um golpe devastador. O avião que levava a irmã favorita de Philip, Cecile, seu marido e dois de seus três filhos já nascidos caiu a caminho do casamento de um familiar em Londres, matando todos a bordo. Cecile, que estava grávida de oito meses, dera à luz momentos antes do acidente; o corpo do recém-nascido foi encontrado nos destroços calcinados. Kurt Hahn chamou Philip, então com 16 anos, a seu escritório e deu a triste notícia. "Ele não desabou. Estava acostumado a lidar com tragédias e choques de todos os tipos durante sua jovem vida", disse o diretor.

Sozinho, Philip voou para Darmstadt, na Alemanha, para o funeral da irmã, do genro e dos sobrinhos. Havia muitas bandeiras e faixas com a suástica nas ruas, e os presentes fizeram a saudação nazista quando um sério Philip passou atrás dos caixões, ao lado de membros da família vestidos com uniformes da SS. Göring estava entre eles, e mensagens de condolências do ministro da Propaganda Joseph Goebbels e do próprio Führer foram lidas.

De modo revelador, havia outra figura na procissão fúnebre: o irmão da princesa Alice, Lord Louis Mountbatten, conspícuo em seu uniforme da Marinha britânica. "Dickie", como era conhecido o letalmente charmoso e eternamente maquinador tio de Philip entre amigos e familiares, foi um dos primeiros a reconhecer o potencial do sobrinho. Sem hesitar, ele passou a se comportar como uma espécie de pai adotivo — um papel que também assumiria na vida de Charles. Seria difícil imaginar um mentor mais adequado ou impressionante. Primo favorito de George VI e presença imponente na corte, Lord Mountbatten estava destinado à grandeza como herói militar da Segunda Guerra Mundial, supremo comandante aliado do Sudeste Asiático, almirante da Frota, primeiro lorde do Almirantado e último vice-rei da Índia. Depois de supervisionar a retomada de Burma em poder dos japoneses em 1945, o tio-avô de Charles recebera o título de conde Mountbatten de Burma.

Muito cedo, Mountbatten começou a preparar Philip e fazer lobby entre os membros da família real em benefício do sobrinho. "Acho que ninguém pensava que meu pai era outro homem. A maioria acha que sou filho de Dickie", comentou Philip certa vez.

Ele voltou direto do funeral para Gordonstoun e retomou seus estudos "como se nada tivesse acontecido", nas palavras de um colega. A amiga de infância Gina Wernher sabia que não era bem assim. "Ele não falava muito a respeito daquilo", mas, em certo momento, tirou do bolso um pequeno fragmento de madeira. Ele explicou que viera da cabine do avião caído. Philip carregaria aquele fragmento durante décadas.

Em 1939, ele se formou em Gordonstoun aos 18 anos. Philip seguiu o conselho do tio Dickie e imediatamente se matriculou no Colégio Naval Real em Dartmouth. Também começou a namorar. "A fascinação por Philip se espalhou como um vírus entre as garotas. Loiras, morenas e ruivas, acho que Philip, imparcial e galantemente, namorou todas elas", comentou a rainha Alexandra da Iugoslávia. Nisso, ele seguia os passos do tio — sem mencionar o exemplo da promíscua esposa de Mountbatten, Lady Edwina, que tinha entre seus muitos amantes o primeiro-ministro da Índia Jawaharlal

Nehru. "Edwina e eu passamos nossa vida de casados na cama de outras pessoas", admitiu Lord Louis certa vez.

Em julho daquele ano, e menos de três meses depois de se matricular em Dartmouth, o jovem cadete recebeu ordens de entreter a filha de George VI, Elizabeth, então com 13 anos, e sua irmã Margaret, de 9 anos, enquanto o rei passeava pelo colégio. Philip levou as primas distantes para jogar croquete no gramado e, como disse um cadete, "exibiu-se pulando sobre a rede da quadra de tênis". O tio Dickie já estava de olho no casamento entre Philip e a futura rainha — o que fortaleceria os laços dos Mountbatten com a Coroa. "Philip fez muito sucesso com as meninas", escreveu Lord Louis em seu diário naquele dia. Uma das governantas das princesas, Marion "Crawfie" Crawford, notou que Philip passara a maior parte da tarde provocando a pequena Margaret e ignorando sua irmã mais velha, Elizabeth, "que não tirava os olhos dele".

Para a mãe de Charles, foi amor à primeira vista. Mas Philip tinha questões mais sérias em mente. No ano seguinte, como tenente, ele viu muita ação durante a Segunda Guerra Mundial, escoltando comboios ameaçados pelos submarinos alemães no trecho da costa inglesa conhecido como "viela dos U-Boat" (esse era o sistema que a Marinha da Alemanha usava para nomear seus submarinos — a letra "U" seguida de um número) e, mais tarde, no mar Mediterrâneo. Enquanto isso, os círculos reais eram tomados por fofocas que ligaram os nomes de Philip e Elizabeth durante toda a guerra.

A então princesa e o restante dos Windsor davam as próprias e únicas contribuições ao esforço de guerra. Em vez de fugir para o Canadá ou, no mínimo, sair de Londres antes que as bombas alemãs caíssem sobre a capital, o rei George VI tomou a corajosa decisão de manter a família onde estava, para elevar o moral. "As crianças não partirão a menos que eu parta, eu não partirei a menos que o pai delas também parta, e o rei não deixará o país em nenhuma circunstância", disse a rainha.

Uma espécie de ponto de virada ocorreu em setembro de 1940, quando o Palácio de Buckingham foi atingido duas vezes, destruindo a Capela Real e ferindo vários criados. Quando isso aconteceu, a avó de Charles estava tentando remover um cílio do olho do rei. "Ouvimos o inconfundível zumbido de um avião alemão", disse ela ao neto, "e então o silvo de uma bomba. Tudo aconteceu muito rápido, e só tivemos tempo de olhar um para o outro, como tolos, quando o silvo cresceu sobre nós e a bomba explodiu, com um estrondo tremendo, no pátio quadrangular".

Horas depois, o casal real visitou áreas bombardeadas do East End, sentindo que mereciam a admiração de seus súditos. "Estou feliz por termos sido bombardeados. Agora posso olhar para o East End de cabeça erguida", disse a avó de Charles na época. Durante a blitz, de setembro de 1940 a maio de 1941, o Palácio de Buckingham seria atingido 16 vezes.

Não foi a primeira vez que a princesa Elizabeth viu os pais serem corajosos diante de momentos difíceis. Quatro anos antes, o tio playboy de Elizabeth, David, dissera à nação que não seria rei "sem o amor e o apoio da mulher que amo" e abdicara para se casar com a norte-americana duas vezes divorciada Wallis Simpson. A decisão pusera fim à crise constitucional, mas também significara que o peso da monarquia caíra sobre os ombros do sensível, gago e fumante compulsivo avô de Charles. George VI se mostrara à altura da ocasião, essencialmente se aliando ao primeiro-ministro Winston Churchill para enfrentar com altivez a agressão alemã. Mas o fardo da realeza foi danoso para a saúde do rei, e a mulher que mais tarde se tornaria rainha-mãe jamais perdoaria o cunhado e Wallis Simpson por, como ela diria muitas vezes, "matar meu marido".

Embora as princesas Elizabeth e Margaret tenham passado a maior parte da guerra na relativa segurança do Castelo de Windsor, a 40 quilômetros de Londres, a herdeira do trono deu sua própria e distinta contribuição para o esforço de guerra. Aos 14 anos, Elizabeth fez o primeiro de vários discursos no rádio, cujo objetivo era encorajar os britânicos. Mais tarde, recebeu treinamento para ser motorista e mecânica de caminhões no Serviço Territorial Auxiliar, o ramo feminino do Exército Britânico. Seu número de inscrição era 230873.

Enquanto isso, Philip e Elizabeth trocavam cartas e se viam sempre que ele estava de licença na Inglaterra. "Ela estava apaixonada por ele", revelou a babá Crawfie Crawford, que, assim como vários familiares próximos, jamais deixou de chamar Elizabeth por seu apelido, Lilibet. "Ela soube, desde o início, que eles se casariam." Com o fim da guerra cada vez mais próximo, Philip carregava consigo uma pequena fotografia de Elizabeth em uma surrada moldura de couro; ela, por sua vez, exibia orgulhosamente uma foto de Philip, então de barba, na escrivaninha de seu quarto no Palácio de Buckingham. A princesa Margaret revelou mais tarde que a irmã beijava a fotografia todas as noites antes de se deitar. Mas havia poucas demonstrações do afeto entre eles. Não havia abraços, e muito menos beijos. Raramente andavam de mãos dadas, e ainda assim de maneira furtiva. Desde a infância, disse Margaret Rhodes, a rainha era "altiva, pode-se dizer. No controle de suas emoções. Ela detestava efusividade. Além disso, ambos achavam isso meio cafona".

Infelizmente para Elizabeth, ela não era a única apaixonada pelo belo príncipe. Muitas vezes na companhia de Mike Parker, um primeiro-tenente da Marinha Real australiana que, nas duas décadas seguintes, se tornaria seu melhor amigo, Philip fazia questão de frequentar clubes, bares e bordéis locais sempre que chegava a um porto. Como ambos usavam barba na época, Philip trocava de identidade com Parker — mais para provar a si mesmo que as mulheres não estavam dispostas a ir para a cama com ele somente porque era um príncipe. "Ele não precisava ter se preocupado", disse um colega de navio. "Sempre conseguia uma garota, soubesse ela ou não que ele era um nobre." Em dezenas de portos, incluindo lugares como Índia, Egito, África do Norte, Austrália, Gibraltar, Extremo Oriente e Pacífico Sul, Philip retornava ao navio e assinava a lista de presença. Se colocasse um ponto de exclamação ao lado de seu nome, diziam seus colegas oficiais, era porque dormira com alguém. Na maior parte das vezes, havia um ponto de exclamação.

Depois de muitas manobras nos bastidores, a maioria levada a cabo pelo onipresente tio Dickie, Philip pediu Elizabeth em casamento em agosto de 1946. Na verdade, ele diria mais tarde que não fizera o pedido de maneira formal ou tradicional. A princesa Elizabeth deixara claro que queria se unir a ele e, àquela altura, o casamento era dado como certo. "Suponho que uma coisa levou à outra", confessou Philip mais tarde. "Já estava tudo arranjado. Foi isso que aconteceu."

O rei, pai de Elizabeth, gostava de Philip, mas não estava entusiasmado com a ideia de sua amada Lilibet se casar com um homem pelo qual se apaixonara aos 13 anos. George VI, assim como todos que conheciam

Philip, tampouco estava convencido de que o impetuoso príncipe não trairia a noiva. Ninguém temia mais por Elizabeth que o secretário particular de seu pai, Sir Alan "Tommy" Lascelles. Philip, declarou Lascelles com todas as letras, era "grosseiro, mal-educado, inculto e provavelmente não seria fiel".

Era natural que a rainha-mãe — cujo marido, uma figura tímida e insegura, jamais olhara para o lado — escrevesse para o novo genro pedindo garantias de que ele "valorizaria" sua filha. Philip, então com 26 anos, talvez sentindo que seus planos de um casamento real começavam a ruir, escreveu em resposta: "Valorizar Lilibet? Eu me pergunto se essa palavra é suficiente para expressar o que sinto." Ele prossegui, afirmando que tinha se apaixonado "completamente e sem reservas. É a única coisa nesse mundo que é real para mim, e minha ambição é nos moldar em uma nova e combinada existência que não somente será capaz de suportar os choques que nos forem dirigidos, como também será uma existência positiva para o bem".

Apesar dessa magnanimidade, o rei insistiu para que o anúncio oficial do noivado acontecesse depois que a filha fizesse 21 anos, no ano seguinte — tempo suficiente, argumentou Sua Majestade, para que Philip resolvesse outro inoportuno problema: renunciar à cidadania grega e se naturalizar britânico.

No dia que completava 21 anos, a princesa Elizabeth, que estava com o restante da família real na África do Sul, fez uma declaração pelo rádio que teria profundas implicações para seu ainda não nascido filho e herdeiro, sem mencionar a própria instituição da monarquia. "Eu gostaria de fazer essa consagração a vocês agora", disse ela com voz forte e firme. "Ela é muito simples. Eu declaro, perante todos vocês, que *toda minha vida*, seja longa, seja curta, será devotada a seu serviço e ao serviço da grande família imperial a qual todos pertencemos." Essa promessa seria o princípio orientador da rainha Elizabeth II, e manteria Charles esperando nos bastidores por mais tempo que qualquer um de seus predecessores.

Desde o início, o relacionamento entre os pais de Charles foi baseado no respeito mútuo e no entendimento de que, de muitas e significativas maneiras, eles se complementavam. Philip era franco, impulsivo, aventureiro, às vezes rude e mesmo intimidador, mas levava alguma animação e espontaneidade à vida ordeira e organizada de Sua Alteza. Elizabeth era disciplinada, calma, contida, um paradigma de autocontrole que conseguia convencer o noivo a esperar um pouco e ponderar sobre as consequências antes de dizer ou fazer algo de que poderia se arrepender profundamente depois.

Enfrentando severas dificuldades econômicas dois anos depois do fim da guerra, a maior parte dos súditos de George VI estava ávida por uma razão para celebrar. Em razão disso, o casamento entre a jovem e atraente herdeira do trono da Inglaterra e o recém-intitulado duque de Edimburgo foi concebido como um espetáculo luxuoso e um acontecimento global — uma festa como as que a Grã-Bretanha não via desde a coroação de George VI, dez anos antes.

Passariam três décadas até que o mundo ouvisse falar em Lady Diana Spencer. Para aqueles no pós-guerra, o casamento do século ocorreu em 20 de novembro de 1947, na Abadia de Westminster. O vestido de Elizabeth, criado pelo costureiro real Norman Hartnell, era uma obra de contos de fada, feito de cetim de seda marfim com guirlandas de rosas brancas, bordado com flores de laranjeira, cristais e, segundo o próprio Hartnell, "dez mil pérolas".

Ainda que os familiares alemães tivessem sido explicitamente excluídos das festividades, a lista de convidados da realeza (muitos deles ligados aos Windsor) incluía o rei e a rainha da Dinamarca, os reis da Romênia, da Noruega e do Iraque, a rainha da Grécia e a futura rainha dos Países Baixos. Outro convidado observou que, quando Churchill, na época líder da oposição conservadora, entrou na abadia, "todo mundo se levantou — reis e rainhas".

Um dos mais importantes presentes que Elizabeth recebeu era intangível: naquele dia, seu noivo, que fumava desde os 16 anos, cumpriu a promessa de abandonar os cigarros. O gesto foi histórico. Fumar contribuíra para a morte de Edward VII aos 68 anos e para a batalha de uma vida inteira de George V contra a doença pulmonar obstrutiva crônica e a pleurisia. A avó de Elizabeth, a rainha Mary, fumava compulsivamente, assim como seu pai, o rei George VI. A princesa ficou "grata por Philip deixar de fumar a seu pedido. Era uma preocupação a menos", disse Margaret Rhodes.

Os recém-casados dividiram a lua de mel entre Broadlands, a imponente mansão palladiana dos Mountbatten em Hampshire, e o lugar favorito de Elizabeth em todo o mundo, Balmoral, a propriedade privada da família real na Escócia. Sua residência principal em Londres seria Clarence House, com vista para a avenida The Mall e adjacente ao Palácio de Saint James. Tendo dezenas de cômodos espalhados por quatro andares, Clarence House fora construída em 1824 para o duque de Clarence — que se tornara o rei William IV — e estivera desocupada desde que o último morador, o duque de Connaught, morrera em 1924. Quando Elizabeth e Philip visitaram a mansão, ficaram chocados em ver que estava em ruínas; não somente o idoso duque de Connaught não cuidara da manutenção, como amplas seções haviam sido atingidas por bombas alemãs e precisavam ser restauradas. Seriam necessários 18 meses e a então preocupante soma de US$200 mil (o equivalente a US$2,8 milhões hoje) para torná-la habitável.

Por isso, o casal foi forçado a retornar aos antigos cômodos da princesa no Palácio de Buckingham, no mesmo corredor das acomodações do rei e da rainha. Mas algo mudara: agora que estava casada e formara sua própria "família" dentro da família real, Elizabeth era tratada com mais seriedade pelos funcionários do palácio. A fim de prepará-la para o que seu secretário particular, Jock Colville, chamava de "o grande cargo", entendia-se que a princesa devia se manter a par dos assuntos de Estado. Para isso, ela recebeu caixas de couro vermelho próprias, com letras douradas em alto-relevo — as famosas caixas vermelhas fornecidas pela luxuosa empresa de produtos de couro Barrow Hepburn & Gale —, com cópias dos importantes documentos de Estado que exigiam a atenção de seu pai por horas todos os dias: relatórios de inteligência, minutas do Gabinete ministerial, telegramas confidenciais, documentos a serem assinados pelo monarca e despachos cujo objetivo era informar o rei sobre o que ocorria em seu reino e no mundo.

Embora não tivesse poder para agir por si mesma, a princesa Elizabeth já estava consciente das responsabilidades que um dia recairiam sobre seus esbeltos ombros. Quando o antigo chefe de Colville, Winston Churchill, soube que a filha do rei estava sendo obrigada a ler montanhas de documentos todos os dias apenas para acompanhar o trabalho do pai, o rei, ele deu uma baforada em seu sempre presente charuto e meneou a cabeça, resmungando: "Pobre garota. Pobre princesinha Elizabeth."

Na verdade, nessa época de sua vida, Elizabeth parecia ser, nas palavras de uma de suas damas de companhia, "pura alegria" — principalmente quando se tratava de Philip. O duque de Edimburgo, que agora passava seus dias como oficial de operações no Almirantado, era franco a ponto de ser rude ("Ele está na Marinha, entende?", dizia Elizabeth à guisa de desculpa) e, às vezes, indecentemente desinibido. Embora Elizabeth sempre usasse camisola, o príncipe Philip insistia em dormir nu. Em certa ocasião, o valete do rei, James MacDonald, bateu à porta de Philip e, ao entrar, encontrou-o nu na cama com a princesa. MacDonald ficou mortificado, assim como as criadas e outros funcionários que, posteriormente, veriam o duque de Edimburgo ensinar os filhos a nadar sem uma peça de roupa. "É claro que ficamos todos chocados e constrangidos", disse MacDonald, mas o príncipe "não dava a mínima".

Às vezes, parecia que a única aparência que Philip estava interessado em manter era a sua. Elizabeth fazia longas caminhadas pelos jardins do Palácio de Buckingham e cavalgava sempre que podia em Sandringham, Windsor e Balmoral, mas não seguia uma rotina de exercícios. Ela usava penteados simples e pouca maquiagem. Não havia necessidade: sua pele costumava ser descrita pela imprensa como sendo "de porcelana" e seus olhos azuis como safiras surpreendiam a maioria das pessoas que a viam pela primeira vez. A princesa também não se interessava muito por moda na época, permitindo que sua estilista escolhesse o traje do dia na maioria das vezes. "Ela não se importa com roupas. Não liga para isso," reclamaria sua estilista de muitos anos, Hardy Amies.

Philip era o narcisista da família real. No início, talvez se importasse ainda menos que Elizabeth com seu guarda-roupa. "Ele não está interessado em roupas e não sabe dar o nó na gravata", resmungou seu valete na época, John Dean. Mas era vaidoso sobre sua aparência. Temia que seu cabelo afinasse cedo demais; mesmo antes dos 30 anos, passara a usar uma loção especial criada por sua barbearia, a Topper's, na rua Bond, e começara a pentear o cabelo de modo a esconder uma área calva na parte de trás da cabeça. Obcecado com o próprio peso, monitorava tudo que comia. Sua rotina de exercícios — uma partida de squash ou tênis, seguida por voltas na piscina e uma corrida de 8 quilômetros nos fins de semana — era tão cansativa que ele ia para seu quarto e desabava na cama. "Acho que ele é maluco. Totalmente maluco", dizia sua esposa a qualquer um que estivesse ouvindo.

Para compensar o óbvio desequilíbrio de riqueza, fama, influência e poder em suas vidas, Elizabeth estava mais que disposta a aceitar as decisões do marido, como fazia a maioria das donas de casa na era pós-guerra. Nesse sentido muito limitado, seu casamento era tradicional. Embora o trabalho voluntário da princesa em tempos de guerra, ao volante de um caminhão do Exército, tivesse feito dela uma excelente motorista, Philip sempre dirigia quando eles saíam sozinhos — o que faziam com frequência nos primeiros anos de casamento. Ele corria demais, mas Elizabeth tinha o cuidado de jamais criticá-lo.

Certo fim de semana, depois de Philip fazer uma curva fechada ao correr pelo interior em desabalada velocidade, sua esposa retesou o corpo e arfou. "Faça isso de novo e eu a obrigarei a descer do carro!", gritou ele. Lord Mountbatten, sentado no banco de trás, ficou alarmado com a maneira como o sobrinho falava com a futura rainha, mas também preocupado com o fato de Elizabeth não se manifestar contra a imprudência do marido. "Você não ouviu o que ele disse?", protestou ela. "Ele disse que me faria descer!"

Mountbatten descobriria que Philip não via problema em ser grosseiro com a esposa como fazia com todo mundo, às vezes na frente de chocados membros do público. "Que coisa mais idiota de se dizer", esbravejava ele, interrompendo Elizabeth no meio da frase. "Não seja estúpida" era outra censura que Philip usava tanto com os criados quanto com a herdeira do trono da Inglaterra.

Mas a princesa "nunca o levava a sério", disse um membro da corte. "Ela entendia que aquele era o jeito dele. O príncipe Philip era intratável, mas, no que dizia respeito a ela, isso fazia parte de seu charme. O pai dela também era assim de vez em quando: muito abrupto ou irritado com as pessoas. Mas ela idolatrava o rei e, de certa maneira, idolatrava Philip."

O duque de Edimburgo não era sempre grosseiro com a esposa, longe disso. "Eles eram recém-casados e agiam como tal. Podiam flertar e ser muito brincalhões um com o outro", disse o valete. E não somente nesse estágio inicial do casamento: já na casa dos 50 anos, Philip ocasionalmente beliscava o traseiro da esposa nas escadas (quando achava que ninguém estava vendo) ou fazia cócegas quando ela menos esperava. Elizabeth sempre agia como se estivesse furiosa e afastava as mãos dele com tapas ("Pare, Philip! É sério!"), como se ele fosse "um garotinho safado", disse uma de suas damas de companhia. "Mas, sem dúvida, ela adorava."

Esse lado brincalhão do relacionamento dos dois servia às responsabilidades reais. Três meses depois de trocar votos na Abadia de Westminster, Sua Alteza Real, a princesa Elizabeth, estava grávida. Mesmo os mais duros críticos de Philip na corte ficaram impressionados. "Que grande senso de dever em criar uma família para a herdeira do trono — tudo de acordo com os planos", disse Alan Lascelles.

"Nossos pensamentos vão para a mãe e o pai e, de maneira especial no dia de hoje, para o pequeno príncipe, que nasceu neste mundo de conflitos e tempestades."
— Winston Churchill, em pronunciamento na Câmara dos Comuns

"A rainha não é boa em demonstrar afeto."
— Martin Charteris, por muito tempo conselheiro e secretário particular de Elizabeth II

"Ele é um menino muito gentil, com um coração muito bondoso — e acho que essa é a essência de tudo."
— A rainha-mãe

DOIS

O PEQUENO PRÍNCIPE

"Mamãe era uma figura remota e glamourosa
que me beijava cheirando a lavanda e vestida para o jantar."
— Charles

*Palácio de Buckingham
14 de novembro de 1948, logo depois das 9 horas da noite*

"Senhor!", gritou Alan Lascelles enquanto corria entre as colunas do Pavilhão Noroeste, projetado pelo mestre da arquitetura britânica John Nash, aproximando-se dos dois homens nus em pé ao lado da piscina real. Philip e Mike Parker, que se tornara secretário particular do príncipe, haviam passado grande parte do dia na quadra de squash anexa — modo muito mais adequado ao *ethos* de homem ativo de Philip do que seria caminhar de um lado para o outro, como fazia a maioria dos novos pais naquela época. Depois de uma partida de squash, eles haviam nadado e estavam se secando quando o decoroso secretário particular do rei, esforçando-se para olhar o príncipe nos olhos, parou para recuperar o fôlego. Antes dos aparelhos de ultrassom, aquele seria o momento no qual Philip saberia o sexo de seu primeiro filho.

"E então?", perguntou o príncipe, impaciente. "É um menino, Vossa Alteza Real, um menino!", respondeu Lascelles com um entusiasmo pouco característico. Philip vestiu a calça e, lutando com os botões da camisa, percorreu as escadarias e os corredores até a Suíte Belga do palácio, localizada diretamente abaixo do quarto de Elizabeth e com vista para a avenida The

Mall. A parteira real de nariz aquilino, irmã Helen Rowe, já tinha levado o bebê para o berçário quando Philip entrou no quarto com o cabelo ainda molhado. Elizabeth estava imóvel, ainda inconsciente por causa do anestésico que recebeu para "aliviar as dores do parto".

Em pé ao lado da cama estavam os outros visitantes: o rei e a rainha, que haviam chegado dez minutos depois do nascimento do primeiro neto e estavam aliviados por, como disse Sua Majestade, "tudo ter corrido bem, graças a Deus". Os quatro médicos presentes explicaram que, embora a princesa tivesse começado a sentir contrações leves trinta horas antes, somente nas duas últimas horas elas haviam sido intensas. Houvera a legítima preocupação de que aquele não fosse um parto rotineiro. A própria princesa Elizabeth nascera em parto cesáreo — uma cirurgia arriscada em 1926, e ainda mais porque ocorrera na casa de seus avós maternos, em Mayfair. Como, na época de seu nascimento, ninguém esperava que a princesa se tornasse herdeira do trono — ela tinha 10 anos quando o tio David tomou a surpreendente decisão de abdicar —, aquela foi a primeira vez, desde a Idade Média, que um monarca nascia em uma casa, e não em um castelo ou palácio.

O nascimento do novo bebê no interior do Palácio de Buckingham foi, ao menos em termos médicos, comum. Como muitos pais da época, Philip visitou o berçário para ter um primeiro vislumbre do filho recém-nascido e então retornou ao quarto da princesa. Quando ela acordou, ele estava lá com uma garrafa de champanhe e um grande buquê de rosas vermelhas, lírios, camélias e cravos, todas as flores favoritas dela — cortesia de Mike Parker, que se antecipara e as encomendara.

A chegada do principezinho rompeu com uma tradição: pela primeira vez desde o século XVIII, não estava presente um secretário de Estado para Assuntos Internos ou outro oficial governamental de alta patente para testemunhar o parto — uma prática antiga criada para evitar que um impostor fosse infiltrado na linha de sucessão.

Teria sido difícil encontrar alguém cujo sangue fosse mais real. O bebê era descendente direto de Alfredo, o Grande; de William, o Conquistador; e, é claro, da rainha Vitória, sua tetravó — o que o tornava o príncipe mais inglês em quatro séculos. Tendo Robert de Bruce e Mary, rainha da Escócia, entre seus antepassados, o bebê também era o príncipe mais escocês desde Charles I. Por meio da avó materna, ele descendia dos altos reis da Irlanda e do medieval Owen Glendower, o último nativo galês a ter o título de príncipe de Gales. De ambos os lados, também era descendente direto de Sophia, mãe do primeiro monarca da Inglaterra nascido na alemã Hanôver, George I.

Naquele momento, no entanto, a futura rainha estava fascinada por seu bebê, maravilhando-se, entre outras coisas, com o tamanho de suas mãos. "Elas são tão grandes, com dedos longos — diferentes das minhas e das do pai. Será interessante ver como ficarão", comentou Elizabeth. Quando alguém perguntou ao duque de Edimburgo qual era a aparência do filho, o futuro rei da Inglaterra, ele respondeu sucintamente: "Ele parece um pudim de ameixas."

Ele ainda não tinha três horas de vida quando, logo antes da meia-noite, o "pudim de Natal" de 3,3kg foi enrolado em uma manta branca e levado pela irmã Helen até o cavernoso salão de baile vermelho e dourado, de longe o maior e mais ostentoso espaço do palácio. Lá, sob o teto de quatro andares de altura e gigantescos candelabros de cristal, o bebê foi exibido em um pequeno berço no centro do salão — em frente aos dois tronos imperiais e à imensa cobertura em forma de domo, com o brasão real bordado em linha dourada no drapeado de veludo vermelho. Cada uma das centenas de funcionários do palácio foi convidada pelo rei a dar uma olhada no recém-chegado à família real. "A criança era bela, com grandes olhos azuis", relatou uma das criadas, que fora até o salão ainda de uniforme. "Ele parecia feliz, mesmo com todos os rostos estranhos que o encaravam. Mas era impossível não sentir pena dele, tão minúsculo naquele salão, sem fazer ideia do que esperava por ele."

Enquanto Elizabeth estava em seu quarto no andar de cima, maravilhando-se com as alegrias da maternidade ("Ainda acho difícil acreditar que tenho um bebê", escreveu ela em uma carta à prima), um aviso foi colocado no portão de ferro do Palácio de Buckingham logo após a meia-noite, proclamando que a princesa dera à luz um menino. Notícias sobre o nascimento foram trombeteadas por toda a Inglaterra e ecoadas por todo o mundo. A chegada do herdeiro era uma distração bem-vinda e digna de celebração para os britânicos, que ainda sofriam com a falta de combustível e o racionamento de alimentos. Milhares de pessoas, que haviam esperado durante horas em frente ao Palácio de Buckingham, começaram a clamar "Queremos Philip! Queremos Philip!" e "Queremos o vovô!". Como nem o duque nem o rei apareceram, elas começaram a entoar cantigas de ninar. Os sinos das igrejas badalaram por três horas e fogueiras foram acesas em toda a nação. A Tropa Real de Artilharia Montada fez uma saudação de quarenta tiros perto do palácio, ao passo que, na Torre de Londres, os canhões soaram 62 vezes. As fontes de Trafalgar Square foram inundadas de luz azul — por se tratar de um menino — e os navios de guerra reais saudavam Sua Majestade no mar. O *The Times* londrino proclamou que o nascimento de Charles era nada menos que "um evento nacional e imperial [...]. Todos se sentem unidos enquanto os militares fazem saudações e os sinos badalam".

O príncipe Philip estava determinado a manter o nome do filho em segredo e anunciá-lo ao mundo durante o batizado. Um dos poucos que soube antes de todos foi o fotógrafo favorito da corte, Cecil Beaton, chamado menos de uma semana depois do nascimento do bebê para fazer os primeiros retratos oficiais de mãe e filho. Beaton, que, entre outras coisas, receberia um Oscar pelo figurino de Audrey Hepburn em *Minha bela dama*, escreveu em seu diário que "o príncipe Charles, como será chamado, é um modelo obediente. Ele interrompeu um longo e contente sono para fazer minha vontade: abrir os olhos azuis e encarar por um bom tempo as lentes com curiosidade, no início de uma vida sob as luzes da publicidade".

Considerando-se o destino dos reis anteriores chamados Charles, a escolha não foi popular entre membros da família real, membros da corte e estudantes de história britânica. Charles I fora deposto e decapitado em 1649. Seu filho, Charles II, conseguira reconquistar o trono após anos de exílio, somente para reinar durante dois dos piores desastres do século XVII: a grande praga e o grande incêndio de Londres. "Charles... Má notícia", disse o homem encarregado de administrar a residência da princesa, Sir Frederick "Boy" Browning. "Definitivamente má notícia."

Com oito padrinhos — incluindo o rei George VI e a rainha consorte Elizabeth; sua bisavó materna, a rainha Mary; a avó do príncipe Philip, a marquesa viúva de Milford Haven; o rei da Noruega Haakon VII (representado pelo duque de Athlone); e o tio paterno de Philip, o príncipe George da Grécia e da Dinamarca (representado pelo pai de Charles) —, o mais novo membro da família real foi posto sobre a elaborada fonte prateada com querubins, projetada pelo príncipe Albert e usada para batizar seus nove filhos com a rainha Vitória. Usando água benta do rio Jordão, o arcebispo de Canterbury batizou Charles Philip Arthur George. Por algum tempo, ele seria chamado simplesmente de Sua Alteza Real, o príncipe Charles de Edimburgo.

Elizabeth se esforçava para se identificar com as outras mães de seu reino. Pretendendo compartilhar sua alegria com o que a família real costumava chamar de "pessoas comuns", ela também ordenou que as mães de todas as crianças nascidas no mesmo dia que Charles recebessem um presente: fatias de bolo embrulhadas, iguais às que haviam sido servidas aos convidados durante o batizado real.

Determinada, como disse a babá Crawfie, a "dar a ele a melhor base possível", Elizabeth amamentou o filho por dois meses — até contrair sarampo. Seus médicos, temendo que a infecção passasse para o bebê, ordenaram que ela não só parasse de amamentar, como também se afastasse do filho até que o ciclo da doença terminasse. Charles foi separado da mãe durante um mês — um prenúncio da distância física e emocional que definiria o relacionamento entre os dois.

A princesa Elizabeth e o príncipe Philip confiaram o filho às mãos competentes das babás Helen Lightbody e Mabel Anderson, e prontamente mergulharam na cena social londrina de reconstrução do pós-guerra. Quando Charles tinha apenas 5 meses, eles celebraram o 23º aniversário de Elizabeth comparecendo a uma interpretação da comédia do século XVIII *The School for Scandal* [A escola do escândalo], de Richard Brinsley Sheridan, no New Theatre. Depois do espetáculo, convidaram o astro e a estrela da peça, o casal Laurence Olivier e Vivien Leigh, para se unir a eles no elegante clube noturno Café de Paris. Lá, de acordo com o secretário particular de Churchill, Sir John Colville, os pais de Charles dançaram "tango, samba, valsa e *quick-step*" até que todos decidiram ir para outro clube.

Nos meses seguintes, haveria inúmeros jantares de gala, banquetes e bailes cheios de aristocratas, astros do cinema e dignitários estrangeiros querendo ter um vislumbre do casal dourado. Em uma festa à fantasia oferecida pelo embaixador norte-americano na corte de St. James, Lewis Douglas, a princesa usou uniforme de criada e Philip se vestiu de garçom, incluindo um longo avental branco e uma toalha sobre o braço.

No entanto, durante a maior parte das noites na cidade, Elizabeth usava "um daqueles vestidos espetaculares, que combinavam com seus olhos incrivelmente azuis, e uma tiara cintilante", lembrou a filha de Douglas, Sharman, que se tornara amiga próxima da princesa Margaret. Philip "usava seu uniforme naval, com todas aquelas tranças e medalhas. Eles eram mesmo um príncipe e uma princesa de contos de fada. Eram de deixar os outros sem fôlego".

Durante esse período de intensa atividade social — antes que ela assumisse o pesado fardo da monarquia —, Elizabeth diferia das outras mães ao expressar pouco desejo de estar com o filho. "Ela nunca foi maternal dessa maneira. E Philip também não se sentia muito paternal. Por alguma razão, eles apenas eram assim", disse Margaret Rhodes.

Assim, quando tinha apenas 2 meses de idade, Charles passou a ver os pais somente duas vezes ao dia: das 9 horas às 9h15 e das 6 horas da noite às 6h15, logo antes do jantar. Quando esses 15 minutos acabavam, ele era abruptamente levado embora por uma das babás. Ao longo dos anos, Elizabeth e Philip quase nunca tiveram contato físico com os filhos. "E até esses contatos eram desprovidos de afeto", observou Martin Charteris, ex-secretário da rainha.

O abismo entre Charles e seus pais aumentou quando, em outubro de 1949, Philip foi promovido a segundo comandante de um destroier estacionado em Malta, a sede da frota britânica no Mediterrâneo. Menos de uma semana depois do primeiro aniversário de Charles, em novembro, Elizabeth se uniu ao marido para a primeira de muitas estadias prolongadas. Embora tivesse que deixar o filho pequeno com as babás durante meses seguidos, a princesa aproveitou a vida no exterior como "qualquer outra esposa de oficial naval".

Não ao pé da letra, é claro. Em vez de viver em um palácio, eles moravam em uma vila no topo de uma colina, que pertencia a Lord Mountbatten (o tio Dickie), e Elizabeth ia até a beira-mar para receber o navio do marido e socializar com as esposas dos outros oficiais. À parte seu grande séquito de funcionários e criados, isso foi o mais perto que ela chegou da experiência das esposas e mães comuns. Também foi, revelaria ela com frequência mais tarde, "a época mais feliz de minha vida".

Para ser mais exato, aquelas seis semanas foram uma espécie de segunda lua de mel. Eles foram a festas, dançaram ao luar, tomaram banho de sol e nadaram no Mediterrâneo. Em certa ocasião, Philip, cujas pegadinhas haviam animado o namoro, perseguiu a esposa pela sala usando um par de gigantescos dentes falsos. Em outra, deu a ela uma lata de nozes falsa com uma gigantesca e realística cobra de borracha dentro dela.

A recém-reformada Clarence House finalmente se tornou a casa londrina oficial dos Edimburgo. Em seus dois primeiros anos de vida, Charles mal viu a mãe e praticamente não teve contato com o pai. Quando sofreu uma crise de amidalite — na época uma infecção bastante séria para um bebê de 1 ano —, nem Elizabeth nem Philip retornaram a Londres para vê-lo. Charles também passou o Natal de 1949 sem os pais; eles preferiram permanecer em Malta, onde também celebraram o Ano-Novo com os Mountbatten e os amigos de Philip da Marinha.

A princesa Elizabeth, grávida pela segunda vez, só retornou a Clarence House depois que o navio do marido partiu para alto-mar. A irmã de Charles, Anne, nasceu em 15 de agosto de 1950, o mesmo dia em que Philip realizou o sonho de comandar o próprio navio. Dessa vez, Elizabeth levou três meses para se recuperar, durante os quais se concentrou não nos filhos pequenos, mas na saúde cada vez mais debilitada do pai. "O rei declinava muito rapidamente, e isso era óbvio para todos. Elizabeth amava muito o pai. Ela o idolatrava, na verdade. Mas não era emotiva. Ela apenas se adiantava e fazia o que era preciso", disse Margaret Rhodes. Anos depois, Elizabeth ofereceu uma explicação simples sobre o que lhe dera confiança para assumir o controle. "Eu sou uma pessoa que executa", afirmou ela.

Ela permaneceu em Clarence House para celebrar o segundo aniversário de Charles, mas, depois de alguns dias, deixou-o para trás, juntamente com Anne, a fim de passar os feriados de fim de ano com Philip. Logo ficou óbvio, porém, que a idílica estadia do casal em Malta terminaria em breve. Quando o Palácio de Buckingham avisou que a presença da princesa Elizabeth era necessária em Londres, a esposa de Lord Mountbatten, Edwina, comentou: "Eles estão colocando o pássaro de volta na gaiola."

Philip seguiu a esposa de volta a Clarence House no verão de 1951 — assim que o rei George VI foi diagnosticado com câncer de pulmão. Amargurado por ter que desistir de seu comando naval, o duque de Edimburgo passou a ter rompantes de petulância e um humor sombrio. "O príncipe Philip estava infeliz e impaciente", observou um funcionário de Clarence House. "Fora arrancado da vida que amava, no mar, e agora se via sob o domínio do Palácio de Buckingham. Ele se ressentia por não ter controle sobre a própria vida e descontava em todos à sua volta."

Não ajudava o fato de sua esposa substituir, com cada vez mais frequência, o rei em alguns eventos. Ela foi anfitriã de um banquete para o tio, o rei Haakon VII, da Noruega, e até na cerimônia Trooping the Colour, desfile com as bandeiras coloridas dos regimentos.

Em setembro, George VI fez uma cirurgia para remover o pulmão esquerdo. Enquanto ele se recuperava, Elizabeth e Philip embarcaram em uma frenética viagem ao Canadá e aos Estados Unidos. Ainda estavam no exterior quando Charles, que já perguntava às babás onde estavam os pais, celebrou seu terceiro aniversário. Dessa vez, o rei e a rainha estavam presentes quando o neto tentou apagar, valentemente, as três velas de seu bolo. Em certo momento, o rei George, muito elegante em um terno transpassado, posou para as fotografias oficiais do palácio com a esposa e os dois netos em um sofá de brocado de seda. A rainha usava pérolas e uma longa estola de pele de raposa, ao passo que Charles, com o cabelo bem penteado, fora vestido pela babá Mabel Anderson com short, meias soquete e camisa de mangas curtas. Enquanto a vovó sorria e equilibrava Anne sobre os joelhos, Charles tentava avidamente se comunicar com o avô, que parecia ouvi-lo com atenção.

A emocionante fotografia, que ocuparia lugar um de destaque no escritório de Elizabeth II durante seu longo reinado, fora encenada para garantir ao povo britânico que seu doente soberano estava no caminho da recuperação. Ela também capturara a única memória que Charles teria do avô. "Acho uma tragédia nunca tê-lo conhecido de verdade", diria o príncipe de Gales, meio século depois.

Com a avó, já era um pouco diferente. Embora Charles já recebesse instruções para curvar a cabeça na presença do rei e da rainha, também era encorajado a se sentar no colo da avó enquanto ela lia contos de fadas e cantigas de roda. Ela também compartilhava histórias da própria infância, passada na primeira década do século XX, quando cavalos ainda puxavam carruagens pelas ruas de Londres, e falava sobre uma corte virada de ponta-cabeça por um rei fraco e uma intrusa norte-americana chamada Sra. Simpson.

Mais que qualquer outro membro da família real, a avó o incentivou e defendeu, cuidando de seus interesses e fazendo-o se sentir desejado mesmo quando os pais insistiam em ignorá-lo. No processo, a futura rainha-mãe passava bastante tempo com ele no Royal Lodge, sua residência neogótica de trinta cômodos no Grande Parque de Windsor. Ela influenciou o caráter e a personalidade de Charles e, ainda mais importante, deu a ele o amor repetidamente negado por Elizabeth e Philip. Essa foi uma responsabilidade da qual nunca abriu mão, até sua morte em 2002, aos 101 anos.

Mais tarde, Charles a descreveria como "a avó mais mágica que alguém poderia ter". Para o garotinho, ela fora precisamente isso: uma professora e contadora de histórias gordinha, de bochechas rosadas e sempre alegre, que o cobria de abraços, beijos e elogios. Ela o introduziu às maravilhas da arte, história, literatura, música e dança, e ficou comovida com o que reconheceu como inerente "bom coração" e "natureza doce" do menino.

Durante as longas ausências dos pais, Charles costumava subir na cama da avó e brincar com suas joias e cosméticos, enrolando-se em seus colares de pérolas e passando batom. Aos 4 anos, ele já comentava com admiração os vestidos e chapéus das damas da corte, usando palavras como "adorável" e "belo". Com certa regularidade, visitava a bisavó, a rainha Mary, a obstinada viúva de rosto ríspido de George V e mãe do rei. Mas ela também estava encantada com o garotinho, que não demonstrava nenhuma das qualidades impetuosas da irmã Anne, mas sim o que ela chamou de "sensibilidade pensativa e quase delicada". Gan Gan, como Charles a chamava, permitia que ele tocasse sua espetacular coleção de objetos de jade — algo que nenhuma criança (e, aliás, pouquíssimos adultos) tinha permissão de fazer.

Ao longo dos anos, a avó de Charles o levou a muitos concertos — Mozart era o compositor favorito dela —, museus, shows no West End, óperas e balés. "Minha avó me levava a todo tipo de espetáculo", lembrou ele durante um programa especial da BBC celebrando seu 60º aniversário. "Nunca me esquecerei de como fiquei feliz ao ver o Balé Bolshoi em Covent Garden quando tinha 7 anos. Lá começou uma paixão que duraria a vida inteira."

Talvez por causa de sua natureza reservada, Charles era mais gentil que seus pares. Ao contrário da irmã agitada e bastante mandona, o príncipe jamais provocava as outras crianças e se mostrava disposto a dividir seus brinquedos — até Jumbo, o elefante azul sobre rodas que o ajudara a dar os primeiros e hesitantes passos. "O príncipe Charles nunca pegava a última fatia do bolo e emprestava seus brinquedos favoritos sem pensar duas vezes. Era esse tipo de criança, muito consciente dos sentimentos alheios", lembrou a condessa Patricia Mountbatten, filha mais velha de Lord Mountbatten e prima de Philip.

Somente outra pessoa teve influência tão grande sobre Charles durante seus anos de formação. Aos poucos, a Srta. Lightbody, que o ex-secretário da rainha Martin Charteris chamou de "cadela que era dura com Anne e mimava Charles", dera lugar a Mabel Anderson, uma escocesa durona, mas de bom coração. (A obstinada Srta. Lightbody partiria subitamente do Palácio de Buckingham em 1956, demitida pela rainha quando Sua Majestade acrescentara um pudim ao cardápio de sobremesas de Charles e Lightbody se recusara a servi-lo.)

O príncipe Philip, que partilhava com Charteris a opinião de que Lightbody favorecia Charles em detrimento de Anne, ficou deliciado com a mudança. Ele tinha muito mais em comum com a turbulenta e intrépida filha que com o primogênito, que mesmo ainda muito novo parecia tímido e chorão. O duque podia gritar com Anne se ela se comportasse mal, e isso "não surtia efeito algum", disse um amigo próximo. "Anne apenas continuava o que estava fazendo, e muitas vezes Philip ria e se afastava, exasperado." Com Charles, era diferente. "Se Philip dissesse uma palavra mais dura a Charles, o pobre menino se dissolvia em lágrimas. Philip tentava criar um filho capaz de ser rei em um mundo hostil. Charles não era chorão, e sim sensível. Ele costumava se enrodilhar sobre si mesmo. Apenas se encolhia."

Philip estava certo sobre Mabel Anderson em um aspecto: ela podia ser severa a ponto de espancar quem não tivesse modos ou desobedecesse às regras. Mas ele não anteviu a profundidade da compaixão que ela sentiria pelas crianças, em especial Charles. Anderson provou ser tão gentil e reconfortante quanto a rainha-mãe — o centro da vida diária do príncipe desde o momento em que ela o acordava pela manhã até a hora em que o colocava na cama à noite. Tendo sobre Charles muito mais influência que os pais, Anderson foi uma mãe substituta e, como diria o príncipe de Gales mais tarde, "um porto seguro". O filho de um importante membro da corte, que brincava com o príncipe e a princesa, observou, ainda na época, que, para todos os efeitos práticos, "a babá era a figura materna real. Charles devia se sentir confuso sobre como deveria ser o relacionamento natural entre mãe e filho". Não é difícil entender por que Charles cultivou uma ligação pessoal tão profunda com a babá. "Ao menos ela estava lá quando precisei", observou.

6 de fevereiro de 1952

"Ele é jovem demais para pensar tanto."
— Winston Churchill, falando de Charles, então com 3 anos

Mesmo ainda tão novo, Charles era sensível o bastante para perceber que, naquela manhã de inverno, algo estava errado. Ouvia passos apressados no corredor em frente ao seu quarto no Palácio de Kensington e mais vozes adultas que o normal nas galerias de piso de mármore. Quando Mabel Anderson entrou no quarto dele para dar início à rotina matinal, Charles viu lágrimas no rosto da babá de 24 anos. O que ela não podia contar a ele era que, às 7h30 daquela manhã, o valete de George VI o encontrara morto em sua cama.

O garotinho rapidamente descobriria, embora não pudesse compreender, que o avô se "juntara aos anjos no céu" e sua mãe agora era rainha. Ninguém se deu ao trabalho de informar que seu status também mudara. Já não era mais Sua Alteza Real, o príncipe Charles de Edimburgo, e sim o príncipe Charles da Casa de Windsor, duque da Cornualha, duque de Rothesay, conde de Carrick, barão Renfrew, lorde das Ilhas e príncipe e grão-administrador da Escócia. O título honorífico mais importante, príncipe de Gales, viria mais tarde. Mesmo assim, um desses novos títulos, duque da Cornualha, carregava consigo um fundo de investimentos gerador de renda, tornando extraordinariamente rico o garotinho de cabelo penteado com brilhantina e dono de um elefante azul.

A notícia da morte do rei, divulgada somente pela BBC, surpreendeu todo mundo: dos trabalhadores das minas de carvão em Gales a aristocratas. Presumia-se que o tratamento do câncer de pulmão de Sua Majestade fora bem-sucedido e que sua recuperação estava garantida. O rei passara um dia agradável em Sandringham caçando faisões e jantara com a esposa e a princesa Margaret. "Fizemos piadas e ele foi para a cama cedo porque estava convalescendo. Então já não estava mais lá", lembrou Margaret. Nas primeiras horas da manhã, o rei George sofrera uma trombose coronariana fatal. Ele tinha 56 anos.

Naquele momento, a mãe de Charles, usando jeans e jaqueta cáqui, estava no alto de uma figueira no Quênia, fotografando o pôr do sol equatorial. Ela representava o pai em uma viagem real pela Commonwealth que se transformara em mais uma lua de mel para os Edimburgo. Posteriormente, Charles ouviria da mãe que, no preciso instante em que o rei morrera, uma águia branca disparara no céu e sobrevoara o local onde ela estava. "Foi muito, muito estranho", diria ela ao filho de olhos arregalados.

Quatro horas mais tarde — muito depois de o restante do mundo ficar sabendo —, a notícia finalmente chegou ao Quênia. Philip informou a esposa, que pareceu "pálida e preocupada", mas não derramou uma lágrima. Em vez disso, ela se desculpou com a equipe e as damas de companhia por "arruinar os planos de todo mundo" ao interromper a viagem. Mais tarde, no voo de 24 horas de volta para casa, pediu licença várias vezes para ir ao banheiro, de onde membros da comitiva real a ouviram chorar.

Como o pai fora batizado Albert (Bertie para a família), mas escolhera reinar como George VI, Martin Charteris perguntou à chefe por qual nome ela preferia ser conhecida como soberana. "Pelo meu, é claro", respondeu, incrédula. "Qual outro?" Então Elizabeth, de 26 anos, voltou a se sentar com as costas rigidamente eretas à mesa do avião, escrevendo cartas em sua caligrafia cheia de curvas, enviando telegramas e "agarrando seu destino com as mãos", disse Charteris.

O favorito real Winston Churchill, que recentemente fora reeleito primeiro-ministro depois de seis anos longe do governo, estava entre os dignitários enlutados que enfrentava vento e chuva para saudar a nova rainha no aeroporto londrino de Heathrow. Atrás deles, havia uma fila de leviatãs negros: as limusines Daimler escolhidas pela família real. "Nossa", disse ela, parando no topo da escada para observar a cena. "Enviaram os carros funerários."

Haveria poucos vislumbres de qualquer tipo de humor nos dias seguintes. Menos de 24 horas depois de Elizabeth voltar a pisar em solo inglês, o conde marechal declarou formalmente, em quatro localidades diferentes de Londres, que a mãe de Charles ascendera ao trono: "A altaneira e poderosa princesa Elizabeth Alexandra Mary, em função da morte de nosso soberano de feliz memória, tornou-se rainha Elizabeth, a Segunda, pela graça de Deus, rainha deste reino e de todos os seus outros reinos e territórios, chefe da Commonwealth, defensora da fé, a quem seus súditos reconhecem lealdade e constante obediência."

Charles não viu nada da pompa e da ostentação sombrias que cercaram o funeral do avô. A equipe de babás decidiu que o quadro lúgubre — as mais de 300 mil pessoas enlutadas passando pelo caixão do rei, recoberto por uma bandeira, no Westminster Hall iluminado por velas, com a coroa imperial incrustada de diamantes no topo; o imenso cortejo fúnebre pelas ruas de Londres; a emoção da população britânica; e o enterro na Capela de São Jorge, no Castelo de Windsor — era demais para uma criança tão nova. Charles passou por esse difícil período para a nação com Mabel Anderson e seus brinquedos em Sandringham, protegido do que às vezes parecia um colapso nervoso de âmbito nacional.

A corte ainda estava oficialmente de luto pela morte do rei quando Elizabeth e a família se mudaram para o Palácio de Buckingham em abril. A rainha e seu consorte ficaram com os cômodos do segundo e terceiro andares na ala norte do edifício. Acima deles, estavam os seis quartos destinados a Charles, Anne e suas babás e o que se tornaria a sala de aula exclusiva para Charles. Por sua vez, a rainha-mãe — título usado pela avó de Charles para evitar confusão com a nova rainha Elizabeth — estava acostumada a ser o centro do poder e queria continuar no palácio, mas Philip já tinha um plano. Ainda ressentido por ela ter forçado seus filhos a abandonarem o sobrenome Mountbatten, ele ordenou que o aquecimento central fosse desligado nos aposentos da sogra, que, uma semana depois, se mudou para Clarence House com a princesa Margaret, então com 21 anos.

"Se a mãe era um mistério para o príncipe Charles antes", observou Charteris, "ao se tornar rainha virou um mistério maior, e passou a dedicar ainda menos tempo aos filhos". Para aqueles que conheciam a nova rainha, essa distância tinha mais a ver com sua constituição psicológica que com seus deveres cada vez mais numerosos. "Ela é uma daquelas pessoas nem um pouco não emocionais", disse o produtor de documentários da BBC Sir Antony Jay, que afirmou que Elizabeth fazia parte de uma classe governante da velha guarda cujos membros "tinham que desenvolver uma carapaça" que "lhes dava equilíbrio, distância e uma frieza muito profunda".

Jay alegou que "pessoas emocionalmente distantes como a rainha" passam a considerar "as instituições mais importantes que as famílias. Os filhos foram entregues a babás e ocorreu uma espécie de cauterização emocional. Algo se fechou muito cedo". Para a rainha, continuou ele, "esse é um de seus pontos fortes". Charteris concordou: "Quando eram crianças, acho que seus filhos sentiam como se não tivessem permissão para falar com ela. Ela é tão forte, tão firme, tão temerosa de suas emoções."

A mãe de Charles fez uma concessão aos dois filhos: uma mudança no protocolo real que governava a maneira como a prole real agia em relação aos pais há séculos. Embora sua mãe e sua irmã tivessem que se curvar em sua presença quando em público, Charles e Anne não precisariam fazer o mesmo. "É tolice. Eles são novos demais para entender o que significa", disse ela a Charteris.

Charles não entendia muito bem o que significava, mas sabia que os pais eram extremamente ocupados e faziam coisas muito importantes. Mesmo assim, como o príncipe lembraria anos depois, ele esperava que estivessem em Londres para celebrar seu aniversário de 4 anos. Em vez disso, a rainha e o príncipe Philip escolheram ficar em Sandringham, a quase 200 quilômetros de distância, enquanto o filho permanecia na cidade. Na semana seguinte, eles pararam em Londres apenas o tempo suficiente para embarcar em uma viagem de seis meses pela Commonwealth — sem os filhos.

Quando a rainha concluiu a viagem, Charles correu para saudá-la. Em vez de pegá-lo no colo como a princesa Diana faria com os filhos quase quarenta anos depois, a rainha afastou o menino. "Não, não você, querido", disse ela ao abatido príncipe, virando-se para saudar a fila de dignitários. Depois de vinte frustrantes minutos, Charles pediu um abraço à mãe, mas ela se inclinou, apertou a mão dele roboticamente e — sem dizer uma palavra — voltou a conversar com os adultos.

O pai de Charles era ainda pior. O herdeiro do trono mais tarde o descreveria como "impassível, incapaz de expressar sensibilidade ou ternura". Na verdade, o duque de Edimburgo abominava essas características, que infelizmente reconhecia no filho. "Falando francamente, o príncipe Philip tinha um medo desesperador de que Charles fosse afeminado ou, ainda pior, gay", disse um membro da corte.

Uma personagem mais simpática entrou na vida de Charles quando ele fez 5 anos: sua nova governanta, Srta. Catherine Peebles, de Glasgow — chamada de Srta. P. ou Misspy [como em "Miss P."]. Instruída pela rainha a não pressionar seu filho, Misspy passava duas horas toda manhã ensinando seu aluno real a ler, escrever o nome, desenhar — tudo em seu próprio ritmo. Ela sabia que, se não demonstrasse entendimento e paciência ou se o corrigisse de um jeito brusco ("Ele não era muito bom em aritmética, para dizer o mínimo"), ele agiria como se tivesse sido atacado e ficaria emburrado o restante do dia. "Ele respondia muito bem à gentileza, mas, se eu erguesse a voz, retornava à sua concha", lembrou a Srta. Peebles.

Nos três anos seguintes, Misspy usou o acervo de arte (as magníficas esculturas, pinturas, tapeçarias e armaduras) e os livros ilustrados do Palácio de Buckingham, de Sandringham e do Castelo de Windsor para dar vida à trajetória do reino — e, de acordo com o historiador da corte Dermot Morrah, para fazer com que Charles visse "a história da Inglaterra através dos olhos de meninos de sua idade". Quando Charles tinha 7 anos, ela começou a ensiná-lo a falar francês. Na maior parte do tempo, porém, o príncipe parecia distraído, sem foco, preocupado, ansioso — palavras usadas para descrever, como disse Morrah, "uma criança solitária e abandonada pelos pais".

Durante uma das longas ausências da filha, a rainha-mãe lhe escreveu uma carta. "Você verá que Charles cresceu de uma maneira muito encantadora", disse ela, como se estivesse implícito que Elizabeth se tornara uma estranha para ele. "É intensamente afetuoso. E ama você e Philip com muita ternura."

A despeito da distância física e emocional entre Charles e os pais, o menino não era inteiramente imune à novela sobre a família real que dominou as manchetes durante esse período. Sua tia, a princesa Margaret, sempre o tratara com afeto e gentileza, o incentivava e partilhava a opinião da rainha-mãe de que sua natureza pensativa era "algo a ser admirado, não ridicularizado".

Quando Charles tinha 6 anos, a rainha começou a refletir sobre os planos de Margaret de se casar com o galante ás da aviação da Segunda Guerra Mundial Peter Townsend. Na época, sua irmã era a terceira na fila de sucessão, atrás de Charles e Anne — "Com somente um acidente de carro a separando do trono", nas sombrias palavras de Churchill. Infelizmente para Margaret, Townsend era divorciado e pai de dois filhos, além de ser plebeu. Tanto o Parlamento quanto a Igreja da Inglaterra se opunham ao casamento. Churchill disse a Elizabeth que, se os dois insistissem com o casamento, Margaret teria que renunciar ao título e — talvez ainda mais importante, considerando o padrão de vida a que estava acostumada — à sua renda real.

A crise se arrastou por dois anos. Em várias ocasiões, e a despeito dos melhores esforços de sua babá, Charles ouviu a tia Margaret gritar, furiosa, com a rainha por trás de portas fechadas. Mais de uma vez, ele perguntou a Mabel Anderson se havia algo errado com a ebuliente princesa, que passara a ficar silenciosa e séria ao lado da rainha durante os eventos formais, com os olhos vermelhos e inchados de tanto chorar. No fim, a princesa Margaret cedeu à pressão e desistiu de se casar com Townsend.

Embora não entendesse a natureza do escândalo que dominara as notícias na Grã-Bretanha por tanto tempo, o jovem Charles sentia que a tia, que prestava muito mais atenção a ele que sua mãe, fora profundamente ferida e que o relacionamento entre elas mudara. Agindo com habilidade nos bastidores para dar a impressão de que não tinha nenhuma culpa, a rainha fora a principal força que impedira a irmã de se casar com o homem que amava. Margaret se sentiu traída, o que criou entre as irmãs um cisma que nunca foi reparado.

Aos 8 anos, o futuro príncipe de Gales — cujos predecessores foram educados por governantas e tutores — se tornou o primeiro herdeiro do trono a frequentar a escola primária. Ele não tinha ideia do que esperar. "Mamãe, o que *são* estudantes?", perguntou à rainha quando contaram a ele sobre os planos para sua educação. Na manhã de 28 de janeiro de 1957, Charles foi levado na limusine real a Hill House, um colégio de tijolos vermelhos atrás da loja de departamentos Harrods, no distrito de Knightsbridge, na parte ocidental de Londres. O príncipe Philip tinha decidido que, a fim de ter a força de caráter necessária para ser rei, o filho precisava aprender algo sobre seus súditos. "A rainha e eu queremos que Charles tenha aulas com meninos da geração dele e aprenda a viver com outras crianças, absorvendo desde a infância a disciplina imposta pela educação em coletividade", explicou ele a um jornalista norte-americano na época.

Infelizmente, a experiência de Charles foi tudo, menos típica. Quando a grande mídia soube do plano secreto de enviar o herdeiro do trono a uma escola primária, fotógrafos aguardaram avidamente sua chegada ao local. A imprensa recuou quando o palácio pediu que a privacidade do menino fosse respeitada, mas, mesmo assim, Charles estava longe de ser tratado como os outros alunos. A esposa do diretor o recebia na porta quando ele chegava de limusine todas as manhãs, e o diretor se despedia dele ao fim de cada dia.

Às vezes, ter um membro da família real em seu meio trazia vantagens para as outras crianças. Como era inapropriado que o futuro rei frequentasse uma piscina pública, toda semana Charles e seus colegas eram levados ao Palácio de Buckingham para nadar na piscina da família Windsor. Houve também o contrário: ele embarcou em um ônibus e foi com as outras crianças para o campo de futebol frequentado pelos alunos da escola — mas foi impossível fugir de quem ele era, já que o campo estava localizado em King's Road (a rua recebeu esse nome por ser, no século XVII, um caminho privado usado pelo rei Charles II em suas viagens ao Palácio de Hampton Court. A via permaneceu exclusiva para a realeza até 1830).

No geral, Charles se adaptou bem à vida estudantil — desde que, ao fim de cada dia, retornasse ao conforto familiar do Palácio de Buckingham e aos abraços afetuosos de Mabel Anderson e da rainha-mãe. "Era confortável demais para Philip", disse Eileen Parker, esposa do secretário particular e amigo de Philip, Mike Parker. "Ele queria que o filho tivesse experiências que fortalecessem seu caráter, mas acho que ele acreditava que Charles ainda era mole — muito diferente da irmã."

Anne era a cópia do pai: barulhenta, turbulenta e intrépida. Quando a rainha colocou Charles sobre um cavalo pela primeira vez, aos 4 anos, ele ficou aterrorizado ("Fiquei rígido de pavor", lembrou ele). O medo era tanto que ele implorou para ser apeado. Com a mesma idade, Anne não hesitava em ser posta sobre a montaria e, confiante de não precisar da assistência de ninguém, tentava tirar as rédeas da mão do cavalariço.

Desde o início, o herdeiro nunca se sentiu à vontade com os pais e irmãos nem foi totalmente aceito por eles. A diferença de idade entre Charles e seus irmãos do sexo masculino — Andrew, nascido em 1960, e Edward, em 1961 — era grande demais para permitir laços próximos. Além disso, a partir dos 9 anos de idade, Charles estudou em um colégio interno. Em setembro de 1957, o príncipe Philip enviou Charles para o colégio que ele mesmo frequentara, o Cheam, em Hampshire, determinado a "endurecer" o filho, nas palavras da rainha. O duque de Edimburgo escreveria anos depois que a abordagem "espartana e disciplinada" da escola o tornara mais forte e resiliente. Ironicamente, Philip fora matriculado no Cheam depois de ser abandonado pelos pais — um paralelo óbvio com a situação de Charles.

Contudo, Charles não era igual ao pai. Naquela idade, o duque de Edimburgo já tinha uma bela aparência nórdica, habilidades atléticas e personalidade forte e extrovertida. Seu filho era tímido, ansioso, gordinho e desajeitado em esportes como críquete e rúgbi. Também se sugeriu fazer algo sobre suas orelhas. Os pais de Charles ouviram que uma cirurgia simples poderia deixá-las menos salientes e poupá-lo de constrangimentos. De acordo com uma das primas da rainha, tanto Elizabeth quanto Philip responderam com a mesma palavra à tal sugestão: "Tolice."

Desde o primeiro dia, quando uma equipe de filmagem da Pathé News gravou diligentemente sua chegada a Cheam, Charles permaneceu à parte. Depois que o filme mostrou os outros estudantes desempacotando seus modelos de veleiros e aviões, o narrador proclamou, sem fôlego: "Os barcos e aeroplanos foram esquecidos com a chegada de um carro esporte, pois ele trazia um novo garoto prestes a fazer história, o príncipe Charles, herdeiro do trono." A família real chegou à entrada recoberta de cascalho do colégio em um Jaguar dirigido pelo príncipe Philip; a rainha desceu pelo lado do passageiro, seguida por Charles em uniforme escolar. Mas mesmo nisso ele era diferente dos outros: em vez de usar a gravata azul da escola, a sua era preta. Isso porque a família real ainda estava de luto pela morte recente do tio-avô de Charles, o rei Haakon VII, da Noruega.

"Ele será o primeiro rei da Inglaterra a ser educado como um menino normal, mas com um destino bastante especial", continuou o narrador. "Sua posição terá pouca importância na confusa democracia do parquinho e do dormitório, o que é exatamente o que seus pais e também seus futuros súditos desejam."

Minutos depois, os pais de Charles foram embora, deixando o filho por conta própria. Um professor de matemática se lembrou de olhar pela janela e ver Charles sozinho, "uma figura solitária e triste" que se mantinha distante dos outros meninos.

"Charles não tinha nenhuma experiência em como se inserir em um grupo de estranhos nem sabia conquistar a aceitação de seus colegas", escreveu o jornalista britânico Anthony Holden. As outras crianças rapidamente arranjaram um apelido para o recém-chegado esquisito e rechonchudo, sem se importar com o fato de ele ser herdeiro do trono: "Gordinho! Corra mais rápido, Gordinho!" A ferroada dessas palavras ainda seria sentida mais de sessenta anos depois.

Consciente de que seu pequeno príncipe sentiria saudades de casa, Mabel Anderson se assegurou de que Charles tivesse o adorado ursinho de pelúcia como companhia. Mas, no Cheam, Teddy não era suficiente. Quando não estava chorando no travesseiro — Charles dormia em uma cama de ferro no dormitório compartilhado com sete outros alunos —, ele escrevia cartas para a rainha e para a avó, implorando que o deixassem voltar para casa.

Prevendo que o filho poderia ser alvo de provocação, o príncipe Philip fizera com que dois de seus assessores militares lhe dessem algumas dicas de autodefesa: movimentos de boxe e de luta livre que poderiam ser úteis. Duas vezes durante seus cinco anos no Cheam, o príncipe se envolveu em brigas tão severas com um colega que ambos terminaram sendo castigados com uma palmatória de madeira. Havia dois professores que pareciam gostar de "se alternar para nos bater", disse Charles. Depois da segunda vez, "não briguei mais", recordou o príncipe. "Sou uma daquelas pessoas para as quais a punição corporal funcionou."

Convencida do "desenvolvimento lento" do filho, a rainha determinou que ele permanecesse no colégio, a despeito de seus pedidos para sair de lá. Como escreveu ela ao primeiro-ministro Anthony Eden durante as férias escolares, "Charles está começando a temer o retorno ao colégio na semana que vem. O segundo ano será ainda pior".

Muito pior. Certa tarde de julho de 1958, Charles e os colegas foram chamados à sala de estar do diretor para um evento especial: a cerimônia de encerramento dos jogos do Império Britânico e da Commonwealth em Cardiff, Gales. O jovem príncipe estava sentado no chão com os outros meninos, os olhos grudados na pequena tela onde se viam imagens desfocadas em preto e branco. Uma delas era a do príncipe Philip. A rainha deveria presidir a cerimônia de encerramento, mas ficara em casa depois de uma cirurgia nos seios nasais. Por isso, gravara uma importante mensagem para a multidão no estádio e os milhões de espectadores que assistiam de casa.

Charles começou a se agitar de vergonha. "Para meu completo horror, ouvi a voz de minha mãe." Disse a rainha: "Os jogos do Império Britânico e da Commonwealth tornaram este um ano marcante para o principado [de Gales]. Assim, decidi torná-lo ainda mais memorável com um ato que, espero, vai agradar tanto aos galeses quanto a mim. Pretendo nomear meu filho Charles príncipe de Gales. Quando ele for mais velho, eu o apresentarei a vocês em Caernarfon..."

Charles sabia que toda a turma o encarava. "Todos os meninos se viraram e olharam para mim, e pensei: 'No que foi que me meteram desta vez?' Essa é a recordação que tenho", lembraria Sua Alteza Real em um discurso mais de meio século depois.

A multidão no estádio delirou com a notícia e os outros alunos felicitaram o colega real. Mas Charles, mortificado por ter sido isolado de seus colegas mais uma vez, sentiu-se traído. "Deveria ser uma surpresa maravilhosa, mas, compreensivelmente, ele se sentiu em uma emboscada. Ninguém nessa idade quer ser lisonjeado. Eles querem fazer parte do todo. O príncipe Charles jamais sentiu que pertencia ao grupo", comentou um professor.

Como previsto, as provocações se intensificaram. Sua pasta de livros podia ter o monograma SAR (Sua Alteza Real), mas, para o restante dos alunos, ele continuou a ser conhecido como Gordinho. Até o jornal escolar participou da perseguição, acusando-o de não ser motivado o bastante no campo e ter decepcionado os outros jogadores como capitão do time de futebol do Cheam.

Não há dúvidas de que a rainha sabia muito bem que, como disse à prima, os anos de Charles na escola de Hampshire "foram terríveis". Mas nada a persuadiu a contradizer o marido ou mesmo fazer pequenas concessões que teriam tornado a experiência mais tolerável. Mesmo quando se tratava da saúde do filho, Sua permanecia era distante. Charles sofrera infecções dos seios nasais e da garganta, era muito suscetível ao resfriado comum e sofria crises recorrentes de amidalite que o atormentavam desde bebê. Aos 8 anos, ele retirou as amídalas. Embora tivesse ficado internado por dias, nem a rainha nem o príncipe Philip estiveram a seu lado no hospital. Uma visitante do palácio na época, a ex-primeira-dama dos Estados Unidos Eleanor Roosevelt, ficou surpresa ao ver que sua anfitriã "estava calma e composta como se não tivesse um garotinho muito infeliz em mente".

No colégio, Charles contraiu uma cepa virulenta de gripe e, mais uma vez, nem a rainha nem o seu marido cuidaram do filho. Também não se importaram quando ele teve catapora ou quando quebrou o tornozelo ao cair da escada. Embora nenhum membro da família real o tenha visitado quando teve um caso severo de sarampo, a rainha-mãe interveio, insistindo para que o neto fosse levado do colégio até a residência dela no Grande Parque de Windsor a fim de se recuperar.

Já com 13 anos, Charles gemeu de dor durante horas até ser levado no meio da noite para o Hospital Great Ormond Street, em Londres, para uma apendicectomia de emergência. A rainha permaneceu na cama, acompanhando o progresso da cirurgia pelo telefone.

No fim, a única experiência memoravelmente recompensadora de Charles no odiado colégio ocorreu no palco. Escolhido como ator substituto para o papel de Richard III na produção escolar de *O último barão*, de David Munir, Charles se viu sob os holofotes no último minuto, quando o ator principal foi transferido para outro colégio. O jovem príncipe se preparara ouvindo repetidamente a gravação da icônica performance de Laurence Olivier em *Richard III*, de Shakespeare. Como a rainha e o príncipe Philip estavam fora do país — o que era normal —, a princesa Anne e a rainha-mãe fizeram questão de estarem na plateia.

Dessa vez, o jornal escolar usou palavras mais gentis. Segundo escreveu o crítico de teatro do *Cheam School Chronicle*, "o príncipe Charles expressou muito bem a ambição e o amargor do retorcido corcunda". A rainha-mãe concordou, contando em uma carta à filha que "ele atuou muito bem. Na verdade, tornou o papel muito revoltante!". A ironia contida no fato de Charles só se sentir verdadeiramente confortável ao interpretar outro monarca desajustado — encurvado tanto pela escoliose quanto pelo peso das emoções — não foi percebida por seus familiares.

Com exceção desse e de alguns outros momentos que desapareceriam nos recessos da memória, Charles foi sucinto sobre seus primeiros cinco anos no colégio interno. "Se eu gostei?", perguntou, fazendo uma pausa para criar efeito dramático. "Eu *detestei*."

Como ele estava prestes a descobrir, as coisas podiam — e ficaram — piores.

"Não me lembro de meu pai me dizer que me amava.
Não me recordo de ele alguma vez ter me elogiado.
Ou ter posto o braço sobre meus ombros ou me abraçado.
É muito triste."
— Príncipe Charles

"Ele é um romântico, e eu sou um pragmático."
— Príncipe Philip

TRÊS

LUZ DO SOL SOBRE A MAGIA

Eles permaneceram em silêncio nas sombras, esperando a figura solitária sair do banho e começar a se secar. Então pularam sobre ele. Um garoto mais velho do último ano enrolou o alvo desavisado em um lençol, outro o empurrou para o grande cesto de roupa suja e um terceiro girou o fecho que o prenderia do lado de dentro. Juntos, eles empurraram o cesto de vime e o penduraram no gancho da parede de azulejos.

"Prontos?", perguntou o líder do grupo.

Pelos vãos das tranças do cesto, eles viam os olhos arregalados de sua vítima de 13 anos e a expressão de terror em seu rosto.

"Prontos", respondeu um deles, segurando firmemente a ducha.

O líder deu a ordem e um jorro de água gelada — não havia água quente em Gordonstoun — atingiu o cesto com força. Parabenizando-se uns aos outros, os garotos fugiram, deixando o futuro rei nu, encharcado e tremendo. Somente meia hora depois, um professor, ao ouvir os gritos de socorro de Charles, o acudiu.

Gordonstoun era a *alma mater* de Philip — o internato na remota costa norte da Escócia que ensinou o príncipe de Gales, no mínimo, a suportar temperaturas enregelantes. Todos os dias começavam com uma rotina destinada a "espantar o sono": uma corrida sem camisa antes de o sol nascer — mesmo que estivesse nevando —, seguida por uma ducha gelada. As salas de aula não tinham aquecimento e, de acordo com a filosofia arcaica de que "o ar fresco da noite" era saudável, as janelas dos dormitórios permaneciam abertas enquanto os garotos dormiam, não importava a estação do ano. Charles fora designado para Windmill Lodge, um longo e comprido barracão de pedra e madeira com teto de amianto verde e piso de madeira. Havia 14 camas de madeira em cada quarto, com lâmpadas pendendo por fios do teto. A cama de Charles ficava embaixo de uma janela, e, durante o inverno, ele acordava no meio da noite para descobrir que seus cobertores estavam brancos pela geada ou mesmo debaixo de neve. Quando chovia, ele era forçado a pegar as cobertas e dormir no chão, no meio do quarto.

Mesmo depois de ter conseguido sobreviver a cinco deprimentes anos no colégio Cheam, o duque de Edimburgo ainda temia que o filho fosse "mole demais" para a posição ocupar destinada a ele desde o nascimento. A rainha, curvando-se à autoridade do marido em todas as questões relacionadas à criação do filho, concordou que quatro anos em Gordonstoun indubitavelmente dariam conta do recado. "Charles era um menino muito polido e doce, sempre atencioso e gentil, interessado em arte e música", disse a prima e confidente de Elizabeth, Margaret Rhodes. "Mas o pai dele interpretava isso como fraqueza, e a rainha achava que Philip sabia o que estava fazendo." Gordonstoun deveria "'transformá-lo em homem', embora eu nunca tenha entendido o que isso queria dizer".

Pelo que Charles ouvira, a vida em Gordonstoun era "medonha". Ele queria ir para outro colégio, Charterhouse, onde haviam se matriculado alguns dos mais suportáveis estudantes do Cheam. Mas ele não tinha voz na questão. De acordo com o historiador da corte Dermot Morrah, um amigo próximo da rainha-mãe que registrou os primeiros anos de Charles com permissão da família real, Philip acreditava que o filho tinha uma "disposição tímida e reticente" e que "era necessário algo que despertasse interesse nele e o fizesse desenvolver um pouco mais de autoconfiança". Além disso, "o próprio Philip fora muito feliz lá".

Infelizmente para Charles, ele tinha que superar um obstáculo que não fora enfrentado por Philip. Qualquer um que tentasse ser amigo do futuro soberano era rotulado de bajulador, um "puxa-saco". Sempre que Charles passava pelos corredores a caminho da aula, ouvia um coro de garotos sugando o vazio ruidosamente. Às vezes, de acordo com seu colega Ross Benson, eles "o seguiam em grupos fazendo aqueles horríveis barulhos de sucção".

Quando não era esmagado por uma pilha de jogadores de rúgbi ou pendurado no chuveiro, o príncipe do reino era espancado na cama. "As pessoas em meu dormitório são sórdidas", escreveu ele em uma carta para casa. "Meu Deus, são horrendos. Não sei como alguém pode ser tão vil." Não ajudava o fato de ele roncar. De acordo com o príncipe, na maioria das noites ele era atacado com sapatos, travesseiros e socos. "Eu tinha pavor de ir para a cama, porque era agredido a noite toda", queixou-se.

Charles sofreu outras indignidades. Em uma viagem escolar ao vilarejo de Stornoway Harbour, na ilha de Lewis, foi subitamente cercado por uma multidão. Ele buscou refúgio em um pub e o barman perguntou o que ele queria beber. "Meu Deus! O que devo fazer? Todo mundo está me olhando", pensou ele. O garoto de 14 anos hesitou um momento antes de responder: "Licor de cereja." Charles explicaria anos depois que bebera esse licor enquanto caçava em Sandringham: "Foi a primeira bebida que me veio à cabeça." Uma repórter ("Aquela mulher horrível") estava por perto e, no dia seguinte, a imprensa se deliciou com matérias sobre a bebedeira do príncipe menor de idade. "Eles deram a impressão de que o herdeiro do trono britânico havia sido flagrado em uma orgia regada a álcool", lembrou Morrah, falando em defesa da rainha. Charles ficou mortificado. "Achei que era o fim do mundo." Preocupado por ter envergonhado a família, ele telefonou para a mãe e, chorando, pediu desculpas.

O príncipe de Gales não precisava ter se preocupado com a mãe. O incidente, disse ela a Morrah na época, "foi bom para ele. Ele aprendeu da maneira mais difícil" que, dada sua posição, mesmo "a menor coisa" tomaria proporções exorbitantes na mídia.

Mas o infeliz episódio teve ramificações muito dolorosas para Charles. Durante seus dois primeiros períodos em Gordonstoun, o guarda-costas real de 1,95 metro, Don Green, tornara-se um confidente e uma figura paterna para o garoto perseguido. Quando Green foi dispensado depois do incidente com o licor de cereja, o jovem príncipe ficou arrasado. "Nunca fui capaz de perdoá-los por isso, porque ele me defendia da maneira mais maravilhosa, e era um homem incrível, leal, esplêndido [...]. Foi atroz o que fizeram", disse Charles, décadas depois.

O herdeiro do trono novamente telefonou para casa com a intenção de se desculpar quando alguém roubou seu caderno de notas e o vendeu para a revista alemã *Der Stern*. Buscando uma razão para culpar a si mesmo, ele disse a Mabel Anderson: "Acredito que eu poderia ter sido mais cuidadoso e guardado o caderno trancado em algum lugar."

Charles chamou Gordonstoun de "Colditz de kilt", referindo-se à infame fortaleza medieval alemã que servira como campo de prisioneiros de guerra dos nazistas. O colégio era "uma prisão, o pior lugar da Terra, pura tortura. Odiei cada minuto". Muitos ex-alunos, que não enfrentaram o ostracismo e a crueldade infligidos a Charles, concordaram. O romancista William Boyd descreveu seus nove anos lá como uma espécie de "pena de servidão".

Em Gordonstoun, o bullying era institucionalizado. E nenhum lugar era pior que Windmill Lodge, onde um diretor sádico — "um sujeito sujo [...] cruel, o clássico valentão", segundo um colega de Charles — supervisionava a perseguição dos garotos mais jovens pelos mais velhos. "O príncipe Charles enfrentou o pior, e realmente quero dizer *o pior* que se possa imaginar, apenas por ser quem era." Com exceção das aulas de caratê e boxe, Charles não resistia. "Talvez uma ou duas vezes ele tenha tentado", disse um ex-professor, "mas nunca o vi reagir".

Por causa das circunstâncias especiais desse aluno, o presidente de Gordonstoun, Sir Iain Tennant, convidou o príncipe para passar os fins de semana em Innes House, sua propriedade que ficava próxima. Tennant e a esposa, Lady Margaret, tinham laços estreitos com a família real. Entre outros deveres reais, Sir Iain fizera parte do cerimonial da coroação de Elizabeth. Lá, um choroso Charles passava horas trancado no quarto, escrevendo cartas emotivas, longas e melancólicas para familiares e amigos.

Intermitentemente, o príncipe de Gales, que se apaixonara pelo violoncelo e tinha aulas em Gordonstoun para aprender a tocá-lo, fazia recitais para os perplexos convidados dos Tennant. "Ele tocava muito mal, mas sabia disso. Era constrangedor, e tenho certeza de não ser o único a sentir pena dele", disse um deles.

Quando encerrava esses recitais improvisados de fim de semana, Charles conversava da maneira mais polida possível — "Seria rude não me esforçar", comentou mais tarde — antes de pedir licença e fugir para o quarto. "Ele sofria da mais esmagadora solidão na maior parte do tempo em que esteve lá", disse Ross Benson, ex-colega de Gordonstoun. "É surpreendente que tenha sobrevivido com a sanidade intacta."

A saúde mental de Charles não foi a única coisa que pareceu se deteriorar durante esse período. A tensão, sem mencionar as condições primitivas de vida, prejudicaram sua já frágil saúde. Quando cursava o segundo ano, o príncipe contraiu pneumonia e passou dez dias na casa de repouso Walson-Frazer em Aberdeen.

A chegada dos irmãos fez Charles se sentir ainda mais isolado e, nas palavras da prima da rainha, "indesejado. A rainha tratava Andrew e Edward de maneira muito diferente da que tratava Charles e Anne. Ela era afetuosa com as duas crianças menores, especialmente Edward. Talvez porque já se sentisse mais confortável como rainha". Outra visitante do Palácio de Buckingham logo depois do nascimento de Edward disse que "foi como se um botão tivesse sido apertado e, subitamente, lá estava uma mãe amorosa e atenta. Infelizmente, não para Charles e Anne".

Charles não externalizou seu ressentimento pelo descarado favoritismo da mãe em relação aos irmãos mais novos, que eram um dos motivos para sentir saudades de casa. Sempre que havia uma pausa nas atividades escolares, ele corria de volta para o palácio e passava algum tempo com Andrew, Edward e sua amada Mabel. Quando chegava a hora de voltar para a Escócia e para o detestado colégio interno, Charles engolia as lágrimas e se escondia. Na maior parte das vezes, desaparecia, forçando o pai a enviar criados de libré para procurá-lo pelo palácio. Um deles lembrou que "o carro já esperava na porta da frente quando o achávamos no andar de cima, lendo uma história para Andrew ou chorando em seu quarto". Deixar Mabel era "grande parte do problema. Ele se despedia da mãe apenas por cortesia — se ela tivesse tempo para recebê-lo e não estivesse ocupada com algo mais importante. Mas ele amava Mabel e, quando dizia adeus a ela, ficava genuinamente triste".

"Papai me apressou na segunda-feira quando tive que partir", queixou-se Charles em uma carta à avó. "Ele me apressou o tempo todo." Determinado a endurecer o filho, Philip, que era piloto, às vezes voava com Charles até uma base aérea da Força Aérea Real a 1,6 quilômetro do colégio e dirigia o restante do caminho. Para o duque de Edimburgo, parte da viagem era invariavelmente passada ouvindo os angustiados pedidos de Charles para sair de Gordonstoun, seguidos de sua repetida defesa da escola e de seus argumentos para que o filho continuasse. Assim que retornava a Londres, Philip, pálido e tremendo, bebia uma caneca de Boddingtons, sua cerveja favorita, para se acalmar.

Quando voltava a Gordonstoun, Charles sabia que sempre havia outra pessoa, além dos Tennant, à qual ele podia recorrer. Enquanto ele frequentou o colégio na Escócia, a rainha-mãe fez questão de fornecer ao neto outra rota de fuga quando necessário, passando mais tempo em um lugar a duas horas de carro ao sul do internato: Birkhall, sua residência na propriedade Balmoral.

A rainha Vitória e o príncipe consorte Albert haviam se apaixonado pelo que ela chamou de "querido paraíso" visitarem-na primeira vez que visitaram Balmoral. Eles compraram o antigo castelo às margens do rio Dee em 1852 por US$50 mil — o equivalente hoje a cerca de US$1,5 milhão. A estrutura se provou pequena demais para a família real e, no ano seguinte, Albert a substituiu por um castelo de granito projetado por ele mesmo. Balmoral e Sandringham são tecnicamente as duas únicas residências reais de posse privada dos Windsor e, por isso, não estão destinadas aos futuros soberanos. Em outras palavras, podem ser deixadas como herança.

O castelo permaneceu praticamente intocado desde sua reconstrução. Havia galhadas de cervos por toda parte — sobre escadarias e lareiras, em quartos, saletas e corredores, até nos banheiros —, como lembretes da paixão secular da família real pelo que os ativistas dos direitos dos animais denunciam como esporte sangrento. E imensas pinturas de cenários das Terras Altas escocesas ficavam espalhadas pelo castelo, e quase tudo parecia coberto por tecido xadrez: tapetes, cortinas, lençóis, móveis e até a porcelana e o linóleo da cozinha.

O vale do rio Dee era tão mágico para seus habitantes quanto era para a tataravó de Charles. Com seu cenário infinito de urzes, grandes extensões de gramado verde-esmeralda, escuras florestas de pinheiros e brilhantes bosques de bétulas prateadas, Balmoral tocava o coração do príncipe esteta. Charles estava apaixonado pela "grandiosidade retorcida e recoberta de musgo" do "paraíso" de Vitória. Riverside Walk, uma trilha ao longo da margem do rio Dee pontuada por pontes suspensas em miniatura, intensificava a aparência de conto de fadas do local.

À distância, estava a montanha Lochnagar, com seus 11 picos a mais de 915 metros de altura — sentinelas espelhadas nas águas escuras do lago Muick, ao sul. Quando Charles sonhava em fugir, o que era frequente, era em Lochnagar que ele se imaginava vivendo, escondido em uma caverna secreta recoberta de musgo.

Para o príncipe de Gales, que herdara o amor da avó pela pesca, Balmoral era uma espécie de nirvana. Seus lagos, rios e riachos fervilhavam de salmões, trutas e lúcios; quando tinha a chance, Charles conduzia, alegre, visitantes por reservatórios e curvas dos rios onde os pescadores veteranos tinham mais chances de ter sorte.

Era difícil imaginar qualquer lugar do reino no qual a vida selvagem fosse mais plena. Algumas poucas espécies, como a águia-real e o falcão-peregrino, eram protegidas. Mas era permitido caçar praticamente todo o restante, incluindo martas, doninhas, cervos, coelhos e gatos selvagens — sem mencionar pássaros como tetrazes, faisões, patos-reais e pombos.

A rainha também gostava de Balmoral, onde fora "iniciada", abatendo seu primeiro veado aos 17 anos. Com Lord Mountbatten como guia e mentor, Charles tinha somente 10 anos quando participou de sua primeira caça à raposa e passou a seguir os adultos nas caçadas de fim de semana em Broadlands, Sandringham e Balmoral. "Estou me divertido muito. Ontem, abati 23 faisões e hoje outros dez e uma perdiz, um frango-d'água e uma lebre", escreveu ele ao tio-avô quando tinha 11 anos. Nos melhores dias, o grupo real chegara a caçar mais de trezentas aves.

Querendo deixar o pai orgulhoso, Charles tinha somente 13 anos quando matou seu primeiro cervo. Philip, porém, constrangeu os convidados ao censurar o filho por seus vários erros — uma bebida derramada, talvez, ou a resposta insatisfatória a uma pergunta. Ao tornar o primogênito um constante objeto de ridicularização, Philip reduzia o garoto a um amontoado gaguejante de insegurança e dúvida. Ele "achava que o filho era um fracote, e Charles sabia que o pai pensava isso dele, o que o feria profundamente", disse um convidado.

O historiador Jonathan Dimbleby, outro convidado que testemunhara uma bronca cruel que levou Charles às lágrimas, disse: "Pensei comigo: 'Como ele pôde fazer isso?'" Praticamente todo mundo sabia que a família real usava palavras como *duro* e *intimidador* para descrever o modo como o duque tratava o filho mais velho. Eileen Parker, esposa do secretário particular de Philip, descreveu seus comentários sobre o filho como "afiados". E como Charles se sentia em relação ao pai? "Para simplificar, Charles tinha medo dele", confidenciou um membro da corte ao *The Times*.

Balmoral dava a Charles a chance de se afastar da influência tóxica do pai e mergulhar na natureza. Longas caminhadas pelas charnecas, expedições para pescar e observar pássaros e horas identificando árvores, plantas e flores que cresciam na propriedade — essas eram as atividades solitárias que, como ele disse anos depois, "restauravam minha alma".

A propriedade escocesa era usada pela família real somente dez semanas por ano, do "doze glorioso" — 12 de agosto, quando a temporada de tetrazes começava oficialmente — até o início de outubro. Por causa do intenso amor da rainha Vitória pelo local, por mais de 150 anos essa data marcou o calendário da corte. Os familiares de Charles podiam gostar do tempo que passavam ali tanto quanto ele, mas não tanto pelo amor à natureza. A maior parte da agenda real na propriedade era devotada à caça, especificamente de tetrazes, do amanhecer ao pôr do sol.

Décadas depois, Diana não se mostraria fã dessa vida. Embora tivesse abatido seu primeiro animal aos 14 anos — três anos antes que a rainha —, a princesa descrevia o tempo passado na propriedade como "dias e dias matando coisas". De fato, os grupos masculinos de caça se pareciam com equipes militares, comboios de Land Rover percorrendo as charnecas e parando de vez em quando. Em sua direção vinham os "batedores": eles espantavam as presas e as empurravam ao encontro dos caçadores, cujas armas jamais ficavam sem cartuchos graças aos "carregadores", os quais garantiam que sempre houvesse munição.

A rainha Elizabeth frequentemente se unia aos homens para almoços, churrascos e piqueniques no campo. Ela sempre tomava um gim-tônica, em jantares dentro de casa ou ao ar livre, e não era incomum vê-la arrumar a mesa, servir a comida (acondicionadas em recipientes de Tupperware) e depois lavar os pratos. O primeiro-ministro Tony Blair foi convidado uma vez e descreveu a cena como "intrigante, surreal e bizarra. Pode achar que é brincadeira, mas não é. A rainha pergunta se você já terminou, empilha os pratos e vai em direção à pia. Então calça um par de luvas de cozinha amarelas e começa a trabalhar".

O porta-voz do palácio Dickie Arbiter lembrou quando se aproximou da pia e disse à rainha: "Eu lavo, a senhora seca." Deixando perfeitamente claro quem estava no comando, ela respondeu em voz baixa, mas firme: "Não. Eu lavo, você seca."

Todos os membros da família real, especialmente Charles e sua mãe, adoravam percorrer os campos enlameados usando botas de borracha, seguidos por setters irlandeses, golden retrievers, labradores e, é claro, corgis. Era comum ver Sua Majestade, usando uma echarpe amarrada na cabeça e um casaco de lã abotoado até o pescoço, picando carne para os cachorros em um balcão.

Em Balmoral, Charles se sentia confortável e próximo da família, a despeito dos incessantes ataques de Philip à sua autoconfiança. Assim, sempre que chegava a hora de retornar a Gordonstoun, ele ficava mais angustiado do que de costume. "Não sei dizer como sinto falta de Balmoral, das colinas e do ar", escreveu ele em outra carta pesarosa para casa. "Sinto-me muito vazio e incompleto sem tudo aquilo" — mais vazio ainda quando comparava essa vida com a de Gordonstoun: "Odeio voltar para cá e deixar todo mundo em casa." Em outra carta, ele lembrou à mãe que os ataques dos outros estudantes nunca cessavam. "Quase nunca consigo dormir, porque ronco e então apanho o tempo todo. É um inferno."

Mas, apesar de todos os "choramingos" de Charles, a verdade sobre o que realmente acontecia em Gordonstoun por décadas, incluindo a época em que ele frequentara o colégio, só começou a vir à tona mais de meio século depois. Em 2015, Gordonstoun estava entre os mais de 160 colégios internos do Reino Unido atingidos por uma onda de denúncias de abuso sexual que retrocediam até a década de 1950. Durante cinco anos, 116 crimes sexuais em colégios internos foram denunciados na Escócia, levando a mais de cem prisões e condenações.

Em 2018, quando arquivos policiais sobre denúncias de abuso em Gordonstoun desapareceram, emergiram histórias de horror sobre estudantes que foram agredidos vinte, trinta, cinquenta anos antes. Um ex-estudante afirmou ter sido drogado por um professor, fotografado nu e então sexualmente agredido em sua cama. O mesmo professor "preparou" — um termo usado para a sedução, a exploração e o abuso sexual de crianças — de forma parecida ao menos 12 outros meninos. O homem morreu em um acidente de carro antes de ser levado à justiça.

Outro professor, um respeitado instrutor de física, foi mandado para a cadeia por dar "aulas de natação" nu e apalpar os alunos sob a água. Outro tinha o hábito de passar pela carteira do estudante, curvar-se sobre ele como se estivesse conferindo seu trabalho e então enfiar a mão dentro da calça do menino. O jornalista de Edimburgo Alex Renton, que também frequentou um colégio interno de elite, foi agredido de maneira similar em 1970. "Um professor de matemática me puxou — um aluno de 8 anos — até seu peito e colocou a mão dentro do meu calção", lembrou ele. "Não foi surpresa. Eu sabia que isso podia acontecer com aquele professor e que era melhor ficar quieto. Ele era violento: gostava de puxar tanto orelhas quanto pênis e às vezes empurrava meninos que o haviam irritado pelos degraus que levavam de sua sala até a seguinte." Quando o professor "terminava de remexer por dentro dos shorts dos meninos, oferecia um prêmio": um doce.

Nem todos os agressores eram professores ou membros da equipe. Para muitos estudantes, e não somente Charles, os grandalhões das classes mais adiantadas também eram uma ameaça. Encorajados a serem duros com os mais novos ao imporem as regras, muitos garotos mais velhos os subjugavam e humilhavam, o que equivalia a um prolongado ritual de trote.

Talvez Charles tivesse enfrentado situação similar em qualquer colégio interno de elite na Grã-Bretanha. Danny Danziger, um ex-aluno de Eton que se tornou um prolífico autor e colunista, descreveu uma atmosfera de "erotismo adolescente" em seu colégio que resultava em "contatos homossexuais — às vezes libidinosos, às vezes inocentes".

Pelos padrões de hoje, muito do que acontecia nesses colégios de elite seria considerado crime grave. Agressão, estupro, consumo de bebidas alcóolicos por menores de idade, tráfico e uso de drogas, sem mencionar o "preparo" dos meninos, no sentido mais repulsivo da palavra. "Na década de 1960, havia esse choque entre a aristocracia do Velho Mundo e a contracultura de sexo, drogas e rock 'n' roll", disse um ex-colega de Charles. Para os alunos emocionalmente vulneráveis, o estresse era extremo. Segundo este mesmo ex-colega, "na época, eles tentaram varrer isso para debaixo do tapete, mas o suicídio era um problema constante".

O futuro rei da Inglaterra foi vítima de abuso sexual? Charles nunca alegou isso, mas a questão permanece. "Ele foi tocado de forma inapropriada?", perguntou outro ex-colega. "Sim. Houve provocações de natureza sexual? Sim. Ele foi pendurado nu no banheiro? Sim. Foi ameaçado, fisicamente atacado, menosprezado repetidas vezes? Sim para todas as perguntas." Mais de um ex-aluno de Gordonstoun na época disse que os estudantes mais velhos às vezes urinavam nos mais novos para mostrar quem mandada — e que isso aconteceu com Charles. Mas, na época, "nenhuma dessas coisas era considerada crime, por mais inacreditável que seja. Eram somente brincadeiras idiotas".

E Alex Renton continua: "A negligência era parte da magia do sistema britânico de colégios internos, admirados e copiados em todo o mundo [...]. Agora é óbvio que o sistema deixava os filhos dos privilegiados tão vulneráveis a sádicos e predadores pedófilos quanto os estudantes dos piores orfanatos e reformatórios britânicos."

As autoridades que investigam denúncias que se estendem por mais de cinquenta anos ainda se veem de mãos atadas, mesmo hoje. Os alunos (sejam eles formados ou atualmente matriculados) relutam em quebrar o código de silêncio que Renton compara à *omertà* da Máfia. Em Gordonstoun, "a regra é não dedure, não conte, não fale sobre o que acontece nas salas". Mesmo na era da tolerância zero, as vítimas de abusos no passado ainda acham quase impossível superar esses obstáculos. Em 2018, um ex-aluno de outro colégio interno, que também fora agredido, disse ao *New York Times* que sua busca por justiça era como "bater a cabeça contra a parede".

Charles podia se queixar incessantemente em suas cartas, mas também obedecia ao código de silêncio quando se tratava dos aspectos mais degradantes de sua vida em Gordonstoun. "As coisas que aconteciam lá são indizíveis", confidenciou ele certa vez a um amigo norte-americano.

Não ajudava o fato de Charles ser convocado para participar de alguma cerimônia em Londres toda vez que parecia estar fazendo algum progresso com alguns colegas. Isso relembrava aos outros que ele não era, e jamais poderia ser, um deles. Em janeiro de 1965, Charles ficou ao lado dos pais durante o espetacular funeral de Winston Churchill. Novamente, os estudantes do colégio interno se reuniram em volta da televisão do diretor para ver o colega à frente de mais de 110 líderes mundiais na homenagem a um dos titãs da história — alguém que Charles via como amigo da família. Ao retornar, disse um professor, "o príncipe foi tratado com frieza. Como eles deveriam se comportar em relação a alguém que pertencia a um mundo diferente e sublime se não queriam parecer puxa-sacos?".

Mesmo assim, ao completar 17 anos, o príncipe de Gales sentia-se confortável em sua posição de aluno do último ano e conseguira algumas vitórias. Embora fosse um estudante medíocre e não entusiasmasse ninguém ao tocar violoncelo, surpreendeu todo mundo com sua interpretação do condenado rei escocês em uma produção escolar de *Macbeth*. Ele tinha esperanças de impressionar o duque, mas, em vez disso, o ouviu rindo na plateia. "Tudo que eu conseguia ouvir era a risada de meu pai." Depois que as cortinas desceram, Charles perguntou ao pai do que ele rira. "Parecia o *The Goon*", respondeu Philip, referindo-se a Peter Sellers e aos outros astros do programa humorístico da rádio britânica.

Aquela estava longe de ser a primeira vez que Philip demonstrava desdém pelo filho mais velho em um evento público. Além de suas atividades artísticas, Charles encontrava consolo e conforto na religião. Ele sabia do seu destino como chefe da Igreja da Inglaterra e, quando chegou a época de sua confirmação em 1964, o príncipe, ainda com 16 anos, encarou a cerimônia com seriedade.

Aparentemente, Philip não fez o mesmo. Durante a cerimônia, presidida pelo arcebispo de Canterbury Michael Ramsey na capela particular de Windsor, o pai de Charles permaneceu sentado em silêncio lendo um livro de táticas navais sem nem tentar disfarçar. O duque, cuja própria afiliação religiosa migrara da Igreja ortodoxa grega para o protestantismo alemão e, então, para a fé anglicana dos Windsor, conseguiu ofender tanto o clero quanto o filho. Furioso, o arcebispo dissera ao deão de Windsor que o príncipe Philip estava sendo "extremamente rude". Charles, que ao mesmo tempo idolatrava, temia e se ressentia do pai, considerou o episódio mais um exemplo de sua grosseria parental.

———

O amor de Charles pelas artes, associado à falta de interesse pela ciência e pelos esportes de equipe, convenceu Philip de que o filho era um fracote. Nem mesmo Gordonstoun, com seus métodos draconianos e seu histórico de assédio moral sistemático, o transformara no homem que Philip queria que ele fosse. A Austrália, decidiu o duque, testaria o caráter do filho de maneira inédita.

Para se assegurar de que, dessa vez, o objetivo seria atingido, Charles foi enviado para Timbertop, o programa de sobrevivência dirigido pela Igreja Geelong da England Grammar School perto de Melbourne. "Ou isso coloca algum aço em seus ossos, ou eu desisto", disse Philip.

O príncipe de Gales, que não tinha como discordar, estava animado com a perspectiva de fazer a jornada de 16 mil quilômetros praticamente sozinho — mas também apreensivo quando chegou à Austrália, com o confiável ajudante de ordens do pai, David Checketts, a seu lado, em fevereiro de 1966. Depois de pousar em Sydney, Charles observou, ansioso, pela janela do avião os dignitários — incluindo o primeiro-ministro e o governador-geral — alinhados ao pé da escada, esperando para saudá-lo. Ele escreveu ao tio-avô Dickie Mountbatten dizendo estar feliz por não ter "feito nada tão tolo quanto tropeçar nos degraus e cair de cara no chão", e que os australianos que haviam comparecido para recebê-lo "pareciam felizes e gentis".

Na ausência de abuso e do sádico bullying que envenenava a atmosfera de Gordonstoun, Charles floresceu no interior australiano, mesmo sob as mais duras condições. Passava os dias cortando madeira, limpando o terreno, alimentando os porcos e percorrendo trilhas de 80 quilômetros pelas áreas selvagens. Ao longo do caminho, ele encontrava aranhas-caçadoras gigantes com pernas de 30 centímetros, venenosas cobras-tigres e cobras cabeças-de-cobre, dragões-barbudos e "raposas voadoras" — grandes morcegos frutívoros com envergadura de 1,5 metro. "É preciso verificar cada centímetro do solo antes de montar a barraca, para ver se há formigas ou outras criaturas medonhas", escreveu Charles. Ele se referia às formigas touro-vermelho, "que têm 2 centímetros de comprimento, cujas picadas são terríveis".

A exposição à Austrália e a seu povo teve um efeito "profundo e muito espiritual" no príncipe. Ele visitou postos avançados de missionários, onde nativos recém-convertidos ao cristianismo "estavam ávidos para participar de serviços religiosos, e os cânticos eram quase ensurdecedores [...]. É maravilhoso ir a algum lugar onde isso fascina você". Um desses convertidos era Davey Douglas, um aborígene que fora condenado por assassinato e canibalismo depois de uma disputa tribal na década de 1920. Douglas garantiu ao futuro rei que, aos 70 anos, ele já não "comia gente".

Essa temporada australiana de Charles teve alguns benefícios imprevistos. Depois de mais de cinquenta aparições públicas na região, ele conseguiu domar seu medo paralisante das multidões. "Mergulhei de cabeça e isso revelou uma sensação diferente", contou ao *Daily Mail*. Convencido de que as pessoas que esperavam durante horas para ter um vislumbre dele não eram suas inimigas, "fui capaz de me comunicar e conversar muito mais". Para uma figura pública destinada a se postar diante de uma plateia milhares de vezes durante a vida, esse foi um grande avanço, facilitado pelo que ele chamou de "afetuosidade e gentileza — bondade — naturais do povo australiano".

Nem todos os seis meses na Austrália foram passados enfrentando aranhas gigantescas ou multidões em eventos. O príncipe também foi recebido como convidado de honra em dezenas de jantares, banquetes e festas com pessoas de sua idade. Durante um baile escolar em Melbourne, ele conheceu Dale Harper, a vivaz e loira filha do abastado magnata Barry Harper. Apelidada de Kanga [uma referência a "canguru"] por Charles devido à sua personalidade saltitante, Dale — mais tarde Lady Tryon — se tornaria sua amante e confidente.

Quando Charles deixou a Austrália, ele estava irreconhecível: bronzeado, em forma e autoconfiante. Para surpresa de Philip, o filho que retornou se mostrou um adversário formidável no campo de polo. Embora tivesse começado a jogar relativamente tarde, o duque era, como em todos os esportes, um competidor habilidoso e feroz. Mesmo antes de Charles ser matriculado em Gordonstoun, Philip lhe deu seu primeiro pônei de polo e supervisionou suas tentativas de segurar o taco no Smith's Lawn do Grande Parque de Windsor. Aos 15 anos, Charles jogou sua primeira partida no time ladeado pelo pai. Philip nunca estava satisfeito com o desempenho do filho, oferecendo críticas turbinadas por palavrões e praticamente nenhum elogio. Um ex-colega de time lembra que "ele era brutal, perseguindo o príncipe em todas as ocasiões". Mas, tendo praticado sob o sol causticante da Austrália com alguns dos principais jogadores do país, ele competiu contra o pai — e estava vencendo. "Será que Philip se sentia orgulhoso?", questionou o ex-colega de time. "Difícil dizer. Nunca o ouvi admitir isso."

Philip parecia saber que sua influência sobre o filho estava diminuindo. Como não frequentou nenhuma faculdade, ele deixou que outros decidissem o rumo adequado para seu primogênito. Em 22 de dezembro de 1965, a rainha ofereceu um jantar no Palácio de Buckingham com o único objetivo de decidir que universidade o herdeiro do trono deveria frequentar. Entre os convidados estavam o primeiro-ministro Harold Wilson, o arcebispo de Canterbury, Lord Mountbatten (tecnicamente representando as Forças Armadas) e Philip — mas não, é claro, o próprio Charles.

Mountbatten, mentor de Philip e que então desempenhava o mesmo papel para Charles, assumiu o controle. As escolhas, previsivelmente, foram reduzidas a duas: Oxford e Cambridge. Entre os ex-alunos de Oxford estavam o tio-avô do adolescente, o ex-rei Edward VIII e então duque de Windsor (praticamente exilado na França com a esposa Wallis Simpson) e o primeiro-ministro Winston Churchill. Todavia, o último rei — o avô de Charles, George VI — havia estudado em Cambridge. Mas nenhum monarca permanecera tempo suficiente para obter um diploma. Ao fim do jantar, o futuro de Charles estava traçado: ele frequentaria o Trinity College da Universidade de Cambridge, com a intenção de se tornar o primeiro herdeiro do trono a ter um diploma universitário. Em seguida, iria para o Royal Naval College em Dartmouth e passaria algum tempo na Marinha Real.

Ao menos tecnicamente, a decisão final cabia a Charles. "Ele estava em uma idade na qual os garotos tendem a se apaixonar pela tradição ou se rebelar violentamente contra ela", disse Morrah, falando mais uma vez em nome da rainha. "Ele foi um dos que se apaixonam. Para ele, a tradição parecia ser a base da vida de toda a família real." Charles adorava a arquitetura antiga de ambas as faculdades, mas também procurava um *campus* com uma rota de fuga: um refúgio quando o estresse se tornasse excessivo, como acontecera em Cheam e em Gordonstoun. Como Cambridge ficava a apenas uma hora de Sandringham, essa parecia a escolha mais lógica. Nessas visitas à família, Charles podia ficar hospedado em Wood Farm, uma casa de fazenda de cinco cômodos e paredes de tijolos à vista, dentro da propriedade.

Quando estava prestes a terminar seu último período em Gordonstoun, Charles celebrou seu aniversário de 18 anos com uma festa no Castelo de Windsor para 150 convidados — na maioria, jovens filhos e filhas da aristocracia. Os anfitriões, a rainha Elizabeth e o príncipe Philip, permaneceram discretamente ao fundo. Logo depois, Charles estava de volta a Gordonstoun assistindo ao jornal quando descobriu que fora oficialmente nomeado conselheiro de Estado. Tendo chegado aos 18 anos, ele podia ser regente se, por qualquer razão, a rainha se tornasse mental ou fisicamente incapacitada. Ele também passou a fazer parte do pequeno grupo de pessoas — que incluía a rainha-mãe, a princesa Margaret e o duque de Gloucester, príncipe Henry (irmão de George VI e, por isso, tio-avô de Charles) — autorizado a agir em nome da monarca quando ela estivesse no exterior.

Completar 18 anos também significou ganhar um aumento. A receita do ducado da Cornualha ia diretamente para o herdeiro, mas em etapas. Charles passara a ter direito a US$80 mil por ano — o equivalente a mais de US$600 mil hoje. Aos 21 anos, ele começaria a receber seis vezes essa quantia.

Novamente, a imprensa e a multidão cercaram o carro de dois lugares de Charles quando ele chegou aos portões do Trinity College, em outubro de 1967. Charles ergueu o olhar e viu a figura de seu antepassado, Henry VIII, que fundara o Trinity em 1546. Sorrindo de uma orelha à outra, o príncipe de Gales apertou a mão do visivelmente tenso Lord Richard Austen Butler, ex-chanceler do Tesouro e então diretor do Trinity, e fez um rápido tour pelo lugar enquanto as câmaras registravam a cena para a posteridade.

Embora "Rab" Butler tivesse prometido que Charles seria tratado como qualquer outro aluno, já de início isso se mostrou impossível — um fato dolorosamente óbvio até para o príncipe. Quando os grandes portões de madeira da faculdade se fecharam atrás dele, evitando que a multidão entrasse, Charles disse que parecia "uma cena da Revolução Francesa".

Naquele primeiro dia, o novo aluno recebeu cerimoniosamente as chaves de seus cômodos no segundo andar, que incluíam um quarto, uma saleta, uma cozinha e, mais importante, um banheiro instalado apenas para ele pelos funcionários do Palácio de Buckingham. Todos os outros calouros dividiam dormitórios lotados e banheiros comunais no porão. Antes que ele chegasse, a rainha fizera uma visita secreta ao Trinity para inspecionar as acomodações. Achando-as insatisfatórias, instruíra seu decorador a incluir cortinas, tapetes e um edredom xadrez de Balmoral na estreita cama de ferro do príncipe. Além da empregada designada a cada estudante do Trinity College, Charles era acompanhado por seu ajudante de ordens, David Checketts, e por um guarda-costas, ambos com quartos adjacentes ao seu.

Quando as paredes de sua suíte relativamente modesta se fechavam sobre Charles, Lord Butler lhe entregava a chave do luxuosamente decorado Master's Lodge, dando-lhe ainda mais espaço. Com o entendimento de que Sua Alteza Real iria a Sandringham para participar de caçadas e partidas de polo, Butler concedeu a ele licença especial para estacionar seu carro esportivo no *campus*. Todos os outros alunos do primeiro ano eram expressamente proibidos de deixar seus carros no terreno da faculdade.

Em seu zelo para treinar adequadamente o futuro rei, o tio Dickie Mountbatten e o primeiro-ministro Harold Wilson haviam criado uma lista de disciplinas que incluía história, direito constitucional, economia e relações internacionais — áreas de estudo óbvias para alguém destinado a ocupar um lugar no palco mundial. Charles não aceitou. Inspirado por seu contato com povos aborígenes na Austrália e na Nova Guiné, assim como pelos sítios arqueológicos que ajudara a escavar no nordeste da Escócia — especificamente dentro das cavernas de Covesea e Kinneddar —, ele decidiu estudar antropologia e arqueologia. Argumentou que essas disciplinas eram tão valiosas quanto, sobretudo porque ele governaria uma sociedade étnica e culturalmente múltipla: "Para se dar bem com pessoas de outras raças e países, você precisa saber como elas vivem, comem, trabalham, o que as faz rir — e sua história."

Contudo, Charles continuou separado dos outros. Apesar de o corpo estudantil da época se aproximar dos mil alunos, Charles passava a maior parte do tempo na companhia de quatro ou cinco estudantes cujas famílias tinham conexões com o palácio. O filho do deão de Windsor, Edward Woods, e seu primo James Buxton, ambos incentivados pela família a ajudar Charles a se adaptar à nova situação, o acompanhavam na caminhada até a aula, jantavam com ele em sua acomodação, iam a concertos e assistiam a filmes.

Além de Woods, Buxton e algumas pessoas com as quais se sentia confortável para convidar para as caçadas de sábado da família real em Sandringham, Charles tinha pouco interesse em conviver com os outros novecentos e tantos estudantes do Trinity. Checketts disse ao jornalista Graham Turner que Charles "não se misturava. Ele vivia para os fins de semana". É claro que, do ponto de vista de alguém criado para apreciar atividades eduardianas como caçadas de fim de semana, nada na vida social da faculdade se comparava ao que Sandringham tinha a oferecer. "É o *crème de la crème* das aves selvagens", explicou Charles certa vez. "Elas são muito ativas. Tudo é perfeito."

Tais declarações só confirmavam a opinião negativa que a maioria dos jovens tinha sobre Sua Alteza Real. Enquanto a contracultura conquistava os *campi* britânicos e os estudantes iam para as ruas protestar contra a guerra do Vietnã, Charles parecia ter saído de uma edição da década de 1940 da revista de estilo *Town & Country*. Mesmo os poucos admitidos em seu restrito círculo íntimo reconheciam que ele — sempre vestido de calças de veludo, paletós de tweed, sapatos imaculadamente engraxados, camisa e gravata — "era inacreditavelmente empertigado. Nunca relaxava".

Charles, considerado "antiquado" e "esnobe" pela maior parte dos alunos do Trinity, não hesitava em retornar o favor. Ele sentia declarado desdém por seus contemporâneos de cabelo comprido, chamando-os de "sujos", "fedorentos", "barulhentos", "mal orientados" e "patéticos". Ele defendia a tradição ("Ela é mesmo a base de tudo") e não "mudar por mudar — o que, do meu ponto de vista, não faz sentido".

Embora a resoluta pomposidade de Charles ofendesse a maioria, ele tinha admiradores na faculdade. O teólogo Harry Williams, que combinava os ensinamentos da Igreja da Inglaterra com Carl Jung e Sigmund Freud em suas provocantes aulas sobre "encontrar seu eu interior", via em Charles "graça, humildade e o desejo de ajudar os outros. Pode soar absurdo, mas sempre achei que ele tinha os traços de um santo quando era jovem". Ironicamente, esse adjetivo nunca mais seria aplicado ao príncipe, embora fosse usado com bastante frequência para descrever a esposa que ele desprezaria.

Charles, cuja carreira acadêmica até então fora medíocre, conseguiu se sair bem nos exames ao fim de seu primeiro ano na universidade. O príncipe, que achava que a imprensa estava determinada a fazer com que todos os membros da família real "parecessem estúpidos", ficou felicíssimo com essa realização, que foi "aplaudida pela imprensa nacional [...]. Consegui o que queria e mostrei a eles, pelo menos, que não sou ignorante ou incompetente! Virei a mesa, e agora serei visto como um príncipe diligente!".

Outros cinquenta anos se passariam antes que Charles revelasse que quase morrera durante seu primeiro ano no *campus*. Enquanto andava de bicicleta em frente à biblioteca do Trinity, ele fora "atropelado por um ônibus. Não sei como sobrevivi". Se não tivesse se recuperado — incrivelmente, ele sofreu apenas alguns arranhões —, seu irmão, o príncipe Andrew, teria se tornado o primeiro na fila para o trono, seguido mais tarde pelas filhas Beatrice e Eugenie.

Iniciando seu segundo ano em 1968, Charles decidiu retornar ao palco, contrariando os conselhos de seu nada compreensivo pai. Ele fez um teste para o grupo de teatro da faculdade, a Sociedade Dryden, e foi imediatamente escalado para uma comédia de Joe Orton chamada *The Erpingham Camp*, interpretando um ministro que é atingido no rosto por uma torta ao fazer seu discurso. O príncipe de Gales descobriu que tinha talento para o pastelão, e em breve estava retratando "um especialista nos bidês chineses da dinastia 'Bong'", um pescador que fisga um peixe tão grande que o puxa para fora do palco e um homem do tempo usando máscara de gás e chinelos, prevendo "uma depressão maníaca sobre a Irlanda" e "uma frente quente seguida por um traseiro frio".

A comédia era horrível, e fora escrita para ser assim. Ao zombar de si mesmo de maneira tão exagerada, Charles esperava quebrar as barreiras invisíveis que o separavam das pessoas de sua idade. Mas a estratégia não funcionou. "Quando tento conversar com outras pessoas, finjo interesse, e o pior é que eu sinto que *elas* percebem", confessou. O príncipe reconheceu que era "uma pessoa sozinha que prefere continuar assim. Estou feliz tendo somente as colinas e as árvores como companhia".

Não por muito tempo. Aos 20 anos, Charles nunca tivera um relacionamento romântico sério. Na verdade, até onde todo mundo sabia, ele nunca tivera um encontro. Rab Butler e a esposa Mollie estavam determinados a mudar isso. Quando o príncipe compareceu a um jantar na casa deles em maio de 1969, ele foi apresentado à assistente de pesquisa de Rab, Lucia Santa Cruz, de 25 anos. Segundo Mollie Butler, ela era "uma garota charmosa e realizada. Estou confiante de que ela despertará o interesse do príncipe Charles".

Filha do embaixador do Chile na corte de St. James, Santa Cruz tinha diplomas de Oxford e do King's College de Londres, falava quatro línguas e era tão deslumbrante quanto qualquer modelo na capa da *Vogue* britânica. Com olhos castanhos, lábios carnudos e cabelos escuros como uma manta de zibelina, ainda mais vestida com uma minissaia elegante, ela sempre chamava a atenção dos homens ao entrar em qualquer lugar — e o príncipe de Gales não foi exceção.

"O príncipe Charles estava apaixonado por Lucia, e ela por ele", disse Mollie Butler. Santa Cruz era católica romana e, por lei, isso proibia Charles de se casar com ela e ser rei. Como seu namoro jamais poderia resultar em matrimônio, Mollie concluiu que Santa Cruz era "um feliz exemplo de alguém com quem ele podia treinar, por assim dizer".

No que se tornaria o padrão em seus relacionamentos com as mulheres, Charles não hesitou em usar todos os truques à sua disposição — incluindo os serviços dos oficiais do palácio — para organizar os encontros. Nesse ponto de sua vida sexual, o príncipe contava com o vice-mestre da casa real, Patrick Plunket, para garantir sua privacidade.

Privacidade nas questões do coração era uma coisa. Quando se tratava do sucesso da monarquia, porém, Charles foi um dos primeiros da família a considerar essencial uma cuidadosa campanha publicitária. Durante anos, o secretário de imprensa da rainha, o dispéptico Richard Colville, estivera em guerra contra a grande mídia, controlando o pouco acesso da imprensa com punho de ferro. Aposentado, foi substituído por William Heseltine, um australiano descontraído com novas ideias sobre como usar a mídia em favor da monarquia.

"A essência do papel da rainha era a comunicação, e essa comunicação precisava melhorar", disse Heseltine. Quando a BBC abordou o palácio pedindo para gravar um documentário sobre a vida de Charles, a rainha e o príncipe Philip vetaram a ideia. Eles temiam que o filho os constrangesse. Heseltine sugeriu um documentário televisivo mais amplo sobre a família real, a ser lançado na mesma data da investidura de Charles — o famoso apresentador e antropólogo David Attenborough foi um dos muitos que condenaram a ideia.

"Você está matando a monarquia com esse filme", escreveu Attenborough ao produtor e diretor da BBC responsável pelo controverso e inédito documentário *Royal Family*. "A instituição depende da mística e do chefe tribal em sua cabana. Se qualquer membro da tribo vir o interior da cabana, todo o sistema de chefia tribal é prejudicado, e a tribo acaba se desintegrando." Mesmo Bryan Forbes, um sagaz cinegrafista comercial, tinha dúvidas: "Se você deixar que o gênio saia da garrafa, nunca mais será capaz de fechá-la novamente." Todos ecoavam o veredito do historiador constitucional da era vitoriana Walter Bagehot sobre a mística da monarquia: "Não podemos deixar que a luz do sol brilhe sobre a magia."

Mas foi o que fizeram. Durante 75 dias, a rainha permitiu que câmeras a seguissem, assim como a membros da família, em um esforço para retratar os Windsor como pessoas comuns — ou quase isso. O filme começa descrevendo Charles como herdeiro dos "13 tronos" da Commonwealth; entra em cena então o gaiteiro da rainha, usando traje cerimonial xadrez, tocando suas gaitas de fole em frente à janela do quarto de Sua Majestade precisamente às 9 horas da manhã — uma tradição que começara quando a rainha Vitória decretou que todo soberano devia acordar ao som de gaitas escocesas.

Nos noventa minutos seguintes, os espectadores veem, entre outras coisas, a rainha conversando ao telefone com o presidente norte-americano Richard Nixon, saudando quem chega às recepções no palácio, aceitando credenciais diplomáticas, cavalgando em sela lateral durante a parada oficial de seu aniversário, dando cenouras aos cavalos, decorando uma árvore de Natal, conversando com convidados durante festas no jardim, presidindo um churrasco da família em Balmoral, abrindo as sempre presentes caixas vermelhas, procurando moedas na bolsa a fim de comprar guloseimas para Edward, com 4 anos, em uma loja de doces ("É tudo que tenho", diz ela ao confuso caixa) e rindo com os filhos ao assistir a uma comédia na TV.

Alguns momentos são constrangedores. "Como você mantém uma cara séria quando um criado de libré lhe diz: 'Vossa Majestade, sua próxima audiência é com um gorila'?", pergunta a rainha. "Era um visitante oficial, mas ele se parecia com um gorila." Em outra cena, o príncipe Philip revela que o sogro, George VI, "tinha hábitos muito estranhos" — como envergar um grande chapéu de pele de urso enquanto usava um facão para podar os jardins reais. Mais de uma vez, Philip ouvira o rei gritar obscenidades atrás de um arbusto de rododendros: "Às vezes, eu achava que ele era maluco."

Charles é mostrado na melhor luz possível: como um homem ativo esquiando na água, andando de bicicleta e estudando para o exame final de história, que ele incluíra em seu currículo no primeiro ano de faculdade. No fim das contas, como Attenborough e outros haviam previsto, o filme foi considerado um enorme erro. O público não recebera um vislumbre do que se passava por trás da cortina imperial: ela fora aberta e arrancada, revelando que a família real não era composta de super-humanos. A rainha sentiu que, ao descer ao nível de seus súditos, perdera grande parte do respeito deles; muito do mistério que sempre cercara a realeza fora erodido. Essa foi a primeira rachadura no muro, que seria alargada por cada novo erro e escândalo. Elizabeth II estava convencida de que a instituição da monarquia fora seriamente prejudicada por *Royal Family*, tanto que ela ordenaria que o documentário parasse de ser exibido.

No curto prazo, no entanto, *Royal Family* foi um enorme sucesso. Com início em 21 de junho de 1969, foi ao ar cinco vezes, visto por cerca de 400 milhões de pessoas em 130 países. Sir Peregrine Worsthorne avisou na época: "Primeiro, o público vai adorar ver a família real como essencialmente igual a todo mundo, e, no curto prazo, receber as câmeras aumentará a popularidade da monarquia. Mas, no médio prazo, gerará, se não desdém, familiaridade."

Embora sua avó tivesse se oposto ao documentário — "É uma ideia terrível", dissera ela à rainha —, Charles ficou feliz com o ambiente de boa vontade criado por ele nas semanas anteriores à sua investidura. A fim de se preparar para seu papel como príncipe de Gales, ele passara nove semanas na Universidade e Faculdade de Gales, em Aberystwyth, mergulhando na história, cultura e língua da região. Confinado a um quarto minúsculo em um dormitório de paredes de granito, Charles voltou se isolar dos outros estudantes, "a mesma variedade de gente de cabelo comprido, pés descalços e rosto suado" que encontrara no Trinity College. Duas vezes por semana, ele dirigia 20 quilômetros para o norte, até a base aérea Towyn, onde, seguindo o conselho do príncipe Philip, vestia um uniforme de piloto da RAF e tinha aulas de voo.

Quando fez seu primeiro discurso em galês em um festival de artes, foi vaiado e interrompido por manifestantes que queriam a independência galesa. A polícia os reprimiu, e o príncipe, parecendo ligeiramente confuso, perseverou. "Fiquei grato, porque eles impediram que a plateia notasse minha terrível pronúncia. A língua galesa é impossível de aprender — parecia que minha boca estava cheia de bolas de gude!", disse ele.

Nos anos anteriores à sua investidura, uma onda de nacionalismo galês criara sérias questões de segurança. Bombas passaram a ser detonadas no norte do principado, e havia ameaças terroristas cujo propósito era perturbar a cerimônia no histórico Castelo de Caernarfon. A rainha temia pela segurança do filho. Para tranquilizar Sua Majestade, mais 250 policiais foram levados até lá para montar barreiras, guardar pontes e vasculhar cada canto em que um dispositivo explosivo pudesse ter sido plantado. Outros setenta agentes disfarçados se misturaram aos espectadores.

O primeiro príncipe de Gales inglês nascera em 1284 no Castelo de Caernarfon, e, por isso, a fortaleza medieval parecia o local mais lógico para a investidura do herdeiro do trono. A cerimônia, todavia, só ocorrera uma vez em tempos modernos — quando o tio-avô de Charles, David, mais tarde Edward VIII, fora forçado a vestir culotes de cetim branco e manto de cetim púrpura enfeitado com arminho e ser coroado pelo pai, George V, em 1911. O espetáculo fora organizado pelo então primeiro-ministro David Lloyd George, um nativo de Gales, a fim de tornar a monarquia glamourosa e sedimentar os laços galeses com a Grã-Bretanha.

A princesa Margaret se casara em 1960 com o fotógrafo Antony Armstrong-Jones, que se tornara Lord Snowdon. Ele foi o responsável pela investidura de Charles ser um grande espetáculo para as milhares de pessoas reunidas em Caernarfon e as dezenas de milhões que assistiram ao evento em todo o mundo. Querendo evocar temas arturianos, o cenário de Snowdon foi o pátio do palácio e incluía três tronos medievais de ardósia sob um enorme toldo de acrílico (para permitir vários ângulos de câmera). Charles, poupado de ter que vestir culotes de cetim branco, usou o uniforme do comandante em chefe do Regimento Real de Gales sob o manto principesco.

Tentando não se distrair com o som abafado das bombas explodindo à distância, o príncipe percorreu as ruas de Caernarfon em uma carruagem aberta até o castelo. Corais cantaram, bandas militares tocaram e 3 mil soldados desfilaram sob as muralhas onde bandeiras hasteadas exibiam os dragões vermelhos de Gales e o brasão real. A rainha, usando um vestido amarelo pálido e um chapéu de inspiração Tudor, tomou seu lugar em um dos três tronos de ardósia. Philip, de uniforme militar completo, sentou-se à sua esquerda. A despeito da atmosfera medieval cuidadosamente planejada, a rainha manteve a bolsa e uma sombrinha amarela combinando ao lado do trono.

Escoltado até o pátio pelo Rei de Armas da Ordem da Jarreteira, Charles se ajoelhou e olhou em torno, enquanto discursos eram lidos em inglês e galês. Então a rainha entregou a ele os símbolos do cargo: uma espada cerimonial, um cetro de ouro e um anel de ouro simbolizando seu "casamento" com Gales. Quando chegou a hora de a rainha colocar a pesada coroa de ouro na cabeça do filho, ambos deram risadinhas. Durante os ensaios no Palácio de Buckingham alguns dias antes, a coroa, como disse Sua Majestade, "era grande demais e o cobria como se fosse um abafador de velas!", e continuava incômoda — depois de colocada em sua cabeça, Charles, com o rosto impassível, tentou ajustá-la.

Após o príncipe de Gales receber o manto púrpura com arminho, a cerimônia chegou ao clímax. "Para mim", escreveu ele em seu diário, "o momento mais comovente e significativo foi quando coloquei minhas mãos entre as de mamãe e jurei servi-la de corpo e alma até a morte e defendê-la contra todo tipo de pessoas — palavras tão magnificamente medievais e apropriadas, mesmo que jamais tenham sido cumpridas nos velhos tempos".

A estreia oficial de Charles como príncipe de Gales atraiu uma plateia estimada em meio bilhão de pessoas em todo o mundo e rendeu elogios à aparente calma do príncipe. Nos dias que se seguiram, ele percorreu Gales em um Rolls-Royce com teto de vidro ("Era julho, e eu cozinhei lá dentro!", escreveu ele), atraindo grandes e entusiásticas multidões onde quer que fosse. Como esperado, nem a rainha nem o príncipe Philip o elogiaram, e tratavam de estar ocupados quando ele retornou a Londres.

Mas uma das poucas pessoas cuja opinião ele valorizava escreveu uma carta e deu nota 9 a seu desempenho. "Tenho certeza de que você manterá a cabeça no lugar", escreveu seu tio-avô Lord Mountbatten. "Seu tio David era tão popular que acreditou que poderia ignorar o governo e a Igreja e transformar uma mulher divorciada, duas vezes, em rainha. A popularidade dele desapareceu da noite para o dia." Mountbatten garantiu a Charles que seu lugar no coração das pessoas estava seguro, "desde que você mantenha os pés no chão".

Não tendo a menor ideia das armadilhas em seu futuro, o recém-investido príncipe de Gales respondeu com confiança, escrevendo para o homem que passara a chamar de vovô: "Desde que não me levem muito a sério, não devo me sair muito mal."

Em termos financeiros, ele passaria a se sair muito bem. Ao completar 21 anos, Charles passou a receber a renda integral gerada pelo ducado da Cornualha, um vasto império imobiliário criado por Edward III em 1337 para fornecer uma receita estável aos futuros reis. O ducado é composto de quase 55 mil hectares em Cornwall, Herefordshire, Somerset, Dorset, Wiltshire, Gloucestershire e quase todas as ilhas Sorlingas, incluindo fazendas, florestas, propriedades à beira-mar, imóveis em Londres, a prisão Dartmoor, minas de estanho e até um estádio de críquete. Em 1968, Charles coletou o equivalente a US$3,6 milhões em valores de 2018. Eventualmente, o ducado da Cornualha seria avaliado em mais de US$1,2 bilhão, rendendo ao príncipe — que tem ainda outras fontes de renda — uma receita anual acima de US$35 milhões.

Para celebrar a maioridade de Charles, a rainha deu uma festa a rigor para quatrocentos convidados no Palácio de Buckingham. O príncipe de Gales, cujo gosto musical era o mais refinado da família, pediu um concerto clássico durante a celebração — especificamente, um programa de Mozart interpretado pelo legendário violinista Yehudi Menuhin. Houve um banquete, seguido de queima de fogos de artifício e dança ao som de uma banda de rock. Charles deu uma volta rápida no presente que ganhara da mãe para marcar a ocasião: um Aston Martin Volante DB6 MKII conversível, azul. (O carro, cujo motor Charles pediria à montadora que fosse convertido para usar bioetanol em 2008, foi dirigido pelo príncipe William no dia de seu casamento.)

Charles se graduou em Cambridge em 23 de junho de 1970, tendo estudado história, antropologia e arqueologia, e recebendo uma média C. Ele foi o primeiro herdeiro do trono a obter um diploma de curso superior, mas sabia que, a despeito de suas notas medíocres, a opinião geral era de que ele fora, como disse, "tratado com luvas de pelica". E foi, é claro — desde suas acomodações (ele passara para uma suíte ainda mais espaçosa revestida com painéis de madeira em seu último ano) até a equipe particular e as frequentes ausências para comparecer a eventos reais em nome da Coroa.

Durante uma das missões que o afastavam dos estudos — uma viagem de um mês para Austrália, Nova Zelândia, Hong Kong e Japão —, ele fez paradas nos Estados Unidos, mais especificamente em Nova York e Los Angeles. Essa foi a primeira vez que ele pisou em solo norte-americano, e a impressão que teve dificilmente poderia ser classificada como positiva. "Um bando de microfones, fotógrafos e repórteres insistentes, uma multidão de policiais corpulentos de dedos inquietos", registrou em seu diário, descrevendo a cena em Los Angeles. "Muitos tapas nas costas, apertos de mão e discursos intermináveis." Um oficial em particular o irritou: "Insuportável, pomposo [...] não me deixou falar."

Charles teve muitas oportunidades de exercer sua oratória quando, no último ano na faculdade, participou dos famosos encontros da Cambridge

Union, uma sociedade cujo cerne é a liberdade de expressão e o debate (fundada em 1815, é a maior sociedade de Cambridge e a mais antiga ainda em atividade no mundo).

A questão sugerida para debate foi: "Esta casa acredita que o avanço tecnológico ameaça a individualidade do homem e está se tornando seu mestre." Sem surpresa, o príncipe, cujas poucas manifestações públicas haviam sempre defendido a natureza, a preservação ambiental e a tradição, concordou com a proposta. Infelizmente, em um prenúncio do que viria, ele atacou a aeronave supersônica Concorde sendo construída por britânicos e franceses em conjunto.

Embora admitisse que a nova aeronave era "fascinante" e que às vezes pensava em "viajar nela", concluiu que, "se ela for causar poluição sonora, derrubar igrejas ou estilhaçar janelas inestimáveis quando testar suas explosões sônicas [...] realmente é isso que queremos?". Embora o romancista C. P. Snow e o tio Dickie, Lord Mountbatten, argumentassem contra sua posição e a favor da tecnologia, o lado do príncipe venceu por 214 a 184.

Mas foi uma vitória de Pirro. A indústria aérea reagiu quase imediatamente, dizendo que o príncipe de Gales estava mal-informado e que o desenvolvimento do Concorde era fundamental para a economia britânica. Além disso, as explosões sônicas ocorreriam sobre o mar, não acima de áreas povoadas.

O Palácio de Buckingham tentou diminuir os danos, e Charles foi aconselhado a conversar com especialistas antes de fazer comentários públicos potencialmente incendiários. Mas ninguém o convenceu. "Estamos todos acovardados diante dos 'especialistas' nas sombras?", questionou ele. O príncipe insistiu que tinha direito a uma opinião "como todo mundo. Parece estranho que eu, entre todas as pessoas — alguém que pode estar em posição de fazer diferença — deva não ter opiniões e ficar calado. Bem, eu tenho opiniões, e não vou ficar calado".

No fim das contas, Charles e outros membros da família real voariam mais de uma dezena de vezes no Concorde.

"Em um caso como o seu, um homem deve espalhar sua semente
e ter tantos casos quanto puder antes de sossegar."
— Lord Mountbatten para Charles

"Aprendi como um macaco aprende: observando os pais dele."
— Charles

"Se ele fosse qualquer outra pessoa,
teríamos pensado 'Que sujeito agradável. O que ele fará da vida?'"
— Oficial da Força Aérea Real em treinamento, sobre Charles

QUATRO

"ESTOU ESPERANDO UM REI"

O tio Dickie insistiu. "Você deve prestar serviço a uma força à qual se sinta confortável e na qual possa ter uma carreira. Seu pai, seu avô e seus bisavôs tiveram carreiras de destaque na Marinha Real. Se seguir os passos deles, será muito popular com o povo." Philip, a apenas alguns passos e com um uísque na mão, assentiu.

Nas semanas seguintes, o duque de Edimburgo, cuja carreira na Marinha Real fora interrompida pelo casamento com a soberana, enviaria ao filho cartas e memorandos esboçando em detalhes frios e precisos sua trajetória no serviço militar. No outono de 1971, dali a 18 meses, Charles iniciaria o treinamento em Dartmouth. Antes disso, teria que treinar com a Força Aérea Real para ser piloto de caça.

Charles concordou com tudo, mas o tom distante das cartas de Philip só serviu para enfatizar o fosso cada vez maior entre pai e filho. Embora seus aposentos no palácio ficassem no mesmo corredor, eles nunca conversavam. Philip não tinha interesse em se conectar com o filho mais velho, e Charles admitiu estar "relutante em enfrentar a censura parental que flutuava na atmosfera entre eles". Quando se tratava do pai, comentou que "as críticas surgiam em seus lábios muito mais facilmente que os elogios".

Mesmo assim, o príncipe de Gales se dedicou ao treinamento em Cranwell, a faculdade da Força Aérea Real a 220 quilômetros ao norte de Londres. Pela primeira vez, ele logo se deu bem com os outros alunos — vários dos quais partilhavam de seu amor por *The Goon Show* e uma nova e ridícula comédia da BBC, *Monty Python's Flying Circus*. "Compatibilidade imediata!", comemorou em seu diário. Isso dito, foi difícil se ajustar à vida militar: "Tenho que chamar os oficiais superiores de 'senhor', mas não chamo ninguém assim há muito tempo [...]. Eles parecem mais nervosos comigo do que eu com eles."

Perto do fim de seu treinamento, Charles mais uma vez escapou por pouco da morte, dessa vez saltando pela primeira vez de paraquedas, sobre a água. O equipamento abriu, e ele se viu de ponta-cabeça, com as pernas enroladas nos cordões. De algum modo, conseguiu soltá-las e mal teve tempo de se endireitar antes de pousar. Sentindo-se "exultante e inacreditavelmente feliz" ao voltar à terra firme, estava também orgulhoso por ter agido com tanta calma diante do perigo: "Eu consegui, e ninguém pode tirar isso de mim."

Já se passara um ano desde que o presidente norte-americano Richard Nixon tentara marcar um encontro para a filha Tricia com o jovem George W. Bush. Então, seu foco mudou para o herdeiro do trono britânico — Nixon sonhava em ver a filha se tornar rainha. Em julho de 1970, Charles e Anne, que tinha abandonado a faculdade para se dedicar a uma carreira no hipismo, acompanhavam os pais durante uma visita ao Canadá quando fizeram uma parada em Washington, D.C. Não era uma visita oficial, mas Nixon fez seu melhor: os irmãos reais foram formalmente recebidos no gramado da Casa Branca e, depois de o presidente dizer algumas palavras, foi a vez de o príncipe subir no pódio. Agora confortável com grandes multidões, Charles pareceu mais articulado e no controle que seu anfitrião. Chamou os Estados Unidos de um "país muito fascinante e intrigante" que ele e a irmã "sempre quiseram conhecer".

Durante anos, pesquisas elegiam Charles como o solteiro mais desejável do mundo, e Tricia Nixon, como milhões de jovens em todo o mundo, tinha uma paixonite pelo inexperiente príncipe. O presidente norte-americano organizou uma intensa agenda de eventos (grandes e pequenos) e providenciou para que a filha acompanhasse Charles em todos eles. Em três dias, entre outras coisas, eles fizeram piquenique, nadaram e praticaram tiro com os amigos de Tricia em Camp David, o refúgio presidencial na montanha Catoctin, em Maryland; almoçaram em Mount Vernon; torceram pelo time de beisebol Washington Senators; visitaram o Museu Smithsonian do Ar e do Espaço — com os astronautas Neil Armstrong, que um ano antes fora o primeiro homem a andar na Lua, e Frank Borman, comandante das missões Gemini VII e Apollo 8, a primeira a orbitar a Lua, como guias —; navegaram pelo rio Potomac a bordo do iate presidencial *Sequoia*; tomaram chá na embaixada britânica; passearam pelo monumento a Washington, o memorial Lincoln e também pelo Congresso; e dançaram no gramado da Casa Branca ao som de sucessos de Guess Who e Gary Puckett and the Union Gap.

O presidente Nixon não foi exatamente sutil. Os irmãos reais estavam hospedados na Casa Branca, no segundo andar da ala oeste conhecido como "a residência" — Anne no Quarto da Rainha, batizado em homenagem à sua mãe, e Charles no Quarto Lincoln. Várias vezes durante a visita, Charles e Tricia se viram subitamente sozinhos. "Eu e minha mulher ficaremos fora do caminho para que você possa se sentir em casa", dizia Nixon a Charles com uma piscadela.

O pai de Tricia estava mais fascinado por Charles do que ela. de acordo com o planejado, eles deveriam ter uma conversa de 15 minutos sobre "o que os jovens querem", mas, em vez disso, falaram sobre Rússia, China, Sudeste Asiático, Índia e Oriente Médio. Nixon também incentivou o herdeiro do trono a expressar suas opiniões, a sempre ser "uma presença" e não fugir da controvérsia, mas sabendo escolher suas batalhas.

No fim das contas, foi a desajeitada tentativa casamenteira do presidente — a qual anos depois Tricia descreveria como "constrangedora" — que ficaria na memória do príncipe. Em um ato deselegante, ele descreveu Tricia para um amigo como "artificial e maleável", mas o que o irritara fora ser tratado como criança e não como herdeiro do trono da Inglaterra — além de não ter recebido a deferência que merecia, de acordo com o protocolo. "O protocolo e o decoro significam muito para o príncipe Charles", disse um antigo palafreneiro. "Ele se pergunta se sua mãe ou seu pai se sujeitariam a esse tipo de tratamento, e então seu sangue começa a ferver."

Trinta e cinco anos depois, Charles foi solicitado a descrever sua primeira visita à Casa Branca. "Foi quando tentaram me casar com Tricia Nixon", disse com desdém.

O príncipe de Gales não ficou desapontado com o tratamento que recebeu em Paris, quando representou a rainha durante o funeral do presidente francês Charles de Gaulle em novembro. Liderando uma delegação que incluía o então primeiro-ministro Edward Heath e três ex-primeiros-ministros — Anthony Eden, Harold Macmillan e Harold Wilson —, Charles assumiu seu lugar entre os outros príncipes coroados, diretamente atrás do xá do Irã e do imperador Haile Selassie da Etiópia. Foi muito diferente de conversar polidamente com a filha de um presidente norte-americano. Naquela confusão de imperadores, potentados e dignitários variados, o príncipe estava à vontade. "Sinto que pertenço a esse grupo", disse ele, dando de ombros.

Basicamente desistindo de construir uma relação amorosa com os pais, Charles se voltou cada vez mais para o vovô, o Lord Mountbatten, em busca de conselhos sobre todos os aspectos de seu futuro, incluindo sua vida sexual. Mountbatten estava mais que disposto a ajudá-lo. Ele incentivou o príncipe de Gales a ter o máximo possível de aventuras sexuais antes de ser forçado a escolher uma mulher que, presumivelmente, um dia seria sua rainha. E, mesmo então, disse a Charles, era de se esperar que o príncipe de Gales tivesse uma amante — desde que com discrição.

A despeito disso, nos anos que se seguiram ao bafafá entre a princesa Margaret e Peter Townsend, a Coroa fora atingida por escândalos de tempos em tempos. Era 1961, e a Inglaterra via estourar o caso de espionagem e escândalo sexual envolvendo o secretário de Estado da Guerra, John Profumo, e a modelo de 19 anos Christine Keeler — que também era amante do adido naval soviético e capitão Yevgeny Ivanov. Este, por sua vez, tinha ligações com Stephen Ward, membro da alta sociedade e amigo do duque de Edimburgo. Houve intensa especulação se o príncipe Philip era o notório "garçom nu" que, usando somente um capuz na cabeça e um laço rosa-choque nos genitais, servira drinques durante uma festa sexual organizada por Profumo. (Mais tarde, fora revelado que um membro do

Gabinete do primeiro-ministro Harold Macmillan, que acabou renunciando por causa do escândalo, era o garçom nu.)

Naquela época, em que eram frequentes os boatos sobre casos extraconjugais de Philip, Charles ainda estava em Gordonstoun e ocupado demais fugindo do bullying para saber da tensão no casamento dos pais. No fim da década de 1950, a rainha despachou o marido para uma viagem ultramarina após o relato de que ele se divertia em um clube masculino no Soho todas as tardes de quinta-feira, com um grupo que incluía o oficial de inteligência britânico Kim Philby (que se revelou um espião russo) e os atores David Niven e Peter Ustinov. Enquanto Charles estava no colégio interno, seu pai foi associado, entre outras, à autora britânica Daphne du Maurier, à dançaria Pat Kirkwood, à cantora Helene Cordet, à apresentadora Katie Boyle, à atriz Merle Oberon, à duquesa de Abercorn ("Temos uma amizade passional, mas não fui para a cama com ele") e à prima da rainha, a princesa Alexandra de Kent. "Acredite quando digo que a rainha possui em abundância a qualidade da tolerância", admitiu Philip certa vez.

Já adulto, Charles pesou as palavras de Lord Mountbatten. Mas, naquele momento, concentrou-se em seu treinamento como oficial em Dartmouth e planejou uma carreira de sete anos na Marinha Real, que começaria com uma missão a bordo do destroier de mísseis teleguiados HMS *Norfolk*. Antes de embarcar, o príncipe de Gales se divertiu com as atividades usuais da realeza: jogar polo e atirar em centenas de faisões em Sandringham e Broadlands. "Você é o tio-avô mais incrível do mundo", escreveu ele a Mountbatten após uma caçada. "Obrigado pelo dia mais empolgante, indescritível, memorável e exaustivo de todos, com muitos recordes quebrados e meus dedos pegando fogo [...]. Eu jamais esquecerei."

É claro que o querido "vovô" de Charles tinha as próprias razões para manter o príncipe a seu lado e incentivá-lo a aproveitar a vida antes de se comprometer com alguém. Para infundir ainda mais sangue Mountbatten na família real, ele esperava arranjar o casamento entre o príncipe de Gales e sua neta adolescente e prima de Charles, Lady Amanda Knatchbull. Mas isso teria que esperar, já que ela era nove anos mais nova que o príncipe, tendo somente 14 anos na época.

Para garantir que seu *protégé* estivesse adequadamente ocupado, tio Dickie fez uma lista de jovens damas que seriam apropriadas e disponibilizou Broadlands para os casinhos de Charles, "quando quiser". Mas, antes que Charles pudesse aceitar a oferta de Mountbatten, o destino interferiu.

Foi em agosto de 1971, durante uma partida de polo em Smith's Lawn, Windsor, que ele a viu pela primeira vez. Charles tinha acabado de descer do cavalo e secava o suor do rosto com uma toalha monogramada quando ouviu alguém gritando. Separada das outras garotas que haviam se agrupado na cerca para ter um vislumbre do príncipe, ela queria mais — queria chamar a atenção dele. "Que belo animal!", gritou a jovem e esbelta loira, tirando o cabelo dos olhos com a mão. "Você jogou maravilhosamente bem."

Charles não a reconheceu. Estava vestida como as outras — calça jeans justa, botas, jaqueta verde da Barbour abotoada até o pescoço para protegê-la da garoa —, mas ela não se destacava como a mais bonita ou mais arrumada. Mesmo assim, havia nela um traço de espontaneidade e sem afetação que o atraiu. Antes de voltar ao palácio, Charles parou para conversar sobre cavalos e polo com a misteriosa jovem. Ela se chamava Camilla Shand. Talvez Charles nunca a tenha visto antes, mas seu colega de polo, o argentino Luis Basualdo, certamente sim. "Ela era uma das garotas que chamávamos de 'groupies de Windsor'", contou Basualdo.

Durante um jantar semanas depois, um caso antigo de Charles — a chilena com a qual ele supostamente perdera a virgindade — levou o príncipe até um canto e ronronou: "Encontrei a garota perfeita para você!" Lucia Santa Cruz então desapareceu e retornou, momentos depois, com Camilla.

"Acho que já nos conhecemos", disse Charles, olhando para os olhos azul-cobalto de Camilla.

Talvez fosse porque ela era 16 meses mais velha que Charles ou, como o príncipe Philip, estava acostumada a dizer o que estivesse em sua mente. "Minha bisavó e seu bisavô foram amantes", declarou ela. "O que você acha disso?"

Franqueza e flerte fácil eram qualidades hereditárias. A bisavó de Camilla, Alice Keppel, fora a celebrada amante do rei Edward VII, que em 1901 sucedeu a rainha Vitória no trono, quando tinha quase 60 anos. "Meu trabalho é fazer uma mesura", explicou ela certa vez, "e então pular na cama". A posição de Keppel como amante mais ou menos oficial do rei era tão amplamente aceita que a rainha Alexandra a convocara para o quarto do marido quando ele estava prestes a morrer em 1910.

Camilla ignorava os ancestrais que haviam construído uma grande fortuna com bons investimentos em imóveis nos caros distritos londrinos de Mayfair e Belgravia. Em vez disso, ela se identificava com a escandalosa Srta. Keppel desde que era criança, por mais estranho que fosse. No apropriadamente nomeado Queen's Gate, um colégio interno perto do Palácio de Kensington, "Milla", então com 10 anos, gabava-se da bisavó. "Nós somos praticamente realeza", dizia ela às outras meninas. A atriz Lynn Redgrave lembra bem da colega de turma. Em um colégio onde "conseguir um marido rico era o único objetivo", disse ela, Camilla "queria se divertir, mas também desejava um bom casamento porque, em sua mente, essa seria a coisa mais divertida de todas".

Uma moleca de cabelo despenteado que, como Charles, sentia-se mais à vontade no campo, Camilla passava todos os fins de semana em Laines, a propriedade da família Shand a 80 quilômetros de Londres, no condado rural de East Sussex. Juntamente com a irmã mais nova Annabel e o irmão Mark, Camilla cavalgava, limpava os estábulos, plantava vegetais e participava do passatempo da classe alta que incitava os ativistas dos direitos animais à violência: caçar raposas.

Após o obrigatório ano em escolas para damas em Paris e Genebra, Camilla retornou a Londres para debutar e receber US$1,5 milhão (equivalente a US$12 milhões em 2019), legado por um familiar distante. Trabalhando brevemente como recepcionista na empresa de decoração Colefax & Fowler, ela viu sua primeira e depois sua segunda colega de apartamento se casarem com lordes. "Por que não faz o mesmo?", perguntou uma amiga. Sua resposta, séria, foi: "Estou esperando um rei."

A frase que Camilla usou para quebrar o gelo ("O que você acha disso?") fez Charles rir, mas ele não sabia de toda a história. Em 1966, ela conhecera e se apaixonara não por um membro da família real ou mesmo um aristocrata de alto escalão, mas por um soldado: o galante ex-aluno de Sandhurst Andrew Parker Bowles, então com 27 anos. Mesmo assim, o tenente loiro e belo como um galã de cinema, membro do regimento Blues and Royals of the Royal Horse Guards, tinha conexões reais amplas e profundas. Tetraneto de um conde, seus pais eram amigos íntimos da rainha-mãe e a sede de sua família era o Castelo de Donnington, no condado de Berkshire. Aos 13 anos, Parker Bowles fora pajem da coroação de Elizabeth II. E naquele momento era o astro do time de polo do príncipe de Gales.

Quando conheceu Camilla, Parker Bowles já criara, nos círculos reais, a reputação de ser um sedutor muito sofisticado. "Camilla não se adequava ao molde", disse uma amiga dos Shand. "Ele namorava todas aquelas modelos deslumbrantes e filhas de lordes. Camilla, em comparação, tinha muitos defeitos, mas era sempre divertida e adorava flertar. Ela dizia *qualquer coisa* que lhe passasse pela cabeça. Todo mundo gostava dela, fosse homem ou mulher."

Seu namoro intermitente durou sete anos — chegando a um obstáculo particularmente difícil em 1970, quando Parker Bowles começou a sair com a irmã de Charles. "Acho que esse foi seu primeiro verdadeiro amor", disse o secretário particular da rainha Martin Charteris, falando da princesa Anne, que teria vários romances e dois casamentos. A autora Sarah Bradford, que era conhecida por seus amigos aristocratas como viscondessa Bangor, entendia por que a princesa real tinha uma vida romântica tão ativa e variada. "A despeito de sua cara de cavalo, Anne era atraente para os homens, com sua personalidade poderosa e direta e seu saudável interesse por sexo", comentou a viscondessa.

Camilla queria causar ciúmes em Parker Bowles, e a melhor maneira de fazer isso era sair com um prêmio ainda maior que a princesa real: o próprio herdeiro. "Não sei quanto do interesse dela por Charles naquele momento estava relacionado a tentar reviver o papel da bisavó, e quanto estava relacionado a se vingar de Andrew", disse uma prima de Parker Bowles.

Camilla começara a se perguntar se não seria a reencarnação da amante de Edward VII: "É estranho, nunca me senti intimidada na presença de Charles. Senti, desde o início, que éramos parecidos. Conversávamos como se nos conhecêssemos há anos."

Ainda mais estranho era que, apesar de serem diferentes, eles estavam atraídos um pelo outro. Charles se apegava à tradição e à formalidade em seu modo de se vestir; o impecável guarda-roupa composto de ternos Savile Row, blazers e camisas sob medida era imaculado, refletindo um nível de bom gosto raramente visto em alguém tão jovem. Ele era apaixonado pelos velhos mestres, por Mozart e pelos estilos arquitetônicos clássicos, e exigia que seu ambiente refletisse seu refinado estilo pessoal. Era discreto e reservado e, de modo geral, considerava grosseiro qualquer um que não fosse. Ele detestava cigarros e dizia que o hábito de fumar era "imundo".

Camilla não era nenhuma dessas coisas. Seu estilo tendia para jaquetas de tweed, botas arranhadas e blusas largas. Seu cabelo costumava estar despenteado e embaraçado; ela roía as unhas até o sabugo, via pouca utilidade em cosméticos e fumava três maços de cigarros por dia. Era tão desligada de seu ambiente que sua colega de quarto Virginia Carrington chegou a descrever o apartamento em que ela morava como se "uma bomba houvesse explodido lá dentro", com louça suja na pia e roupas e papéis cobrindo cada centímetro do piso. Ela nunca arrumava a cama ou guardava as roupas. "Assim que entrava pela porta, tirava o casaco e os sapatos e os deixava jogados no chão — onde permaneciam até que outra pessoa os recolhesse e guardasse", disse Carrington.

Camilla não tinha interesse por arte ou música clássica — preferindo Beatles, Rolling Stones e Tom Jones — e era tão aberta, sem censura e extrovertida quanto Charles era quieto e reservado. O que superava todas as suas diferenças era o amor dos dois pelo campo que, durante séculos, definira a aristocracia rural da Inglaterra: plantar, cavalgar, caçar, pescar e cuidar do jardim. Isso e o inegável fato de que a objetiva, franca e sexual Camilla era diferente de todo mundo que ele conhecia. Aos olhos de Charles, Camilla era "bonita, cheia de energia e sorria tanto com os olhos quanto com os lábios".

Mais tarde, o príncipe de Gales confessou que "perdera seu coração" para Camilla "quase imediatamente". Havia uma óbvia atração física entre eles e, talvez o mais importante, ela era uma ouvinte jovem e empática quando, durante anos, as únicas duas pessoas com as quais ele pudera contar haviam sido a rainha-mãe e o tio-avô, Louis Mountbatten. "Para o príncipe, a vida começou de verdade com Camilla", disse Basualdo. "Ele acabara de sair de Cambridge e, embora não fosse exatamente virgem, tampouco era experiente."

Em breve, Camilla, com fundamental aprovação do tio Dickie — por ora —, unia-se a Charles para excursões de fim de semana a Broadlands. "Ele sabia que Camilla seria a amante perfeita para Charles até que sua neta tivesse idade para se casar", disse o secretário particular de Mountbatten, John Barratt. Em Broadlands, Mountbatten ordenou que o sobrinho-neto e Camilla ficassem no Quarto do Pórtico, onde em 1947 os pais de Charles haviam passado sua noite de núpcias.

Se Charles não fora discreto com Lucia Santa Cruz, pareceu menos ainda com Camilla. Durante meses, o casal foi visto em partidas de polo durante o dia e nas boates londrinas à noite. Os jornais estavam repletos de fotografias deles juntos vistos através de janelas de limusines ou entrando discretamente em clubes da moda, como o Saddle Room, o Garrison e o Annabel's.

Camilla também gostava de *The Goon Show*, e logo os dois passaram a usar apelidos baseados em dois personagens de Peter Sellers no programa, Gladys e Fred. No fim de 1972, a grande imprensa e até os pais de Charles — para grande pesar de Lord Mountbatten — começaram a achar que Camilla poderia ser mais que somente uma paixão passageira. Era somente uma questão de tempo, murmuravam os membros da corte, até que Charles fizesse o pedido.

Mas havia forças trabalhando contra eles. Mountbatten ainda queria que Charles se casasse com sua neta Amanda e temia que ele se precipitasse e pedisse a mão de Camilla. Ele conspirou para apressar as ordens navais do príncipe que o mandariam para o mar. A rainha-mãe também estava contra Camilla — queria que Charles se casasse com uma das netas Spencer de sua amiga e dama de companhia Lady Fermoy. A rainha, o príncipe Philip e os agentes do palácio concordavam que Camilla, embora fosse neta de um barão, seria uma noiva inadequada. "Olhando para trás, pode-se dizer que Charles deveria ter se casado com Camilla quando teve a chance", disse a filha de Mountbatten, Patricia Knatchbull, mãe de Amanda. "Eles combinavam; sabemos disso hoje. Mas não era possível [...]. Não teria sido possível naquela época."

Logo antes do Natal de 1972, Camilla se uniu a Charles em Broadlands para "um último fim de semana" antes que ele partisse em uma missão de oito meses no mar do Caribe, a bordo da fragata HMS *Minerva*. O príncipe poderia escrever para alguém que não a avó e o tio-avô; em dezenas de cartas endereçadas a "Gladys", ele partilhou seus sentimentos mais profundos e pensamentos mais íntimos. Mas teve o cuidado de jamais mencionar matrimônio — Lord Mountbatten o convencera a esperar até os 30 anos antes de "sequer considerar" a ideia de casamento.

Charles estava no meio da missão e ainda em alto-mar quando descobriu que a mulher que amava — e que ele achava corresponder seus sentimentos — aceitara o pedido de casamento de Andrew Parker Bowles. O príncipe ficou devastado. Ele achava que seu relacionamento era "abençoado, pacífico e mutuamente feliz", como disse em uma carta ao tio Dickie. "Suponho que essa sensação de vazio vá passar." Mas acrescentou, pesarosamente, "agora não tenho ninguém para quem voltar" na Inglaterra. O príncipe confessou, anos depois, que durante semanas "lamentou-se sozinho" na cabine, escondendo sua dor do restante da tripulação.

Para piorar as coisas, teve que ler nos jornais que o feliz casal se unira na Capela da Guarda, no quartel Wellington, em 4 de julho de 1973, com sua irmã e a rainha-mãe em posições de honra na primeira fila. O príncipe esquecera que os familiares da avó, os Bowes-Lyon, eram primos dos Parker Bowles.

A traição de Camilla deu origem a um frenesi de novas parceiras. Durante as frequentes interrupções de sua rotina, quando ele era chamado para representar a Coroa em eventos oficiais, o príncipe de Gales saiu com dezenas de jovens elegíveis. Os destaques foram Georgiana Russell, filha do embaixador britânico na Espanha; a herdeira da cervejaria Guinness, Sabrina (que, na época, já estivera envolvida com Rod Stewart, David Bowie, Mick Jagger e outros); e seu antigo caso na Austrália, "Kanga" Tryon.

Charles levou outro golpe emocional — um "espasmo de choque e espanto" — quando, em 1973, soube que a irmã de 23 anos se casaria com Mark Phillips, capitão do Queen's Dragoon Guards e, como a princesa Anne, campeão de equitação. Charles não acreditava que Phillips fosse adequado para Anne, porém, e ainda mais importante, não estava pronto para ficar em segundo plano na vida dela por causa de outro homem, muito menos um forasteiro. Os dois irmãos haviam se aproximado no fim da adolescência e, juntamente com a rainha-mãe, Anne era a única mulher da família na qual ele sentia que podia confiar. A notícia de seu casamento fez com que Charles entrasse, em suas próprias palavras, "em um estado de quase pânico". Depois de semanas de "abjeto desespero", ele confessou a um amigo que reconhecia "os sinais. Vejo que terei que arrumar uma esposa rapidamente, ou serei deixado para trás e me sentirei miserável!".

Charles já havia se recuperado quando voou para Cingapura a fim de assumir sua nova posição como oficial de comunicações a bordo da HMS *Jupiter*. A fragata viajou pelas águas da Austrália, Nova Zelândia e do Pacífico Sul antes de rumar para a costa norte-americana. No Havaí, Charles conheceu, segundo suas próprias palavras, "duas loiras espetaculares [...] que prometeram uma noite que eu jamais esqueceria". O trio foi para um pequeno apartamento, onde elas apresentaram o príncipe à "mais rara e dispendiosa maconha tailandesa". O príncipe, sentindo o potencial para manchetes escandalosas que abalariam a monarquia, mudou de ideia. Em Acapulco, ele e um grupo de oficiais da *Jupiter* foram a uma discoteca, onde Charles reuniu coragem para abordar uma jovem e convidá-la para sua mesa. "Não, obrigada", respondeu ela ao príncipe de Gales, com o que ele descreveu como "aterrorizante sotaque norte-americano".

A recepção foi mais calorosa em San Diego. Lá, Charles foi a Sunnylands, a palaciana propriedade de 405 hectares em Palm Springs do embaixador norte-americano na Grã-Bretanha, Walter Annenberg, para uma partida de golfe. (Ele queria jogar polo, mas era Dia de São Patrício e um telefonema anônimo avisara que ele seria assassinado se chegasse perto de um campo.) Charles jogava muito mal ("Cheguei ao primeiro buraco em 11 tacadas!"), mas achou engraçado quando Bob Hope, aparentemente saído do nada, surgiu em um carrinho de golfe para dizer olá. Depois de tomar alguns drinques com Frank Sinatra e jantar com Ronald Reagan, então governador da Califórnia, Charles foi levado por Charlton Heston e Ava Gardner ao estúdio da Universal Pictures, em Hollywood, para conhecer o cenário do filme *Terremoto*.

Havia somente uma estrela que realmente o fascinava. "Quando me perguntaram quem eu queria conhecer, estou certo de que acharam que eu responderia Raquel Welch. Mas eu disse Barbra Streisand. Queria conhecer a mulher por trás da voz", disse o príncipe a seu valete de longa data, Stephen Barry.

Na verdade, Charles estivera apaixonado pela cantora desde que estudava em Cambridge. Em uma época na qual a maior parte dos estudantes universitários da Inglaterra ouvia Jimi Hendrix, Janis Joplin, Stevie Wonder, Dusty Springfield e Aretha Franklin (ou ainda bandas tão variadas e incríveis quanto The Doors, Supremes, Led Zeppelin, The Who, Rolling Stones, Cream e The Mamas & The Papas), o príncipe de Gales ouvia repetidamente os álbuns de Streisand. Seu favorito era o da trilha sonora do filme de 1968 pelo qual ela recebera um Oscar, *Funny Girl: Uma garota genial*. Ele viu o filme três vezes. Emoldurou uma fotografia de Streisand em seu quarto em Cambridge, que o acompanhou de volta ao Palácio de Buckingham depois da graduação. "Barbra Streisand é minha única *pin-up* [figura cuja aparência costuma causar grande atrativo na cultura pop]!", declarou o príncipe de Gales, orgulhosamente.

A pedido de Charles, o lendário produtor de Hollywood Hal Wallis arranjou para que o príncipe conhecesse Streisand no estúdio da Columbia Pictures no qual era filmado *Funny Lady*, a sequência de *Funny Girl*. Compreensivelmente, a Columbia viu a visita do príncipe como nada menos que um presente publicitário. A imprensa foi mantida à distância e o cavernoso palco de som no qual Streisand dublava os diálogos foi esvaziado. Quando a estrela do cinema e seu fã real apertaram as mãos, quatro dúzias de fotógrafos descontentes, mantidos afastados por uma corda, fotografaram furiosamente, cegando todo mundo com os flashes.

O que Charles não sabia era que Streisand fora forçada a filmar *Funny Lady*. Desde o início, ela demonstrara pouco entusiasmo pelo projeto, mas estava contratualmente obrigada a fazer o filme. De acordo com o roteirista do filme, Jay Presson Allen, a atriz e cantora era, ao menos no sentido figurado, "escoltada até o set todos os dias por um time de advogados".

Charles sentiu que "algo estava errado [...]. Ela parecia nervosa e me fazia perguntas de uma maneira bastante reticente". Quando o estúdio declarou que a sessão de fotos terminara, Charles e Barbra recuaram para um canto, tomaram café e conversaram durante 15 minutos. Quando perguntou se ela tinha planos de se apresentar na Inglaterra, Barbra insistiu que jamais faria outro show ao vivo. "Só gosto de me apresentar para pessoas que conheço." Ela também queria passar mais tempo com o filho.

"Então por que atuar?", replicou Charles. Incapaz de responder, ela inclinou a cabeça e deu de ombros. O príncipe de Gales escreveria em seu diário que quisera "ficar e conhecê-la melhor", mas ela deixara claro que tinha que voltar ao trabalho. "Acho que a peguei em um dia ruim", disse ele a seu valete. "Ela tinha pouco tempo e parecia muito ocupada."

O breve encontro não diminuiu o entusiasmo de Charles. "As pessoas me olham espantadas quando digo que ela é devastadoramente atraente e tem muito sex appeal. Mas, depois de conhecê-la, *continuo afirmando* isso", escreveu ele em seu diário.

Streisand, preocupada com a própria carreira, só soube dos verdadeiros sentimentos do príncipe anos depois. "Quem sabe?", brincou ela. "Se eu tivesse sido mais gentil com ele, talvez me tornasse a primeira princesa judia *de verdade*." Ela descobriria, posteriormente, que Charles ainda se sentia atraído por ela — e que teriam uma segunda chance de iniciar um romance.

Charles não era o único Windsor fã incondicional de Barbra. A rainha pedira para conhecer Streisand depois da estreia londrina de *Funny Lady*. Quando Elizabeth II se aproximou, a atriz e cantora quebrou uma regra cardinal da etiqueta real ao dirigir a palavra à rainha, perguntando sem pensar: "Vossa Majestade, por que as mulheres têm que usar luvas e os homens não?"

A rainha pareceu surpresa, mas então refletiu por um momento. "Tenho que pensar", respondeu ela. "Suponho que seja tradição." Antes que a monarca pudesse se afastar, Streisand replicou: "Não sei, não. Acho que as mãos suadas dos homens deveriam ser cobertas, não as nossas."

A estadia de Charles no sul da Califórnia rendeu outras surpresas — como Laura Jo Watkins, a esbelta e loira filha de um almirante que estava no comitê de boas-vindas quando a *Jupiter* aportou em San Diego. Charles e a californiana de 20 anos se deram bem, e ela foi convidada para a festa de despedida do embaixador norte-americano Annenberg, em Londres.

O príncipe a levou discretamente até seus aposentos no Palácio de Buckingham, onde, como ela mais tarde contou a amigos norte-americanos, eles fizeram amor. O romance secreto pareceu transcorrer sem problemas até que Charles convidou Laura — que, como norte-americana e católica romana, jamais seria considerada para o matrimônio — para assistir a seu primeiro discurso na Câmara dos Lordes.

O discurso, histórico simplesmente porque foi a primeira vez que um membro da família real falou na Câmara dos Lordes em noventa anos, mostrou-se bastante inócuo — defendendo instalações recreacionais acessíveis para jovens desfavorecidos. Charles conseguiu provocar algumas risadas no início ao dizer: "Meus senhores, acredito que Oscar Wilde disse uma vez que 'se uma coisa merece ser feita, merece ser malfeita'." (A citação, na verdade, é do ensaísta, dramaturgo e crítico de arte G. K. Chesterton.) "Quanto à verdade da declaração", continuou o príncipe de 25 anos, "ela poderá ser discutida pelos senhores depois que eu me sentar".

Infelizmente, a imprensa prestou pouca atenção ao que foi dito. A mídia estava muito mais interessada na deslumbrante namorada do príncipe. Fotos dela foram publicadas nas primeiras páginas, descrevendo seu "encontro de conto de fadas" em Londres e, em uma ocasião, chamando Laura de "a Wallis Simpson solteira".

Com a imprensa atenta, Charles e sua amante norte-americana foram separados: ele no palácio e ela em Winfield House, a residência londrina dos Annenberg. Quando voltaram a se encontrar no Palácio de Kensington, a manchete do *Birmingham Post* gritou: "LAURA JO E O PRÍNCIPE TIVERAM ENCONTRO SECRETO À MEIA-NOITE". Pouco depois, Laura, usando um uniforme de marinheiro como disfarce, foi levada até uma base da Força Aérea Real, onde embarcou em um voo militar para casa.

Quando lhe perguntaram se ele se casaria com uma plebeia, Charles respondeu que não havia "nenhuma razão essencial" para ele não se casar com alguém que não fosse membro de uma família real ou, ao menos, da aristocracia: "Ao decidir com quem quero viver nos próximos cinquenta anos, gostaria que minha cabeça fosse governada por meu coração. Não tem nada a ver com classe, tem a ver com compatibilidade."

O príncipe de Gales ficou surpreso quando Camilla — a mulher com a qual ele se sentia mais compatível — pediu que ele fosse o padrinho do filho dela, depois do nascimento da criança, em dezembro de 1974. "Não sei o que dizer", confidenciou ele a Lord Mountbatten. "*Ainda* somos amigos." Andrew Parker Bowles, talvez não querendo ofender ainda mais o futuro soberano ou prejudicar sua carreira militar, concordou em chamar o menino de Thomas Henry Charles — uma óbvia homenagem ao príncipe de Gales. Os fofoqueiros de plantão não perderam tempo em sugerir que Charles era o pai biológico da criança — um fato improvável, já que o príncipe de Gales patrulhava as águas da Nova Zelândia e da Austrália quando o bebê foi concebido.

Em uma visita ao Canadá algumas semanas após o batizado, Charles encontrou alguém que o ajudaria a esquecer Camilla — naquele e em outros momentos-chave das duas décadas seguintes. Ao contrário das outras mulheres em sua vida, ela realmente sabia como manter o relacionamento em segredo. O valete Stephen Barry se lembrou de "uma garota que conseguiu permanecer praticamente anônima. O príncipe se encontrou com ela mais vezes do que as pessoas se deram conta".

Com 30 anos, Janet Jenkins, que era quatro anos mais velha que Charles, trabalhava como recepcionista do consulado britânico em Montreal. Eles tiveram seu primeiro momento íntimo em Londres, quando, depois de se encontrarem em uma festa, ele a convidou para sair. "Perto do fim do encontro", disse Jenkins, que era casada, "Charles me abraçou e me deu um beijo demorado e apaixonado. Meus joelhos amoleceram, eu mal conseguia continuar em pé".

Um ano depois, ela o encontrou novamente em seu apartamento em Montreal enquanto o grupo do Serviço de Proteção Real permanecia no corredor. "Após todo o riso, toda a conversa, todo o vinho, aquela foi a primeira vez que fizemos amor", lembrou Jenkins, cujo veredito sobre as habilidades românticas de Charles foi similar ao que Laura Jo Watkins compartilhara com uma amiga: "Charles é um amante maravilhoso."

O príncipe se declarou para Jenkins em dezenas de cartas de amor. "Gostaria de atravessar o Atlântico para fazê-la se sentir menos sozinha", escreveu ele em julho de 1976. Logo depois, esboçou um plano: ele voaria até Montreal para ver a irmã competir pela equipe nacional de hipismo nos Jogos Olímpicos. "Se formos a algum lugar, a imprensa ficará sabendo e será horrível", disse ele. "Se você quiser me ver mais uma vez, acho que seu apartamento seria o lugar mais discreto. No que me diz respeito, será maravilhoso, e mal posso esperar para vê-la novamente." E mais perto das Olimpíadas: "Espero que você esteja lá, porque seria glorioso ter uma chance de ficarmos sozinhos por alguns momentos."

Mesmo nas poucas ocasiões em que seus planos não deram certo, Charles foi atencioso. Durante uma de suas visitas a Montreal, ele não conseguiu se separar da comitiva real e se encontrar com Jenkins no hotel Ritz-Carlton — mesmo que, em determinado momento, estivesse a somente duas quadras de lá. O melhor que eles puderam fazer foi falar brevemente ao telefone. "Foi maravilhoso ouvir sua voz de novo. Estou desesperado para vê-la", escreveu ele.

Em outra ocasião, o príncipe lamentou não ter sido capaz de se livrar de seus deveres reais e ir "aos lugares de Montreal nos quais damas fascinantes se esconden atrás de arbustos a fim de saltar sobre despreparados oficiais navais! Quando você voltará ao Reino Unido? Foi tão divertido vê-la em dezembro. Eu queria não ter tido que correr para pegar o trem e, com isso, arruinar uma noite tão aconchegante!" Todas as cartas de Charles para Jenkins terminavam dizendo: "Com muito amor, Charles."

Jenkins, que não era virgem nem membro da aristocracia, não tinha ilusões sobre como o romance acabaria. "Eu gostava muito dele", insistiu ela, "embora soubesse que jamais nos casaríamos". Talvez porque ambos compreendessem que o relacionamento só podia ser extraconjugal, eles eram surpreendentemente francos um com o outro sobre suas dúvidas e expectativas. Quando Jenkins se divorciou do primeiro marido, Charles lhe enviou palavras de conforto: "Graças a Deus você descobriu seu erro já no início e não teve filhos." Então acrescentou, profeticamente: "Cometer um erro assim é algo que me preocupa demais."

Ao que parecia, outro erro potencialmente desastroso jamais ocorreu a Charles, que, de acordo com Jenkins, não se preocupava em usar proteção. Haveria muita especulação, ao longo dos anos, sobre crianças que podiam ou não ter sido geradas pelo príncipe de Gales. Quando Jenkins teve seu filho Jason em 1984 — somente nove meses depois de um de seus encontros com o príncipe Charles, que estava casado com a princesa Diana há três anos e era pai de dois filhos —, ela identificou o marido como pai na certidão de nascimento. Mesmo assim, houve falatório.

O príncipe de Gales tinha mais em mente do que o casamento. Enquanto se preparava para fazer a passagem da vida militar para a civil, Charles fez a si mesmo a pergunta mais importante de todas: o que ele faria em seguida? Seus deveres cerimoniais cotidianos incluíam encontrar-se com as multidões, desvelar placas e plantar árvores. "Meu grande problema é que não sei qual é meu papel. No momento, não tenho nenhum. Mas preciso encontrá-lo", confessou ele seis anos depois de ter ingressado na Marinha Real.

Mais precisamente, ele teria de inventar um papel para si mesmo — "improvisar", em suas palavras. Decidiu rejeitar a oferta da mãe para ser governador-geral da Austrália — ele não queria lidar com as consequências se precisasse demitir o primeiro-ministro australiano, como acontecera com o governador-geral anterior — e pedir os conselhos de Camilla. A Sra. Parker Bowles tornara-se "a pessoa em quem posso confiar totalmente [...], minha melhor amiga [...], minha referência e meu porto seguro", ocupando um lugar antes exclusivo da rainha-mãe ou do Lord Mountbatten.

Camilla incentivou Charles a se dedicar a obras de caridade e a seus principais interesses. Na época, ele queria criar um fundo para ajudar jovens desfavorecidos — particularmente das minorias urbanas —, investindo em pequenos programas de base. Precisou superar a oposição inicial da rainha, que temia que qualquer plano fundamentado em dar dinheiro a jovens delinquentes estivesse condenado desde o começo, para criar o Prince's Trust em junho de 1976.

Como previsto, nem tudo foram flores para a principal instituição beneficente do príncipe de Gales — mas não pelas razões citadas pela rainha. A "suspeita do Palácio de Buckingham" e os "conflitos burocráticos internos" impediram que o Prince's Trust obtivesse os fundos necessários para decolar. Além disso, Charles estava distraído demais com outras questões para dedicar toda sua atenção ao novo projeto. Quando finalmente o fez, o fundo se tornou um dínamo filantrópico na Commonwealth, arrecadando mais de US$2 bilhões para várias instituições — de programas ambientais e escolas de arte a abrigos para os sem-teto e clínicas médicas.

Ao fazer 28 anos, a pressão para se casar e produzir um herdeiro cresceu exponencialmente. Olhando para amigos que "ficavam noivos, ao meu redor, estou convencido de que em breve serei esquecido em uma prateleira, tendo perdido todas as chances!".

Por mais caloroso e atencioso que fosse com as mulheres em sua vida, Charles tinha muitas idiossincrasias na vida privada. Entre outras coisas, exigia que suas namoradas o chamassem de "senhor", mesmo nos momentos mais íntimos. Também havia vezes, de acordo com duas ex-namoradas, em que, no auge da paixão, o príncipe pedia para ser chamado de Arthur — o rei das lendas e seu herói de infância.

O príncipe cometeu o erro de dizer que 30 anos era a idade perfeita para alguém em sua posição se casar. Ao se aproximar dessa marca, a imprensa estava mais frenética que nunca para identificar a futura princesa. "Teria sido um grande furo", disse o correspondente da realeza James Whitaker, "se ele tivesse a intenção de se casar. Estava sendo pressionado a fazer isso".

Com a neta do tio Dickie, Amanda Knatchbull, ainda amadurecendo nos bastidores, Charles saiu com muitas damas elegíveis da nobreza, embora o tempo todo mantivesse uma "amizade" muito próxima com Camilla. Sua lista de conquistas se expandiu e passou a incluir Louise Astor, filha de Lord Astor, de Hever; Bettina Lindsay, filha de Lord Balneil; Lady Caroline Percy e Lady Victoria Percy, filhas do duque de Northumberland; Lady Camilla Fane, filha do conde de Westmorland; Lady Jane Grosvenor e sua irmã Leonora, irmãs do extremamente rico duque de Westminster; Lady Libby Manners e sua prima, Lady Charlotte Manners, filha do duque de Rutland;

Caroline Longman, neta do conde de Cavan; Lady Angela Nevill, filha de Lord Rupert Nevill; Lady Cecil Kerr, filha do marquês de Lothian; e Lady Henrietta FitzRoy, filha do duque de Grafton.

Três nomes se destacaram nessa multidão de sangue azul. Os repórteres rapidamente descobriram algo sobre Lady Fiona Watson, filha de Lord Manton, rico proprietário de terras em Yorkshire: usando o pseudônimo Frances Cannon, ela recebera US$2 mil para posar para o encarte "Queridinha do mês" da revista *Penthouse*. "Não consigo acreditar!", exclamou Lady Manton quando a verdade foi revelada. "Não sei o que dizer."

Durante dois anos, Lady Jane Wellesley, filha do duque de Wellington, foi considerada a favorita na corrida para o posto de princesa de Gales. As especulações sobre um noivado iminente se tornaram tão frenéticas que, quando Lady Jane visitou Charles em Sandringham, 10 mil pessoas se reuniram nos portões. Encurralada pela imprensa, Lady Jane disparou: "Vocês acham mesmo que desejo ser rainha?"

Bem, sim. Em certo momento, pareceu que Lady Jane destruíra as próprias chances ao convidar Charles e sua amiga Davina Sheffield, a loira bonitinha neta de Lord McGowan e cunhada da duquesa de Beaufort, para um jantar. Nos meses seguintes, Davina passou sua frente na corrida — até que um ex-namorado revelou detalhes sexuais do relacionamento deles e acabou com todas as chances de ela de se tornar a noiva virginal do herdeiro. Além disso, a competição pôs fim à amizade entre as duas. "Elas nunca mais se falaram", contou outra amiga.

Embora a maioria desses casinhos fosse breve, Charles, de acordo com todos os relatos, sempre foi um cavalheiro, jamais criticando publicamente as mulheres que entravam e saíam de sua vida. Mas esse não foi o caso de um membro de outra família real europeia. Durante um evento filantrópico em Mônaco, o príncipe de Gales se sentou ao lado da filha mais velha da princesa Grace, de Mônaco, a princesa Caroline. Eles sequer tentaram esconder sua inexplicável — mas genuína e intensa — aversão mútua. Ele a achou "irritante", e ela disse que ele era "tedioso". Charles disse a um repórter que "em nosso primeiro encontro, o mundo agiu como se estivéssemos casados — e agora o casamento já está com problemas!".

Barbra Streisand ainda era a *pin-up* do príncipe de Gales, a despeito de seu encontro inicial ter sido, nas palavras dele, "menos que satisfatório". Mas ele namorou secretamente outra atriz durante esse período: Susan George, estrela de filmes sensuais como *Sob o domínio do medo*, *Mandingo: o fruto da vingança* e *Fuga alucinada*. Esse *affair* clandestino durou somente três meses.

Nem toda mulher que Charles levava para a cama era glamourosa — ou precisava ser. De acordo com um amigo do príncipe, o jogador de polo Luis Basualdo, já no início "ele percebeu que poderia ter praticamente qualquer jovem que desejasse". E fez mais ou menos isso, claro, e em seus próprios termos. Na época, Basualdo era casado com a filha do visconde Cowdray, Lucy Pearson, e morava na imponente mansão do visconde em West Sussex, Lodsworth House. "Em 1977, Charles entrou para o meu time de polo e estávamos sempre juntos", disse Basualdo. "Ao nos conhecermos melhor, ele me deu dicas e murmurou sobre como era difícil para ele conhecer garotas normais. Afinal, não podia entrar em um pub e escolher alguém. Ele não precisou dizer mais nada."

Desse momento em diante, Basualdo serviu como intermediário, abordando filhas de arrendatários e ameaçando expulsar suas famílias se elas não transassem com o príncipe. "Elas eram jovens, algumas com 17 anos ou menos", contou Basualdo a um entrevistador, "mas eu as instruía a dizerem a Charles que tinham 19 anos". Charles ficava apreensivo — "petrificado" — com a perspectiva de ser pego com uma menor de idade. Por fim, ele disse ao amigo que as meninas levadas a Lodsworth House eram "jovens demais" e que ele preferia "jovens da sociedade, de 21 ou 22 anos".

Como eram "garotas simples, ansiosas para conhecer" o príncipe de Gales, Basualdo fazia com que chegassem mais cedo a sua casa, a fim de "tomarem alguns drinques para relaxar". O próprio Charles nunca bebia mais de duas doses — usualmente Pimm's, um destilado à base de gim — e não queria "que as garotas ficassem bêbadas".

Durante anos, de acordo com Basualdo, os dois dividiram "dezenas de garotas. É claro que perguntei a algumas como ele era na cama. Elas riram e disseram que ele era bom. Nunca ouvi nenhuma queixa". Uma das conquistas do príncipe foi mais específica: "Ele sabe do que gosta e o que está fazendo."

Esses relatos ainda eram muito vagos para Basualdo, que ouvia à porta do quarto de Charles. "Queria me assegurar de que eles estavam fazendo mais que conversar. Eu era intrometido", admitiu. "Queria saber como ele era na cama. Eu ouvia o ritmo, os sons. Sem contar as preliminares, o ato final usualmente durava entre sete e 15 minutos. Nada mal." Depois que sua esposa e a babá se queixaram das incessantes batidas da cabeceira da cama na parede sempre que o príncipe de Gales os visitava, Charles foi banido para um quarto no sótão onde "podia fazer todo barulho que quisesse".

Surpreendentemente, a imprensa desconhecia as aventuras sexuais do príncipe. Todos os olhos estavam voltados para Lady Sarah Spencer, que, como filha do oitavo conde Spencer, estava perto do topo da hierarquia aristocrática. Sarah e seus irmãos (Jane, Diana e Charles) haviam crescido em um ambiente de riqueza e privilégios — resultado de uma fortuna acumulada com o comércio de ovelhas no século XV. Há quinhentos anos, os Spencer tinham lugar na corte. A avó paterna de Sarah, a condessa Spencer, fora dama de companhia da rainha-mãe, e sua avó materna, Lady Fermoy, uma das confidentes mais próximas e confiáveis da mãe de Elizabeth. O pai de Sarah, John Spencer, fora ajudante de ordens tanto de George VI quanto de Elizabeth II.

Um dos pontos fortes de Lady Sarah era sua discreta tolerância. Durante o exclusivo Cowdray Ball, Charles viu uma beldade colombiana de 21 anos do outro lado do salão. "Quem é a garota de azul?", perguntou ele a Basualdo, e então "arrogantemente se afastou de Sarah Spencer e começou a conversar com a outra moça". Charles pediu emprestado o Daimler de Basualdo e passou noventa minutos em Lodsworth House. "Sarah sabia o que acontecera, e nunca me perdoou", lembrou Basualdo.

A despeito de seu pedigree, Lady Sarah estava longe de ser a candidata perfeita para se casar com um príncipe. No auge de seu namoro com Charles, os jornais relataram que ela tivera problemas com álcool, fora expulsa de um colégio interno e lutava contra a anorexia e a bulimia — e alegava ter tido "milhares de namorados".

Charles parecia capaz de ignorar tudo isso. O que o incomodava, ou pelo menos foi o que disse a seu colega de polo, era que Lady Sarah "não era tão interessada em sexo quanto ele". Como resultado, embora ela presumivelmente fosse sua "namorada fixa", Charles a traía "o tempo todo".

Embora não pudesse ser noiva de Charles, Lady Sarah desempenharia papel fundamental — mas involuntário — na busca por uma. Enquanto a visitava em Althorp, ela apresentou o namorado à irmã mais nova, Diana, que tinha 16 anos e voltara para casa depois de um ano em um colégio para jovens damas na Suíça. A cena era tudo menos romântica: ambos estavam em pé em um campo enlameado. "Eu os apresentei", diria Sarah posteriormente, com mais que um traço de ironia. "Fui o cupido."

Na verdade, Lady Sarah e todas as outras foram apenas distrações. Charles esperara sete anos até que uma jovem específica atingisse a maioridade para ele propor casamento, e o momento havia chegado: aquele em que, rezava o vovô de Charles, entrelaçaria os nomes Mountbatten e Windsor para sempre.

Agora com 21 anos, Amanda, neta de Lord Mountbatten, passara os últimos anos conhecendo o primo Charles. Mas os encontros não foram apenas entre os dois, e sim na presença de outros familiares no Palácio de Buckingham, em Sandringham, Balmoral, Broadlands e na minúscula ilha caribenha Eleuthera, onde a filha de Mountbatten, Patricia, tinha uma casa. Charles e Amanda gostavam muito um do outro — como primos e amigos. Eles partilhavam os mesmos interesses, o mesmo gosto pelo absurdo do programa *The Goon Show* e a mesma devoção a Lord Mountbatten. Mas, como o príncipe reconheceu anos depois, "nunca houve química".

Mesmo assim, Charles se sentiu obrigado a pedi-la em casamento e o fez, a bordo do iate real *Britannia*, a caminho da ilha Eleuthera. Ela recusou, e ele entendeu suas razões. O casamento com o herdeiro significaria "perda de independência [...] sua rendição ao sistema [...] e intrusões mais frequentes que as sofridas por qualquer outra figura pública". Sem um amor intenso e apaixonado, "que faria os sacrifícios valerem a pena, a ideia era assustadora demais".

Mountbatten ficou desapontado, mas escreveu ao príncipe que "se o preço é estragar a felicidade futura de vocês dois, sequer o contemplarei". Foi o tipo de resposta contida e compreensiva que Charles passara a esperar do vovô, e não dos distantes e exigentes pais. O príncipe de Gales declarou que Mountbatten era "minha base, confio nele mais que em todos os outros".

Tendo cumprido sua obrigação para com o tio-avô, Charles começou a sair com a socialite venezuelana Cristabel Barria-Borsage e, em seguida, com Anna Wallace, filha do rico proprietário de terras escocês Hamish Wallace. Conhecida como "Chicotada Wallace" por seus amigos, a deslumbrante e temperamental Anna iria aceitar o pedido de casamento de Charles, mas, durante um baile em homenagem à rainha-mãe no Castelo de Windsor, o príncipe a ignorou e passou a noite toda dançando com Camilla Parker Bowles. "Ninguém me trata dessa maneira!", ela teria gritado antes de ir embora. "Nem mesmo você! Nunca fui tratada tão mal em toda minha vida!"

Em meio a todas as especulações em torno do status de solteiro mais desejado do mundo, Charles também manteve a imagem de homem ativo. Se não estivesse esquiando na Suíça, pilotando o próprio avião, surfando na costa australiana, jogando polo ou caçando raposas — até superou o medo de saltar a cavalo sobre muretas e cercas vivas para agradar Camilla —, ele podia ser visto dirigindo seu Aston Martin pelas ruas de Londres, com uma mulher espetacular no banco do carona.

Nem toda busca de Charles era por uma noiva — ou por adrenalina. Mais tarde, ele admitiria que, em meados da década de 1970, fora "enfeitiçado" pelo escritor, explorador e espiritualista sul-africano Laurens van der Post. Em seu best-seller *The Lost World of the Kalahari* [O mundo perdido do Kalahari], que deu origem à série homônima bastante popular da BBC, Van der Post ressuscitou em vívidos detalhes as antigas lendas e mitos do deserto australiano. Ele e sua segunda esposa, Ingaret, uma psicanalista junguiana, tornaram-se os mentores místicos de Charles, encorajando-o a rejeitar as convenções e mergulhar nas profundezas de si mesmo — abraçando, literalmente, rochas, árvores e outros "espíritos" naturais do mundo à sua volta.

Van der Post não precisou se esforçar muito para convencer Charles a conversar com suas plantas; nas residências reais, em especial Balmoral, o príncipe se sentia mais confortável quando estava sozinho, comungando com a flora e a fauna locais. Ele alegou experimentar "uma conexão profunda e religiosa" com o mundo natural que "não seria bem aceita" pelo arcebispo de Canterbury. Foi por volta dessa época que ele secretamente fez terapia com Ingaret e depois com o amigo do casal, o Dr. Alan McGlashan. (Anos depois, Diana, a princesa de Gales, também seria tratada por ele a pedido de Charles.)

Após sua morte em 1996, aos 90 anos, Laurens van der Post — que foi padrinho do príncipe William — seria acusado de fraude, charlatanice, abuso sexual, tendo engravidado uma menina de 14 anos e de ser um "mitômano compulsivo" que, de acordo com o jornalista britânico J. D. F. Jones, conspirara com sua amiga Margaret Thatcher para evitar que Nelson Mandela se tornasse presidente da África do Sul — entre outras coisas. Quando um médico amigo de Van der Post perguntou qual fora a causa da morte, o médico que o atendeu respondeu que o guru de Charles estava "cansado de sustentar tantas mentiras".

Mas nem todos os heróis de Charles tinham pés de barro. Mesmo após a recusa de Amanda Knatchbull, Lord Mountbatten continuou a oferecer conselhos sábios e amorosos ao sobrinho-neto. Segundo o historiador Jonathan Dimbleby, na biografia autorizada do herdeiro do trono britânico, foi "a fé de Mountbatten no potencial do príncipe que preservou o frágil senso de identidade de Charles".

Em meados de 1979, ele escreveu uma carta emotiva ao tio-avô na qual, pela primeira vez, falou de quão perdidos "estaríamos se você decidisse partir". Naquele mês de agosto, a bordo do *Britannia*, o príncipe ficara encantado com a descrição, feita por Amanda, do refúgio de verão de Mountbatten no Castelo de Classiebawn, na costa oeste irlandesa. "Eu gostaria de vê-lo", escreveu ele ao tio-avô. "Sei que eu ficaria fascinado."

Quatro dias depois, Charles estava na Islândia, hospedado no chalé de pesca de Lord e Lady "Kanga" Tryon. O príncipe fazia mais que pescar durante essas viagens: grande parte de seu tempo era passado na cama com a vivaz esposa australiana do amigo. Escreveu o jornalista Christopher Wilson: "Tão longe de tudo, Charles rapidamente se apaixonou."

Ele pescava à margem do rio, próximo da cabana, quando um de seus assessores veio correndo até ele. A rainha morrera? A rainha-mãe? "Meu coração quase parou, e me senti enjoado. Muitas possibilidades horríveis passaram por minha cabeça", lembrou.

Nada poderia tê-lo preparado para o que ouviu: o Exército Republicano Irlandês (IRA) explodira o barco de pesca de Lord Mountbatten, o *Shadow V*. O lorde morrera na hora, além de seu neto de 14 anos, Nicholas, e um ajudante irlandês de 15 anos. O irmão gêmeo de Nicholas, Timothy, a filha de Mountbatten, Patricia, e seu genro, John, ficaram seriamente feridos. A sogra de Patricia, Lady Brabourne, morreria na manhã seguinte, elevando para quatro o número de vítimas fatais.

"Fui tomado pela agonia, pela descrença e por uma espécie de dormência", disse Charles ao se lembrar de quando soube do ocorrido. A isso se seguiu "a violenta determinação de fazer algo a respeito do IRA". (O responsável pelo atentado foi julgado, condenado e passou 18 anos na prisão antes de ser libertado em 1998, como parte do acordo de Belfast, que pôs fim às hostilidades na Irlanda do Norte. Mesmo assim, grupos paramilitares continuaram executando ataques terroristas até 2019.)

Uma hora depois do assassinato de Dickie, Charles estava ao telefone com Camilla, chorando. Posteriormente, ele escreveu em seu diário: "Suponho que a vida precise continuar, mas, devo confessar, hoje quis que parasse; me senti inútil e impotente [...]. A vida jamais será a mesma agora que ele se foi."

Charles se reuniu com os outros Windsor em Balmoral e então foi de trem até Londres para o funeral que seguiria as diretrizes planejadas pelo próprio Lord Mountbatten. A cerimônia foi transmitida em rede nacional de televisão. Conforme bandas militares das três Forças Armadas tocavam hinos e elegias, milhares de pessoas acompanharam o caixão de Dickie do quartel de Wellington até a Abadia de Westminster em uma carruagem militar puxada por 118 marinheiros reais.

No interior da abadia, a família real e centenas de dignitários de todo o mundo homenagearam um dos principais personagens do século XX. Uma semana se passara desde o brutal assassinato, e todos ainda estavam em choque, principalmente Philip e Charles — os dois homens para quem Dickie fora nada menos que uma figura paterna. Ambos envergavam o uniforme naval completo, mas foi o herdeiro do trono britânico o escolhido por Mountbatten para recitar sua passagem favorita da Bíblia, o Salmo 107. Com o rosto marcado pelo pesar e pela angústia, Charles, leu as famosas linhas com a voz embargada: "Os que se lançaram ao mar em navios, exercendo sua profissão nas grandes águas, esses viram as obras do Senhor, seus milagres em alto-mar."

Charles não poderia saber o impacto que sua expressão de pesar causou em uma jovem que assistia ao funeral pela televisão. Nem jamais teria imaginado que ela mudaria sua vida — e o curso da história.

Repórter: Vocês estão apaixonados?
Diana: É claro!
Charles: O que quer que "apaixonado" queira dizer...

"O que quer que aconteça, eu sempre te amarei."
— Charles para Camilla, em um telefonema ouvido por Diana

"Recebemos ordens de tratar Camilla como dona da casa.
Foi como se Diana não existisse."
— Ken Stronach, valete do príncipe Charles, sobre a maneira como Camilla e Diana eram tratadas durante o casamento do príncipe e da princesa de Gales

"Esqueça marido, filhos e até a própria mãe dela [...].
Ele vem sempre em primeiro lugar."
— Um funcionário da residência dos Parker Bowles,
sobre a atitude de Camilla em relação a Charles

CINCO

"VOCÊ JAMAIS SERÁ REI!"

Charles se lembraria desse período como um borrão de 17 anos de manchetes escandalosas, corações partidos, crianças magoadas e uma tragédia indizível que chocou o mundo e deixou a monarquia de joelhos. Tudo começou em julho de 1980, com duas pessoas sentadas em um monte de feno durante um churrasco em Sussex. Com a data do assassinato de Lord Mountbatten prestes a completar um ano, Charles conversou sobre o assunto com a jovem dama sentada a seu lado, com um prato no colo.

"Eu me lembro de como você parecia triste", comentou Lady Diana Spencer, referindo-se à cobertura televisiva do funeral de Mountbatten na Abadia de Westminster. "Dava para sentir sua solidão. E a necessidade de alguém que se importasse com você..." Observando a alguns metros de distância, a ex-namorada de Charles, Sabrina Guinness, achou que as intenções de Diana eram bem óbvias: "Ela estava dando risadinhas e tentando impressioná-lo."

Foi uma jogada ousada para a irmã mais nova de Lady Sarah, a quem Charles descrevera como "jovial" e "animada" após seu primeiro e breve encontro três anos antes. Ser tão aberta e direta com o príncipe de Gales sobre uma questão tão pessoal exigia considerável ousadia e a habilidade de parecer sincera — qualidades que não eram encontradas com frequência na alta classe britânica, reservada e irônica. Mas ele ficou impressionado com a afetuosidade de Lady Diana — a professora de jardim de infância de 19 anos, loira e de olhos azuis, bochechas rosadas e corpo roliço, usando calça jeans — e com o que pareceu ser um *insight* profundo sobre o sofrimento dele.

Lady Diana foi ajudada pelo fato de parecer uma garota apaixonada pelo campo — o que não condizia com a verdade, já que seus gostos e interesses eram urbanos. Seu pai era o ajudante de ordens da rainha e sua outra irmã mais velha, Lady Jane, se casara com o vice-secretário particular de Sua Majestade, Robert Fellowes, de modo que Diana era convidada para Balmoral de vez em quando. Nessas ocasiões, usava jeans, camisa xadrez e botas — vendo-se como uma "moleca". Fellowes se uniu à rainha-mãe para apoiá-la como noiva em potencial. No fim das contas, as coisas se inverteriam e Diana passaria a achar — com razão — que Fellowes, a rainha-mãe e até mesmo sua avó eram seus inimigos.

Charles, sem saber que a persona rural de Diana era uma artimanha, começou a elogiá-la para membros de seu círculo íntimo. O príncipe até insinuou para Camilla que Lady Diana poderia ser a escolhida. É óbvio que ele não teria reparado naquela jovem se não estivesse sob tremenda pressão para se casar — principalmente do duque de Edimburgo, que a exercia em seu brutal estilo. "O que você está esperando?", perguntou ele a Charles durante uma caçada em Sandringham. "É tão difícil assim? É só escolher uma mulher e fazer o que precisa ser feito! Você tem *32 anos*!"

No fim de agosto de 1980, Charles convidou Lady Diana para passar o fim de semana em Balmoral, preferindo cortejá-la longe dos olhares de jornalistas. Lá, ela mais uma vez interpretou o papel de garota do campo: passeou pelas margens do rio e por campos enlameados, e riu, coberta de lodo espesso e esverdeado, depois de cair em um brejo. O casal fez um piquenique, e Charles a ensinou a pescar. Com entusiasmo, ela participou de todas as atividades, incluindo perseguir um cervo que seria abatido pelo grupo real. "Ela parecia uma jovem inglesa que toparia qualquer passeio", disse Patti Palmer-Tomkinson, amiga de Charles que estava hospedada em Balmoral com o marido. "Diana era jovem, doce e o desejava muito."

O interesse de Charles cresceu quando seus irmãos pediram para se sentar ao lado da encantadora jovem durante o jantar. "Ela era tão adorável, charmosa, iluminada, divertida e travessa", lembrou Palmer-Tomkinson. "Os homens gravitavam em torno dela." Charles confessou ter ficado "lisonjeado" com a atenção que os outros homens davam à nova dama em sua vida e impressionado com o fato de, mesmo tão jovem, ela saber transitar com tanta graça e facilidade pelos círculos reais.

Intrigado, ele continuou a cortejá-la no interior dos muros do palácio, fora do alcance dos incansáveis tabloides britânicos. Em Sandringham, ela caçou faisões, provou ser uma amazona habilidosa ao cavalgar com Charles e a rainha e, mais uma vez, encantou os anfitriões reais durante o jantar. Depois do quinto encontro, o príncipe admitiu para um amigo próximo que, embora não estivesse apaixonado, Diana era tão divertida e "calorosa"... Sem dúvida, ele aprenderia a amá-la.

Na verdade, as duas únicas mulheres que levariam o interesse do príncipe em consideração, Camilla e Lady Tryon, já tinham recebido pedidos dele para que o ajudassem a encontrar uma esposa. Ambas compartilhavam a crença de que se tornariam amante exclusiva do herdeiro real. Em 1980, Charles vendeu grande parte do vilarejo de Daglingworth para financiar a compra de Highgrove House, que pertencia à família do ex-primeiro-ministro Harold Macmillan. A propriedade georgiana custou US$1,75 milhão (o equivalente a US$5,3 milhões em 2019) e se localizava em Gloucestershire, a duas horas a oeste de Londres — e a somente meia hora da residência dos Parker Bowles, Bolehyde Manor, em Chippenham.

A mansão de três andares, com fachada neoclássica de pedra cinzenta, tem nove quartos, quatro salas de estar, oito banheiros, uma ala infantil, estábulos, dependências para empregados e 140 hectares de terras aráveis — uma propriedade modesta para os padrões reais, mas atraente para Charles por sua "elegância desbotada, mas amigável". Construída no fim do século XVIII, Highgrove também tinha uma história interessante, embora macabra. Em 1850, a neta do então dono morreu depois que seu vestido pegou fogo durante um baile organizado pelo irmão. Anos depois, outro incêndio quase destruiu a mansão. Em 1956, Harold Macmillan comprou a propriedade. Charles, como todo mundo no *establishment* britânico, sabia que a esposa do então primeiro-ministro, Dorothy, fora amante de Lord Robert Boothby durante trinta anos, até a morte dela, em 1966. Macmillan, embora torturado pela conhecida infidelidade da esposa, jamais lhe concedera o divórcio — e nunca deixara de amá-la.

Nos anos seguintes, Charles percorreria o caminho entre Highgrove e Bolehyde Manor para ficar com Camilla. Eles também se encontrariam em eventos como o baile no Cirencester Park Polo Club, perto da propriedade real. De acordo com o veterano jornalista Christopher Wilson, os dois foram vistos "aos beijos, uma dança após a outra". Em outro evento, Charles aparentemente achou impossível resistir à sexualidade de Camilla. Ele deu uma olhada em seu vestido sensual, disse um convidado, "enfiou as mãos dentro do vestido e agarrou os seios dela. Não se faz uma coisa assim na presença de damas".

Segundo Wilson, "para a maioria da população a paixão entre eles não existia. Mas alguns poucos privilegiados testemunharam assombrosas exibições da atração quase animal que um sentia pelo outro".

Camilla não era o único objeto de desejo de Charles. Também havia as "paradas de conforto", nas palavras de Kanga, que ele fazia em Old Manor House, a residência oficial de Lord Tryon em Great Durnford. Kanga contaria, anos depois, que o príncipe de Gales "telefonava do nada, dizia estar por perto e perguntava se podia ir até lá". Quando ele abria a porta (sempre sem bater), ela já o esperava com um copo de uísque. A despeito de sua profunda e duradoura devoção a Camilla, Charles descreveu Kanga como "a única mulher que já me entendeu".

Logo depois de Charles e Diana terem a fatídica conversa no monte de feno, as duas amantes do príncipe se reuniram na casa de Parker Bowles e conversaram. Cada uma fizera uma lista com três candidatas, e somente um nome aparecia nas duas listagens: Lady Diana Spencer. Mesmo em 1980, a virgindade ainda era obrigatória para aquelas que dariam à luz os futuros monarcas — e o médico do palácio tinha de confirmá-la antes que o noivado fosse anunciado. As duas amantes de Charles estavam convencidas de que Diana era virgem — uma das poucas disponíveis —, e tinham razão. Diana, chamada pelas irmãs de "Duch" (de *duchess*, "duquesa" em inglês), refletindo sobre seu desejo de se casar com o príncipe, afirmaria que deveria se manter "intocada para o que encontraria em meu caminho".

Igualmente importante era seu pedigree impecável. Ao contrário dos "alemães", como a própria Diana chamava os Mountbatten-Windsor, a Casa de Spencer era uma das mais respeitadas na aristocracia da Grã-Bretanha, com raízes datando do século XV. Entre os títulos historicamente importantes que detinham, havia o ducado de Marlborough, os condados de Spencer e Sunderland e o baronato Churchill — Diana e Winston Churchill eram primos distantes.

Charles escutou o que as duas tinham a dizer, mas estava hesitante. Ele comentou os casos extraconjugais de Andrew Parker Bowles para motivar Camilla a se divorciar, insistindo que se casaria com ela em seguida — o que seria impossível. "Charles teria que se afastar e deixar Andrew assumir seu lugar na fila de sucessão. Ele jamais faria isso", disse Harold Brooks-Baker, editor do *Burke's Peerage*, o guia de quase duzentos anos sobre genealogia e heráldica. "Ele bateu o pé por algum tempo, mas Camilla o trouxe de volta à realidade. Ela não se divorciaria e Charles nem cogitaria se casar com uma mulher divorciada."

Como o tempo passava e Charles não se decidia, Diana começou a entrar em pânico. Ela perdeu a calma diversas vezes, perguntando às irmãs: "Por que ele não me pede em casamento? Por quê?" Não ajudava ser perseguida pelos paparazzi, que a seguiam do jardim de infância onde trabalhava até o apartamento que dividia com três amigas em Chelsea, ou quando apenas caminhava pelas ruas. "Eles não desistem, me caçam como se eu fosse um animal", queixou-se ela às colegas de apartamento.

Diana teve o cuidado de jamais demonstrar para Charles ou seus asseclas que tinha "um medo frenético" de não ser escolhida. O valete de Charles, Stephen Barry, confessou que "ela nunca me perguntou sobre as outras mulheres na vida dele. Não que eu fosse responder, se ela perguntasse".

Como Charles a convidara a Balmoral, havia a preocupação de a reputação de Lady Diana ser comprometida. "Ela pertencia a uma das mais importantes famílias da Grã-Bretanha e, pelo que se sabia na época, era muito doce e ingênua", disse Barry. "A rainha estava impaciente." Por fim, o pai de Charles interveio com palavras duras: "Peça a mão da pobre garota ou termine tudo."

Com esse ultimato, Charles agiu com o que descreveu como "estado mental confuso e ansioso". Assim que voltou de uma viagem de esqui a Klosters, na Suíça, ele dirigiu até Bolehyde Manor para se encontrar com Diana. "Eles passearam pelos jardins e, com Camilla espiando do segundo andar, Charles fez o pedido."

Diana cobriu a boca com a mão, deu uma risadinha e respondeu: "Sim, por favor!" Então o abraçou. Charles, pego de surpresa, estremeceu. Não fez diferença. As risadinhas, que para Charles eram "infantis e irritantes", continuaram.

Em vez de um anel personalizado, Diana escolheu um do catálogo da joalheria Asprey & Garrard: 14 diamantes em torno de uma magnífica safira azul de 12 quilates, engastados em ouro branco. O custo: US$45 mil (o equivalente a cerca de US$145 mil em 2022). Durante o anúncio do noivado à BBC, Charles previu que a noiva, sendo 12 anos mais nova (a mesma diferença entre John F. e Jackie Kennedy), o "manteria jovem", ao passo que Diana disse alegremente: "Com o príncipe Charles a meu lado, nada dará errado."

Pouco tempo depois, Charles insistiu para que Camilla almoçasse com sua noiva. As duas conversaram e uma alegre Diana mostrou o anel. Elas não falaram sobre o caso entre Camilla e Charles, apesar de Diana já saber de tudo. Em seguida, o príncipe pediu informações. "O que ela disse a nosso respeito?", perguntou, ansioso.

"Nada", respondeu Camilla, acreditando que Diana era "muito ingênua" e não sabia sobre os dois. E se sabia, insistiram Camilla e Kanga Tryon, não teria coragem para fazer algo a respeito disso. "Elas achavam que Diana era uma mulher submissa que faria o mesmo que todo mundo: fingiria não saber de nada e se contentaria em ser a esposa do futuro rei. Elas não a conheciam nem um pouco", disse Lady Elsa Bowker, amiga da jovem Spencer.

Não demorou muito para que um comentário impensado levasse Diana ao limite. Alguns dias antes do anúncio do noivado, Charles colocara o braço em torno da cintura dela e lhe dera um beliscão, dizendo: "Tem uma gordurinha aqui, hein?" Anos depois, Diana declararia publicamente que esse comentário a chocou tanto, à impressionável idade de 19 anos, que ela se tornou bulímica. Na pior fase, ela se forçaria a vomitar cinco vezes ao dia.

Se alguém tivesse se dado ao trabalho de olhar para além da superfície perfeita como porcelana de Diana, teria percebido que ela era tudo, menos inquebrável. Quando ela tinha 6 anos, sua mãe abandonou a família para se casar com um homem muito mais jovem. A garotinha e seu irmão de 3 anos, Charles, foram então criados por uma sucessão de babás e governantas dignas de um romance de Dickens. Além da babá que os agredia com uma colher de pau, houve uma que batia suas cabeças uma contra a outra se achasse que eles estavam sendo desobedientes. A cruel batalha judiciária entre seus pais terminou com a concessão da guarda integral ao conde Spencer. Infelizmente, ele estava tão amargurado com a traição da esposa que, durante anos, mal falou com os filhos — ou com qualquer outra pessoa na família. Segundo um amigo de Diana, Peter Janson, "a infância dela foi um inferno. Os pais dela se desprezavam".

Charles tinha muito mais em comum com Diana que com Camilla. Ambos eram francos sobre as infâncias infelizes e repletas de abuso, a distância em relação aos pais e a sensação de abandono. Mas isso não significava que eram compatíveis. "Os dois eram pessoas machucadas e solitárias", disse Bonnie Angelo, que conheceu tanto Charles quanto Diana enquanto era editora-chefe da revista londrina *Time*. "Ele foi pressionado a se casar, e ela quis provar seu valor se casando com o futuro rei da Inglaterra, por quem tinha uma paixonite desde a infância. Foi a receita perfeita para o desastre."

Durante os preparativos para o casamento, Diana se mudou para o Palácio de Buckingham e começou a aprender seus deveres reais com o secretário particular de Charles, Edward Adeane, e alguns assessores. A tensão e os episódios de bulimia fizeram a cintura dela encolher de 74 para 56 centímetros — o que era muito, considerando que ela media 1,80 metro. "Depois que ela foi para o palácio, as lágrimas surgiram", disse Carolyn Bartholomew, ex-colega de apartamento e amiga de Diana. "Emagreceu tanto! Fiquei preocupada. Ela não estava feliz, e foi submetida a toda aquela pressão de repente. Foi um pesadelo."

Embora mais tarde Charles tenha dito não saber que a garota "animada" e "risonha" com quem pretendia se casar era temperamental, ele não mencionou que, inicialmente, o temperamento difícil foi o seu. Irritado por ter cedido à pressão do próprio pai e de outros, ele descontou sua frustração na jovem e vulnerável noiva. Durante um jantar beneficente no Goldsmiths' Hall, em Londres, foi rude por ela usar um elegante vestido preto. "Somente mulheres enlutadas vestem preto", reclamou ele. A princesa Grace de Mônaco ouviu a grosseria e levou Diana até o banheiro feminino. Elas trancaram a porta e Diana contou à princesa em detalhes como o futuro marido e o palácio tornavam sua vida insuportável. "Não se preocupe", disse a ex-Grace Kelly, "vai piorar muito!".

O mais perturbador para Diana era a constante presença de Camilla Parker Bowles na vida do noivo. Antes de Charles iniciar uma longa viagem à Austrália e à Nova Zelândia, Diana foi aos seu escritório. Sentou-se no colo dele, mas, assim que ele atendeu um telefonema de Camilla, decidiu ir embora. "Ela estava se despedindo dele antes da viagem e eu não queria interferir na privacidade deles. Não é triste?", lembrou Diana.

Em certo momento, Diana o confrontou e confessou ter muitas dúvidas sobre o casamento: "Eu sei sobre você e Camilla, Charles. Você ainda a ama?".

"Camilla é uma de minhas amigas mais íntimas", confessou ele. "Mas, agora que vamos nos casar, não há... Não pode haver outra mulher em minha vida."

Diana notou a cuidadosa escolha de palavras do príncipe. "Mas você não respondeu à minha pergunta", insistiu. "Você ainda a ama?" Diana disse ter repetido essa pergunta em várias ocasiões, "e ele nunca respondeu que sim. O que devo fazer?".

Charles ainda amava Camilla, e muito — não havia dúvida. Para deixar claro para a amante que eles sempre seriam um casal, ele desenhou e mandou fazer um bracelete de ouro para ela, com um disco azul esmaltado no centro, com as letras *G* e *F* gravadas em dourado — de Gladys e Fred, seus apelidos românticos. (Mais tarde, Charles diria que GF significava "Girl Friday" [algo como uma assistente faz-tudo], em uma óbvia tentativa de fazer o relacionamento parecer algo profissional e platônico).

Charles não estava no Palácio de Buckingham quando o pacote contendo o bracelete foi posto sobre a sua mesa duas semanas antes do casamento, mas Diana sim. "Eu abri [...] e fiquei devastada. Só sentia raiva, raiva, raiva!", lembrou ela.

"Por que você não é honesto comigo?", perguntou ela a Charles. Em vez de responder, "ele me tratou com absoluta indiferença. Era como se tivesse tomado uma decisão e não pudesse fazer mais nada. Ele encontrara a virgem, o cordeiro do sacrifício".

Como planejado, Charles se encontrou secretamente com Camilla e deu a ela o bracelete. Eles transaram naquela noite e, supostamente, em outras noites antes do casamento — de acordo com o repórter James Whitaker e o valete do príncipe, Stephen Barry, até na véspera da cerimônia.

Consumidos pela raiva e pela frustração, tanto o noivo quanto a noiva choraram até dormir na noite anterior ao casamento — separadamente. Charles, com sua infinita capacidade de sentir pena de si mesmo, voltou a se irritar com a ideia de ser forçado a se casar com uma mulher que não desejava. A jovem que Camilla chamava de "bela égua de reprodução" e que devia ter os filhos dele já se provava difícil. Diana, por sua vez, falou com as irmãs horas antes do casamento. "Não posso me casar com ele. Não posso fazer isso." Elas responderam: "Agora é tarde demais."

Para o mundo, o casamento do príncipe de Gales e da Lady Diana Spencer na Catedral St. Paul, em 29 de julho de 1981, superou todas as expectativas. "É disso que os contos de fada são feitos: o príncipe e a princesa no dia de seu casamento", disse o arcebispo de Canterbury, Robert Runcie.

Para o casal no centro da pompa e da comoção, foi um pesadelo. Charles, esperando no altar enquanto a jovem noiva caminhava pela ala central, podia ver suas antigas namoradas e amantes. Kanga Tryon estava lá, assim como Janet Jenkins, que não conseguia tirar os olhos de Camilla e seu "frio sorriso de gato de Cheshire". Diana também a viu, dizendo mais tarde que a imagem de Camilla na catedral — "de vestido cinza-claro, chapéu com véu e o filho Tom ao lado" — ficara gravada a ferro e fogo em sua memória.

A chama do casamento, se é que houve alguma, extinguiu-se já no início. "A lua de mel foi uma oportunidade perfeita para pôr o sono em dia", escreveu Diana para sua dama de companhia. Depois de um cruzeiro pelas ilhas gregas a bordo do iate real *Britannia* — durante o qual Diana conversou com a tripulação e a equipe da cozinha, enquanto Charles ficava sozinho na cabine lendo os livros de seu guru, Laurens van der Post —, os recém-casados passaram um mês em Balmoral. Se Charles esperara que a mágica de seu "lugar favorito no mundo" encantasse a esposa, essa ideia foi rapidamente abandonada. Ele mantinha contato com Camilla, e Diana sabia. De acordo com um dos amigos do príncipe, a princesa de Gales "chegou ao ponto da obsessão" e, mais de uma vez durante a lua de mel, "teve uma explosão de raiva" seguida de longos períodos de "confusão e desânimo".

Mesmo assim, a fachada de felicidade conjugal não rachou. Antes do casamento, grande parte do público via Charles como o representante enfadonho e insípido de uma era anterior. A vivaz, extrovertida e despretensiosa Diana mudou essa percepção da noite para o dia. Segundo disse o correspondente do *Times* Alan Hamilton, "no início, Diana espalhou pó de fada sobre toda a família real. E ainda mais em Charles, que do nada pareceu muito esperto por ter escolhido uma jovem tão maravilhosa para ser sua princesa e futura rainha. As pessoas a amavam, e ele se beneficiou disso".

Com o nascimento do príncipe William ("o herdeiro") em 1982 e do príncipe Harry ("o reserva") dois anos depois, a jovem família de Charles parecia perfeita. Mas o nascimento de Harry marcou um ponto de virada no casamento. Ao contrário do pai, que jogara squash e nadara durante o parto do filho, Charles estava por perto e quase chorou durante o parto do primogênito. "Impressionante, que coisa linda", disse o príncipe à esposa após a chegada de William, com 3,6kg. "Você é um amor." Lucia Flecha de Lima, na época amiga de Diana e esposa do embaixador brasileiro no Reino Unido, disse que Charles estava "muito encantado" com William. Ele também esteve presente durante o nascimento de Harry, mas sua reação foi espantosamente diferente.

"Ah, Deus, é um menino", disse Charles, balançando a cabeça. "E é ruivo."

"Naquele momento, algo em mim se fechou", confessou Diana anos depois. Durante o batizado, Charles repetiu o comentário, fazendo objeções ao cabelo "cor de ferrugem" do filho. A mãe de Diana, Frances Shand Kydd, ficou furiosa. "Você devia ser grato por ter um filho saudável", repreendeu ela, acrescentando que muitas pessoas na família de Diana eram ruivas.

Shand Kydd não sabia a verdadeira razão por trás das inexplicáveis críticas de Charles à aparência de Harry. Ele suspeitava que Diana estava tendo um caso com o elegante e ruivo capitão James Hewitt, do Life Guards in the Household Cavalry, que era o instrutor de equitação dela. Mais tarde, Diana confessou que se apaixonara por Hewitt, mas seu relacionamento só começara em 1986, apesar de haver evidências de que Hewitt vira Lady Diana Spencer pela primeira vez em uma partida de polo em Tidworth, Wiltshire, em junho de 1981 — seis semanas *antes* de ela e Charles se casarem. Hewitt jogara pelo Exército; Charles pela Marinha. Durante uma sessão de hipnose, em 2005, Hewitt confessou que ele e Diana haviam feito amor pela primeira vez em setembro de 1982, meses após o nascimento de William. A princesa estava convencida de que seria uma "boa esposa de militar" e lhe disse que queria se divorciar e "sossegar" ao lado dele — algo que o instrutor de equitação sabia "não ser possível [...]; era somente um sonho".

Em março de 1984, ao saber por Diana que ela estava grávida, Hewitt disse que eles "pararam de ter um relacionamento sexual, pois parecia mais respeitoso". Depois do nascimento de Harry, em setembro, os dois retomaram o romance. Hewitt, porém, recebeu um telefonema anônimo sugerindo que seria mais "saudável" parar de ver a princesa, e perguntou então ao assessor de imprensa britânico Max Clifford como manter aquilo em segredo. Clifford recomendou que Hewitt deixasse de ser instrutor de Diana e passasse a dar aulas de equitação a William e Harry. Enquanto isso, James insistiu publicamente só ter conhecido Diana em 1986 — dois anos após o nascimento de Harry.

O plano funcionou. Durante os oito anos seguintes ao nascimento de Harry, Diana e Hewitt continuaram a se encontrar em segredo — até que, por razões que permanecem um mistério para o amante de Diana, a princesa terminou tudo. A inegável semelhança física entre Harry e Hewitt — uma similaridade que se tornou ainda mais acentuada depois da adolescência —, juntamente com maneirismos faciais e características que divergem de tudo visto na família real, alimentaram as especulações de que James Hewitt era, de fato, o pai biológico de Harry.

Mesmo assim, nos primeiros anos do casamento real, o público não sabia de nada disso — graças, em grande parte, às duas crianças. Os príncipes se tornaram os queridinhos da grande imprensa. Primeiros passos, uniformes escolares, brincadeiras, amiguinhos, manhas, saltos de crescimento: cada movimento dos dois foi devidamente registrado por jornais e revistas de todo o mundo. "William e Harry exacerbaram tudo", disse James Whitaker. "A imprensa e o público estavam apaixonados por eles. Quando eram muito novos, quando ainda não sabiam o que realmente acontecia. Deve ter sido um inferno, mas tudo ficou escondido."

Charles, que persistia em manter o relacionamento com Camilla, ignorou a dor da esposa. Em janeiro de 1982, Diana estava grávida de três meses e sofrendo com enjoo matinal. O casal real gritava um com o outro — como sempre, por causa de Camilla. O príncipe usava traje de equitação e não escondeu que pretendia cavalgar com a amante pela área rural de Norfolk. A discussão foi parar no topo da escadaria principal — logo acima do local onde a rainha e a princesa Margaret estavam.

"Eu vou me jogar dessa escada!", ameaçou Diana quando o marido se virou para sair. "Estou desesperada, Charles. Por favor, me escute!"

Mas Charles não escutou. ("Você está blefando", disse, com pouco-caso.) Diana cumpriu sua ameaça. Segundos depois, estava estendida no chão do andar de baixo. A princesa Margaret correu até ela, enquanto a rainha, trêmula, pediu ajuda. Com alguns arranhões, mas sem ferimentos sérios — os médicos asseguraram que o bebê não se ferira —, Diana passou o restante do dia descansando em seu quarto. Charles, amuado com o que chamou de "mais melodrama", passou a tarde com Camilla.

Haveria muitos incidentes assim. Ao longo do tempo, a princesa se jogaria contra uma cristaleira, quebrando a frente envidraçada do móvel; cortaria os pulsos com uma navalha; e apunhalaria o próprio peito com um canivete. Em entrevistas gravadas que vieram a público quase vinte anos depois de sua morte, Diana falou das grandes doses de Valium que lhe foram prescritas por vários psiquiatras — o tranquilizante nada fez para conter uma tendência autodestrutiva que se tornou cada vez mais alarmante. "Eu estava muito mal. Não conseguia dormir, não comia, meu mundo inteiro estava desmoronando", admitiu ela depois. Cada um daqueles incidentes sangrentos foi, para ela, "um grito desesperado por ajuda".

Mas Charles se recusava a ceder. Ele via Diana como "temperamental" e "mimada" e detestava ser manipulado pela esposa que desdenhosamente o chamava de "garoto prodígio" e "grande esperança branca" pelas costas. E ficava ainda mais incomodado com o apelido que a princesa escolhera para sua amante, "Rottweiler", embora Camilla e suas amigas fizessem o mesmo. Sempre que sua rival era tema das conversas, Camilla se referia a ela como "Barbie".

Para piorar, Charles sentia cada vez mais ciúmes da crescente popularidade de Diana. Sua esbelta, loira e vibrante esposa se provava um ícone da moda em uma escala que não era vista desde a primeira-dama dos Estados Unidos Jackie Kennedy Onassis. Durante um almoço anos depois, no Four Seasons de Manhattan, a escritora Tina Brown descreveu o impacto que a princesa de Gales causou ao entrar no restaurante: "Ela usava um terninho Chanel verde-menta sem blusa e estava incrivelmente bronzeada. Caminhando pelo restaurante lotado, ela tinha a espantosa fosforescência de um desenho animado — loira demais, alta demais, reconhecível demais. Talvez a inquietação fosse causada por sua altura, que a tornava mais que somente uma grande beleza natural. Ela era como uma estranha planta supercrescida, uma rebuscada rosa experimental."

Mais do que isso, Diana era algo que Charles tentava, mas nunca conseguiria, ser: uma figura amiga moderna, tangível, das multidões. Ao longo dos anos, as visitas de Diana a abrigos para sem-teto, alas de câncer, hospitais infantis e clínicas de tratamento contra a aids — às vezes acompanhada por William e Harry — a colocariam entre os humanitários mais admirados do mundo. A empatia que ela demonstrava e sua disposição em se aproximar dos mais necessitados eram tocantes e se tornaram sua marca registrada. Por exemplo, ao apertar a mão de um paciente com aids em 1987 — ainda no início da mortal epidemia — sem usar luvas, ela destruiu o então prevalente mito de que a doença podia se disseminar pelo toque.

Charles, como todos os Windsor, visitava mais que sua cota de hospitais, comunidades mais pobres e locais de desastre. Mas sempre parecia desconfortável e distante quando comparado à esposa. O fato de que o Prince's Trust já arrecadara milhões para a caridade na época em que ele se casara com Diana não amenizava o fato de que Charles parecia indiferente e sem jeito perto daqueles que, um dia, seriam seus súditos.

"Ninguém previu o culto à personalidade de Diana. Ela se tornou um perigo em potencial por causa de toda a atenção que atraía, e, naquele casamento, só podia haver um sol: o príncipe de Gales", disse Lord MacLean, então o Lord Chamberlain (o oficial da corte que, entre outras coisas, organiza todo o cerimonial da casa real e é a ligação entre o monarca reinante e a Câmara dos Lordes). Diana, por sua vez, não se sentia apreciada. "Não importa o que eu faça, quantos milhões eu consiga angariar para as obras de caridade deles — não é o bastante. *Nunca* é o suficiente", queixou-se ela. Às vezes, era demais. Em certa ocasião, a rainha a convocou ao Palácio de Buckingham e pediu que não apoiasse mais pesquisas sobre a aids. "Por que você não se envolve em algo mais agradável?", perguntou Sua Majestade.

Não demorou muito para que Charles e Diana levassem vidas separadas: ela no Palácio de Kensington, ele em Highgrove. Furioso com a recusa da esposa em "se comportar de modo racional, para variar", Charles mantinha no bolso a carta que o príncipe Philip lhe enviara, exigindo que ele pedisse Diana em casamento a fim de não prejudicar a reputação dela. Quando o assunto de seu casamento em rápida deterioração surgia entre amigos, Charles tirava a carta do bolso com um floreio. "Veja o que fizeram comigo", dizia ele, desdobrando a carta. "Eu fui forçado!"

Como castelã de Highgrove, para todos os efeitos práticos, Camilla fazia pouco esforço para esconder sua posição na vida do príncipe — ao menos dos locais e de seu círculo de amigos. Quando não estavam cavalgando juntos, Charles e Camilla faziam aulas de aquarela com o retratista Neil Forster, que morava perto. O antigo segurança real, Andrew Jackson, disse na época: "Quando Charles dá festas para os amigos íntimos, Camilla assume a posição da princesa. Ela sempre chega sozinha, nunca com o marido. Organiza o cardápio e se senta ao lado de Charles. E ela é a única pessoa que tem permissão para entrar no jardim dele."

Em 1989, um ano depois de Charles se mudar do Palácio de Kensington, Diana invadiu a festa de 40 anos da irmã de Camilla, Annabel. Com Charles no andar de cima, ela encurralou a amante do marido em um aposento reservado às crianças no térreo, disse que sabia o que estava acontecendo e anunciou que não "nascera ontem".

Camilla, espantada, reagiu. "Você tem tudo que sempre quis", respondeu. "Todos os homens do mundo estão apaixonados por você, seus dois filhos são lindos. Quer mais o quê?"

"Eu quero meu marido!", gritou Diana, desculpando-se em seguida e de forma sarcástica por "atrapalhar" os dois. "Não me trate como uma idiota", exigiu. Segundo um convidado, Camilla "saiu correndo da casa como se tivesse sido atirada de um canhão, com o príncipe Charles em seu encalço". Ao retornar, com o rosto vermelho de raiva, ele explodiu enquanto Diana entrava no carro para ir embora. "Eu me recuso a ser o único príncipe de Gales a não ter uma amante!", gritou Charles. Naquela noite, em Highgrove, ele telefonou para Camilla da suposta privacidade de seu banho para se desculpar pelo ocorrido. Mais tarde, Diana contaria essa história à rainha — e confessaria que ouvia atrás da porta do banheiro as conversas do príncipe com a amante.

Charles sabia que a esposa o espionava e que pedira ajuda à sogra. Ele também sabia que a rainha não podia ajudar. Durante uma visita emocionante, contou Elizabeth II a seu secretário particular, Diana "chorou sem parar" e pediu ajuda para acabar com o caso entre seu marido e Camilla. "O que eu faço?", perguntou ela, soluçando. "O que eu faço?"

"Não sei. Charles é impossível", respondeu a soberana, que tentara, sem sucesso, persuadir o filho a abandonar a Sra. Parker Bowles.

Mesmo assim, os esforços da família real para se livrar de Camilla careciam de convicção. Em razão de seu cego afeto por Charles, a rainha-mãe permitia que o casal se encontrasse em Birkhall, sua mansão na propriedade de Balmoral. Posteriormente, a rainha ordenaria que uma linha telefônica secreta e segura fosse instalada no local para uso exclusivo de seu filho e da amante dele.

De fato, o príncipe via seu relacionamento com Camilla como inegociável. Ele disse à mãe que fora forçado a se casar com uma mulher que não amava e não pretendia abandonar a que amava. Highgrove se tornou o principal local de encontro entre Charles e Camilla, assim como Middlewick House, a propriedade de 200 hectares dos Parker Bowles, convenientemente localizada a somente meia hora de distância.

Charles teria usado sua influência para garantir que os inúmeros deveres de Andrew Parker Bowles — o marido de Camilla fora promovido a general de brigada e recebera o cobiçado título de Silver Stick in Waiting da rainha [líder da cavalaria real e guarda-costas honorário] — o mantivessem longe de

Middlewick House por meses. O príncipe não precisara se esforçar muito. Andrew, que àquela altura já se resignara de forma voluntária a ser o corno da história, ficava em Londres durante os fins de semana, a fim de ter os próprios casos extraconjugais.

Em Highgrove e Middlewick House, o caso entre Charles e Camilla assumia todas as características de uma comédia de erros teatral, com amantes saindo pela janela ou se escondendo embaixo da cama. Assim que Andrew partia de Middlewick House para Londres na noite de domingo, todas as luzes externas eram desligadas para que Charles pudesse chegar no escuro — um exercício semanal que os empregados de Camilla chamavam de *blackout*. Charles passava a noite e partia antes de o sol nascer, o que levou os empregados a apelidá-lo de "príncipe da escuridão".

O valete de Charles, Ken Stronach, tinha ordens para convencer Diana — caso ela chegasse subitamente a Highgrove — de que Charles passara a noite em casa e sozinho. Stronach deixava um sanduíche pela metade e uma taça de xerez vazia na mesa de cabeceira do príncipe, juntamente com um jornal no qual haviam sido circulados os programas de TV daquela noite. Stronach achava aquilo absurdo: "Isso não enganava ninguém, e muito menos a princesa."

Uma farsa parecida acontecia sempre que se dava o inverso, ou seja, Camilla passava a noite em Highgrove. Assim que Diana partia, a amante dirigia até lá e era escoltada até o quarto de hóspedes. Mais tarde, Charles ordenava que o sofisticado sistema de segurança fosse desligado, a fim de que Camilla pudesse transitar livremente pela casa e se esgueirasse até o quarto do príncipe. Stronach achava essa manobra "muito estúpida e arriscada. Mas ele está cego para tudo o que diz respeito àquela senhora". Ainda mais imatura era a insistência de Charles para que o seu valete bagunçasse a colcha e as cobertas do quarto de hóspedes — mas somente em um lado, para dar a entender que Camilla dormira sozinha na cama. "Embora todo mundo recebesse ordens de não contar à princesa ou a qualquer outra pessoa que Camilla tinha estado lá, ele achava que ia *nos* convencer de que nada acontecia entre ele e a amante. Realmente inacreditável."

Durante anos, o príncipe manteve uma fotografia emoldurada de Camilla ao lado de sua cama de ferro em Highgrove. Quando Diana chegava,

Stronach corria para esconder a foto, juntamente com outros vestígios reveladores deixados pela amante de seu chefe: copos manchados de batom, cinzeiros cheios, "qualquer coisa que pudesse denunciá-los".

O que acontecia quando Diana chegava nos fins de semana beirava a comédia pastelão. Camilla e Charles se encontravam no interior do jardim murado. Voltando sorrateiramente para o quarto, o príncipe colocava um pijama limpo. Stronach lavava a lama e as manchas de grama do pijama anterior, além das "marcas óbvias do que os dois haviam feito. O príncipe Charles transava com Camilla nos arbustos da mansão enquanto a princesa Diana dormia do lado de dentro. Inacreditável".

Considerando-se tudo o que acontecia lá, não admira que Highgrove fosse um foco de conflito no casamento real. Wendy Berry, a governanta da mansão, testemunhou as portas batidas e as discussões, cotidianas e aos berros, quando Charles e Diana estavam no mesmo cômodo. Durante uma briga, o valete de Charles viu Diana, gritando epítetos e zombando da obsessão do marido pela feia Camilla, literalmente perseguir o desafortunado príncipe pela escadaria e de quarto em quarto. Desde o nascimento de Harry, Charles interrompera a vida sexual dos dois. "Por que você não dorme *comigo*?", perguntou a princesa.

"Não sei, querida", respondeu o príncipe, destilando sarcasmo. "Talvez eu seja gay."

Em certo momento, um exasperado Charles insistiu em receber o respeito que sua posição exigia. "Você sabe quem eu sou?", perguntou ele imperiosamente.

Diana respondeu que ele era "a porra de um animal" e então deu o golpe de misericórdia: "Você nunca será rei. William será o sucessor de sua mãe. Vou garantir que seja assim."

Charles nunca levou as ameaças a sério. Diana não poderia mudar as leis de sucessão, e ele sabia disso. O que ele não sabia era que a princesa, cercada por clarividentes, leitores de tarô, gurus e "conselheiros espirituais" de todo o tipo, acreditava na predição feita por seu astrólogo de que Charles morreria antes da mãe e jamais se sentaria no trono.

Para além de tais sombrias previsões, Charles tinha que lidar com o fato de sua esposa ser muito hábil em manipular a opinião pública para atingir seus objetivos, e usava os filhos como peões quando necessário. "Ela é uma feiticeira talentosa para tirar tudo do lugar e virar as coisas de cabeça para baixo", disse ele, furioso. "Faz aquela cara de inocente e todo mundo acredita em tudo o que ela diz, sem questionar. Como posso competir com isso?"

Mas Diana não era a única mulher determinada a colocar o príncipe em seu lugar. Nas páginas do *Manchester Evening News*, relatou-se que Charles estava tão preocupado com as divisões raciais no país que temia herdar "o trono de uma Grã-Bretanha fragmentada". Para evitar isso, ele pensava em interferir para promover a paz racial. Em uma viagem para Nova York, uma furiosa primeira-ministra Margaret Thatcher telefonou para o Palácio de St. James e perguntou "O que você pensa que está fazendo?", indicando que, em seus seis anos no cargo, as políticas conservadoras haviam tirado a nação da depressão econômica. "Eu governo este país", lembrou ela ao príncipe, "não o senhor".

Ninguém ficou mais ultrajado que Charles, cujos comentários foram vazados por um membro de seu círculo íntimo. O príncipe escreveu a seu corpulento amigo Nicholas "Fatty" Soames — que era neto de Winston Churchill — dizendo estar "furioso" e achar "a coisa toda irritante. Passo o tempo todo tentando não polarizar as coisas, e aí alguém faz isso comigo!".

Compreensivelmente, Diana ficava no centro do palco no que dizia respeito a William e Harry. Mas, nos bastidores, Charles teve papel ativo na criação dos filhos. No início, o casal havia discordado sobre a educação dos meninos. O príncipe queria contratar uma governanta com o propósito de educar William e Harry no Palácio de Kensington. Sua esposa, ex-professora de jardim de infância, argumentou que, a fim de ser um adulto equilibrado — sem mencionar um monarca efetivo —, William precisava "se misturar" com as outras crianças da pré-escola. Charles se lembrava de como, ao ser matriculado na escola Hill House, aos 8 anos, era "tímido. Como resultado, nunca senti que pertencia àquele lugar. Essa sensação nunca vai embora".

Quando eles matricularam William na Mrs. Mynors' Nursery School, a apenas alguns quarteirões do Palácio de Kensington, Charles escreveu a vários editores implorando que os jornais deixassem seu filho em paz. E um botão do pânico foi instalado embaixo da mesa da professora de William, treinada no método montessoriano, e as janelas da sala de aula foram equipadas com vidros à prova de balas. Em uma fria manhã de setembro em 1985, William, vestindo sapatos e short vermelhos e suéter com listras brancas, azuis, verdes e vermelhas, chegou à escola com os pais. Eles foram recebidos por mais de cem fotógrafos, que se acotovelavam em busca do melhor ângulo para uma fotografia de primeira página.

Qualquer outra criança de 4 anos teria ficado assustada com aquela confusão, mas não William. Ele e o irmão já haviam presenciado as intermináveis discussões, os gritos dos pais, as louças quebradas e as portas batidas. Infelizmente, ele passou a reagir com comportamentos impulsivos. Durante o batizado do irmão no Castelo de Windsor, ele correu em círculos em torno do arcebispo de Canterbury, sacudindo os braços, latindo como um cachorro e chocando-se de vez em quando contra a rainha e a rainha-mãe.

Diana chamava William de "minitornado", e ele provou que isso não era um exagero quando chegou à residência da rainha-mãe em Balmoral, Birkhall. William correu pelo salão de jantar, quebrando louças, derrubando cadeiras e danificando o retrato de sua tataravó, a rainha Vitória. Charles ficou mortificado com o comportamento do filho mais velho, e ainda mais quando William fez um escândalo antes de gritar ordens para os criados — muitos dos quais o príncipe de Gales conhecia sua vida inteira.

Ensinar William a se comportar foi uma das poucas questões nas quais Charles e Diana concordaram. Eles esperavam que as professoras na Mrs. Mynors' Nursery School pudessem ajudar. Porém, mesmo recém-saído do colo da mãe, o menino rapidamente as colocou em seu lugar. De acordo com membros da equipe pedagógica e pais de alunos, William mandava nas outras crianças ("Meu pai é o príncipe de Gales. Se não fizer o que eu mando, você será preso!"), furava fila, roubava giz, lápis de cera e livros de colorir de seus aterrorizados coleguinhas e até começava brigas no parquinho.

"Wills" se tornara muito diferente do adorável bebê de 10 meses que acompanhara os pais durante a primeira grande viagem que o casal fez à Austrália, em março de 1983, quando Diana ignorou as objeções da rainha e insistiu em levá-lo junto. Dessa vez, ela decidiu que seria melhor se ele ficasse em casa durante a visita do príncipe e da princesa de Gales à capital

Washington em novembro de 1985 — a primeira vez de Diana nos Estados Unidos. Para tristeza de Charles, sua esposa passara a participar de forma ativa do planejamento das viagens oficiais ao exterior. Temendo ser cercada pelo que chamava de políticos e diplomatas "fossilizados", Diana insistiu para que personalidades glamourosas como Mikhail Baryshnikov, Neil Diamond, Clint Eastwood, Tom Selleck e John Travolta fossem convidadas para o jantar na Casa Branca em homenagem ao casal real.

Naquela noite, um Charles impassível observou sua esposa girar com John Travolta pelo salão de baile. "Eu não sabia que dançaria com a princesa", disse o astro de *Os embalos de sábado à noite* posteriormente, "mas Nancy Reagan disse que era o que ela queria". Seguindo as precisas instruções da primeira-dama, Travolta esperou até meia-noite para se aproximar, tocou no ombro de Diana e perguntou: "Você gostaria de dançar?" Ela, que usava um vestido de noite em veludo azul-escuro e uma gargantilha de pérolas, olhou para o chão e então para ele, "daquele jeito Lady Diana de ser", disse Travolta, "e então dançamos por 15 minutos [...]. Eu nunca me esquecerei [...]. Senti que a levara de volta à infância, quando ela deve ter assistido a *Nos tempos da brilhantina*, e, naquele momento, fui seu príncipe encantado".

Ninguém pareceu notar Charles, que ficou tão surpreso quanto todos quando Travolta "levou Diana para o salão e todo mundo os deixou sozinhos — até que me juntei a eles com uma bailarina muito boa, cujo nome esqueci". Foi um momento de orgulho, embora ignorado, para o príncipe de Gales, que fizera aulas e se achava um excelente dançarino. A "bailarina" era Suzanne Farrell, a principal bailarina do New York City Ballet e a favorita de seu fundador, o coreógrafo George Balanchine. Como sempre, Charles, que alegou estar sofrendo de "um horrível *jet lag*", não pareceu se divertir. Em vez disso, reclamou por não haver "atrizes ou cantoras bonitas" no cintilante jantar na Casa Branca, acrescentando: "Eu esperava que Diana Ross estivesse presente."

Mesmo assim, para o príncipe amante de ópera — que se sentou entre Nancy Reagan e a legendária soprano Beverly Sills e ficou maravilhado com a performance de "Summertime", da ópera *Porgy & Bess*, pela prima-dona Leontyne Price após o jantar —, a viagem foi agradável o suficiente. Ele conversou com o presidente Reagan sobre a cúpula de verão, onde também estaria o líder soviético Mikhail Gorbachev, e passeou pelos jardins de Oak Spring Farms, a propriedade de 1.600 hectares, localizada na Virgínia, que pertencia à famosa horticultora, filantropa e colecionadora de arte Bunny Mellon. Ela e o marido, Paul, herdeiro da fortuna Mellon e um dos mais bem-sucedidos criadores da história das corridas de cavalo, eram amigos de longa data dos pais de Charles. Enquanto o príncipe e os Mellon trocavam ideias sobre jardinagem e cavalos, uma alegre Diana conversou com seus companheiros de almoço: Jacqueline Kennedy Onassis e seus filhos, Caroline e John.

Para Charles, havia constantes lembretes de que Diana era quem todo mundo queria ver. "Ah, não, ela está no outro lado" era a frase mais dita pelas pessoas ávidas para ver a princesa e que estavam mais perto do príncipe. "Isso destruía minha autoconfiança e me fazia ter vontade de fugir", contou Charles a Jonathan Dimbleby. O príncipe e a princesa de Gales compareceram a uma prévia da aclamada exposição *Treasure Houses of Great Britain: Five Hundred Years of Private Patronage and Art Collecting* [Tesouros da Grã-Bretanha: quinhentos Anos de Coleções Privadas de Arte], na National Gallery of Art, e Charles concordou em atender os repórteres por alguns minutos. Mas logo lamentou a decisão. Com Diana sentada atrás dele em silêncio, o príncipe foi metralhado com perguntas não sobre a exposição e a arte britânica, mas sobre a esposa. "Não sou uma marionete, então não posso responder isso", disse ele.

Antes de retornar à Inglaterra, houve uma última parada: Palm Beach, na Flórida, onde o príncipe, envergando a camisa verde brilhante com o número 4 do time da casa (o Palm Beach Polo and Country Club), fez um gol para ajudar seu time de polo a vencer um amistoso. Em certo momento, uma tacada errada fez a bola atingir o seu ombro direito. Depois, ele quase caiu do cavalo, mas conseguiu se recuperar. Diana, que assistia à partida sob um toldo amarelo e branco, entregou desajeitadamente o Troféu Princesa de Gales aos vencedores: seu marido e seus colegas de time.

Naquela noite, o casal real compareceu a um jantar de gala no Hotel Breakers em benefício de uma das organizações de caridade de Charles, a United World Colleges. A UWC fora criada em 1962 pelo mentor do príncipe Philip e fundador de Gordonstoun, Kurt Hahn, como maneira de diminuir o abismo social e cultural criado pela Guerra Fria ao permitir que jovens de diferentes nações estudassem juntos em *campi* espalhados pelo mundo. Charles se tornara presidente da organização após a morte de Lord Mountbatten e, como o tio-avô, foi criticado por usar um conceito anacrônico para criar uma elite internacional.

Não fez diferença. Mais de quatrocentos apoiadores abastados desembolsaram US$10 mil ou mais para comparecer ao jantar, como o célebre comediante Bob Hope e os atores Gregory Peck e Cary Grant. Mas foi um velhaco magnata do petróleo e simpatizante soviético por trás do evento — e autonomeado convidado de honra — que atraiu a atenção de todos.

O presidente da Occidental Petroleum, Armand Hammer — cujo bisneto, Armie Hammer, teria uma carreira meteórica no cinema 25 anos depois, seguida de um declínio também meteórico em meio a acusações de abuso sexual —, fez uma doação generosa para a UWC e quis que o príncipe retribuísse o favor comparecendo ao tal jantar em Palm Beach. Metade do dinheiro arrecadado no jantar — mais de US$4 milhões — foi canalizada para a filial da UWC financiada por Hammer em Montezuma, no Novo México.

Mas Hammer irritara muitas pessoas na comunidade empresarial dos Estados Unidos por causa de seus laços com Moscou. Quando soube do envolvimento dele, Mary Sanford, a rainha inconteste da sociedade de Palm Beach, desistira de organizar o evento e saíra da cidade, levando com ela muitos amigos bem relacionados. Muitos deles viam Hammer como um amigo do comunismo — "um vigarista simpatizante dos soviéticos e de questionável caráter e integridade, que usou malícia, ouro e atrevimento a fim de convencer pessoas boas e bem-intencionadas, incluindo a realeza britânica, a organizar uma homenagem para si mesmo", escreveu um colunista. O prefeito de Palm Beach, assim como todo o conselho da cidade, chegou a negar o pedido de permissão de Hammer para organizar o jantar beneficente. Foi necessária a intervenção do cônsul geral britânico — juntamente com a promessa de Hammer de doar US$75 mil para instituições locais — para fazer as lideranças civis mudarem de ideia.

Em vez de se preocupar, Charles achou o tumulto engraçado. Hammer não só prometeu milhões de dólares para as mais importantes organizações filantrópicas do príncipe, como bancou os custos do evento e fez o casal real viajar de Washington para Palm Beach em seu jato particular. Ele não foi o único milionário a dar presentes luxuosos ao príncipe e à princesa de Gales: durante a breve visita, ambos pernoitaram no apartamento de US$2 milhões que receberam como presente de casamento do presidente do Palm Beach Polo and Country Club, William Ylvisaker.

Durante o jantar, Charles elogiou Hammer antes de fazer um ataque-surpresa aos críticos da organização de caridade. Ele disse à plateia que "estava exausto de ouvir besteiras" sobre a UWC ser "o projeto favorito de meu tio-avô", sem mencionar "os comentários desdenhosos sobre a arrecadação de fundos". A plateia celebrou seus comentários, dando-lhe um muito necessário estímulo em uma época na qual a atenção das pessoas parecia ser atraída por sua espetacular esposa.

Animado com a resposta e prometendo assumir uma postura mais dura daquele momento em diante, o príncipe foi para a pista de dança com a megera da série *Dinastia*, a atriz Joan Collins. "Ela é muito divertida, e usava um decote inacreditável! Seus seios estavam quase expostos, como em uma bandeja!", escreveu ele em uma carta durante o voo de volta a Londres.

Charles retornaria aos Estados Unidos apenas alguns meses depois para se reunir com os amigos super-ricos, sem Diana. Dessa vez, ele foi a Sunnylands, a propriedade dos Annenberg em Palm Springs, para um fim de semana de sol e partidas de polo. E muito dinheiro. Charles foi o convidado de honra de um jantar de gala — um evento que arrecadou US$1 milhão para a Operation Raleigh, outra organização filantrópica educacional que ele dirigia e recebeu o apoio de Walter Annenberg.

Como era o caso de muitas dinastias nos Estados Unidos, o fundador da fortuna Annenberg estava envolvido em escândalos e atos notoriamente criminosos. O vivaz pai de Walter, o editor do *Daily Racing Form*, Moses "Mo" Annenberg, construíra um império por meio de transações comerciais questionáveis e morrera na prisão depois de ser multado, em 1940, no então valor recorde de US$8 milhões por evasão fiscal. Walter e os irmãos se tornaram os principais bilionários, colecionadores de arte e filantropos de sua geração — tudo, segundo se dizia, para se distanciar da imagem do pai.

O herdeiro do trono britânico não se importava. Ele adorava os excessos da vida em Sunnylands, que tinha uma casa de 3 mil metros quadrados descrita pelo *New York Times* como uma "extravagância arejada do tamanho do Astrodome, de vidro e pedra vulcânica mexicana, pisos de mármore rosado e muitas pinturas pelas paredes". Tais "pinturas" incluíam obras de Van Gogh, Monet, Renoir, Cézanne, Degas, Manet, Picasso, Rodin e Matisse — para citar somente alguns. O *The Times* descreveu o que mais atraía Charles: a propriedade era "um bem cuidado cenário inglês no deserto, com árvores, colinas, lagos, cachoeiras, campo de golfe e até um pântano artificial para a observação de pássaros".

Em seguida, o príncipe foi para Dallas, onde acompanhou Nancy Reagan em outro jantar, dessa vez para celebrar o 150º aniversário do Texas. Lá, pela primeira vez, ele contou à primeira-dama sobre a tensão em seu casamento. Posteriormente, ela disse a sua confidente, Betsy Bloomingdale, que "nem tudo está bem" no matrimônio real. Charles "parece não conhecer Diana", observou a Sra. Reagan. "Parece que ela o faz muito infeliz."

Era revelador que o príncipe de Gales se sentisse confortável para compartilhar suas dúvidas mais profundas com pessoas super-ricas e influentes como Armand Hammer, os Annenberg e Nancy Reagan. Durante toda a vida adulta, Charles indubitavelmente estudara muito, trabalhara muito em nome de suas causas e instituições filantrópicas e se divertira muito — em especial jogando polo, um esporte no qual era excelente, mas que cobraria um preço alto de seu corpo. Mesmo assim, como os príncipes de Gales anteriores, mas ao contrário dos pais, ele desenvolvera uma afinidade pelos ultrarricos e por todas as vantagens que eles tinham a oferecer: vilas no sul da França, jatos particulares, iates e, é claro, infinitos jantares de gala a fim de arrecadar milhões de dólares para seus projetos e causas favoritos. Isso gerava um contraste gritante entre o príncipe elitista e sua esposa, que, a despeito do próprio glamour, parecia mais acessível — e mais autêntica. "Por que o príncipe Charles gosta tanto de bilionários repulsivos?", perguntaria o *Daily Mail* anos mais tarde.

Charles escreveu a Armand Hammer depois que ele e a princesa Diana voaram para casa, ao fim da viagem real, no Boeing 727 do milionário: "Meu caro Sr. Hammer, tenho tanto o que lhe agradecer que mal sei por onde começar. Sou muito grato por sua gentileza em nos deixar voar em seu avião, e não consigo nem pensar em outra forma de voar." (Após a morte de Hammer em 1990, aos 92 anos, descobriu-se que o benfeitor de Charles fora um espião da União Soviética.)

Na primavera de 1986, Charles saiu de férias sozinho. Hospedado em uma vila toscana de um amigo próximo, o príncipe aprimorou suas habilidades como pintor. "Faço todos os meus esboços ao ar livre, independentemente do tempo. É por isso que algumas de minhas pinturas pegaram chuva", explicou. Embora fosse um estudante dedicado — em suas frequentes viagens à Itália e à França, Charles passava até cinco dias seguidos somente pintando —, o príncipe não se iludia. Como ele mesmo confessou, "meus esboços são a expressão imediata de um verdadeiro diletante". Falando de suas primeiras pinturas, ele afirmou ficar "consternado por sua mediocridade".

Em maio, depois de semanas separados, Charles e Diana estavam em Vancouver, em um dia quente, para abrir oficialmente a Feira Mundial Expo 86. Após visitarem os estandes da Arábia Saudita, União Soviética, Estados Unidos e Reino Unido ("Eleito unanimemente pelos críticos como o mais tedioso da feira", proclamou com alegria um comentarista da BBC), eles chegaram ao da Califórnia. A essa altura, Diana estava "com calor, cansada e pálida". Enquanto oficiais do estado explicavam os detalhes das bicicletas computadorizadas em exposição, Diana tocou o braço de Charles, começou a dizer algo e desmaiou. O médico dela, o cirurgião Ian Jenkins, correu para sentir o pulso da princesa, caída no chão. Alguns minutos depois, ela se levantou e foi levada ao banheiro feminino para se recuperar. Apesar do acontecido, Charles continuou o passeio pela exposição.

A polícia chegou ao local e uma ambulância foi chamada, mas nada disso foi necessário. Vinte minutos após desmaiar, a princesa saiu pela porta da frente do pavilhão e entrou na limusine que a esperava, enquanto milhares de espectadores a saudavam. Embora uma testemunha tenha dito que o príncipe ao menos "amenizara a queda" dela durante o desmaio, Charles não fez nenhum esforço para disfarçar sua indiferença com o bem-estar da esposa depois daquele momento público. Furioso, ele acreditava se tratar de outra manobra para chamar atenção. "Você poderia ter tido a decência de fazer isso em um ambiente privado, e não em frente às câmeras", disse ele a Diana. Mas a princesa de Gales estava mesmo doente, tanto física quanto emocionalmente. Ela sofria de bulimia, uma ansiedade paralisante e depressão suicida. Charles, porém, a via somente como uma narcisista mimada e autoindulgente. Ele não considerou que Diana trabalhava mais que qualquer um pela monarquia sem receber de volta um comentário positivo, enquanto ele tinha Camilla e um grande grupo de bajuladores. Como lembrou seu secretário particular, Patrick Jephson, "sua vida privada não oferecia nenhum consolo, com um marido que a temia como uma rival, em vez de uma companheira valiosa [...]. Diana foi um teste de decência para os Windsor, e alguns deles foram reprovados". Uma exceção notável era a princesa Margaret, que, por ter sofrido intensamente nas mãos dos membros influentes da corte, via em Diana uma semelhante.

A irmã da rainha era uma das poucas pessoas que a ouviam com simpatia. Outra era Barry Mannakee, o oficial designado para protegê-la em abril de 1985. Bonito, 13 anos mais velho, casado e pai de dois filhos, Mannakee adorou a princesa — e vice-versa. Ele tinha uma postura muito protetora, e nenhum dos dois fez qualquer esforço no interior de Kensington para esconder quanto gostavam um do outro. "Eles se abraçavam e flertavam muito", disse a babá Olga Powell. "Acho que estava óbvio para todo mundo, inclusive para o príncipe Charles, o que estava acontecendo." Em uma conversa gravada com seu treinador vocal Peter Settelen em 1992, Diana assumiu abertamente: "Eu me apaixonei. Ele foi o melhor homem com quem já me relacionei."

No fim de 1986, Mannakee foi removido da segurança da princesa de Gales porque o relacionamento entre os dois se tornara "inapropriado". Charles, que desejava que alguém melhorasse o humor da esposa, fingia não saber de nada. Essa foi sua abordagem em relação aos homens que entravam e saíam da vida de Diana. "Não quero espioná-la nem interferir na vida dela de maneira alguma", disse ele em uma carta.

Talvez. Mas alguns no palácio prestavam muita atenção — e agiriam para proteger a monarquia. Na noite de 15 de maio de 1987, o policial Stephen

Peet se ofereceu para dar uma carona a Mannakee em sua motocicleta Suzuki. Por volta das 10 horas da noite, um Ford Fiesta dirigido por Nicola Chopp, de 17 anos, atravessou a pista, e Peet deu uma guinada para evitar a batida. Mannakee foi arremessado e atravessou a janela traseira do carro. Ele fraturou a coluna e morreu na hora, aos 39 anos. Chopp não se feriu e Peet teve ferimentos sérios.

A motorista do carro alegou que fora pressionada a admitir que causara o acidente e disse que, naquela noite, fora cegada pelas luzes de um carro misterioso. "Eu sempre me perguntei se forças mais sinistras agiram naquela noite, mas nunca foi possível provar. Acredito, com convicção, que não causei a morte de Barry Mannakee." (Em 2004, Lord Brocket, um colega de polo do príncipe de Gales, foi preso por fraude e conheceu outro prisioneiro, que já tinha sido policial, disse haver evidências forenses em um arquivo secreto relacionado ao caso. O suposto arquivo mostrava que a motocicleta foi adulterada deliberadamente.) No fim das contas, as autoridades determinaram que a morte de Mannakee foi causada por um acidente de trânsito e multaram Chopp em 135 libras.

Coube a Charles comunicar a morte de Mannakee a Diana enquanto os dois estavam a bordo do jato real a caminho do Festival de Cinema de Cannes, na França. A princesa estava inconsolável. "Ela soluçou e lamentou o tempo todo", lembrou o príncipe, que admitiu sentir um "distanciamento completo" das explosões emocionais da esposa. Mesmo que ele tentasse consolá-la, ela reconheceu que não conseguia "fechar a torneira". "Fiquei devastada. O caso foi descoberto e ele, expulso. E depois ele morreu. Acho que ele foi eliminado. E lá estávamos nós. Eu não... Jamais saberemos."

Apesar do tumulto de suas vidas privadas, Charles e Diana ainda eram capazes de se unir pelo bem dos filhos. Em 15 de janeiro de 1987, a princesa acompanhou William em seu primeiro dia em Wetherby, um jardim de infância a cinco minutos do Palácio de Kensington, em Notting Hill Gate. Charles esperava que as professoras pudessem "impor alguma disciplina" ao filho, "para benefício de todos". Por mais que elas tentassem, as coisas só pioraram — ainda mais quando outra criança era o centro das atenções, mesmo que somente por um instante. Durante a festa de aniversário de um de seus coleguinhas, William gritou que odiava sorvete e bolo e jogou o que lhe fora servido no chão. Quando as professoras pediram que o príncipe limpasse a bagunça que fizera, ele repetiu uma das frases favoritas do pai: "Você sabe quem eu sou? Quando eu for rei, vou mandar meus cavaleiros matarem vocês!" Em breve, as professoras e os alunos de Wetherby deram um apelido para o filho mais velho do príncipe e da princesa de Gales: "o Espancador".

Charles e Diana se preocupavam, assim como os avós paternos, com o impacto que isso teria no filho mais novo. "William é um exemplo horrível para Harry", disse a rainha ao marido. "Você não pode fazer alguma coisa, Philip?" Mas até mesmo o intimidador duque de Edimburgo falhou nessa missão: não conseguiu fazer o neto cooperar durante uma sessão de fotos familiar a bordo do iate real *Britannia*. No fim, o retrato oficial mostraria William em pé ao fundo, com as costas voltadas para a câmera, em desafio às ordens.

Os membros mais velhos da família real tinham razão em se preocupar com Harry. Uma das professoras do jardim de infância reconheceu que o terceiro na linha se sucessão ao trono nunca dera "tanto trabalho quanto William". No entanto, acrescentou que, "quando William era horrível, Harry também era". Àquela altura, o minitornado era mais que má influência para o irmão mais novo. Deixado sozinho com Harry no berçário do Palácio de Kensington por alguns minutos, William pegou o irmão mais novo no colo e o levou para tomar ar fresco em uma janela aberta. Um segurança chegou a tempo de ver William segurando Harry pelos tornozelos, três andares acima da calçada de cimento.

"Diana explodiria se alguém tentasse dar uma surra nos meninos", disse a governanta de Highgrove, Wendy Berry. Mas isso não significava que a princesa se opunha aos castigos físicos. Quando William empurrou uma menina no Castelo de Windsor, Diana reagiu instantaneamente. Ela correu até o filho, virou-o com força, deu-lhe uma palmada e exigiu que ele pedisse desculpas.

Papai e mamãe prenderam a respiração quando William foi pajem do casamento do príncipe Andrew com a pragmática e rebelde amiga de Diana, Sarah Ferguson. Ao contrário dos outros pajens e daminhas, que pareciam ligeiramente intimidados pelo ambiente, William saiu correndo e quase pisou na cauda do vestido da noiva. Mais tarde, ele fez uma trombeta de papel com o programa do casamento e brincou com ela enquanto Andrew e Sarah eram declarados marido e mulher.

A princípio, Diana ficara satisfeita com a conduta do filho durante o casamento. Mas não vira o que as câmeras de televisão haviam capturado: todas as suas travessuras, de se contorcer no banco e colocar a alça do chapéu sobre o nariz até mostrar a língua para familiares, amigos e estranhos — várias vezes.

Ninguém ficava mais desconcertado com o comportamento de William que Charles. Tendo sido vítima de perseguição durante toda a vida, o príncipe de Gales reconhecia o tipo. "Sei a diferença entre animação e crueldade. Não posso permitir que William se torne aquilo que mais detesto: um valentão", disse ele a Camilla.

Em Wetherby, as professoras de William estavam autorizadas a fazer o que fosse necessário —exceto bater nele— para mudar seu comportamento. Elas o puniam com castigos, reprimendas e proibindo-o de participar de seus jogos favoritos. Nada parecia funcionar. Como disse um funcionário do Palácio de Kensington, havia vezes em que "a única pessoa a dizer 'não' e obter resultados era o príncipe Charles". Quando Diana relutava em disciplinar o filho, o príncipe não via "motivo para não mandá-lo para o quarto caso se comportasse mal. Acho que eles obedeciam ao pai porque estavam desesperados para tê-lo em suas vidas".

Quando estavam, ao menos tecnicamente, juntos como família no Palácio de Kensington, Charles era muito presente na vida diária dos filhos. Ele costumava tomar café da manhã com William e Harry, rolava com eles no chão e participava de guerras de travesseiro antes de dormir. A ligação de Charles com os filhos parecia mais forte quando os três Windsor brincavam juntos — o mais memorável era o jogo chamado de Lobo Mau, em que o pai, deitado e aguardando para pular sobre suas "vítimas", desempenhava o papel principal.

Infelizmente, depois que se mudara para Highgrove, Charles via os filhos apenas nos fins de semana — quando os garotos testemunhavam as incessantes e amargas discussões entre os pais. De acordo com uma amiga de Diana, Elsa Bowker, a princesa "gostava de dizer 'meninos são assim mesmo'. Mas ela estava se iludindo. O que eles podem pensar quando veem que o pai e a mãe não se dão bem? As crianças às vezes se tornam agressivas quando estão confusas". Wendy Berry concordou. Segundo ela, os meninos "já tinham idade suficiente para estarem cientes das brigas e tensões no casamento dos pais. O fingimento jamais engana uma criança".

Com a ajuda da nova babá dos meninos, Ruth Wallace ("babá Roof"), Charles e Diana conseguiram convencer o filho de que ele não era o centro do universo. A babá Roof perguntou a William como ele se sentia quando alguém o magoava e pediu que o menino imaginasse como as outras pessoas se sentiriam quando *elas* fossem magoadas. "Alguma coisa se acendeu dentro dele", lembrou Diana. "Algo como: 'Ah, as outras pessoas também têm sentimentos!'"

No Natal de 1987, William já era um pequeno cavalheiro, estendendo a mão para se apresentar, abrindo portas para as damas, chamando os homens de "senhor" e sempre dizendo "por favor" e "obrigado". A babá Roof creditou a Diana o "excelente exemplo dado. Ela se esforçava para ser gentil com as pessoas comuns". Manchetes como "O Espancador ataca novamente" e "William, o Terrível, explode" se tornaram coisa do passado. Como disse Elsa Bowker, Diana "sempre quis que a família real fosse humana. Mas não havia gentileza lá, e ela era uma pessoa gentil".

A conclusão geral de que Charles não fora o responsável pela mudança no comportamento de William — e pelas súbitas boas maneiras de Harry, que mimetizou o irmão — foi injusta, mas compreensível. A arrogância do príncipe de Gales explica por que ele tratava criados e estranhos com fria altivez. Quando Diana perguntou por que ele não pegava a própria camisa no closet, a alguns passos de distância, em vez de chamar o valete, Charles respondeu, indignado: "Esse é o trabalho dele. Ele é *pago* para fazer isso." Mas o príncipe também tinha uma profunda noção do que era adequado ou não fazer, tanto para crianças quanto para adultos. Ameaçar prender uma menina de 5 anos porque ela se recusara a se casar com ele — e então rir quando ela começara a chorar —, como William fizera em Wetherby, não era um comportamento aceitável.

No início de março de 1988, Charles e Diana ignoraram suas diferenças por tempo bastante para embarcarem em uma viagem de esqui para Klosters, um dos resorts favoritos do príncipe, nos Alpes suíços. Enquanto Diana permanecia no chalé, recuperando-se de um resfriado e do que descreveu como "uma grave crise de choro", Charles ia para as pistas com um pequeno grupo que incluía seus amigos Charles e Patti Palmer-Tomkinson e o major Hugh Lindsay, antigo ajudante de ordens da rainha.

Seguindo por Haglamadd, um declive fora das pistas desmarcadas, eles chegaram a um precipício. De repente, ouviram um rugido assustador e viram um bloco de gelo se separar da montanha e descer na direção deles. "Jamais esquecerei aquele som", comentou Charles. "A montanha toda explodiu, criando enormes nuvens de neve. Um turbilhão. Pensei: 'Meu Deus, que horror.'" O guia do grupo, Bruno Sprecher, empurrou o príncipe para um lugar seguro quando a avalanche atingiu Patti Palmer-Tomkinson e Hugh Lindsay, carregando-os sobre a beira do penhasco de 120 metros. Patti foi retirada de debaixo da neve e Charles tentou mantê-la consciente, dizendo que o helicóptero de resgate estava a caminho. Ela estava em estado crítico, gravemente ferida, mas, depois de sete cirurgias, recuperou-se totalmente.

Mas o major Lindsay morreu na hora. Quando seu corpo foi retirado da neve, descobriu-se que seu crânio havia sido esmagado pela força da avalanche. Horas depois, Charles telefonou para a esposa de Lindsay, Sarah, que estava grávida de seis meses, e contou o que havia ocorrido. Diana disse que seu sangue "gelara" com a falta de emoção na voz de Charles. Ela prometeu à viúva que nunca voltaria a Klosters e manteve a promessa. Charles, no entanto, retornou ao resort suíço no ano seguinte, "como se nada tivesse acontecido", comentou Diana, espantada.

O príncipe foi um bom padrinho e pagou pela educação da filha de Lindsay. Mas foi Diana quem deu apoio emocional à esposa do major. "A princesa foi fantástica", disse Sarah Lindsay. "Ela me ligava todo domingo à noite. Era uma boa amiga, alguém para quem eu podia telefonar à meia-

-noite e dizer 'A vida está difícil'. Diana sabia intuitivamente quando eu estava para baixo, durante as férias escolares e momentos assim", quando a ausência do marido era ainda mais sentida.

Quando Alice Lindsay fez 1 ano, Diana convidou mãe e filha para o Palácio de Kensington. Um bolo foi encomendado, e William e Harry participaram da festa de aniversário. "A princesa de Gales sempre sabia como me alegrar", disse Sarah. As duas mantiveram contato durante todo o restante da vida de Diana.

Mas foi a princesa de Gales que precisou de alguém que a alegrasse quando, aos 8 anos, William foi enviado para Ludgrove, um colégio interno de elite a 55 quilômetros de Londres, em Berkshire. Tanto Charles quanto Diana eram traumatizados por suas experiências em colégios internos, mas reagiram de maneira muito diferente à ideia de ter William longe de casa em idade tão tenra. Inexplicavelmente, Charles, que chegara à beira do suicídio durante seu tempo em Cheam e Gordonstoun, seguiu os passos do pai, o príncipe Philip, defendendo a ideia de que, para William, o colégio interno "fortaleceria seu caráter e o faria conviver com outros garotos de sua idade", além de "transformá-lo em homem".

Diana queria que William morasse com ela e frequentasse um colégio em Londres. Ela chorou quando o levou para o colégio e pelas semanas seguintes. "Ela sentia como se o abandonasse, da maneira como fora abandonada quando criança", disse Elsa Bowker. "Em grande parte, ela culpava Charles."

Harry se juntou ao irmão em Ludgrove dois anos depois. Por mais que tivesse dúvidas sobre a paternidade de Harry, Charles dava a ambos os filhos a mesma quantidade de atenção e afeto. Diana era vista com mais frequência de mãos dadas com os filhos, caminhando pela rua, chegando a festas dos coleguinhas ou participando de atividades escolares, como corridas. Mas era Charles quem, longe das câmeras, girava os filhos nos gramados de Highgrove e Kensington até eles chorarem de tanto rir.

Diana cedia com prazer a vez a Charles quando se tratava de ensinar a William e Harry as habilidades campestres que eram parte da vida real há séculos. Caçar raposas nas colinas e vales de Gloucestershire, pescar em Balmoral, caçar em Sandringham, jogar polo em Windsor e perto de Highgrove — essas eram as memórias que cimentariam o elo entre o príncipe de Gales e seus filhos.

Charles crescera cercado por cães — não somente os sempre presentes corgis de Sua Majestade (que eram detestados por todos os membros da família real), como também farejadores, perdigueiros, cães de caça e terriers que enchiam os canis reais em Windsor, Sandringham e Balmoral. Os meninos gostavam especialmente da Jack Russell terrier de Charles, Tigga (nome inspirado pelo personagem de A. A. Milne Tigger) e do filhote dela, Roo — embora tivessem convencido o pai a mudar o nome de Roo para Pooh.

Tigga e Pooh também eram cães de caça treinados que iam à frente sempre que Charles e os filhos caçavam. Certo dia, Charles estava caminhando pela floresta com os cães quando Pooh saiu correndo, dando início à maior busca por um cão na história do Reino Unido. Uma grande recompensa foi oferecida e, durante meses, Charles empregou os serviços de guias de caça e pesca, oficiais de justiça, funcionários, guarda-caças e mesmo videntes para encontrar o cachorro — sem resultado. Por mais estranho que possa ser, o desaparecimento de Pooh fez Charles se ressentir ainda mais de Diana. Ela nunca escondera o fato de que detestava os cães e até mesmo o convencera a se livrar de seu adorado labrador Harvey.

Deixando as atividades ao ar livre para o marido, a princesa ensinava os filhos a nadar na piscina do Palácio de Buckingham e os apresentava aos prazeres simples de uma infância normal. Ela os levava ao cinema (e insistia que ficassem na fila como todo mundo), a corridas de kart, parques de diversão e lanchonetes como McDonald's, Burger King e, seu favorito, KFC. Ao contrário dos momentos com o pai, normalmente passados na privacidade das propriedades reais, Diana se assegurava de que a imprensa sempre estivesse presente. "Ela era muito perspicaz nesse sentido. Recebíamos um telefonema anônimo e, no dia seguinte, lá estava a matéria sobre a adorável princesa passando outro dia com seus belos filhos — e sem o príncipe", disse o editor de uma conhecida publicação. O fluxo constante de reportagens dessa natureza, ao longo dos anos, "criou a impressão de que o príncipe de Gales não se importava muito com os filhos".

Do ponto de vista da exposição à mídia, Diana estava muito à frente. O "KP", como a princesa chamava o palácio georgiano de tijolos de 28 cômodos que fora o lar de William III, ficava bem no coração de Londres. O Palácio de Kensington ficava ao lado de 110 hectares de um luxuriante parque público, tornando difícil os meninos saírem sem chamar atenção. Um batalhão de fotógrafos acampava em frente ao ornamentado portão do palácio, esperando para agir no minuto em que o Jaguar de Diana emergia. Highgrove, na área rural de Gloucestershire, não oferecia esse tipo de acesso. Quando chegavam, os meninos estavam livres para correr pelos 140 hectares da propriedade.

Sem surpresa, a imprensa relatava o que via, deixando o público concluir que a amorosa mãe passava todo o seu tempo livre com William e Harry, ao passo que o autocentrado pai era praticamente ausente. Jean Rook, do *Daily Express*, reclamou que o príncipe de Gales começava a tratar os filhos "como animais de estimação bem-comportados que sabem o lugar que ocupam no mundo de seu autocentrado pai. William e Harry devem sofrer por ver o pai com mais frequência na TV do que pessoalmente".

Isso também feria Charles, que às vezes acreditava que Diana "tinha todas as cartas na mão" e se sentia impotente diante daquela situação. A babá dos meninos na época, Jessie Webb, fora contratada para substituir Ruth Wallace, que se aposentara em 1990. Mais que qualquer um, ela ficou chocada com o comportamento de seus empregadores: "Charles e Diana são malucos. Aqueles meninos precisarão de muita ajuda para não terminarem doidos."

Webb não era a única pessoa preocupada com a saúde mental do casal real — e o impacto das brigas sobre William e Harry. Quando a família se reunia em Highgrove, Diana e Charles sempre se envolviam em um combate mortal. Enquanto Harry se escondia em seu quarto, William observava, impotente, a mãe correr pelos corredores ou se trancar no quarto, às lágrimas. Em uma dessas ocasiões, Charles pediu que William o acompanhasse até o jardim para tentar explicar o que estava acontecendo. "Eu odeio você, papai. Odeio. Por que você faz a mamãe chorar o tempo todo?!", gritou o menino, antes de correr para o próprio quarto.

Diana e Charles fizeram questão de, pelo menos às vezes, fazer as refeições com os meninos quando estavam em Highgrove. William e Harry pareciam ávidos para contar sobre suas escolas e seus jogos, e os pais, que ignoravam um ao outro, conduziam a conversa nessa direção. Um dia, Harry passou a fazer suas refeições com a babá, enquanto William e Diana comiam no quarto assistindo à TV e Charles jantava sozinho no grande e opulento salão de jantar. A cama de Diana era "um refúgio, um lugar caloroso e feliz" para os jovens príncipes, disse um funcionário de Highgrove. O príncipe Charles era "excluído, e isso era muito doloroso para ele".

Diana não hesitava em retratar Charles como vilão — o papel que ele interpretava sempre que os feriados ou as férias acabavam e William implorava para não voltar a Ludgrove. Charles se compadecia do filho. Afinal, aquelas eram as mesmas súplicas chorosas que fizera aos pais quando criança. "É claro que o colégio interno pode ser horrível, mas contei a William, e depois a Harry, sobre alguns dos professores e colegas malucos que conheci no colégio, e eles começaram a rir", disse. Ele concluía cada uma dessas conversas com o lembrete de que "todo mundo se sente dessa maneira. Assim que você estiver com seus colegas de novo, tudo ficará bem". Havia diferenças cruciais entre a experiência de Charles e a de seus filhos no colégio interno: a atmosfera em Ludgrove era muito diferente da de Cheam ou de Gordonstoun, e tanto William quanto Harry, dois dos meninos mais queridos do colégio, se sentiram imediatamente em casa.

Quando as aulas recomeçavam, Diana — que insistia em levar tanto ele quanto Harry para a escola — chorava ao voltar para o carro. "Você se sente abandonada pelas pessoas que deveriam amá-la mais que tudo no mundo", disse ela sobre seus próprios anos no colégio interno. "Por que Charles nos obriga a fazer isso com nossos filhos? Pelo amor de Deus, ele sabe melhor que ninguém como é ser um garotinho mandado para longe dessa maneira", desabafou com seu guarda-costas.

O frágil estado mental de Diana estava prestes a se tornar manchete em todo o mundo, mas Charles também estava em profunda depressão. Fizesse chuva ou sol, o príncipe de Gales passava dias inteiros trabalhando em seu jardim até ficar exausto, e então ia dormir. Admitindo que se sentia à beira de um colapso nervoso, ele procurou um de seus confidentes, o advogado real Arnold Goodman, e disse: "Não tenho nada pelo que viver."

De acordo com Goodman, o príncipe "exibia os sinais clássicos de depressão", e não somente porque sua união com Diana era um fracasso. Charles temia ficar preso a um casamento sem amor ou se divorciar — no improvável caso de a rainha permitir que isso acontecesse —, e isso levar a graves repercussões para os filhos, a família real e a monarquia. Na opinião de Goodman, o príncipe de Gales era um "suicida".

Esse diagnóstico foi passado para os oficiais de proteção real, que se preocupavam porque a atmosfera em Highgrove era, nas palavras do inspetor Ken Wharfe, "inflamável". Os choques entre Diana e Charles se tornaram tão intensos que "a violência parecia inevitável", disse um guarda-costas. Um problema potencial era o poder de fogo que existia na mansão, as armas espalhadas por toda a propriedade — "espingardas, rifles, pistolas, tudo". Os detetives encarregados de proteger os membros da família real temiam que, "no calor da raiva", uma delas fosse usada para cometer suicídio, homicídio ou ambos. Também havia a legítima preocupação de que William e Harry acabassem sendo atingidos. Por questões de segurança, todas as armas foram guardadas a chave.

Como Diana e seus amigos sabiam lidar com a mídia muito bem, a imagem de Charles sendo um pai ausente e distante ficou ainda mais forte. A princesa foi sozinha assistir à participação de Harry no recital de Natal de Wetherby e, durante o feriado de Páscoa de 1991, levou os filhos para esquiar na Áustria, mais uma vez sem Charles. Nas pistas, o guarda-costas de Diana, Ken Wharfe, substituiu o príncipe como figura paterna. Em certo momento, William, acometido por uma virose e com dificuldade para acompanhar o irmão mais novo, caiu na neve e começou a chorar. Foi Wharfe quem o consolou e se ofereceu para ajudá-lo a terminar a descida de esqui.

Depois de uma visita oficial ao Brasil em abril, Charles retornou à Inglaterra e foi diretamente para os campos de polo. No fim de maio de 1991, ele ficou mais uma vez ausente quando Diana levou os filhos para visitar uma base da Força Aérea Real e passear em um safári. Uma vez, o príncipe de Gales cavalgaria com Camilla enquanto fotógrafos fizeram registros enternecedores de Diana e os filhos em um parque de diversões.

Para ser justo, a maioria dos pecados de Charles era de omissão. "Há um tipo de homem inglês que só se interessa pelos filhos quando eles são capazes de chutar uma bola de rúgbi ou, nesse caso, balançar um taco de polo. Charles se parece cada vez mais com esse homem inglês — decepcionante, reprimido e rígido", explicou o observador real Anthony Holden. Um amigo de longa data da família Windsor tentou negar a crescente suspeita de que Charles não se sentia à vontade perto dos próprios filhos. "Quando o príncipe de Gales vê os meninos, ele se dedica a eles. Mas depois pode ficar um mês ou mais sem vê-los."

Surpreendentemente, ninguém pareceu notar o conflito no casamento real até maio de 1991, quando um repórter observou que o príncipe Charles e a Sra. Parker Bowles estavam de férias no mesmo resort italiano — sem seus respectivos cônjuges. Algumas semanas depois, enquanto os jornais ainda despertavam para o caso, Charles e Camilla estavam em Highgrove quando os oficiais da segurança real telefonaram para avisar que um dos colegas de William acidentalmente o atingira na testa com um taco de golfe, logo acima do olho esquerdo. William desmaiara, com sangue esguichando da ferida, e fora levado pela polícia até o Hospital Royal Berkshire, perto de Ludgrove. A "Operação Príncipe", o codinome de qualquer emergência potencialmente letal envolvendo William, fora iniciada.

O príncipe Charles "empalideceu com o choque", lembrou a governanta Wendy Berry. "Eu sabia que algo horrível acontecera no minuto em que o telefone tocou. Meu coração gelou", disse Charles. Sem perder tempo, ele entrou em seu Aston Martin azul e correu para o hospital. Enquanto isso, Diana, que almoçava com uma amiga em Londres quando recebeu a notícia, estava a caminho ao volante de seu Jaguar verde.

Ao chegarem ao hospital, ambos ficaram aliviados ao encontrar William "sentado e conversando", disse Charles. Foi um raro momento de proximidade pública quando ele e a esposa caminharam atrás da maca do filho, oferecendo conforto enquanto ele era levado para uma tomografia. Os raios X mostraram que o golpe tinha fraturado seu crânio e o ferimento foi suficiente para fazê-lo ser transferido com urgência para um hospital especializado em danos cerebrais. Com Charles seguindo em seu carro, Diana acompanhou William na ambulância até o Hospital Great Ormond Street, em Londres. Quando chegaram, os médicos disseram aos preocupados pais que era necessário fazer uma cirurgia imediatamente para avaliar os danos e assegurar que não havia nenhum fragmento ósseo solto.

Charles, satisfeito pelo filho ser bem-cuidado, foi assistir a uma apresentação da *Tosca* em Covent Garden com o secretário do Meio Ambiente Michael Heseltine e o ministro da Agricultura John Gummer. Diana sussurrou palavras de encorajamento no ouvido de William quando ele foi levado para a cirurgia e respirou aliviada 75 minutos depois, quando o neurocirurgião Richard Hayward afirmou que o procedimento foi um sucesso. "Graças a Deus", disse a princesa, secando uma lágrima. "Ela estava tremendo, de verdade. Vê-la em pé, sozinha, somente com o guarda-costas ao lado... Francamente, ficamos chocados com o fato de o pai não estar presente", disse uma das enfermeiras que havia auxiliado durante a cirurgia.

Depois que a cortina desceu em *Tosca*, Charles telefonou para saber sobre o filho. Quando lhe disseram que a cirurgia fora um sucesso e que Diana ainda estava no hospital, ele embarcou no trem real e viajou a noite toda com um grupo de oficiais belgas para uma conferência ambiental em Yorkshire. No dia seguinte, fez uma breve visita a William no hospital e então partiu para se encontrar com a amante em Highgrove.

Diana ficou furiosa. De acordo com seu amigo vendedor de carros (e, mais tarde, amante) James Gilbey, a reação dela foi de "horror e descrença. Ela não conseguia entender o comportamento do marido [...]. Achava que ele era um pai ruim, egoísta", contou Gilbey. "Ele nunca vai adiar, cancelar ou mudar nada em benefício dos filhos", concordou a grande imprensa. "Que tipo de pai é você?", censurou a manchete do *Sun*, ecoando o crescente sentimento de que Charles era um pai insensível. Segundo disse a prima da rainha a um jornal, "Charles trata William da mesma maneira que Philip o tratava".

O tumulto gerado pelo acidente foi uma vitória de relações públicas para Diana — e uma derrota esmagadora para Charles, que disse à rainha estar "atormentado com as mentiras" sobre seus sentimentos em relação aos filhos. Havia uma solução simples, é claro. Em um memorando detalhado, o secretário particular do príncipe naquela época, Richard Aylard, escolheu algumas datas nas quais Charles poderia passar algum tempo com William e Harry. O príncipe de Gales rabiscou "Vou tentar" sobre o memorando e o enviou de volta a Aylard. Na verdade, disse outro assessor, Charles "não se empenhou tanto". Mesmo quando os meninos visitavam Highgrove, segundo o ex-segurança Andrew Jacques, Charles raramente saía de seu jardim para brincar com eles — "Crianças não são permitidas!", dizia uma placa.

Em defesa do príncipe, quando ficava em Highgrove, Diana passava a maior parte do tempo sozinha na suíte principal (a essa altura, Charles dormia em um elaborado "quarto de vestir"), onde, ainda de acordo com Jacques, havia um "guia conjugal lido muitas vezes" na mesa de cabeceira. "Diana acreditava que Camilla era como Wallis Simpson, que ela devia ter algum truque sexual na manga", disse Lady Bowker. "Ela tentou descobrir se estava fazendo algo errado, se havia algo que ele queria que ela fizesse, até que simplesmente desistiu." No fim, acrescentou Lucia Flecha de Lima, "Diana teve de aceitar que Charles sempre amara Camilla e jamais a ela, sua esposa. Mas, na época, ela ainda o amava. Não tenho a menor dúvida".

Durante o restante de 1991, houve murmúrios de inquietação em relação ao casamento real — e, para grande pesar da rainha, foi anunciado, em janeiro de 1992, que o príncipe Andrew e Fergie haviam concordado em se separar. No mês seguinte, Charles e Diana fizeram uma viagem para a Índia, onde ela posou para uma fotografia sedutoramente solitária na frente do Taj Mahal enquanto seu marido discursava para um grupo comercial. A imagem, que pretendia passar o recado de que a princesa de Gales fora abandonada pelo cruel marido, funcionou.

Todos esses incidentes geraram manchetes sensacionalistas de primeira página em todo o planeta. Mas nenhum se comparou ao frenesi midiático gerado pela publicação do livro *Diana: Sua verdadeira história*, na primavera de 1992. Basicamente ditado em segredo por Diana através de um intermediário de sua confiança — seu amigo, o Dr. James Colthurst —, o livro de Andrew Morton revelou o casamento de aparências do casal e, no processo, desencadeou uma série de sórdidos escândalos reais.

Até Diana ficou irritada quando um de seus confidentes, Stephen Twigg, foi a público no *Sunday Express* defendendo-a como vítima da insensibilidade da família real. Buscando conforto em qualquer lugar que pudesse encontrá-lo, Charles convidou sua antiga amante Janet Jenkins para se hospedar em Highgrove. Ela mostrou fotos de seu filho Jason, então com 8 anos, e segurou as mãos do príncipe por quatro horas, enquanto ele explicava por que a separação era inevitável — e o motivo para ele acreditar que Diana poderia pressionar pelo divórcio.

O destino da Coroa estava na balança, mas, de acordo com Jenkins, Charles estava "muito preocupado" com a "saúde psicológica" dos filhos, "como todas as brigas e toda a amargura poderiam afetá-los mais tarde na vida". Naquela noite, o príncipe de Gales e sua amante canadense dormiram juntos pela última vez.

Diana sempre acreditara que o príncipe Philip era um de seus principais inimigos no palácio — suas atitudes bruscas e desdenhosas não lhe davam motivo para pensar diferente. Mas, em uma carta escrita em julho de 1992, o duque de Edimburgo culpou o filho pela desintegração do casamento: "Não aprovamos nenhum de vocês ter amantes. Charles foi tolo ao arriscar tudo por Camilla, tendo a posição que ele tem. Jamais imaginamos que ele pensasse em deixar você para ficar com ela. Não imagino ninguém, em sã consciência, fazendo essa troca."

Mas havia agentes de alto nível na inteligência britânica leais a Charles — e, em agosto daquele ano, eles atacaram. De acordo com Wharfe, as íntimas conversas por celular entre Diana e James Gilbey foram gravadas e publicadas em diferentes momentos, a fim de atrair a atenção da imprensa. Ela o chamava de Squidgy, e ele, paciente, a ouvia reclamar sobre Charles e os sogros ("Minha vida é uma tortura [...]. Que inferno! Depois de tudo que fiz pela merda daquela família"), compartilhava detalhes sobre suas crises de depressão e falava de seu amor por outro homem, James Hewitt. O "Squidgygate" causou comoção internacional e, do ponto de vista do príncipe de Gales, nivelou o jogo ao expor a princesa sob uma luz menos lisonjeira.

Não demoraria muito para que os partidários de Diana retaliassem, divulgando um telefonema entre Charles e Camilla gravado em 1989 para a imprensa reproduzir. Cinco meses depois do Squidgygate, o *Daily Mirror* publicou breves trechos da gravação, afirmando que era "tão explícita" que seria "impossível de ser reproduzida". A íntegra da transcrição, que seria revelada em janeiro de 1993, forneceu um panorama do espalhafatoso, excitante e involuntariamente cômico relacionamento entre o futuro rei da Inglaterra e a mulher que, através de uma bizarra sucessão de eventos, se tornaria sua rainha.

Além de seus encontros em Highgrove e Middlewick House, Charles e Camilla haviam dormido juntos na casa de amigos em todo o reino. Ao descobrir, mais tarde, que muitas pessoas que via como amigas estavam entre aquelas que ofereciam ninhos de amor para o marido e a amante dele, Diana disse a Elsa Bowker que sentiu "uma inimaginável sensação de traição".

Foi enquanto combinavam os detalhes de seu encontro seguinte que Charles e Camilla iniciariam suas obscenas insinuações. Quando o áudio foi disponibilizado para o público, os britânicos ouviram pela primeira vez o contralto de Camilla ainda mais grave pelo uísque e pelos cigarros. Durante a conversa, ela cobre Charles de elogios, encorajamento e gentileza — todas as coisas que ele acreditava que o pai e a mãe lhe negaram —, além de elogiar a inteligência ("Há um cérebro incrível trabalhando aí dentro") e as realizações dele ("Estou *tão* orgulhosa de você"). Charles, por sua vez, agradece a ela por aguentar "todas essas indignidades e torturas" nas mãos da imprensa pouco compreensiva.

As "gravações sexuais", como rapidamente ficaram conhecidas, também confirmaram a suspeita de Diana de que o poder que Camilla exercia sobre Charles emanava do relacionamento físico — um fato que ficou óbvio quando, no meio da conversa sobre onde se encontrariam novamente, a Sra. Parker Bowles começa a soar como se trabalhasse em um serviço de sexo por telefone.

> CAMILLA: Hum, é incrível bom quando você me toca.
> CHARLES: Ah, pare! Quero tocar você inteira, de cima para baixo, entrando e saindo.
> CAMILLA: Ah!
> CHARLES: Particularmente entrando e saindo. [...] Vou encher seu tanque!

CAMILLA: Sim, sim. [...] Ah, querido, eu quero você agora... Desesperadamente, desesperadamente, desesperadamente.

Apesar do vulgar e bizarro desejo de Charles de ser transformado em um dos absorventes internos de Camilla vir a público, alguns momentos na conversa oferecem uma compreensão mais profunda sobre o relacionamento deles. "Sua maior realização é me amar", diz Charles. Camilla retruca sem hesitar: "Ah, querido, amar você é mais fácil que cair de uma cadeira." De fato, ela diz 11 vezes que o ama — o príncipe de Gales diz o mesmo a ela somente duas.

Charles não pôde resistir à tentação de encerrar a conversa de maneira distintamente adolescente. Ele desligaria o telefone, diz à amante, "apertando o botão". A voz de Camilla fica mais grave. "Eu gostaria que você estivesse apertando o meu", ronrona ela.

Nessa conversa telefônica, Camilla demonstrava verdadeiro interesse pelas causas defendidas por Charles. Em um momento, ela pergunta se poderá ler um dos discursos dele, e elogia mais de uma vez o intelecto do príncipe.

Não que Charles precisasse de muito incentivo para compartilhar suas opiniões. Defensor da cura holística e de outras formas de medicina alternativa, discutia com médicos renomados, um dos quais chamou suas ideias de "puro charlatanismo". Também era um ambientalista declarado e defensor da agricultura orgânica e sustentável. Seu amor pela jardinagem e sua busca pela "iluminação espiritual" impulsionada por Laurens van der Post o levaram a fazer uma de suas declarações mais espantosas, durante uma entrevista à BBC em 1986.

"Eu venho até aqui e converso com as plantas", disse o príncipe enquanto passeava por seu jardim em Highgrove. "É muito importante falar com elas. Elas respondem." (Décadas depois, ele confessou que ainda conversava com elas.)

A questão que mais o irritava — e, no processo, gerava as mais acaloradas polêmicas — era a arquitetura moderna. Em maio de 1984, em um discurso feito para celebrar o aniversário de 150 anos do Instituto Real de Arquitetura Britânica, o príncipe de Gales deixou seus anfitriões pasmos ao acusá-los de ter "consistentemente ignorado os sentimentos e desejos das pessoas comuns". Ele denunciou "os cepos de vidro e as torres de concreto" da arquitetura moderna e chamou o projeto para a nova ala da National Gallery de "monstruoso carbúnculo no rosto de um amigo muito amado e elegante", cujos responsáveis estavam a apenas alguns metros de distância.

Em uma época na qual sua esposa dominava o noticiário, Charles ficou deliciado com a cobertura de primeira página concedida ao discurso e igualmente satisfeito quando o projeto da National Gallery foi abandonado — apesar de isso ter levado à perda de centenas de empregos. Como disse Harold Brooks-Baker, "no passado, nenhuma pessoa tão próxima ao trono assumiu uma posição com repercussões econômicas tão impactantes".

Em 1988, Charles fez novos ataques ao meio arquitetônico durante seu documentário na BCC e livro de mesmo título, *A Vision of Britain: A Personal View of Architecture* [Uma visão da Grã-Bretanha: uma perspectiva pessoal da arquitetura]. Como autor e narrador do especial para a TV, Charles viajou pelo país indicando o que apreciava no cenário arquitetônico em evolução — e, principalmente, o que não gostava. No documentário, ele descreveu a nova estrutura para um estacionamento como "fóssil colossal", o novo National Theater como "usina nuclear" e a Biblioteca Central de Birmingham como um "lugar onde livros são incinerados, não guardados". A linha do horizonte de Londres, cheia de arranha-céus, era "uma confusão", e um edifício municipal modernista à margem do Tâmisa parecia "uma monstruosidade".

O príncipe Charles perseguia arquitetos e designers, mas ignorava que eles tinham o direito de resposta. Quando o renomado arquiteto Gordon Graham refutou algumas de suas alegações, ele o fez confiando que não haveria "repercussões". Seus amigos não estavam tão certos. "Tolice", disse Ian Coulter, ex-conselheiro do jornalista e político Randolph Churchill, filho único de Winston. "Gordon Graham abriu mão de ser cavaleiro com aquele discurso. Se o Rei Sol lhe dá as costas, você fica na sombra. A realeza oferece patrocínio e apoio e, sem eles, você está morto."

Nesse sentido, Charles era a cópia do pai. Philip era notório por insultar subordinados e mais de uma vez foi pego gritando "Seu tolo!" ou "Idiota" para criados de libré que lhe pareciam muito lentos para abrir a porta do carro ou serviam o prato errado no café da manhã. "Nenhuma infração era tão pequena que não merecesse a agressão descontrolada do príncipe Philip, ainda mais se ele estivesse de mau humor", disse um ex-funcionário do Palácio de Buckingham.

O notoriamente sensível príncipe de Gales, que chegara à idade adulta com uma expectativa de privilégios digna do século XIX, ficava chocado quando os arquitetos respondiam, chamando-o de "arcaico", "ludita" e "preso na Idade Média". Lord Rogers, um dos principais arquitetos britânicos, o chamou de "arquitetonicamente ignorante" e o acusou de abusar de seu poder ao sabotar projetos que ainda estavam no papel.

Colin St. John Wilson, de Cambridge, o acusou de "ridicularizar e agredir" a fim de travar uma guerra contra a arquitetura. "Os nazistas tentaram fazer isso e veja no que deu", disse ele, lembrando a perseguição dos modernistas iniciada por Hitler e seu amor pelo neoclassicismo. Wilson também disse que "o poder de fogo" de Charles era colossal, mas que o então herdeiro do trono inglês não tinha "nenhuma educação formal". O príncipe estava levando a Inglaterra "velozmente de volta ao passado".

Mencionando a alegação de Charles de falar em nome do britânico médio quando condenava qualquer estilo arquitetônico do qual não gostava, Wilson disse que o príncipe invocava "o homem comum, para então se esconder atrás do protocolo real". Atacado pelos críticos, Charles chorava no ombro de Camilla. "Ele sempre a procura quando se sente injustiçado. Ela diz o que ele precisa ouvir: que todo mundo é idiota e ele é o único a ter razão", revelou seu ex-valete.

Foi o que aconteceu quando, depois do inesperado sucesso de *A Vision of Britain*, o príncipe de Gales prometeu concretizar sua visão utópica no ducado da Cornualha. Com inspiração na comunidade planejada de Seaside, na Flórida, onde tudo — das cores das casas à largura das cercas vivas — era controlado, a cidade inglesa dos sonhos dele incorporaria os princípios de planejamento urbano que mais o atraíam. Com a ajuda do autointitulado "novo urbanista" Leon Krier, Charles criou Poundbury, um vilarejo plano e voltado para pedestres, com ruas estreitas e edifícios nos estilos neoclássico e Tudor.

Quando ficou pronta, "a cidade construída pelo príncipe" foi detonada pelos críticos. Hugh Aldersey-Williams escreveu no *New Statesman* que

Poundbury era "um anacronismo constrangedor". Stephen Bayley, do *The Guardian*, achou a visão utópica de Charles "falsa, sem alma, autoritária e sombriamente bonitinha", ao passo que o crítico Andy Spain disse que ela era "uma confusão de estilos de diferentes séculos, todos juntos. É uma cidade de brinquedo, um museu do passado místico. Não há alma, não há coração". Quando Charles soube que a rainha e o príncipe Philip foram até lá para "dar uma olhada rápida" enquanto viajavam por Dorset, ficou furioso. "É o projeto da minha vida e meus pais concederam a ele vinte minutos de seu tempo!"

———

Construir uma cidade que correspondia aos seus exigentes padrões não satisfez as vontades de Charles. Convencido de que as faculdades e universidades da Grã-Bretanha faziam todo o possível para reprimir o neoclassicismo em favor do modernismo, ele criou o Prince of Wales's Institute of Architecture em dois edifícios clássicos de estuque no Regent's Park de Londres, com um orçamento anual de US$3 milhões — uma pequena parte foi financiada pelo Prince's Trust e o restante foi bancado pelos amigos ricos do príncipe. "Essa não será meramente uma escola de arquitetura clássica", disse ele, pois também teria a missão "apresentar os alunos à delicada corrente de sabedoria que nos conecta às obras de nossos antepassados". A arquitetura, continuou ele, "deve ser um reflexo da ordem inerente ao universo".

Em um de seus memorandos moralistas — dessa vez para o diretor do instituto, o Dr. Brian Hanson —, Charles disse que queria ensinar aos estudantes "a reverência pelo cenário, pelo solo e pelo espírito humano, que é um reflexo, em pequena medida, do Divino". Para atingir tal objetivo, o príncipe de Gales criou dez princípios arquitetônicos, que incluíam o respeito à terra, a harmonia, a densidade, a flexibilidade e a "retomada de nossas ruas dos carros" — ou, em outras palavras, voltar-se primeira e principalmente para os pedestres. A reação do meio tradicional arquitetônico ao instituto foi da mordacidade ao simples desdém — como disse um crítico arquitetônico de Oxford, "mais besteiras *daquele homem*".

———

Nos dias — e havia muitos — nos quais se sentia sob ataque, Charles recuava para os muros de seu jardim em Highgrove. Ali, ele havia criado um ambiente que era tanto laboratório quanto santuário. Na propriedade, podia criar animais e desenvolver projetos de jardinagem sustentável, orgulhando-se de suas couves-de-bruxelas orgânicas e de seu rebanho de ovelhas pretas.

Charles admitia que não tinha "experiência alguma com jardinagem ou agricultura" quando chegara a Highgrove. "As únicas árvores que eu já havia plantado eram as protocolares, em eventos oficiais." Em pouco tempo, seu jardim cobria 10 hectares, divididos no que ele chamava de "salas": Prado das Flores Silvestres, Trilha do Tomilho, Jardim das Árvores Mortas, Trilha do Outono, Trilha das Tulipas, Jardim do Hemisfério Sul, Jardim Murado, Jardim Acarpetado e Jardim do Relógio de Sol.

Mais tarde, o Jardim das Árvores Mortas teria um caminho recoberto por arcos levando a dois pequenos templos gregos. Todos os dias, o príncipe caminhava até o arboreto e, no interior de uma pequena capela privada chamada de Santuário, meditava em frente a uma grande pedra com uma cruz entalhada.

Charles precisaria meditar — e rezar — ainda mais, pois a tensão aumentava. Em 18 de novembro de 1992, Diana cancelou, no último minuto, os planos para que os meninos fossem com o pai a uma caçada anual de três dias em Sandringham. Naquele momento, lembrou Charles, "algo se rompeu". Ele decidiu pedir a separação. "Não havia futuro na maneira como as coisas estavam indo. Não tive escolha."

O príncipe de Gales sabia que estava dando início a uma cadeia de eventos que inevitavelmente abalaria a monarquia — uma instituição que já estava em terreno incerto. A pesquisa feita por um tabloide mostrou que 63% dos britânicos achavam que a monarquia devia ser abolida. Outra indicou que até 90% da população acreditava que a família real devia pagar imposto. E uma feita pelo Gallup mostraria que 80% dos súditos achavam que "um número excessivo de membros da família real leva uma vida ociosa e elitista".

Charles entretinha seus companheiros de caçada em Sandringham quando o Palácio de Buckingham telefonou para dar mais uma notícia chocante. Na manhã de sexta-feira, 20 de novembro, fumaça fora vista nas janelas do

Castelo de Windsor, perto da capela particular da rainha. Em uma hora, o incêndio, iniciado quando o lampião de um operário ateou fogo em uma cortina, estava fora de controle, ameaçando destruir o castelo que era símbolo da monarquia britânica desde os dias de Guilherme, o Conquistador.

O príncipe Andrew, que estava hospedado em Windsor, organizou uma brigada de incêndio. Infelizmente, o incidente ocorreu durante o aniversário de casamento de 45 anos de Elizabeth e Philip. A rainha passava a data sozinha no Palácio de Buckingham enquanto seu marido estava na Argentina, em nome do World Wildlife Fund — e, acidentalmente, revendo sua antiga paixão, Susan Barrantes. Ela, que era ex-mulher do treinador de polo de Charles e mãe de Sarah Ferguson, a duquesa de York, ficou conhecida nos círculos reais como "a fugitiva" por ter abandonado o major Ronald Ferguson em 1974 para se casar com o jogador de polo argentino Hector Barrantes, que morreria de câncer em 1990. "Sempre suspeitei que o príncipe Philip tinha uma queda por Susie", disse o major em 1994. (Em uma trágica coincidência, Susan Barrantes morreria aos 61 anos em um acidente de carro em 1998, um ano depois do acidente de Diana, em Paris.)

Naquela chuvosa manhã de novembro de 1992, a rainha correu para Windsor assim que recebeu o telefonema de Andrew. Charles, não querendo abandonar seus convidados, não viu razão para ir até lá — nem mesmo quando a cobertura televisiva mostrou a rainha, uma figura minúscula e curvada com uma capa de chuva e um lenço na cabeça, olhando em impotente confusão para as ruínas fumegantes do palácio. O incêndio duraria 15 horas, consumindo nove dos principais salões e danificando severamente centenas de outros cômodos. "Ela ficou devastada", disse Andrew.

Dadas suas próprias sensibilidades, Charles parecia menos preocupado com o castelo histórico que com a arte em seu interior — uma das maiores coleções do mundo, com suas tapeçarias Gobelin e obras-primas de Rembrandt, Holbein, Van Dyck, Rubens, George Romney e Sir Joshua Reynolds, entre outros mestres. Aliviado em saber que tudo estava a salvo, ele só partiu para Windsor no fim do dia. Quando chegou, reconfortou a abalada mãe antes de retornar para Camilla e seus amigos em Sandringham. "A rainha estava tão abalada", comentou ele com um ajudante de ordens. "Ela tentou esconder, mas esteve chorando. Foi a primeira vez que a vi chorar..."

Elizabeth, devastada, voltou-se para a mãe, a única pessoa que entenderia a profundidade de sua angústia. No Royal Lodge, sua mansão no Grande Parque de Windsor, a rainha-mãe ficou acordada a noite toda com a filha, lembrando a época em que George VI era rei e suas duas princesinhas chamavam o castelo de contos de fada de "lar".

Mesmo antes do incêndio em Windsor, a rainha já se via sobrecarregada com várias questões interligadas — e todas envolviam, de uma maneira ou de outra, o filho mais velho. Alimentado pelos escândalos reais e por uma economia cada vez pior, havia crescente consenso de que a monarquia se tornara um fardo pesado demais para o contribuinte britânico. Havia no Parlamento um movimento que pretendia forçar a monarca e o príncipe Charles a pagarem impostos sobre sua considerável renda pessoal e declararem parte da renda anual de suas propriedades. Charles, que há anos pagava voluntariamente 25% de sua renda para o governo, era a favor da mudança. Sob o novo plano, a quantia que ele entregava ao Tesouro cairia pela metade.

Incentivada pelo filho, a monarca concordara em pagar impostos sobre a renda do ducado de Lancaster — estimada, em 1992, em números conservadores, em US$16 milhões (o equivalente a US$28 milhões em 2022). Relutantemente, ela também cedeu à pressão dos membros da corte e abriu as portas do Palácio de Buckingham para turistas pagantes — uma concessão significativa, mas necessária, já que a restauração do Castelo de Windsor custaria US$59,2 milhões. A ideia de pessoas pagarem para caminhar pelos salões da "Buck House", como a família real chamava o palácio, era defendida por Charles há anos. "A Casa Branca oferece visitas para o público", argumentava ele. "Não vejo razão para não fazermos o mesmo, desde que as pessoas paguem por isso."

Em 24 de novembro, a rainha, sofrendo os efeitos da inalação de fumaça e um forte resfriado, discursou no Guildhall, o medieval palácio cerimonial no centro de Londres, durante um almoço que marcava seu 40º ano no trono. Pálida e derrotada, Sua Majestade disse à plateia que "1992 não é um ano para o qual olharei com prazer. Nas palavras de um de meus correspondentes mais simpáticos, foi um *annus horribilis*".

Ela não tinha como saber quão mais *horribilis* as coisas ficariam. Um dia depois desse discurso, Charles dirigiu até o Palácio de Kensington e disse a Diana que queria se separar. Ela alegou não ter ficado surpresa, apesar de "muito triste". Horas depois, Charles e Diana informaram à Sua Majestade que a separação era a única saída. Ao pedir que a rainha tomasse as providências necessárias, Charles enviou a mensagem de que o divórcio era inevitável. Ainda mais problemático era o indiscreto caso entre o príncipe e a Sra. Parker Bowles. Ele alegou que não tinha intenção de se casar com Camilla — afinal, ela já tinha um marido —, mas a monarca sabia que o filho era devotado à amante. Ela temia uma repetição de 1936, quando seu tio David desistira do trono para se casar com Wallis Simpson. "A história está se repetindo", disse ela a George Carey, arcebispo de Canterbury, acrescentando que Charles arriscava "jogar tudo pela janela" ao se divorciar de Diana e se casar com Camilla.

Charles, talvez o mais teimoso e menos flexível dos Windsor, parecia indiferente à possibilidade de a separação ameaçar seu futuro. "Eu sou o herdeiro do trono", afirmou ao vice-secretário particular da rainha quando a questão foi mencionada. "Ponto-final."

A líder do Palácio de Buckingham não tinha tanta certeza. Será que Charles, sendo divorciado, ainda poderia ser o líder da Igreja da Inglaterra ao assumir o trono? Será que ele poderia se casar novamente — e ainda mais com Camilla, dona de uma reputação tão desprezível — e mesmo assim esperar ser rei? Por insistência de Sua Majestade, o primeiro-ministro John Major, que sucedeu a Margaret Thatcher em 1990, reuniu-se secretamente com o arcebispo, o Lord Chancellor e o secretário do Exterior para conseguir respostas a essas questões. O veredito: em uma época na qual o divórcio era comum, era "improvável" que ser divorciado fosse um impeditivo para Charles ser rei.

Isso não significava que eles estavam convencidos. O primeiro-ministro, cujo caso de quatro anos com uma colega conservadora do Parlamento, Edwina Currie, causaria comoção, também temia que a vida amorosa de Charles levasse o próprio à ruína — e causasse uma crise constitucional. Todo mundo concordava que, pelo bem da monarquia, era preciso explicitar que Charles não estava abandonando os filhos.

Em 3 de dezembro, Diana dirigiu até Ludgrove e deu a notícia a William e Harry. Charles, tendo concordado que ela estava mais bem preparada para explicar a situação aos filhos, permaneceu em Highgrove com Camilla. Por mais dolorosa que fosse a tarefa, Diana se sentiu aliviada. "Desde o primeiro dia, soube que nunca seria rainha", disse ela. "Ninguém me disse isso, mas eu sabia [...]. Eu só precisava sair de lá."

Em 9 de dezembro de 1992, o primeiro-ministro John Major anunciou na Câmara dos Comuns que o príncipe e a princesa de Gales estavam se separando. Ele enfatizou que o casal "não tem planos para se divorciar, e suas posições constitucionais permanecem as mesmas". Falando quase casualmente, ele declarou que "a sucessão real não é afetada pela separação. Não há nenhuma razão para a princesa de Gales não ser coroada rainha no tempo devido".

Ninguém levou essa última declaração a sério. A noção de que Charles e Diana encontrariam uma maneira de reinar lado a lado era absurda e, como disse um membro do Gabinete de Major, "todo mundo sabia disso, dentro e fora da Câmara dos Comuns". Todo mundo, menos a rainha. Quando o ano caótico chegou ao fim, Sua Majestade se agarrou à fantasia de que o filho irresponsável e sua esposa vergonhosa encontrariam uma maneira de resolver suas diferenças. Mas, ao analisar o ano que conhecera uma procissão de escândalos reais e o fim do casamento de dois de seus filhos — sem mencionar o incêndio no Castelo de Windsor —, a soberana se perguntou se falhara como mãe. "Eu achava tê-los criado tão bem!", disse ela a seu ex-secretário particular Martin Charteris durante o chá.

Em um inexplicável desvio de seu *modus operandi*, Camilla ficou em pé nos degraus de Middlewick House e mentiu para a imprensa. "Se algo deu errado, sinto muito por eles", declarou ela. "Mas não sei mais que todo mundo. Só sei o que vi na televisão."

A extensão da duplicidade de Camilla ficou transparente algumas semanas depois, quando, em 17 de janeiro de 1993, o povo britânico teve a oportunidade de ouvir o príncipe de Gales e sua amante fazerem sexo pelo telefone.

CHARLES: Ah, nossa, eu queria viver dentro da sua calça...
CAMILLA: No que você vai se transformar? Em uma calcinha?

CHARLES: Ou um Tampax. Do jeito que eu tenho sorte... Eu seria jogado no vaso sanitário e ficaria girando por toda a vida na água, sem nunca ir embora!

"Na época, a fita pareceu um golpe do qual a família real — e Charles em particular — jamais se recuperaria", escreveu Catherine Bennett no *The Guardian*. "Como, depois disso, o príncipe ousaria falar a seus súditos sobre estética ou espiritualidade?"

Antes de Diana, na eleição do membro mais popular da família real, o príncipe Charles recebera votos de somente dois terços de seus conterrâneos. Uma pesquisa do Instituto Gallup mostrava que espantosos 96% dos entrevistados tinham uma visão desfavorável do próximo rei, e 38% queriam que Charles renunciasse e deixasse William herdar a coroa. Empregando um conceito que décadas depois seria ecoado por um improvável candidato à presidência norte-americana, Charles reagiu com o slogan "Vamos tornar a Grã-Bretanha grandiosa novamente". O slogan, assim como muitos esquemas e planos do príncipe, foi um fracasso.

A reação do príncipe foi se afogar na autopiedade. "Ele não tinha o espírito de luta de Diana", disse um veterano membro da corte. "Sempre foi um bebê chorão. Ele fica de mau humor, e aí é um interminável 'Oh, coitado de mim. Ninguém entende como eu sofro'." Sem que Charles soubesse, seus assessores no palácio e até alguns amigos o chamavam de "príncipe Bisonho", numa referência ao burro irritantemente deprimido de *O ursinho Pooh*, de A. A. Milne.

Logo, uma jovem que também fora apelidada em homenagem a um livro infantil entraria na vida de Charles e de seus filhos, com resultados quase catastróficos. Dessa vez, o clássico infantil seria *The Tale of Mrs. Tiggy-Winkle* [A história da Srta. Tiggy-Winkle], de Beatrix Potter, e o personagem seria a porco-espinho antropomórfica que dava título ao livro: a Srta. Tiggy-Winkle — ou "Tiggy".

Parecia um dia de mudança normal: um cenário bagunçado, repleto de caixas de papelão, bobinas de plástico-bolha e de espuma e incontáveis rolos de fita adesiva. Os trabalhadores levavam peças de mobília e caixas com roupas, livros e objetos pessoais por escadarias, corredores e passagens estreitas, carregando caminhões de mudança que despejariam todo o seu conteúdo a 3,2 quilômetros, onde recomeçariam o processo — só que no sentido contrário.

O príncipe Charles estava se mudando formalmente do Palácio de Kensington — onde, a despeito de morar em Highgrove, ele ainda mantinha muitas posses — para York House, um anexo ao Palácio de St. James. Charles queria transformar a mansão de três andares e cinco quartos em um tipo de lugar onde os filhos desejariam ficar. Com essa intenção, contratou Robert Kime para redecorá-la. Construída em 1736 para outro príncipe de Gales — Frederick, o filho distante do rei George II e pai de George III —, já fora o lar de seu tio-avô Edward VIII. Charles garantiu que os meninos tivessem os próprios computadores, sala de cinema, sala de videogame e mesa de bilhar.

Um espaço também fora reservado para a nova babá contratada para cuidar deles enquanto estivessem com o pai. Bonita e moleca, Alexandra "Tiggy" Legge-Bourke era quatro anos mais nova que Diana e circulava pelos mesmos ambientes sociais. Legge-Bourke era filha de um banqueiro e aristocrata galês — sua mãe fora dama de companhia da princesa Anne — e crescera em Glanusk Park, a propriedade de 2.500 hectares da família nas montanhas galesas.

Charles se lembrava de tê-la conhecido. Ela havia estudado no exclusivo colégio feminino dirigido pela sogra de Kanga Tryon, aos 6 anos — ele tinha 23 — e foi matriculada no colégio interno suíço Alpin Videmanette, onde Diana estudou. A jovem também era professora de jardim de infância. Em 1985, fundou a própria escola em Battersea, no sul de Londres, e a chamara de "Miss Tiggy-Winkle". A escola faliu depois de três anos, mas o apelido permaneceu.

Ao voltar de uma viagem-surpresa com William e Harry ao Disney World, em Orlando, na Flórida — mais um golpe publicitário que fizera Charles parecer um péssimo pai —, Diana ficou lívida quando descobriu que o marido contratara os serviços de uma "mãe substituta" para ajudá-lo com os meninos. "Não preciso de um pai substituto para os meninos quando eles estão comigo", protestou ela. "Por que Charles precisa de uma mãe substituta quando está com eles?" (Embora estivesse mais presente na vida dos filhos do que o pai, ela recebia muita ajuda da calorosa e gentil babá do Palácio de Kensington, Olga Powell.)

Tiggy se deu bem com os meninos e conquistou a posição de divertida irmã mais velha, em vez de babá. Eles passavam horas juntos todos os dias, jogando futebol, subindo em árvores e brincando na piscina do Palácio de Buckingham. Sempre dormindo em um quarto ao lado do ocupado pelos meninos, Tiggy participava até das guerras noturnas de travesseiros.

Ainda mais importante, ela fornecia aos príncipes uma fuga da crescente tensão no casamento fracassado dos pais — William, com 12 anos, teve dificuldades com a separação. Suas notas em Ludgrove despencaram, e os criados ouviam soluços abafados em seu quarto à noite.

Tudo isso mudou com a chegada de Tiggy. "Ela os fazia rir. Eles precisavam disso mais do que nunca", disse um funcionário de Highgrove, referindo-se à animada Srta. Legge-Bourke. Os resultados foram imediatos. Já não permanecendo o tempo todo sob a amarga sombra dos pais, William conseguiu se concentrar nos deveres da escola e suas notas melhoraram bastante. Embora o bem-humorado e independente Harry exibisse menos sinais de ansiedade, ele sofria em silêncio. Com Tiggy levando alguma estabilidade para suas vidas, o menino de 11 anos parou de chupar o dedão.

Diana se sentiu ameaçada, o que era compreensível. Os jornais estavam cheios de fotografias da babá perseguindo os meninos por campos de polo enlameados, fazendo compras com eles, bagunçando o cabelo de William enquanto eles saíam da igreja. A gota d'água foi quando um tabloide relatou que Tiggy passara a chamar os príncipes de "meus bebês".

Em pouco tempo, Diana se convenceu de que Charles e Tiggy eram amantes. Segundo seu secretário particular Patrick Jephson, ela "desenvolveu uma fantasia cada vez mais nítida da vida" da jovem. Passou a acreditar que o ex-marido pretendia "deixar de lado" tanto ela quanto Camilla e se casar com a linda babá — uma teoria que mais tarde compartilhou com seu advogado, Lord Mishcon — e, durante algum tempo, soterrou Charles com cartas exigindo que o papel de Tiggy fosse cuidadosamente circunscrito ao escopo profissional e que, entre outras coisas, ela não deveria "ler para eles à noite nem supervisionar a hora do banho". Diana também reclamou sobre o maço de cigarros que a babá fumava por dia. Como disse a princesa, referindo-se ao fato de Camilla também fumar, "fico surpresa com o fato de Charles, o fanático por saúde, viver cercado por essas chaminés ambulantes".

Charles cedeu até certo ponto, pedindo que Tiggy fosse mais discreta e evitasse exibições públicas de afeto que poderiam ser capturadas pela imprensa. Durante algum tempo, Legge-Bourke fez seu melhor para não ser vista abraçando os meninos ou se divertindo demais com eles. Mas não havia como negar que, com Charles mergulhado em seus deveres oficiais e passando todo seu tempo livre com Camilla, Tiggy estava se tornando uma presença cada vez maior na vida dos jovens príncipes. "Estão tentando fazer uma lavagem cerebral em meus filhos para que eles me esqueçam!", reclamou Diana.

Enquanto isso, Charles embarcava em outra cruzada pessoal, dessa vez em defesa do Islã. Há muito admirador da cultura e das religiões orientais — enquanto passeava por seu jardim em Highgrove, muitas vezes, o príncipe usava um traje marroquino —, ele concordou em ser patrono do Centro de Estudos Islâmicos de Oxford em junho de 1993. Quatro meses depois, ele vestiu a beca acadêmica preta ao discursar para uma plateia de mais de mil pessoas no Sheldonian Theater da universidade.

Em uma época na qual a al-Qaeda e outros grupos terroristas muçulmanos fundamentalistas estavam em ascensão, Charles condenou o materialismo, a tecnologia e a cultura de massa do Ocidente, elogiando o Islã por ter, em seu cerne, "uma visão metafísica e unificada de nós mesmos e do mundo [...]. O Islã pode nos ensinar hoje uma maneira de entender o mundo e viver nele, algo que o cristianismo perdeu e, por isso, tornou-se menos significante".

Ele lembrou à plateia a longa história de intolerância e violência do cristianismo, dizendo que os muçulmanos viam as Cruzadas como um período de "grande crueldade, terríveis saques e indescritíveis atrocidades". Quanto ao fato de a sociedade muçulmana excluir as mulheres, argumentou Charles, sem convencer ninguém, que "as mulheres não são automaticamente cidadãs de segunda classe porque vivem em países islâmicos". Como exemplo, citou as mulheres que usavam véus — um hábito imposto com crueldade em partes do mundo islâmico — como "declaração pessoal de sua identidade muçulmana". Depois de chamar o materialismo do Ocidente de "ofensivo, e não somente para os muçulmanos", o príncipe convenientemente ignorou a descarada violação dos direitos humanos e o crescente extremismo presentes no Oriente Médio.

Esse retrato, pintado com entusiasmo — ignorando a abertura das democracias ocidentais e o aterrorizante espectro do terrorismo islâmico radical —, transformou Charles em herói do mundo muçulmano. Dez dias depois, o rei Fahd, da Arábia Saudita, deu um passo sem precedentes ao recebê-lo em Riad, logo depois do nascer do sol, em vez de esperar por ele em seu palácio.

Mas, na Inglaterra, as observações de Charles não foram recebidas tão calorosamente. Perguntou um colunista, em uma referência breve a Camilla: "O príncipe sabe que, sob a xaria, a punição por adultério é a morte? Considerando-se toda a situação, esse tema parece bem pertinente."

"Por alguns segundos, achei estar testemunhando
o assassinato do príncipe Charles."
— Robert Milliken, repórter do *The Independent*

"Foda-se. Eu tenho direito a uma vida particular."
— Camilla, depois de finalmente se divorciar de Andrew Parker Bowles

SEIS

CIÚMES, INTRIGAS, TRAIÇÕES E CONSPIRAÇÕES

26 de janeiro de 1994,
Dia da Austrália, Sydney

Um homem asiático usando camisa branca e jeans derrubou uma garotinha ao correr na direção de seu alvo. O príncipe Charles se sentia "muito idiota" enquanto aguardava no pódio a fim de entregar prêmios a crianças que pareciam não estar presentes — como ele se lembrou mais tarde, "eu fiquei parado lá, xingando os organizadores em silêncio". Literalmente se jogando no palco, David Kang conseguiu dar dois tiros antes de cair aos pés do príncipe. Charles, ajustando a manga da camisa, olhou na direção do agressor com uma expressão confusa. Posteriormente, ele diria que "devia ser um dos vencedores, ávido para receber seu troféu!".

Mas não foi uma brincadeira. As pessoas na plateia gritaram e o caos se instaurou no palco. Charles foi cercado por seus guarda-costas e David Kang, um estudante sul-coreano que protestava contra o tratamento dado ao "povo dos barcos" na Austrália — refugiados cambojanos presos em campos de detenção no país —, foi imobilizado e retirado do local. A arma usada no que parecia um atentado era uma pistola de largada; o estudante só queria chamar atenção para sua causa. Depois de uma breve avaliação psiquiátrica, Kang foi condenado por "ameaça de violência" e sentenciado a quinhentas horas de serviço comunitário. Ele acabou se formando na Escola de Direito da Universidade de Sydney e se tornou advogado.

"Eu estou bem", disse Charles à sua equipe de segurança logo após o incidente. "Foi meio tolo começar a gritar." Os reflexos lentos e a atitude arrogante do príncipe foram interpretados como bravura, o que lhe rendeu muitos pontos entre seus anfitriões australianos. "O príncipe foi fantástico e manteve o sangue-frio. Ele é durão", disse o iatista Ian Kiernan, que momentos antes fora nomeado Australiano do Ano. Antes de retornar ao palco para continuar entregando prêmios, Charles disse a Kiernan que já fora perseguido por um elefante no Quênia: *"Aquilo,* sim, foi assustador."

A possibilidade de ser assassinado estava na mente de todo membro da família real — e a soberana não era exceção. "Saímos uma manhã para cavalgar em Sandringham e, enquanto montávamos, comentei com a rainha que o tempo estava encoberto", lembrou sua prima Margaret Rhodes. "Tudo que ela disse foi: 'Soube que o IRA tem um novo rifle que pode ver através da névoa.' Então fomos cavalgar. Não foi uma piada. Foi algo que ela acabara de ouvir. Ela sempre estava ciente de que alguém poderia tentar fazer algo horrível contra ela, e tinha que pensar nesse tipo de coisa." Mesmo assim, Sua Majestade, assim como o príncipe de Gales, permanecia calma ante a possibilidade de morrer alvejada ou numa explosão. Durante uma visita oficial aos Estados Unidos, os agentes do Serviço Secreto pediram que ela usasse uma limusine blindada e com vidros escuros. "Qual o sentido de viajar se não serei vista?", perguntou ela a seu então secretário das Comunicações, Charles Anson.

Nada poderia ser mais assustador para Charles que a reação pública a seu especial na ITV em 29 de junho de 1994, *Charles: The Private Man, the Public Role* [Charles: o homem privado, o papel público]. Durante a conversa de duas horas e meia, gravada para promover a biografia autorizada do príncipe de Gales escrita pelo entrevistador, o jornalista Jonathan Dimbleby, ele confessou ter traído a esposa.

> DIMBLEBY: Você tentou ser fiel e honrar sua esposa quando fez os votos de casamento?
> PRÍNCIPE CHARLES: Sim, com certeza.

DIMBLEBY: E fez isso?
PRÍNCIPE CHARLES: Sim... até que as coisas se tornaram irrecuperáveis, mesmo depois de termos tentado.

No mesmo documentário, ele chamou a cobertura de seu casamento pela imprensa de "lixo" e insistiu que não pretendia se divorciar de Diana. Mas, acrescentou, ele não via o divórcio como barreira para se tornar rei. Pela primeira vez, falou sobre Camilla, chamando-a de "grande amiga" cujo apoio era importante para ele.

O especial foi ao ar somente uma semana depois de o palácio anunciar que a rainha estava abrindo mão do navio real *Britannia* — parte da estratégia de diminuir os gastos como forma de aplacar os críticos da monarquia. A partir daquele momento, tudo sobre o que se falava era a sórdida confissão de Charles. "CHARLES: EU TRAÍ DIANA", bradou a manchete de primeira página do *Express*, ao passo que o *Sun* gritou: "DI AVISOU". A rainha ficou estupefata, assim como Camilla — que estivera entre os que tentaram convencer Charles a não discutir o caso extraconjugal.

O público sabia do caso com Camilla havia anos, mas confessar isso em rede nacional de TV e na frente de mais de 25 milhões de pessoas era muito diferente. "Todo mundo ficou constrangido", disse um repórter ao *The Times*. O jornalista Brian Hoey concordou, alegando que "com um só golpe" Charles destruíra a pouca popularidade que conseguira acumular. A manchete do *Daily Mirror* — "INADEQUADO PARA REINAR" — pareceu ecoar os sentimentos de milhões.

Em uma estranha coincidência, Charles escorregou tanto em sua reivindicação ao trono como na vida real: no dia em que a entrevista com Dimbleby foi ao ar, o príncipe estava no controle de um dos jatos da rainha, que saiu da pista de aterrissagem na ilha escocesa de Islay.

Enquanto a reputação de Charles desmoronava, sua ex-esposa aproveitou a oportunidade para se posicionar. Em vez de se esconder no Palácio de Kensington, ela foi a um jantar de gala na Serpentine Gallery, no Hyde Park de Londres, esplêndida e radiante em um vestido preto decotado da estilista grega Christina Stambolian. No dia seguinte, os jornais publicaram fotos dela com a cabeça jogada para trás e rindo, como se não se preocupasse com mais nada no mundo. Os observadores do palácio imediatamente apelidaram o traje de "vestido da vingança".

―――――――

Como era típico dele, Charles não assumiria a responsabilidade pela decisão de confessar adultério na televisão. Em vez disso, culpou seu secretário particular na época, Richard Aylard, por "convencê-lo" a fazer aquilo. O príncipe de Gales, nas palavras de um ex-secretário particular, "não tem dificuldades para encontrar um bode expiatório entre os membros leais de sua equipe. Quando trabalha para ele, você se acostuma a ser repreendido por coisas que não lhe dizem respeito. O príncipe Charles não pode admitir para si mesmo que está errado".

Contudo, a "vingança" de Diana teria vida curta. Dois meses depois da confissão de Charles em rede nacional, os jornais relataram que a princesa fizera centenas de telefonemas para um de seus namorados casados, o negociante de arte Oliver Hoare. Posteriormente, ficaria provado que as ligações foram apenas pegadinhas de adolescente, porém, era tarde demais para desfazer a crescente percepção pública de que ela estava desequilibrada.

No início de outubro, a reputação de Diana sofreu outro golpe quando o capitão James Hewitt relatou o caso de seis anos entre os dois no vívido livro de Anna Pasternak, *Princess in Love* [Princesa apaixonada]. O livro, escrito com a cooperação de Hewitt, detalhava datas, horários, locais e circunstâncias dos encontros entre eles — incluindo uma passagem sensual que descrevia o casal transando no chão do banheiro. De acordo com Hewitt, ele e a princesa também haviam se encontrado em Althorp, no Palácio de Kensington e em Highgrove quando William e Harry estavam no quarto ao lado. "Isso não pode continuar", disse um membro do Conselho Privado. "A família real está virando motivo de piada."

Menos de um ano antes, Diana sentira, com razão, que seu mundo estava fora de controle e anunciara que passaria a viver "reclusa como uma freira", diminuindo drasticamente o número de organizações filantrópicas que apoiava a fim de ter mais privacidade. Mas, naquele momento, ela se via, como contou a Elsa Bowker, "novamente nua para consumo público".

A princesa ficou "entristecida" com a traição de alguém em quem confiava, ainda mais preocupada com a reação dos filhos — "corri o mais rápido que pude", dirigindo até Ludgrove para se desculpar.

Charles, que há muito suspeitava que a esposa dormia com o instrutor de equitação, também ficou preocupado com o impacto que as manchetes teriam sobre os filhos. Em contrapartida, ele ficou feliz com o fato de o público ter ficado sabendo que sua esposa também o traíra. Camilla estava "exultante", disse Harold Brooks-Baker. "Ter amantes nos círculos aristocráticos era uma coisa, mas o *professor de equitação*?"

Charles e seus aliados, porém, tiveram pouco tempo para se regozijar. Duas semanas depois, o próprio príncipe detonou uma bomba com o lançamento do livro *The Prince of Wales* [O príncipe de Gales], de Dimbleby, no qual, entre outras coisas, se lamuriava por ter sido perseguido pelo pai, ignorado pela fria e distante mãe e vitimizado pela esposa emocionalmente instável. Os primeiros trechos foram publicados na véspera da visita da rainha e do príncipe Philip a Moscou — a primeira de um monarca britânico reinante —, e ambos ficaram furiosos porque a histórica viagem seria esquecida em função de mais revelações escandalosas.

A mãe e o pai de Charles ficaram magoados com suas cortantes observações. "Não, não. Isso não é *verdade*!", protestou a rainha, quando a mãe *dela* leu trechos do livro que os descreviam como pais insensíveis e ausentes. "Mas Charles *sabe*, mamãe. Por que ele diria essas coisas?" Posteriormente, o príncipe de Gales se sentiria culpado pelo brutal ataque à rainha e ao duque de Edimburgo, mas naquela ocasião ele pareceu gostar. Nas palavras de um ex-vice-secretário particular, "o príncipe Charles queria acertar as contas. Em sua mente, estava mais do que na hora".

Em total contraste com a forma como haviam tratado Charles, a rainha e o príncipe Philip esbanjavam atenção e carinho com os netos, especialmente William e Harry. A partir dos 5 anos, William foi convidado a tomar chá a sós com a rainha ao menos uma vez por semana. Durante as conversas, geralmente no Palácio de Buckingham ou em Windsor, Sua Majestade questionou o neto sobre o que estava estudando na escola, as matérias de que mais gostava, quais esportes praticava, quem eram seus amigos. Ela também o instruía sempre que podia, contando a história sobre determinada armadura ou convidando-o a dar uma olhada nas temidas caixas vermelhas.

Ao chegar na adolescência, William se tornou ainda mais o queridinho de Sua Majestade. Segundo sua prima Margaret Rhodes, a soberana "adorava a companhia do neto. Ela se animava sempre que falava sobre ele". Philip também estava impressionado com William — em parte por já ter mostrado ser como um dos melhores atiradores da família.

O relacionamento fácil entre os pais de Charles e William — o tipo de proximidade que sempre lhe foi negado — confundia e, até certo ponto, entristecia o príncipe de Gales. "Charles tem ciúmes da atenção que William recebe da rainha. Chego a sentir pena dele", disse Diana à sua cabeleireira, Natalie Symonds. Não ajudava o fato de as pesquisas mostrarem que os britânicos amavam William mais do que a Charles — um número crescente era favorável à ideia de o primogênito da rainha ceder o lugar de herdeiro do trono ao filho.

Apesar de toda a confusão em torno do autorretrato de Charles como filho negligenciado pelos pais cruéis, outras revelações do livro causaram ainda mais danos. Pela primeira vez, Charles alegou que Philip o forçara a se casar com Diana — e que nunca a amara. No dia seguinte, Diana foi até Ludgrove para garantir a William e Harry que isso não era verdade. Como diria depois, ela pôde "ver nos olhos deles" que os dois não acreditaram nela. "Foi como levar uma facada no coração. Tive vontade de chorar."

Semanas depois, William confrontou furiosamente o pai durante uma visita de fim de semana a Highgrove: "Por quê, papai? Por que fez isso?" Pela primeira vez, Charles, que falava horas sem parar sobre praticamente qualquer assunto, permaneceu em silêncio enquanto o filho se afastava. "Suponho que deva ser doloroso para qualquer criança saber que seus pais não se amam, mas isso não era segredo", disse ele depois, com indiferença.

Em vez de negar ou ao menos amenizar seus comentários, Charles insistiu em repeti-los. Quando lhe perguntaram se o príncipe de Gales se arrependia de ter autorizado Dimbleby a escrever sua biografia (e ainda cooperado com o trabalho), seu porta-voz respondeu secamente: "O príncipe não se arrepende *de nada*." Um dia depois de a última parte de *The Prince of Wales* ser publicada no *Sunday Times*, Charles chegou a Los Angeles para uma visita de cinco dias que incluiu um jantar beneficente na aristocrática propriedade do produtor de TV Aaron Spelling; visitas ao Museu de Arte do Condado de Los Angeles, um colégio secundário e um supermercado; e um chá para três com o ex-presidente Reagan e sua esposa Nancy em sua casa em Bel Air. (Sem que o príncipe soubesse, Ronald Reagan escrevia uma comovente carta à nação anunciando que fora diagnosticado com Alzheimer.)

O ponto alto da viagem foi privado. Seis meses antes, Charles estivera na plateia da Wembley Arena em Londres quando sua antiga paixão, Barbra Streisand, fez uma serenata para ele cantando "Someday My Prince Will Come" [Algum dia meu príncipe vai surgir]. E durante essa visita ela estava entre as dezenas de estrelas de renome convidadas para um jantar de gala em homenagem ao herdeiro do trono britânico. Alguns dias depois, Barbra se encontrou secretamente com Charles na suíte dele no Hotel Bel-Air. Àquela altura, a atriz e cantora já passara por um casamento fracassado com o ator Elliott Gould e relacionamentos escandalosos com, por exemplo: o comediante Tom Smothers; os atores Omar Sharif, Ryan O'Neal, Warren Beatty e Don Johnson; o produtor Jon Peters; o compositor e produtor (e também herdeiro de uma fábrica de sorvetes) Richard Baskin; o jogador de tênis Andre Agassi; o empresário Dodi Fayed; o apresentador de TV Peter Jennings; e o pai de Angelina Jolie e vencedor do Oscar, o ator Jon Voight. (Ela ainda levaria dois anos para encontrar sua "alma gêmea" e futuro marido, o ator James Brolin.) Um pouco antes de seu encontro com Charles no hotel, Barbra disse a Larry King, da CNN, que odiava não ter um homem em sua vida: "Eu quero um parceiro. Eu já tive amor e paixão, e quero essas coisas novamente."

Quando se soube que Charles se encontrara em segredo com sua paixonite do tempo da universidade, os porta-vozes do príncipe logo publicaram uma explicação oficial. Barbra Streisand e o príncipe de Gales haviam simplesmente "tomado chá". Levando-se em conta todas as pessoas com as quais os dois já haviam saído — e o fato de estarem sozinhos em um quarto de hotel sem Camilla ou Diana por perto —, Harold Brooks-Baker considerou "inevitável" que "houvesse faíscas".

Tendo sido descobertos, Charles e Barbra retornaram a suas vidas separadas. Mas, dez meses depois, Streisand voou até Londres a bordo de um jato supersônico Concorde a fim de participar do banquete beneficente de um dos grupos favoritos do príncipe, sua fundação voltada para a arquitetura. Dessa vez, foi Elton John quem, chegando a Highgrove para um jantar íntimo, ficou "surpreso" ao encontrar Streisand. O que ele achou igualmente surpreendente foi a ausência tanto de Diana quanto de Camilla. Um membro da equipe de Highgrove lembrou que, longe dos outros convidados, Charles e Barbra "eram muito afetuosos um com o outro" — tanto que, quando o funcionário os flagrou no escritório do príncipe, "eles ficaram bastante aflitos".

Lady Elsa Bowker estava entre os que "não entendiam" por que Charles "tentava esconder" de Camilla seu relacionamento com Streisand. "Ela nunca se sentiu ameaçada pelas mulheres de Charles — e houve muitas."

Andrew e Camilla Parker Bowles se divorciaram formalmente em janeiro de 1995. O marido de Camilla havia sido ridicularizado por anos como o corno mais famoso do mundo ("Andrew Parker Bowles é tão patriota que sacrificou a mulher pelo país", diziam as piadas) e sofrido com a dolorosa revelação de que Camilla usou a palavra *coisa* ao se referir a ele durante as infames gravações do que ficou conhecido como Camillagate: "Não posso ir a Highgrove, amor. 'Aquela coisa' está em casa." O amigável e discreto divórcio dos Parker Bowles, quase ignorado pela imprensa, pôs fim a um casamento de 22 anos — um ano a menos que os 23 anos do caso entre Charles e Camilla.

Os Parker Bowles venderam a mansão familiar, Middlewick House, para o baterista do Pink Floyd, Nick Mason, por US$2,5 milhões. Com sua parte da venda e uma ajudinha dos amigos ricos de Charles, por US$1,3 milhão Camilla comprou Ray Mill House, um moinho convertido em uma propriedade de 10 hectares, convenientemente localizado a somente 25 quilômetros de Highgrove. O príncipe de Gales facilitou a transição instalando um sofisticado sistema de segurança na casa, reformando a cozinha e os banheiros, substituindo as janelas e projetando os extensos jardins, usando árvores e plantas de seus próprios viveiros em Highgrove. Durante a obra, Camilla deixou seus cavalos e seu Jack Russell terrier, Freddy, na propriedade de Charles. Na sala de estar, um retrato do século XIX da notória bisavó de Camilla, Alice Keppel, ficava em local de destaque, assim como estivera em Middlewick House. Como relatou um convidado, "Camilla estava fazendo uma declaração. Ela queria que todo mundo soubesse que se sentia orgulhosa por levar adiante a tradição da família".

Charles e Diana tentaram manter um verniz de civilidade, ao menos perto dos filhos. A princesa ainda se preocupava porque, em sua ausência, os filhos estavam crescendo como Windsor. Apesar de suas tentativas de "manter os meninos com os pés no chão", com visitas a clínicas de tratamento contra a aids, parques de diversão, lanchonetes e abrigos para sem-teto, Diana ficou surpresa com a reação de William quando Charles lhe "deu" um valete como presente de 13 anos. "William ficou deliciado por ter um empregado para ele", disse a mãe, desconcertada.

Charles não via razão para William *não* ter o próprio empregado aos 13 anos. O príncipe de Gales havia recebido seu primeiro valete aos 21 anos, quando era aluno de Cambridge. "Foi tarde demais", confidenciou ele a seu secretário particular. "Eu precisei de um em Gordonstoun, mas meu pai ainda estava tentando me endurecer." Stephen Barry foi o primeiro a ocupar o cargo: "Eu conhecia bem o príncipe Charles, mas nunca esqueci que ele era o patrão e eu, o funcionário." Do mesmo modo, Charles informou a William o que ele podia e não podia esperar de um valete. A regra mais importante, enfatizou ele, era a de que um valete "não é seu amigo. Ele é um criado, e você é o trabalho dele".

Charles e Diana eram só sorrisos ao lado de William quando ele se matriculou no Eton College em 6 de setembro de 1995. A rainha, Diana e a rainha-mãe queriam que ele estudasse lá, e, como Charles se referia a Gordonstoun como "inferno na Terra", ele não defendera sua *alma mater*. Como praticamente não fizera amigos em seus tempos de colégio interno, o príncipe de Gales ficou exultante ao ouvir de ex-alunos de Eton que as amizades que lá fizeram perduraram por toda a vida. "Charles foi uma criança muito solitária", disse Diana a um amigo jornalista. "Ele nunca superou isso."

Eric Anderson era um jovem professor em Gordonstoun que Charles admirara, e o fato de ele ser na ocasião diretor de Eton foi um fator adicional. O sistema de apoio a William também incluía o diretor de sua ala, o Dr. Andrew Gailey, que, juntamente com a esposa Shauna, observaria o adolescente real com atenção e simpatia. Alguns meses antes, Charles e Diana haviam deixado suas diferenças de lado por tempo suficiente para convidar os Gailey para um coquetel no Palácio de St. James. Diana enfatizara para o casal que seu filho era "muito forte", mas também "muito sensível. Ele realmente precisa de todo o amor e de todo o apoio que vocês puderem dar".

Teria sido difícil encontrar um colégio menos parecido com Gordonstoun que Eton, onde os 1.300 alunos passeavam pelos gramados cor de esmeralda vestindo calça risca de giz, colete e casaca. A somente alguns minutos de caminhada do Castelo de Windsor, Eton foi fundado em 1440 por Henry VI a fim de preparar jovens acadêmicos para a outra instituição educacional também criada por ele: o King's College, em Cambridge.

Mesmo entre filhos de xeiques árabes, aristocratas europeus, líderes políticos, banqueiros e bilionários, William se destacava. Em primeiro lugar, ele chegara a Eton com o próprio equipamento de rastreamento e uma equipe de segurança de 19 homens. Apesar disso, Charles não precisava temer que William fosse provocado e perseguido como ele fora. Ao contrário do pai, que não conhecia ninguém em Gordonstoun ao chegar, William já tinha um círculo de amigos que incluía o neto de Lord Mountbatten, Nicholas Knatchbull, e seu primo, Lord Freddie Windsor.

Charles sabia muito bem por que a rainha fizera campanha para que William estudasse em Eton. No colégio, o neto estaria a cinco minutos de distância a pé, e ela poderia vê-lo da janela de seu quarto quando ele estivesse em campo, jogando rúgbi. Quase todo domingo, durante os cinco anos seguintes, um carro apanharia William exatamente às 3h50 da tarde e o levaria para o Castelo de Windsor, do outro lado do Tâmisa. Um minuto depois, ele chegaria à casa da avó para o chá da tarde, às 4 horas, na Saleta de Carvalho — e para o início de sua aula semanal e não oficial sobre a monarquia. Às vezes, ele também teria a companhia da bisavó, que ele e o irmão chamavam de Gan Gan — e que era chamada pela equipe de "rainha velha", a fim de distingui-la de sua filha septuagenária, a "rainha jovem". Como disse um criado de libré, elas "podiam ser a rainha e a rainha-mãe, mas, quando se tratava de William e Harry, as duas agiam como avós".

A cena familiar durante a matrícula de William em Eton foi tão harmoniosa — e a cobertura de toda a imprensa, tão positiva — que, por um momento, Charles esqueceu que estava em guerra com a esposa. Todavia, no início de outubro, Diana voltou à defensiva após ser rotulada publicamente como "destruidora de lares" pela celebridade de TV Julia Carling, por conta da "amizade" entre o seu marido, o capitão do time inglês de rúgbi Will Carling, e a princesa de Gales.

Carling e Oliver Hoare foram dois dos homens com quem Diana flertou naquele período, incluindo o roqueiro canadense Bryan Adams, os legendários tenores Luciano Pavarotti e Placido Domingo e o bilionário financista norte-americano Theodore "Teddy" Forstmann. O romance da princesa com o grisalho Forstmann, 21 anos mais velho, começou em 1994, quando ele se sentou ao lado dela em um jantar de gala oferecido por Lord Rothschild durante o campeonato de tênis de Wimbledon. Dali em diante, Forstmann enviaria flores a Diana todas as semanas, até a morte da princesa. Diana fantasiava sobre Forstmann concorrer à presidência, sobre ser primeira-dama e morar na Casa Branca. Podendo escolher qualquer quarto no segundo andar da residência presidencial, ela brincava com a ideia de usar o Quarto da Rainha. "Se não posso ser rainha aqui, serei rainha nos Estados Unidos", brincava.

Em certo momento do relacionamento, Diana pediu ajuda de Forstmann para encontrar uma propriedade na elegante Southampton, em Nova York. "A ideia de ser vizinha de Steven Spielberg em Hamptons a atraía", disse a colunista social Aileen Mehle, mais conhecida como Suzy. "Estranhamente, ela estava deslumbrada. Ela amava os Estados Unidos e seu povo." Forstmann encontrou uma propriedade na praia, mas os membros da corte vetaram a ideia por questões de segurança.

Forstmann e outros perderam o lugar para um candidato muito improvável para um romance: o barrigudo e fumante cirurgião cardíaco paquistanês Hasnat Khan. De acordo com sua cabeleireira, Natalie Symonds, a princesa estava "apaixonada e obcecada" por "Natty" Khan, de 39 anos — ao ponto de usar máscara e traje cirúrgico para observá-lo fazer pontes de safena no Hospital Royal Brompton, em Londres. Sempre que fazia essas excursões secretas ao hospital, Diana usava o pseudônimo de "Dra. Allegra".

A partir de setembro de 1995, Khan passou a ir ao Palácio de Kensington com frequência, escondido sob um cobertor xadrez no banco traseiro do carro do mordomo Paul Burrell. Às vezes, Diana usava uma peruca escura, óculos, jeans e jaqueta de couro e saía às escondidas. Em certa ocasião, a princesa recebeu o amante na porta da frente, usando brincos e nada mais.

A essa altura, ela passava duas horas estudando o Corão todo o dia, embora temesse prejudicar o direito ao trono de William caso se convertesse ao Islã. De acordo com sua amiga Jemima Khan, então casada com o jogador de críquete (e futuro primeiro-ministro do Paquistão) Imran Khan, a princesa chegou a ir ao Paquistão — sem contar a Hasnat — e perguntou aos pais dele se aceitariam uma não muçulmana como nora.

No outono de 1995, Diana estava otimista. Durante todo aquele ano, ela fizera um esforço calculado para retornar às boas graças da rainha assumindo novos deveres públicos. Embora Charles ainda se irritasse quando o número de menções positivas a Diana na mídia superava o dele, a rainha sabia que ela "ainda era um recurso", como disse um oficial, "e era muito melhor dar a ela mais compromissos públicos que deixá-la desocupada".

Diana adotou essa estratégia não somente para reconstruir sua imagem como baluarte contra as ambições de Charles, como também para afastar a solidão que a assombrava desde a separação em 1992. Após uma triunfante visita oficial à França no fim de 1994, ela fez uma viagem de quatro dias e de grande visibilidade ao Japão em fevereiro de 1995. Lá, foi cercada por multidões de fãs frenéticos que entoavam "Diana-san! Diana-san!". A princesa de Gales também ocupou as manchetes durante viagens a Veneza e Moscou, seguidas pelo retorno a Paris em setembro. Na agenda estavam ainda uma visita à Argentina em novembro e, no mês seguinte, a Nova York para receber o prêmio de grande humanitarista oferecido pela Cerebral Palsy Foundation durante um jantar de gala repleto de celebridades.

Com a atenção da mídia novamente concentrada na tumultuada vida amorosa de Diana, Charles deu um grande passo para normalizar seu relacionamento com Camilla. Em 18 de outubro de 1995, uma Camilla notavelmente mais magra e mais loira entrou no hotel Ritz de Londres para o aniversário de 50 anos de sua amiga Lady Sarah Keswick. Ela usava um vestido preto com um decote em V e sorria de orelha a orelha. Noventa minutos depois, o príncipe de Gales, que evitara escrupulosamente ser visto em público com a amante, caminhou em meio aos aturdidos paparazzi.

Do lado de dentro, o casal passou duas horas junto — dançando, jantando e conversando com os outros 150 convidados. Não querendo abusar da sorte, o príncipe partiu sozinho à meia-noite. Uma hora depois, uma sorridente Camilla foi embora acompanhada por seu ainda leal ex-marido, Andrew. "Gostou da festa?", perguntaram os repórteres enquanto ela tentava chegar ao carro. "Sim, obrigada", respondeu Camilla, animada.

No dia seguinte, os tabloides fizeram a festa com a história, dessa vez retratando Camilla como destruidora de lares. Diana fez questão de almoçar em um dos mais badalados restaurantes de Londres, o Bibendum, oferecendo à grande imprensa a oportunidade de registrá-la indiferente ao "significativo" *début* de Camilla. Determinada a se casar com Natty Khan, Diana sabia que teria de fazer algo para destruir qualquer chance de Charles se tornar rei. "Casar-se com um muçulmano a colocaria na linha de fogo", comentou um membro da corte, acrescentando que ela estava convencida de que os espiões de Charles sabiam do romance com o médico e estavam prestes a divulgá-lo. "Ela tinha de fazer algo para tirar a atenção do romance, algo que fizesse o público odiar Charles e Camilla e assegurasse que William sucederia a rainha." A primeira aparição pública de Camilla ao lado de Charles "apressou a agenda de Diana. Ela sabia o que o príncipe estava tentando fazer: destruir a reputação da esposa e, com calma, mover Camilla para o centro do palco".

Mas Diana também acreditava em outras teorias da conspiração. Por volta dessa mesma época, confidenciou a seu advogado, Lord Mishcon, que tanto ela quanto Camilla seriam "postas de lado" pela inteligência britânica, para Charles poder se casar com Tiggy Legge-Bourke. "Camilla está em perigo. Eles vão se livrar de nós duas."

"Não acreditei no que estava ouvindo", comentou o advogado posteriormente. Como lembrou Maggie Rae, que também era advogada de Diana, "a princesa acreditava que seria assassinada" — em um falso acidente de avião, helicóptero ou carro. Eles não compartilharam essa informação com ninguém na época, nem mesmo com o príncipe Charles. "Parecia inacreditável, fantasioso que ela pensasse algo do tipo", disse Lord Mishcon. "Não queríamos que o príncipe Charles ou a rainha achassem que a princesa estava delirando."

Mas, como se provaria mais tarde, Diana tinha razão. O MI5 e o MI6 — as agências britânicas de inteligência nacional e estrangeira —, assim como a norte-americana CIA, admitiram ter espionado a princesa durante anos, escutando seus telefonemas, seguindo seus passos, interceptando sua correspondência, monitorando e filmando todas as suas ações. Convencida de que guarda-costas reais a espionavam, Diana tomou a impulsiva decisão de dispensá-los no fim de 1994.

Meses depois, no início de 1995, um evento aumentou ainda mais suas suspeitas. Ela estava dirigindo seu Audi conversível verde pelo centro de Londres e pisou no freio ao se aproximar de um semáforo, mas o carro não parou. Ela continuou pisando no freio e o carro só parou no meio do cruzamento. Por sorte, ninguém o atingiu. Tremendo, a princesa de Gales pegou um táxi e foi diretamente para o Palácio de Kensington. Como escreveu para suas amigas Lady Elsa Bowker, Lucia Flecha de Lima, a curandeira espiritual Simone Simmons e a socialite Lady Annabel Goldsmith, "o freio do meu carro foi sabotado. Se alguma coisa acontecer comigo, terá sido o MI5 ou o MI6".

Charles foi informado, durante a divulgação das gravações do Camillagate, que alguém com habilidades técnicas do governo havia registrado as conversas sensuais do casal e as colocado em circulação para que fossem encontradas pela imprensa. Mas o príncipe inicialmente resistiu à ideia de conspiração, preferindo culpar somente a imprensa. Mesmo assim, com o passar do tempo, ficou cada vez mais óbvio, mesmo para o incrivelmente ingênuo príncipe de Gales, que a corte estava dividida em campos rivais — e que os dois lados tinham aliados no MI5 e no MI6. Durante algum tempo, Diana compartilhou suas suspeitas somente com as amigas mais confiáveis e com seus advogados.

———

No dia em que Charles completava 47 anos, a BBC anunciou uma entrevista com a princesa de Gales que iria ao ar no horário nobre da emissora, no programa *Panorama*. No dia anterior, Diana telefonara para a rainha pedindo para passar o Natal com a família real em Sandringham, mas nada dissera sobre a entrevista. O príncipe, juntamente com o Palácio de Buckingham, o Palácio de St. James, o advogado de Diana, Lord Mishcon, seu secretário particular, Patrick Jephson, e outros passaram as 24 horas seguintes tentando convencê-la a cancelar a entrevista. Como isso não funcionou, a rainha pediu para ao menos ver a transcrição a fim de saber o que esperar. Seu pedido não foi atendido. Nem mesmo o presidente da BBC, Marmaduke Hussey, conhecia os detalhes — uma condição imposta por Diana, que temia que ele os compartilhasse com sua esposa, Lady Susan Hussey, dama de companhia da rainha.

A entrevista, conduzida pelo jornalista da BBC Martin Bashir no interior do Palácio de Kensington, foi ao ar em 20 de novembro de 1995 — o 48º aniversário de casamento da rainha e do príncipe Philip — e se transformou em sensação internacional. Encarando o entrevistador com olhos marcados com delineador e rímel, Diana alegou que os amigos de Charles "diziam que eu estava instável novamente, doente, e que deveria ser internada em algum tipo de clínica. [...] Eu era um constrangimento."

Durante 45 minutos (em relação às três horas originais), a princesa de Gales falou com alarmante franqueza sobre Camilla ("Bem, havia três pessoas nesse casamento, então estava meio lotado"), seu caso com Hewitt ("Sim, eu o adorava, estava apaixonada por ele"), se o marido tinha condições de ser rei ("Ele achará o trono meio sufocante"), sua bulimia e depressão ("Eu não tinha mais forças; me sentia desesperada. Acho que estava cansada de ser vista como maluca"), a ingratidão do palácio ("Ninguém jamais me disse 'Muito bem', mas, se eu tropeçasse [...], uma tonelada de tijolos caía sobre mim") e seu desejo de ser "a rainha do coração das pessoas. Alguém precisa ir lá fora, amar as pessoas e demonstrar esse amor a elas".

Em certo momento, ela disse querer que William, e não Charles, fosse o próximo monarca.

> BASHIR: Você deseja que, ao chegar à maioridade, o príncipe William suceda a rainha, em vez do atual príncipe de Gales?
> DIANA: O que desejo é que meu marido encontre paz de espírito, e que a partir disso outras coisas surjam, sim.

Mas ela deixou claro que não queria o divórcio e, no fim, assumiu um tom mais otimista: "Há um futuro à frente. Um futuro para meu marido, para mim e para a monarquia."

Assistindo ao programa com Camilla em Highgrove, Charles suspirou, meneou a cabeça e falou com a televisão durante a transmissão. "Meu Deus!", exclamou ele em certo momento. "Dessa vez, ela passou dos limites."

Charles também expressou preocupação pela maneira como os filhos lidariam com a última bomba no turbulento casamento dos pais, mas não fez nenhum esforço para contatá-los, dizendo que os professores em Ludgrove e Eton saberiam como "lidar com a situação". Ele também presumiu, com razão, que a esposa havia dirigido até o colégio sozinha no dia anterior para alertar os filhos em relação à tempestade que chegava. Na época, William ficou zangado com a mãe. No entanto, em 2017, ele disse entender a decisão de Diana de falar diretamente com a mídia, "porque ela estava desesperada, e as coisas que eram ditas sobre ela eram injustas" — William esqueceu de mencionar que essas coisas eram plantadas na imprensa por Charles, Camilla e seus aliados.

O amigo do príncipe, Nicholas "Fatty" Soames, declarou que Diana "parecia estar no limite da paranoia". Soames reagiu como a minoria do público que assistiu ao programa na época. Uma pesquisa do Gallup conduzida imediatamente depois que o programa foi ao ar mostrou que 75% aprovavam a entrevista, 84% achavam que ela fora honesta e 85% desejavam que ela fosse nomeada "embaixadora itinerante" da Grã-Bretanha. Por outro lado, quase metade dos britânicos (ou 46%) achava que Charles era um candidato "inadequado" à coroa.

Ecoando a opinião da maioria dos telespectadores dos dois lados do Atlântico, a veterana apresentadora norte-americana Barbara Walters achou a entrevista "esplêndida". Mas esse triunfo na mídia teria um preço terrível. Assistindo com o príncipe Philip em sua sala de estar no Palácio de Buckingham, a rainha ficou, de acordo com seu vice-secretário particular, "furiosa": Diana não somente tivera a audácia de aparecer na TV sem a permissão real como decidira lavar a roupa suja da família em público — e desafiar o direito de Charles de usar a coroa. Sua Majestade "estava no limite, aquela foi a gota d'água".

Exultante com o acolhimento do público após a confissão na BBC, a princesa voou a bordo do Concorde para Nova York, onde seu amigo Henry Kissinger lhe entregou o prêmio de Humanitária do Ano da United Cerebral Palsy Foundation perante uma plateia de mil pessoas. Ela foi ovacionada de pé — uma confirmação, disse ela a Kissinger, de que sua decisão de dar a entrevista foi acertada. De volta à Inglaterra, Diana se uniu a Charles para o almoço anual de Natal com cem funcionários no The Lanesborough Hotel, em Londres. A princesa conversou animadamente com os convidados até notar Tiggy Legge-Bourke. Ainda convencida de que Charles e a babá tinham um caso, Diana foi até sua nêmese e sussurrou em seu ouvido: "Sinto muito pelo bebê."

Houve um silêncio no salão quando Tiggy, à beira de um colapso, foi levada a uma sala adjacente e começou a chorar. A infundada insinuação de Diana — a de que a babá abortara um filho de Charles — foi tão maliciosa que, no dia seguinte, Legge-Bourke instruiu seus advogados a exigirem um pedido de desculpas. A carta chegou ao Palácio de Kensington em 18 de dezembro, no mesmo dia em que um criado de libré entregou um envelope vindo do Palácio de Buckingham com o selo da rainha.

Depois de conversar com o primeiro-ministro John Major e com o arcebispo de Canterbury, George Carey, a rainha enviou cartas escritas à mão ao filho e à nora expressando o que sentia após a entrevista de Diana e seu desejo por "um divórcio rápido [...] pelo bem do país".

Diana ficou arrasada. Ela temia ter exagerado, mas nunca imaginou que a entrevista levaria àquilo. Segundo sua amiga Simone Simmons, "quando teve que enfrentar a amarga verdade adiante da rainha, Diana desmoronou. Ela não conseguiu dormir e começou a tomar soníferos muito fortes. Chorava constantemente, refletindo sem parar sobre o que poderia ter feito diferente". A princesa disse a Lady Elsa Bowker que "não queria se divorciar", mas que a rainha "estava farta de escândalos e das brigas constantes".

Dadas as circunstâncias, Diana cancelou seus planos de se unir aos Windsor em Sandringham. Em vez disso, enquanto William e Harry decoravam a árvore e abriam presentes com Charles e o restante da família real, Diana passou o Natal sozinha no Palácio de Kensington. Após os feriados de fim de ano, Charles levou William diretamente a Eton e viajou com Harry para esquiar em Klosters.

Nos quatro meses seguintes, Diana e a Coroa estiveram envolvidas em negociações rancorosas sobre os detalhes do acordo final. A princesa não cedeu. Ela deixou claro que queria continuar morando no Palácio de Kensington, a ter acesso a vantagens como o uso da frota real de jatos e limusines, a custódia partilhada dos filhos — e US$70 milhões em dinheiro.

Exasperada, a rainha interveio para pôr fim ao impasse. As duas se reuniram no Palácio de Buckingham, e Elizabeth — que Diana chamava afetuosamente de "Ma" — ouviu, paciente, enquanto sua nora manifestava preocupação com os filhos ("Não quero Charles e William viajando no mesmo avião. Se alguma coisa acontecer, Harry será rei, e isso o destruiria"), o status de "Sua Alteza Real" ("Acho que todo mundo concorda que mereci esse título, e eu *sou* mãe do William") e, sem mencionar Camilla pelo nome, seu medo de que Charles pretendesse se casar novamente. Sua Majestade, sem hesitar, garantiu a Diana que o príncipe de Gales jamais se casaria novamente. "Ele não pode. Charles será o líder da Igreja da Inglaterra e, enquanto você viver, ele não pode se casar com ninguém."

Incapaz de mitigar as dúvidas de Diana, a rainha insistiu que ela se reunisse com Charles para discutir os detalhes do divórcio. O encontro entre os dois aconteceu às 4 horas da tarde de 28 de fevereiro de 1996, no escritório do príncipe no Palácio de St. James. Foi um dia emotivo para Diana — "O dia mais triste de minha vida", diria ela depois —, porque foi quando transformaram William e Harry em "filhos de pais divorciados. Eu sou filha de pais divorciados. Essa é a última coisa que eu queria para eles". Mesmo assim, disse a Charles que o amava e que sempre o amaria, porque ele era "o pai de meus filhos".

A reunião durou 45 minutos e, quando chegou ao fim, o Palácio de Kensington publicou uma declaração: "A princesa de Gales concordou com o pedido de divórcio do príncipe Charles. Ela continuará envolvida em todas as decisões relacionadas aos filhos e permanecerá no Palácio de Kensington, com escritórios no Palácio de St. James. A princesa de Gales permanecerá com o título e será conhecida como Diana, a princesa de Gales."

Não tão rápido, responderam Charles e sua mãe. Furiosa por Diana ter publicado a própria declaração, a rainha respondeu que nada fora resolvido e que todas as principais questões "precisam ser discutidas e acordadas". O cabo de guerra durou mais seis meses, até que o divórcio foi finalizado em 28 de agosto de 1996. Charles recebia membros de um grupo de preservação histórica em Highgrove quando os documentos do divórcio chegaram para sua assinatura. Depois de um breve passeio pelo jardim, ele foi até seu escritório, assinou os documentos, entregou-os a um ajudante de ordens para serem devolvidos ao Palácio de St. James e retornou à companhia dos convidados com um martíni nas mãos.

Sob os termos do acordo, Diana receberia um pagamento único de £17,5 milhões — na época, cerca de US$28 milhões — e mais US$600 mil anuais para a manutenção do seu escritório. Ela permaneceria com todos os seus títulos, teria acesso a uma aeronave real e ficaria com suas joias — desde que, no momento de sua morte, as legasse aos filhos. Como anunciado, o acordo também estipulava que a custódia compartilhada que vigorava desde a separação continuaria em efeito e Diana ainda seria vista "como membro da família real". Ela também, "de tempos em tempos, receberia convites para ocasiões públicas estaduais e nacionais" e, sempre que estivesse na presença de outros membros da família real, teria "precedência", de acordo com sua posição como princesa de Gales.

Mas Charles, de olho em seu futuro conjugal com outra pessoa, sugeriu à rainha que Diana precisava ser punida pelo "problema" que causara. A princesa tentava desesperadamente manter a designação "Sua Alteza Real", reservada aos membros da linha de sucessão, seus cônjuges e filhos. Sem essa expressão antes de seu nome, teria de fazer mesuras diante de todo membro da família real, o que significava que, tecnicamente, ela deveria se curvar perante as sobrinhas Beatrice e Eugenie, assim como William e Harry, sem mencionar suas futuras esposas. No fim, William disse à mãe para não se preocupar. Quando se tornasse rei, prometeu ele, Diana teria a designação de volta.

Tanto Charles quanto Diana expressaram preocupação com o bem-estar emocional dos filhos. Mas nem eles, nem a rainha providenciaram o aconselhamento profissional tão necessário. "Os meninos se faziam de fortes. Eles estavam no colégio, mas isso não os protegia dos tumultos na vida dos pais. Diana se preocupava com eles, mas não achava que precisavam de terapia — o que é estranho, já que ela fazia terapia há anos para tratar a bulimia e a depressão [...]. E, óbvio, Charles ridicularizava a ideia sempre que ela surgia", disse a confidente da princesa, Oonagh Toffolo.

Charles parecia mais preocupado com o que o divórcio estava lhe custando. O Palácio de Buckingham vazara informações indicando que o acordo de US$28 milhões seria pago pelo ducado de Lancaster, o fundo privado da rainha — na realidade, ela insistiu para que o dinheiro saísse do bolso de Charles. De acordo com Geoffrey Bignell, que administrou os assuntos financeiros do príncipe de Gales por mais de uma década, Charles foi forçado a usar todo seu portfólio de investimentos para cumprir as exigências do acordo. "A princesa Diana ficou com cada centavo que ele tinha", contou Bignell. "Recebi ordens para liquidar tudo — todos os investimentos —, a fim de dar o dinheiro a ela. Ele não gostou nada disso. Foi quando deixei de ser seu conselheiro financeiro, pois ele já não tinha riqueza pessoal. Ela ficou com tudo."

Não que isso fosse interferir no estilo de vida de Charles. Ele ainda podia contar com a renda anual de US$18 milhões do ducado da Cornualha, mais que suficiente para bancar seus gostos luxuosos. Em 1996, o príncipe gastava mais de US$100 mil por ano em seu guarda-roupa sob medida — somente US$50 mil a menos que Diana, a fashionista mais famosa do mundo na época. A despeito de suas declaradas preocupações ambientais, ele viajava para toda parte a bordo dos jatos reais, a um custo estimado de US$1,3 milhão ao ano para o contribuinte britânico. Era o nível de conforto que ele esperava. Quando um 747 fretado da British Airways levou um grupo de dignitários à China para a devolução de Hong Kong, o príncipe ficou horrorizado ao se ver "no deque superior, no que é normalmente a Club Class. Levei algum tempo para perceber que não estava na primeira classe (!) [...] a poltrona era *tão* desconfortável. Então descobri que outros, como [o ex-primeiro-ministro] Edward Heath; [o ex-secretário do Interior] Douglas Hurd; o novo secretário do Exterior, Robin Cook; vários ex-governadores de Hong Kong, como Lord Maclehose e Lord Wilson; e o líder dos democratas liberais, Paddy Ashdown, estavam instalados na primeira classe, confortáveis, imediatamente abaixo. 'É o fim do império', murmurei para mim mesmo".

O príncipe insistia para que seus caprichos e idiossincrasias fossem atendidos, e ninguém sabia disso melhor que Michael Fawcett. O valete de Charles começou sua carreira no serviço real como criado da rainha em 1981 e, em 1995 (depois de um período como valete assistente), estendia as camisas sob medida do príncipe em sua cama no Palácio de Kensington todas as manhãs. Diana, entre outros, o detestava e fofocava com as amigas sobre a natureza de seu relacionamento com Charles. Mesmo assim, o valete se tornou tão indispensável que, em certo momento, o príncipe admitiu: "Posso ficar sem qualquer pessoa, menos Michael."

Além de selecionar e preparar cuidadosamente as roupas do chefe, todas as manhãs Fawcett espremia a pasta de dentes de um recipiente de prata na escova monogramada do príncipe, barbeava seu rosto com espuma Penhaligon's Blenheim Bouquet, o ajudava a vestir a calça, abotoava sua camisa, dava laços no cadarço de seus sapatos e o ajudava a vestir o paletó. À noite, um dos dois mordomos de Charles fazia seu drinque — um martíni ou uma dose de uísque Royal Warrant de 15 anos com gelo —, mas era Fawcett quem preparava seu banho, escolhia o pijama e arrumava a cama. Quando Sua Alteza Real precisava fornecer uma amostra de urina durante os exames anuais, Fawcett segurava o potinho.

Fawcett também estava encarregado de Teddy, o ursinho de pelúcia de Charles desde a infância, com o qual o príncipe de Gales ainda dormia todas as noites. O bichinho de pelúcia, então na meia-idade e muito gasto, exigia a constante e amorosa atenção da babá e mãe substituta de Charles, Mabel Anderson, que periodicamente era retirada de sua aposentadoria para fazer os reparos necessários. Anderson, contou um ex-valete assistente, "era o único ser humano autorizado a costurar o urso de pelúcia do príncipe. Ele tinha mais de 40 anos, mas, toda vez que o urso precisava de reparos, parecia que um filho dele estava passando por uma grande cirurgia".

Sempre que o príncipe de Gales viajava, cabia a seu valete assegurar que na bagagem estivessem o amado urso de pelúcia, toalhinhas de mão, o luxuoso papel higiênico Kleenex Premium Comfort e seu assento sanitário personalizado de couro branco. (Quando lhe perguntaram, durante uma entrevista no rádio em 2018, se isso era verdade, Charles negou que levava o próprio assento sanitário nas viagens, a despeito da confirmação de vários funcionários e seguranças reais.)

As demandas específicas do príncipe de Gales não paravam aí. Um antigo criado revelou que a bandeja de café da manhã tinha que conter "xícara e pires à direita, com a colher de prata apontando para fora, no ângulo das 5 horas. A manteiga devia ser resfriada e servida em três bolinhas. A torrada sempre era servida em um recipiente de prata, jamais um prato. Geleias, doces, compotas e mel eram servidos em uma bandeja de prata separada. Sempre uma bandeja de prata." O café da manhã também incluía cereal, chá e frutas cortadas, tudo em pequenas porções. "O príncipe Charles odiava porções grandes. Ele ficava fora de si sempre que era servido nos Estados Unidos."

Charles jamais almoçava ("Fico com sono logo depois de almoçar, então não almoço"), mas, na hora do chá, apreciava um bolo de frutas de Gales. O jantar consistia em carne de caça abatida pelo príncipe em uma de suas propriedades ou alimentos plantados em Highgrove. Independentemente do prato principal, o jantar quase sempre incluía uma salada verde com um ovo mole. Esse último prato era um desafio especial. Os chefs da cozinha real preparavam vários ovos cozidos por três minutos antes de escolherem um que atendia aos padrões do príncipe. Os outros eram descartados. (Novamente, em 2018, o Palácio de St. James publicou uma declaração negando que o príncipe rejeitava seis ovos para cada um que comia. O chef fazia a seleção, e o número variava entre três e seis. "Não me lembro de sentir que havia acertado na primeira tentativa", disse um ex-chef de Balmoral.)

Com frequência, os convidados de Highgrove ou do Palácio de St. James notavam que seu anfitrião comia algo diferente do que lhes era servido. Charles não se esforçava para esconder a distinção, insistindo que ele, e somente ele, deveria ser servido em pratos do príncipe de Gales com utensílios do príncipe de Gales. Também levava o próprio chef para jantares na casa de terceiros, para o propósito expresso de preparar-lhe um prato em separado. "Costumávamos brincar que ele tinha medo de ser envenenado", disse um amigo de Gloucestershire, "mas, na verdade, ele está acostumado a receber o que quer quando quer, independentemente de como as outras pessoas se sentem a respeito". Para isso, seus oficiais de proteção saíam para buscar os ingredientes necessários para os martínis do chefe e uma pequena tigela de prata com sal (ele se recusa a usar um saleiro) decorada com as três plumas do brasão do príncipe de Gales. "Meus funcionários cuidam tão bem de mim", elogiou ele quando a tigela lhe foi entregue durante um jantar em Windsor. "Eles sempre trazem meu sal."

O funcionário que não fizesse isso estava condenado. Em Highgrove, o jardineiro-chefe acordava todos os dias com uma lista de instruções e queixas escrita por seu chefe com tinta vermelha. O príncipe de Gales então ficava no alpendre e, se não aprovasse o trabalho dos paisagistas, gritava ordens em um megafone verde. A atitude de Charles em relação aos empregados chegava ao "desdém declarado", contou um funcionário de Highgrove. "Para alguém que diz ter sofrido bullying quando criança, o príncipe Charles gostava de nos perseguir. Ele podia ser agradável e cortês, mas também temperamental e cruel. Não pensava duas vezes antes de gritar insultos se alguém fizesse algo errado."

O ex-valete de Charles, Ken Stronach, que durante anos estivera encarregado de lavar à mão as cuecas do príncipe e colocá-lo na cama com Teddy, concordou. Charles não somente era propenso a explodir com seus subordinados, como também era capaz de "ter atitudes violentas" se algo o desagradava. Stronach estava no quarto quando Charles, no meio de uma discussão com Diana, pegou uma descalçadeira de madeira e a jogou na princesa, quase atingindo-a na cabeça. Em outra ocasião, durante férias na vila de um amigo aristocrata no sul da França, Charles estava em pé na frente da pia do banheiro quando teve dificuldade com uma de suas abotoaduras, que caiu no ralo. Em um ataque cego de raiva, ele arrancou a pia da parede e a quebrou, procurando pela abotoadura. Incapaz de encontrá-la, o príncipe, de olhos arregalados, segurou seu valete pela garganta. Stronach se soltou e disparou por uma porta lateral, para dentro de um armário com roupas de cama. Aterrorizado, se escondeu ali por meia hora, até ouvir Charles sair do banheiro. "Finalmente, a barra estava limpa", lembrou o valete, "mas eu ainda estava tremendo".

Essa não foi a única vez que uma pia foi arrancada da parede em um acesso de fúria — a porcelana voltou a ir para os ares depois de uma briga violenta com Diana em Highgrove. Stronach, mais uma vez revelando a petulância do chefe, lembrou que Charles tinha ficado tão frustrado por não conseguir repartir o cabelo direito que "começou a pular para cima e para baixo e a sacudir os punhos".

Certa vez, quando Charles estava com Camilla em Ray Mill House, Diana telefonou para Highgrove para saber dele. O mordomo dela, Paul Burrell, que lá estava, atendeu o telefone. No dia seguinte, Charles descobriu que Burrell se recusara a mentir e o chamou até seu quarto. Quando Burrell perguntou se o príncipe estava ordenando que ele mentisse para Diana, Charles explodiu. "Sim! *Sim*, estou!", respondeu, jogando um livro na cabeça do mordomo, que se esquivou, sentindo as páginas vibrarem quando o livro passou por ele. Charles "ainda estava esbravejando e batendo o pé", lembrou Burrell. "Eu sou o príncipe de Gales, e serei rei!"

Imperioso, o príncipe também esperava que seu círculo social fosse tolerante com cada impulso seu. Certa vez, hospedado na casa de campo de um amigo, Charles quis ar fresco. Como não conseguiu abrir a janela, quebrou o vidro com uma cadeira. Não satisfeito, quebrou também outra janela. "Você precisa entender que o príncipe está acostumado a ter o que quer. E ele queria ar fresco", disse Stronach.

Na opinião do ex-valete, nem mesmo Camilla tinha o poder de acalmá-lo durante a implosão de seu casamento. "Somente William e Harry conseguiam", disse ele, que lembrou como o príncipe de Gales rira quando uma criada encontrara a pilha de "revistas safadas" de William, então adolescente.

Charles se sentia oprimido em 1996, já que o público parecia estar do lado de Diana. Sem o apoio do Palácio de Buckingham ou do marido e a despeito de sua determinação de reduzir seus compromissos públicos, Diana ainda encantava a todos em uma variedade estonteante de galas, estreias e eventos promovidos por celebridades para arrecadação de fundos. Ela angariava milhões. "Diana usava seu poder como se fosse uma varinha mágica", disse Debbie Tate, que dirige um abrigo para crianças vítimas de abuso em Washington, D.C.

A varinha mágica de Diana não pôde ajudar a única amante do marido da qual ela realmente gostava: Lady Tryon. Kanga foi mantida afastada por obra de sua outrora aliada Camilla, e, apesar de ser padrinho do primogênito batizado em homenagem a ele, o príncipe a abandonou. Adotando o adágio de que "a inimiga de minha inimiga é minha amiga", Diana fez questão de ser fotografada na *boutique* de luxo de Lady Tryon em Knightsbridge.

A vida de Kanga Tryon estava longe de ser um conto de fadas. Diagnosticada ainda na infância com doença de Perthes, uma forma de displasia, , ela começou a usar um imobilizador nas pernas aos 9 anos e passou o restante da vida entrando e saindo de hospitais. Em 1993, venceu a batalha contra o câncer de útero, mas fora diagnosticada com depressão clínica — que se tornou pior pelo que ela, compreensivelmente, viu como traição de Camilla. "Foi uma época horrível", disse Victoria Tryon, a terceira dos quatro filhos de Kanga. "Houve matérias de primeira página dizendo que mamãe era maluca e todo tipo de escândalo." Kanga "cometera o pecado de falar sobre o príncipe".

Enquanto o divórcio de Gales consumia todas as manchetes em 1996, Kanga se internou em uma clínica de reabilitação em Surrey. Após supostamente ter tomado analgésicos com champanhe e vodca, ela pulou da janela do segundo andar. A queda de quase 8 metros causou uma fratura no crânio e a deixou paralisada da cintura para baixo. Ela pulou ou foi empurrada? A hipótese inicial foi a de que Lady Tryon, desorientada e angustiada por ter sido retirada da vida do príncipe Charles por Camilla, havia se atirado pela janela. Mas, segundo contou aos amigos, ela estava convicta de que havia sido empurrada. Até Lord Tyron, que tratava amargas e frequentes discussões com a esposa por causa de seu relacionamento com o príncipe Charles, não acreditou que ela pulara. "Ela é uma guerreira e já passou por muita coisa. Ela estava um pouco deprimida, mas não é o tipo de pessoa que teria pulado."

Kanga passou anos fazendo fisioterapia, mas nunca recuperou o movimento das pernas. Passou o restante da vida confinada a uma cadeira de rodas. Em junho de 1997, teve um colapso nervoso quando o marido pediu o divórcio. No mesmo dia, depois de repetir incessantemente que "alguém" tentava matá-la, Kanga foi internada à força no Hospital Salisbury District — ironicamente, perto da propriedade de Camilla, Ray Mill, em Wiltshire — e ali ficou por um mês, sob a Lei de Saúde Mental. "Ela já fez isso antes. No passado, disse que eu queria matá-la", contou Lord Tryon.

Segundo um mordomo, Charles leu com alarme a notícia sobre a queda da ex-amante e seu rápido declínio depois disso. "Inacreditável", disse ele a Camilla, lendo a matéria de primeira página dos tabloides. "Pobre, pobre Kanga." Ele olhou para a Sra. PB, como os funcionários de St. James Camilla, e assentiu quando ela suspirou.

Depois de receber alta do hospital, Kanga se mudou para o hotel Ritz, em Londres, perto do Palácio de St. James. Um mês depois, o príncipe estava no meio de uma partida de polo quando viu uma mulher acenando para ele do meio da multidão. Quando a partida terminou, Kanga supostamente "o perseguiu" em sua cadeira de rodas. O triste espetáculo foi relatado por dois jornais. "Ela sempre foi obcecada por ele", disse Victoria Tryon. Em meados de setembro, depois de retornar de uma viagem à Austrália e à Índia, ela se submeteu a um pequeno enxerto de pele em uma clínica londrina. Tendo complicações por causa das severas escaras, Lady Tryon morreu de septicemia aos 48 anos, um dia depois de Charles completar a mesma idade.

Com Diana temporariamente distraída por seu romance com Hasnat Khan em meados de 1996, Charles se concentrou em apenas uma coisa depois de seu divórcio ser finalizado: pavimentar o caminho que o levaria ao

A princesa Elizabeth e Charles, com 2 anos, assistindo à procissão real do telhado de Clarence House, durante a visita oficial da rainha Juliana dos Países Baixos a Londres, em novembro de 1950.

2

Charles e a irmã, Anne, fotografados na companhia dos pais, a princesa Elizabeth e o príncipe Philip, no gramado de Clarence House no verão de 1951.

3

4

No aniversário de 3 anos do príncipe Charles, ele e Anne visitaram os avós maternos, o rei George VI e a rainha Elizabeth I, no Palácio de Buckingham.

5

Entre a rainha-mãe e a princesa Margaret, Charles, então com 4 anos, assiste à coroação da mãe em 2 de junho de 1953, na Abadia de Westminster. Após a cerimônia, a família real se reuniu no balcão do Palácio de Buckingham para cumprimentar a animada multidão de mais de um milhão de britânicos.

6

A rainha, acompanhada do príncipe Charles, da princesa Anne e do então primeiro-ministro britânico, Winston Churchill, espera na plataforma da estação Waterloo pelo retorno da rainha-mãe, que viajara para os Estados Unidos, em 1954.

Charles, com 9 anos, sorri para os fotógrafos enquanto caminha para Cheam, sua escola, no mesmo dia em que a mãe o nomeou oficialmente príncipe de Gales.

Um Charles carrancudo, com patins em mãos, volta para mais um período letivo em Gordonstoun, em janeiro de 1963.

O herdeiro do trono, com 20 anos, caminha por uma rua de Cambridge, durante sua época de estudante do Trinity College. No centro: Charles coroando a vencedora de um concurso de beleza na Universidade de Cambridge, em 1969. Mais abaixo: O futuro monarca se diverte ao ensaiar para uma peça de teatro do Trinity, acompanhado de outros universitários em um quarto do dormitório estudantil.

Um retrato da família real por volta de 1969: o príncipe Edward com o pai à esquerda, a rainha e a princesa Anne ao fundo e os príncipes Charles e Andrew em primeiro plano.

A investidura de Charles como príncipe de Gales aconteceu em 1º de julho de 1969, no Castelo de Caernarfon. Um ano depois, Charles e Anne participaram de uma distinta aparição durante a visita real aos Estados Unidos — na foto abaixo, acenando da varanda Truman, no segundo andar da Casa Branca, para um grupo de admiradores que foram lhes dar as boas-vindas, ao lado do então presidente norte-americano, Richard Nixon, e sua esposa, Pat.

Charles e seu querido tio Dickie, Lord Mountbatten, em 1970. Na foto do meio: A primeira namorada do príncipe de Gales, Lucia Santa Cruz — uma linda estudante de Oxford e filha do embaixador chileno em Londres. Foi ela quem apresentou Charles a Camilla, com quem o príncipe viria a se relacionar, em uma festa no verão de 1971. Na foto abaixo: Tirada quatro anos depois, durante uma partida de polo, os dois continuavam juntos, apesar de ela já ser casada com Andrew Parker Bowles.

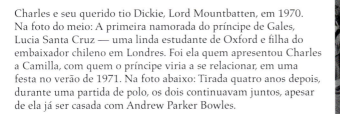

O príncipe, de barba, a bordo do porta-aviões HMS *Hermes*, na época em que serviu como oficial da Marinha Real.

Como príncipe de Gales, Charles teve de usar diversos uniformes e roupas características dos lugares por onde passava — como a vestimenta completa de um cacique kainai, ao receber o nome tribal Red Crow, durante visita à cidade Stand Off, em Alberta, Canadá, 1977.

Diana e Charles se beijam no balcão do Palácio de Buckingham diante de uma multidão extasiada após o casamento real na Catedral de St. Paul, em 29 de julho de 1981.

Apesar de a dança de Diana com John Travolta na Casa Branca ter roubado a cena durante a visita do duque e da duquesa de Gales a Washington, D.C., em 1985, Nancy Reagan pareceu mais encantada com o brinde proposto por Charles no jantar oficial oferecido em homenagem ao casal real.

23 Charles pratica windsurf em Majorca, em agosto de 1986. Abaixo: O casal real britânico com os anfitriões, o rei Juan Carlos, a rainha Sofia da Espanha e seus filhos, nos degraus do Palácio Marivent, em Palma de Majorca.

24

Diana alegremente quebra uma garrafa de vidro de mentira na cabeça de Charles no set de filmagem de *007: Marcado para a morte*, em 1987.

Diana tratou Charles com proposital indiferença durante um jantar oferecido pela então primeira-ministra britânica, Margaret Thatcher, em sua residência oficial, no número 10 da Downing Street.

Lady Tryon, uma antiga paixão de Charles, fazendo a reverência diante do príncipe no Pink Diamond Charity Ball, em dezembro de 1990. Quatro anos depois, Charles flertou com Barbra Streisand, por quem nutria uma paixão secreta de longa data ("Minha única *pin-up*"), durante sua visita aos Estados Unidos, em 1994.

Quatro príncipes — Philip, William, Harry e Charles — e um conde — Spencer, irmão de Diana — caminham atrás do caixão da princesa de Gales durante a procissão que levou seu corpo pelas ruas de Londres até a Abadia de Westminster, em 6 de setembro de 1997.

Um jogador de polo habilidoso, Charles compete no Smith Square Windsor da Queen Mother Cup, em junho de 1998.

Em 1999, em outra partida de polo do Dorchester Trophy, no Cirencester Park, Charles joga pela primeira vez ao lado dos príncipes William e Harry.

Tanto Diana quanto Camilla tinham ciúmes da relação de Charles com Tiggy Legge-Bourke, a babá dos jovens príncipes, fotografada tentando alegrar o futuro monarca após a derrota em uma partida de polo.

A primeira aparição pública de Charles com Camilla aconteceu no aniversário de 50 anos da irmã dela, Annabel, no hotel Ritz, em Londres, em 28 de janeiro de 1999.

Charles e seus filhos provocam risos uns nos outros diante das câmeras nas férias de inverno de 2002, em um resort de esqui em Klosters, na Suíça. No dia seguinte, porém, o humor mudaria por completo com a notícia de que a rainha-mãe — abaixo, à esquerda, fotografada deixando a igreja depois da missa na Abadia de Westminster na companhia de Charles — ficou doente e faleceu repentinamente. O príncipe de Gales participa da tradicional vigília dos príncipes diante do caixão da avó.

William e Charles conferem um rebanho de vacas leiteiras da raça Ayrshire, em Highgrove, em maio de 2004.

Os recém-casados diante da Capela de St. George, com o restante da família real, em 9 de abril de 2005. A rainha observa enquanto Camilla — então duquesa da Cornualha e princesa de Gales em tudo, exceto no nome — tenta manter o chapéu na cabeça durante uma ventania.

Charles tenta se conectar com crianças vítimas do furacão Katrina durante visita a Nova Orleans acompanhado de Camilla, em novembro de 2005.

Charles e Camilla acompanham a rainha na cúpula da Commonwealth realizada em Campala, capital de Uganda, em 2007.

Apesar de quase ter acabado com as chances de Kate Middleton e William ficarem juntos ao incentivar o príncipe a terminar o namoro em 2007, Charles aprovava a relação e se mostrou feliz com o casamento do jovem casal, em 2011.

Pela primeira vez em 17 anos, Charles se senta ao lado da rainha na Abertura Oficial do Parlamento, em 2013 — um sinal óbvio de que já assumia mais responsabilidades reais como forma de se preparar para ocupar o que chamam nos bastidores do palácio de "o cargo mais alto".

Mostrando-se acessíveis, Charles e Camilla sempre participam de danças nativas. Ao lado: O príncipe se diverte durante visita à Cidade do México. No centro: Camilla durante a viagem real a Creta. Mais abaixo: Ao visitar a Austrália, o então herdeiro do trono se mostrou honrado ao receber uma bênção aborígene tradicional através do *didjeridu* — instrumento de sopro local e muito antigo.

No topo: Três reis. O príncipe George, com quase 2 anos, rouba a cena ao fazer sua estreia no balcão do Palácio de Buckingham, durante a cerimônia Trooping the Colour de 2015 — apenas seis semanas após o nascimento de sua irmã, Charlotte. Acima: No dia seguinte, durante uma partida de polo beneficente, Charles observa o agitado neto enquanto Kate cumprimenta alguém. Ao lado: A princesa Charlotte, completando 3 anos, beija a testa do irmão caçula, o pequeno príncipe Louis.

Durante jantar no Palácio de Buckingham promovido em abril de 2018, Charles gargalha ao conversar com o sagaz primeiro-ministro canadense, Justin Trudeau.

Imagens de um casamento real. Como o pai de Meghan Markle não pôde comparecer à cerimônia, em 19 de maio de 2018, Charles assumiu a responsabilidade e acompanhou a noiva até o altar. No centro: Os recém-casados duque e duquesa de Sussex partem em carruagem aberta. Mais abaixo: O retrato oficial do casamento, com a primeira princesa norte-americana, negra e divorciada do Reino Unido.

Meghan, que dera à luz Archie Harrison Mountbatten-Windsor em 6 de maio de 2019, se diverte com a avó de seu marido.

Em um raro momento de descontração no balcão do Palácio de Buckingham, Charles conversa com Harry e Meghan enquanto Camilla, a rainha Elizabeth e Kate observam a pequena Charlotte fazer caretas para a multidão. Enquanto isso, George olha para o céu, à espera do sobrevoo das aeronaves da Força Aérea Real.

Em 2017, Charles beija carinhosamente a mão de sua mãe após a chegada da rainha ao funeral da condessa Mountbatten, filha de Lord Mountbatten (e primo em segundo grau de Sua Majestade).

altar com Camilla. Isso exigiria uma reformulação da imagem do príncipe, cuja reputação fora destruída nos últimos anos de casamento. "As pessoas não gostam de mim na mesma medida que adoram Diana", queixou-se ele. "Mas, óbvio, eles não a *conhecem* de verdade, ou a mim, não é?"

Quando Diana se rebelara, a "firma" se mostrara disposta a olhar para o outro lado em relação à amante de Charles, alegando que ela fornecia uma "rede de segurança" emocional para ele na época. Depois do divórcio, a rainha, o príncipe Philip e os membros influentes da corte começaram a pressioná-lo para abandonar Camilla.

Mas eles não levaram em consideração o fato de Camilla liderar os esforços para salvar a danificada imagem pública de Charles. Ela discretamente pediu que a advogada que conduziu seu divórcio, Hilary Browne Wilkinson, a ajudasse a encontrar um guru de relações públicas para "fazer uma mágica" em benefício de Charles. Wilkinson, que era membro voluntário da Comissão de Queixas contra a Imprensa da Grã-Bretanha, não hesitou em recomendar Mark Bolland, o alto e ousado diretor da comissão, então com apenas 30 anos. Bolland passara quatro anos andando na corda bamba: tratando com seriedade as queixas contra a grande mídia sem jamais oprimir a existência dos tabloides, a longa tradição britânica de uma imprensa livre e barulhenta. De algum modo, ele havia conseguido manter relações amigáveis com a maioria dos mais poderosos editores de jornais do país.

Quando se encontrou secretamente com Camilla em Ray Mill naquele agosto, Bolland ficou espantado ao ver como ela estava ansiosa. Durante a conversa, que durou uma hora, Camilla fumou um maço de cigarros sem filtro, alheia ao fato de que as cinzas caíam no chão ou na cadeira estofada na qual estava sentada.

Satisfeita por tê-lo encontrado, providenciou para que ele se reunisse com o príncipe no Palácio de St. James. Charles começou dizendo a Bolland que a imprensa fora "terrivelmente cruel" com Camilla. "Quero que você faça as pessoas verem a Sra. Parker Bowles através de meus olhos. Quero que vejam a mulher maravilhosa que eu vejo. Quando isso acontecer, eles a amarão como eu amo." Estava óbvio para Bolland, desde o início, que se tratava tanto da imagem dela quanto da dele.

Mas nem todo mundo estava convencido de que ele era o homem certo para o trabalho. Membros influentes da corte não gostavam das origens humildes de Bolland: seu pai era um pedreiro que virara microempresário, e Mark havia estudado em um colégio público. Mas a maior objeção era ao fato de que, em um mundo de homossexuais ainda no armário, ele seria o primeiro membro da corte *publicamente* gay a servir um integrante sênior da monarquia. De acordo com Bolland, um membro do círculo inferior da família real enviou várias páginas de fax ao escritório de Charles, com a pergunta "Você sabia que Mark Bolland é gay?". Outro membro influente da corte no Palácio de Buckingham contratou um detetive particular para investigar sua vida sexual.

Nada disso importou para Charles, que estava consciente de que, há anos, um número substancial de homens homossexuais trabalhava para os Windsor, inclusive em cargos importantes. Sempre houvera uma florescente comunidade gay em todos os palácios, onde a fofoca era a energia vital dos que tinham o privilégio de satisfazer as necessidades da família real. Em certa ocasião, a rainha-mãe ouviu dois membros da equipe sussurrando no corredor. Ela abriu a porta do quarto e declarou: "Quando as duas pararem de fofocar, eu gostaria que me trouxessem um gim." O que Charles fez quando um velho amigo da família real o confrontou sobre a sexualidade de Bolland? "Nada. Eu apenas sorri com educação", respondeu o príncipe.

Desde seu primeiro dia no cargo, Bolland achou o nível de intriga cercando o príncipe de Gales "inacreditável. É um ambiente muito medieval, cheio de inveja, conluios, traições e conspirações". Depois, o próprio Bolland seria considerado um mestre desse jogo. Convencido de que o príncipe precisava se ver livre de controvérsias, conseguiu substituir Richard Aylard, o franco e acessível secretário particular de Charles, pelo mais circunspecto Stephen Lamport. Espalhando boatos entre seu grupo de jornalistas favoritos, Bolland podia criar uma nova face pública para seu chefe e, tão importante quanto, para Camilla. Ele obteve ainda mais controle quando seu parceiro romântico e futuro marido, Guy Black, o substituiu como diretor da Comissão de Queixas contra a Imprensa. À medida que o casal mestre em redes de contatos avançava, a equipe "Guy & Mark" tornou-se difícil de superar. "Um deles é relações públicas do príncipe Charles e o outro controla os editores", comentou Ben Summerskill, do *Observer*.

Bolland percebeu que Charles apresentaria desafios especiais: "Um dos problemas do príncipe de Gales — exclusivo da família real — é sua distância da opinião pública. Ele não lê jornais, não assiste a noticiários e não lê as cartas que as pessoas lhe escrevem." Bolland se perguntou se Charles estava isolado demais das pessoas que um dia seriam suas súditas. "Acho bem estranho ter um herdeiro do trono que é mais desinformado que sua mãe, vinte e tantos anos mais velha."

Para realizar essa formidável tarefa, Bolland criou um plano ultrassecreto chamado Operação PB (de Parker Bowles) e começou a trabalhar. Ele teve uma prova de que seria uma batalha muito difícil na primeira semana de janeiro de 1997, quando, durante um debate nacional conceituado sobre o destino da monarquia, a plateia explodiu em um ressonante coro de vaias à mera menção do nome de Camilla. Durante o programa, um número recorde de telespectadores (2,6 milhões de pessoas) telefonou para opinar. Um terço queria abolir a monarquia; dos escoceses que telefonaram, 56% queriam a família real fora do governo.

Sabendo muito bem que na mente do público ela era a "outra", manipuladora e desonesta, Camilla tomou a calculada decisão de trabalhar de fora para dentro a percepção que o público tinha sobre ela. Mas por onde começar? Camilla era vista em Wiltshire usando suéteres largos, lenços de cabeça esfarrapados que fediam a cigarro, galochas enlameadas e calças de montaria rasgadas. Seu cabelo pintado de loiro parecia um ninho desgrenhado de pontas duplas, suas unhas eram roídas e sujas e seus dentes, amarelos por causa das décadas de tabagismo.

E ela era igualmente relaxada quando se tratava de sua casa. Sempre havia uma equipe completa de funcionários em Ray Mill — Charles pagava pelo serviço de uma governanta, uma cozinheira e duas criadas, além de um motorista e um jardineiro —, mas era um desafio arrumar a bagunça da dona da casa. Galochas enlameadas ficavam empilhadas no hall de entrada, as toalhas molhadas eram jogadas no chão do banheiro, havia lenços de papel usados sobre os balcões da cozinha e, em praticamente todo cômodo, era possível encontrar um prato com restos de comida e um copo manchado de batom. Dado o caos reinante, não fazia muita diferença que as cortinas e os tapetes da casa fossem gastos e desbotados ou que o estofamento da mobília mostrasse incontáveis marcas de queimaduras de cigarro.

Durante anos, Camilla recorreu ao humor autodepreciativo para fugir das críticas. Quando atendia ao telefone em Ray Mill, dizia, em um tom de voz animado: "Aqui é o Rottweiler!" Mas, decidida (ainda mais que Charles) a se reinventar, Camilla podia ao menos ser a melhor versão possível de si mesma — mesmo que não tivesse a juventude nem a beleza de Diana. Para isso, procurou dermatologistas, dentistas, cosmetólogos, nutricionistas, especialistas em atividade física e cirurgiões plásticos. Aos poucos, fez uma série de peelings no rosto e no pescoço, um tratamento a laser para diminuir os pés de galinha e as rugas em torno da boca e injeções de botox na testa. Seu cabelo foi cortado, tingido de louro e penteado pela cabeleireira Jo Hansford, e ela pagou US$10 mil para colocar facetas nos dentes. A Sra. PB também emagreceu mais de 11kg com uma nova e rigorosa dieta e uma série de exercícios, passando do manequim 44 para o 40. Deixando de lado os tweeds desleixados, a nova Camilla optou por vestidos justos e terninhos sob medida de estilistas ingleses como Paddy Campbell e Antony Price, além do ateliê de alta-costura Anna Valentine.

Em 1º de maio de 1997, Charles e seus conterrâneos ficaram pasmos quando o iniciante Tony Blair e seu Partido Trabalhista ganharam a eleição de lavada, colocando um fim dramático aos oito anos de governo do partido conservador — a despeito da alegação de imparcialidade da monarca, sempre se presumira que os Windsor estavam mais sincronizados com os conservadores. Durante a primeira reunião entre os dois, a rainha pareceu confirmar isso ao dizer a Blair que ele sequer era nascido quando ela se reuniu pela primeira vez com um primeiro-ministro — o gigante da história moderna que ela chamava simplesmente de Winston.

Charles, no entanto, esperava criar vínculos com o novo chefe de governo. Blair fez campanha escolhendo a dedo as melhores ideias de ambos os principais partidos: o liberalismo social dos trabalhistas com os princípios econômicos de mercado livre dos conservadores, e mais a agenda de política externa de "paz através da força". Embora gostasse do tipo de arquitetura moderna do qual Charles se queixava há décadas, suas posições sobre o multiculturalismo e o meio ambiente eram parecidas. Além disso, o novo primeiro-ministro — o décimo da rainha — era, aos 44 anos, somente quatro anos mais novo que o príncipe de Gales. Impressionado com o entusiasmo juvenil de Blair, Charles era capaz de vê-los trabalhando juntos para construir uma nova Grã-Bretanha, voltada para o futuro.

Infelizmente para ele, Diana chegou antes. Ninguém personificava a política com um toque de humanidade como a princesa de Gales, e quando um membro da corte sugeriu que ela e o jovem líder da oposição se encontrassem no início de 1997, ambos aceitaram imediatamente. A rainha foi informada sobre jantares secretos longe de Westminster e do palácio, mas havia sempre o risco de Diana ser acusada de se envolver com política partidária quando a notícia de sua amizade com Blair viesse a público. "A princesa Diana ficou animada com o sugestivo clima de segredos de Estado das reuniões", disse o relações públicas do Partido Trabalhista, Alastair Campbell, que ajudou a organizá-las. "O primeiro-ministro achava que a princesa faria um trabalho brilhante como uma espécie de embaixadora de uma Grã-Bretanha modernizada, e ela estava muito animada com a ideia." Vistos juntos conversando e rindo, o político e a princesa forjaram uma aliança especial baseada, em parte, no fato de que Diana achava Blair "sexy" — e vice-versa.

Mesmo enquanto Charles e Camilla conspiravam com Mark Bolland para conquistar as mentes e os corações do povo britânico, Diana colecionava um triunfo de relações públicas atrás do outro. Determinada a chamar a atenção pública para o sofrimento causado pelas minas terrestres, em janeiro de 1997 a princesa voou até Angola, onde havia uma mina terrestre ainda não explodida para cada um dos 12 milhões de habitantes. "Essa nação tem a mais alta taxa de amputados do mundo", disse ela assim que chegou.

Usando escudo facial e colete à prova de balas, Diana caminhou bravamente por um campo minado cheio de flâmulas com a clássica imagem de perigo: um crânio com dois ossos cruzados. A despeito das críticas de dentro do próprio governo — na época, a Grã-Bretanha se opunha oficialmente ao banimento das minas terrestres —, ela mais tarde visitaria a Bósnia, destruída pela guerra, e abraçaria crianças cujos membros haviam sido arrancados pelos explosivos enterrados. As espantosas imagens das vítimas mobilizaram apoio para o tratado antiminas assinado em Ottawa, no Canadá, por mais de 120 nações. Quase tão importante para Diana foi a reação de Charles. Ele telefonou para ela dizendo que não queria ver a mãe de seus filhos correr riscos desnecessários. Mas também a elogiou por sua "incrível coragem" e disse estar "imensamente orgulhoso" dela.

Em julho, Diana seria convidada a levar William e Harry para visitar Chequers, a casa de campo oficial do primeiro-ministro. Enquanto os príncipes brincavam do lado de fora com os filhos de Blair, Euan e Nicholas, o primeiro-ministro disse a Diana que acabara de trocar ideias com o presidente norte-americano Bill Clinton sobre o papel que ela poderia ter no palco internacional. "Acho que, finalmente, terei alguém que saberá como me usar", disse ela a Lady Bowker. "Ele sugeriu que eu vá em algumas missões. Eu gostaria de ir à China. Sou muito boa em entender as pessoas."

Estranhamente, foi a obsessão de Diana pelo relutante cirurgião cardíaco paquistanês que a fez se sentir mais generosa em relação ao príncipe. No início de 1997, a obsessão por Hasnat Khan estava no auge. Disse ela a suas cabeleireiras Tess Rock e Natalie Symonds: "Espalhem a notícia, vamos nos casar!" Até sua hostilidade em relação a Camilla se abrandou, como resultado de sua própria devoção a Khan. "Ela disse que começava a entender o imortal amor que o príncipe Charles sentia por Camilla Parker Bowles. Ela estava apaixonada e obcecada pelo Dr. Khan."

Mas nem toda rival era vista de modo tão favorável por Diana. A princesa ainda se ressentia do status de "mãe substituta" de Tiggy Legge-Bourke e, de acordo com Tess Rock, "enlouquecia" sempre que via uma fotografia da babá com os meninos. Para aplacar Diana, Charles pediu que Tiggy não fosse tão "familiar" com William e Harry em público. Mesmo assim, quando William fez sua confirmação na Capela de St. George em Windsor em março de 1997, a princesa ficou furiosa porque Tiggy fizera uma lista de convidados na qual havia muitos Windsor e poucos Spencer. Diana e Charles estavam se dando tão bem, como evidenciado pela gentileza que exibiram um com o outro durante a confirmação, que o príncipe decidiu remover Tiggy de sua folha de pagamento. Ela ainda veria os meninos, mas somente como amiga da família.

A *détente* que existia entre Charles e Diana deliciava e confundia seus filhos — os príncipes, de fato, nunca haviam visto os pais se comportarem de modo tão afetuoso um com o outro. Na primavera de 1997, Charles e Diana se aproximaram em razão de *ambos* terem sido excluídos por William do Dia dos Pais em Eton. "Haverá imprensa por aqui, mas, se vocês vierem, será insuportável", justificou o jovem príncipe. Para piorar a situação, William convidou Tiggy. Charles avisou ao filho que excluir os pais seria interpretado como sinal de que um não suportava a companhia do outro, nem mesmo para apoiar os filhos. Mas, quando Tiggy telefonou para Charles perguntando como agir, o príncipe de Gales a encorajou a "arrumar uma cesta de piquenique com um vinho e se divertir".

William e Harry também notaram que, em nítido contraste com o passado, Diana parecia determinada a não ofender o pai deles nem a rainha. Mas isso não significava que ela pedia aprovação de Charles para tudo. Quando William fez 15 anos, ela deu uma pequena festa no Palácio de Kensington que não incluiu a família real. Pouco depois, Charles soube o motivo: para o filho obcecado por *pin-ups*, a princesa pedira que o chef fizesse um bolo decorado com seis modelos de topless. O príncipe de Gales não perdeu tempo em contar à rainha, que achou "muito engraçado", lembrou ele. "Ela ficou repetindo: 'Não. Ah, *não*. Meu Deus do céu.'"

Mas Charles recebeu um telefonema de Diana no dia seguinte, depois de ela levar William e Harry para ver *Inimigo íntimo*, estrelado por Harrison Ford e Brad Pitt. Harry não podia assistir ao filme por causa da classificação etária, e Diana persuadiu o gerente do cinema a deixá-lo entrar. Além disso, o filme foi criticado por tentar glamourizar o Exército Republicano Irlandês, o IRA. Extremamente sensível ao fato de o amado tio-avô de Charles, Dickie Mountbatten, ter sido assassinado pelo IRA — sem mencionar as implicações políticas do simples ato de assistir ao filme —, Diana telefonou para o ex-marido no Palácio de St. James: "Sinto muito, Charles. Eu não sabia sobre o que era o filme. Eu só queria ir ao cinema com os meninos, e escolhi esse filme porque William gosta de Harrison Ford."

"Não se preocupe", respondeu Charles. Ele garantiu que a rainha também era "uma grande fã" do ator.

Apesar de sua reaproximação, ambos ainda precisavam lidar com Camilla. Quando estava prestes a embarcar em uma longamente planejada viagem aos Estados Unidos no fim de junho, Diana soube que Charles — desafiando uma ordem direta da rainha — pensava em dar uma elaborada festa em Highgrove para comemorar os 50 anos da amante. A notícia não foi bem aceita pela princesa, que telefonou para Mark Bolland e protestou. Ela acreditava, ao menos por algum tempo, que Bolland era um dos poucos membros do círculo interno de Charles que lhe daria uma resposta honesta. A princesa estava disposta a aceitar que Charles amava Camilla, mas discordava que seu status de amante do príncipe de Gales fosse exibido. "Mark, estou muito irritada", confessou ela. "O que está acontecendo? As pessoas estão me dizendo que Camilla planeja causar sensação. [...] Eu não sei o que pensar. Estou *muito* irritada."

No dia seguinte, Camilla realmente acabou nos jornais — embora não pela razão que esperava. Em uma bizarra reviravolta do destino, a designer de 53 anos Carolyn Melville-Smith dirigia seu Volvo em Wiltshire quando o Ford Mondeo de Camilla "apareceu como um míssil" e atingiu seu carro perto de Highgrove: "Quando me dei conta, o outro carro veio voando e eu estava em uma vala." Dentro do Volvo tombado de lado, Melville-Smith não conseguia sair porque sua saia estava presa na porta do motorista. Camilla telefonou para Charles. A despeito do pedido de socorro de Melville-Smith, ela escolheu ignorá-lo. Tampouco chamou a polícia ou pediu ajuda. Em vez disso, seguindo as instruções de Charles para permanecer no local, correu até seu carro, acendeu um cigarro, sentou-se no meio-fio e chorou até os guarda-costas reais aparecerem. Enquanto Camilla nada fazia ou dizia, a metros de distância transeuntes correram para ajudar Melville-Smith, telefonando para a polícia e a ambulância e garantindo à mulher presa no interior do carro que a ajuda estava a caminho.

A polícia chegou à cena do acidente e administrou em Camilla um teste do bafômetro antes de liberá-la. Em seguida, ela foi para Highgrove, onde o médico de Charles tratou seu pulso torcido e uma leve concussão. Melville-

-Smith, que nada sabia sobre a identidade da outra motorista, foi levada de ambulância para um hospital próximo, onde seus ferimentos leves foram tratados. No dia seguinte, ao ler nos jornais relatos de que Camilla passara pela cena de um acidente e heroicamente resgatara a vítima, Melville-Smith a denunciou. Ela também riu da ideia de que Camilla fora instruída a nada fazer porque o acidente poderia ser um ataque terrorista contra a "amiga especial" do príncipe Charles.

"Não sou uma 'ameaça terrorista'", objetou Melville-Smith. "Eu estava presa em meu carro, gritando por ajuda, e ela não me socorreu. Eu poderia estar seriamente ferida, e ela me deixou lá." Mais tarde, com os ânimos acalmados, Melville-Smith decidir não prestar queixa. "Seria maldoso denunciá-la, porque Camilla já estava em uma situação difícil e receberia ainda mais cobertura negativa da imprensa."

Alguns dias depois desse acidente, Charles passou o fim de semana com o restante da família real em Sandringham. Todo mundo — menos a rainha — perguntou como estava Camilla. A mãe de Charles estava convencida de que "aquela mulher perversa", como Sua Majestade a chamava, era responsável por grande parte dos infortúnios que haviam atingido a Casa de Windsor. Essa opinião era compartilhada por seu secretário particular, Sir Robert Fellowes, e por outros importantes oficiais do palácio — que, nas palavras de um deles, queriam que Charles "se livrasse da Sra. Parker Bowles".

Nas semanas que se seguiram, Diana não teve problemas para eclipsar Charles e sua amante problemática. A agitada viagem da princesa aos Estados Unidos incluiu: um encontro com sua amiga, Madre Teresa de Calcutá, em um hospital para soropositivos no Bronx; café da manhã com a primeira-dama, Hillary Clinton, na Casa Branca; e a festa repleta de celebridades para comemorar os 80 anos de Katharine Graham, editora do jornal *The Washington Post*. Nesse último evento, a princesa se sentou entre um de seus antigos interesses românticos, Teddy Forstmann, e o magnata de Hollywood Barry Diller. "Ela estivera na Casa Branca naquele dia, e disse que Bill Clinton era o homem mais sexy do mundo", lembrou o oráculo de Wall Street Warren Buffett, que se sentou em frente à princesa. "Ainda consigo ver o rosto de Barry e Teddy quando ouviram isso. Eu não perguntei a ela quem era o homem menos sexy do mundo. Fiquei com medo de ela responder: 'Você!'"

Diana retornou a Londres alguns dias depois para participar da festa de pré-estreia do leilão de caridade de seus vestidos na Christie's de Nova York. A princesa mantinha o pensamento fixo na festa de 50 anos de Camilla ("Não seria divertido se eu saísse do bolo usando biquíni?") e não resistiu à tentação de usar um bracelete com duas letras C entrelaçadas durante a festa da casa de leilões ("Um C é de Charles e o outro é de Camilla!").

A venda foi ideia de William, como maneira de levantar fundos para o Aids Crisis Trust e para o Fundo de Pesquisa do Câncer do Hospital Royal Marsden, em Londres. Tanto Charles quanto a rainha haviam se oposto à ideia de membros da família real venderem itens tão pessoais quanto roupas — independentemente da destinação do que fosse arrecadado. No fim, a mágica de Diana fez do evento um sucesso: por US$3,26 milhões, participantes frenéticos do leilão arremataram os 79 vestidos da princesa, incluindo o vestido de veludo azul-escuro que ela usara ao dançar com John Travolta na Casa Branca.

A princesa de Gales estava em Londres há apenas alguns dias quando, em 1º de julho de 1997, celebrou seu aniversário de 36 anos em um baile de gala em comemoração ao centenário da Tate Gallery. Charles não telefonou para desejar feliz aniversário à ex-esposa — nem a rainha ou qualquer outro membro da família real. Mas, após o baile, William e Harry cantaram "Parabéns" para a mãe — pela última vez — e ela apagou as velas do bolo preparado pelo chef do Palácio de Kensington.

Durante semanas, Charles estivera preocupado com o planejamento da extravagante festa que daria em homenagem a Camilla. Ele convidara oitenta amigos — incluindo o ex-marido dela, Andrew Parker Bowles —, mas nenhum membro da família real. A amante do príncipe já dera um passo hesitante sob os holofotes alguns meses antes, quando se tornara patrona da Sociedade Nacional de Osteoporose, uma organização na qual trabalhava de modo discreto desde que sua mãe morrera dessa doença, três anos antes. A exótica festa — cujo tema era "Noites Árabes", realizada entre palmeiras abaixo de uma imensa tenda, onde os convidados foram servidos por funcionários de túnicas brancas e barretes vermelhos — foi considerada um momento decisivo para Camilla. Segundo Harold Brooks-Baker, o evento foi "o teste" que determinaria se o príncipe Charles "estava ou não em terreno instável".

Camilla foi uma das primeiras a chegar à festa, acompanhada de sua irmã Annabel, passando pelos portões de Highgrove em um carro real com um dos motoristas de Charles ao volante. A convidada de honra usava um sensual vestido preto e um colar de diamantes que ganhara do príncipe. Charles chegou logo depois, anunciando sua presença ao ordenar que o motorista reduzisse a velocidade a fim de permitir que os paparazzi tirassem fotos. Do lado de dentro, o príncipe Charles e Camilla não fizeram nenhum esforço para esconder seu relacionamento íntimo — eles se abraçaram, dançaram, riram, sussurraram no ouvido um do outro e demonstraram o que um repórter do *Telegraph* chamou de "a intimidade de um casal junto há muito tempo".

A cobertura do evento pela imprensa foi positiva, refletindo a mudança de atitude do público em relação a Camilla. Pesquisas indicavam que 20% dos britânicos haviam mudado de ideia em relação a ela, e mais de dois terços dos súditos achavam que o príncipe de Gales devia poder se casar com a amante. Mas, quando perguntados se Camilla poderia ser rainha, a resposta foi um enfático "não".

Os aliados de Camilla alegaram que ela fora tratada com crueldade. "O dedo do público era apontado para ela pela única pessoa capaz de manipular a mídia", disse seu amigo de longa data Charles Benson. "Como é muito bonita, a princesa de Gales pode ser muito persuasiva quando está de bom humor. Diana conseguiu que a nação inteira chorasse por ela e, se ela era a fada boa, então era preciso haver uma bruxa má, e essa era a coitada da Camilla." Uma amiga do príncipe Charles, Jane Ward, sentiu-se encorajada pelas pesquisas que mostravam um abrandamento da opinião pública em relação ao casamento: "Tivemos um conto de fadas que não funcionou e, para mim, isso é triste. Mas talvez agora esteja na hora de seguir em frente e todo mundo tentar ser feliz."

Camilla estava determinada a aproveitar o momento. No fim de julho, ela pediu que Bolland organizasse um almoço supersecreto em Highgrove com o guru de imagem de Tony Blair, Peter Mandelson. Embora eles garantissem a Mandelson que não tinham intenção de se casar, esse era o plano. Como disse um associado de Mandelson, "eles repetiam que só queriam ter uma vida normal, e que era absurdo pensar que pretendiam ser marido e mulher. Mas Peter não era idiota".

O conselho de Mandelson foi não apressar as coisas. Ele disse que o casal deveria continuar nas sombras como fazia há anos, com Camilla programando aparições públicas estratégicas para "deixar que o povo se acostume à ideia de que você é uma pessoa real". Em certo momento do almoço, Charles disse a Mandelson que também estava preocupado com a própria imagem. "Como você acha que as pessoas me veem?", perguntou o príncipe. "Você recebe mais afeto, simpatia e respeito do que se dá conta", respondeu Mandelson, tentando amenizar o que diria em seguida. "Mas muitas pessoas têm a impressão de que você sente pena de si mesmo, de que é taciturno e desanimado. Isso fortalece a imagem que têm de você." Ele foi incisivo em afirmar que, se Charles quisesse reconquistar a lealdade de seus futuros súditos, tinha de se esforçar bastante para parecer menos chorão.

O que quer que Charles fizesse ou dissesse — ou quão irresponsavelmente Camilla dirigisse pelo interior —, não há como negar que o verão de 1997 pertenceu à Diana. Uma semana antes da amplamente divulgada festa de aniversário para Camilla, Natty Khan rompeu com Diana. Dias depois, ele voltou com uma dúzia de rosas vermelhas, implorando perdão. Só que era tarde demais. Naquele mesmo dia, ela e os filhos embarcaram para Nice no jato Executive Gulfstream IV da Harrods, a icônica loja de departamentos de Londres que pertencia ao bilionário egípcio Moahmed Al Fayed, a convite deste.

Desdenhado pela tradicional sociedade britânica a despeito de suas vastas propriedades em todo o Reino Unido, Al Fayed há anos fazia campanha para conquistar a mulher mais famosa do mundo, destinando generosas doações às instituições para as quais ela trabalhava e se aproximando dela em jantares e banquetes. Finalmente, quando os dois se sentaram lado a lado durante o jantar que se seguiu a uma apresentação beneficente de *O lago dos cisnes*, ele convidou Diana e seus filhos para se hospedar em Castelo

Ste. Hélène, sua enorme propriedade de US$17 milhões em Saint-Tropez, na Riviera francesa. A princesa sabia que, ao aceitar, ela enfureceria não somente os sogros, que viam Al Fayed como um grosseiro e presunçoso alpinista social, como também Hasnat Khan. Então, ela aceitou.

Assim que chegaram a Nice, Diana, William e Harry foram levados ao porto de Saint-Laurent-du-Var e subiram a bordo do recém-comprado iate de 195 pés de Al Fayed, o *Jonikal*, com sala de ginástica completa, saunas, heliporto, salas recobertas de painéis de mogno e tripulação de 16 pessoas, para a viagem de cinco horas até Saint-Tropez. Dois dias depois, Al Fayed apresentou Diana a seu filho playboy Dodi, e pelo restante da vida da princesa a imprensa mundial estaria repleta de matérias e fotografias sobre seu apaixonado romance de verão.

Dodi Fayed (ele abandonara o "Al" ao se mudar para os Estados Unidos) tinha um histórico problemático de mulheres e cocaína, mas ele e a princesa criaram laços por causa da experiência como filhos de pais divorciados. Por um curto período, Dodi se aventurara na indústria cinematográfica, produzindo o vencedor do Oscar *Carruagens de fogo*, assim como *A letra escarlate* e *Hook, a volta do Capitão Gancho*. Mas naquele momento, ao contrário dos outros homens que Diana conhecera, ele tinha tempo, dinheiro e paciência para se devotar somente a ela.

Mesmo quando se tratava de assuntos do coração, Diana valorizava a opinião do filho mais velho (ela disse a sua cabeleireira Tess Rock que o chamava de "meu velhinho sábio") e o consultou na hora de retornar a Londres. William respondeu que, enquanto Hasnat Khan a fizera chorar, Dodi a fazia rir. A princesa seguiu o conselho do filho e, no mês e meio seguintes, conviveu com Dodi no elegante apartamento dele em Mayfair e a bordo do *Jonikal* nas águas do sul da França. O tempo todo, Diana jogava para as câmeras —deixando Hasnat Khan com ciúmes e eclipsando a importante celebração de aniversário de Camilla.

Nas palavras da amiga Lucia Flecha de Lima, Diana parecia "em êxtase e feliz". Mas ela teve um choque de realidade quando soube que seu amigo Gianni Versace foi assassinado a tiros na porta de sua propriedade em Miami Beach. Charles sabia o quanto Diana era próxima do renomado designer italiano e telefonou para ela imediatamente, dizendo que lamentava. "Significa muito para mim saber que toda a amargura entre nós desapareceu", disse ela à embaixatriz. Meses antes, Elton John dera um tempo em sua amizade com Diana quando ela não comparecera à festa de lançamento do livro de Versace. No funeral repleto de celebridades do estilista, eles fizeram as pazes enquanto consolavam um ao outro. Charles ficou comovido com a famosa fotografia de Diana com o braço em torno dos ombros de Elton enquanto ele chorava — mas Camilla, não. "Ela deu uma risadinha desdenhosa quando viu a foto", lembrou uma amiga. "Camilla achava que tinha sido mais uma brilhante jogada publicitária de Diana."

―――――

Quando o romance Diana-Dodi esquentou, houve inevitáveis rumores de casamento. Embora Diana tivesse aceitado do playboy egípcio um relógio de ouro Jaeger-LeCoultre de US$12 mil e um anel Bulgari de US$3 mil (que usava no quarto dedo da mão direita), ela deixou claro para as amigas Annabel Goldsmith e Rosa Monckton que não tinha intenção de se casar. A princesa havia descrito Dodi como uma "bênção", mas disse a Goldsmith que "a última coisa" de que precisava era um novo casamento. "Isso é tão desnecessário como uma espinha no rosto."

Em se tratando deste assunto em particular, Charles estava dividido. Por um lado, Dodi era uma distração bem-vinda. Enquanto Diana estivesse feliz, era menos provável que atrapalhasse o relacionamento dele com Camilla. Por outro lado— e a despeito de seus frequentes elogios ao multiculturalismo —, o príncipe partilhava da visão nada simpática da mãe em relação a Al Fayed e seu filho hedonista. Rumores de que o estranho par pudesse se casar foram inquietantes para a rainha, também porque tal união daria um padrasto muçulmano ao futuro líder da Igreja da Inglaterra. Segundo disse Brooks-Baker, "a ideia deixou o palácio em *pânico*".

Para acalmar os medos da mãe, Charles confidenciou à rainha que os amigos de Diana afirmavam que ela não tinha planos de se casar com Dodi. "Sim, Charles, mas ela já nos surpreendeu antes, não é mesmo?", retrucou a rainha. Naquele momento, o príncipe de Gales tinha uma resposta pronta para todos que perguntavam sobre o novo namorado de sua ex-mulher: "O que a faz feliz me faz feliz."

Com o mundo fascinado pelas escapadas românticas de Diana, Charles prosseguiu com seus planos de fazer Camilla dar um salto gigantesco na direção da aceitação pública ao organizar seu primeiro evento público. Camilla e a irmã Annabel anunciaram "Uma noite de encanto" a ser realizada em 13 de setembro em benefício da Sociedade Nacional de Osteoporose. Entre os astros convidados estavam os músicos Mick Jagger, Elton John, Paul McCartney e Eric Clapton, as atrizes Joan Collins e Emma Thompson, e a improvável amiga de Charles e Camilla, a comediante norte-americana Joan Rivers.

Para garantir que Diana não reagiria mal a essa nova incursão de Camilla na arena pública, Charles obteve permissão do palácio para fazer uma aparição pública com a princesa de Gales — a primeira desde que haviam sorrido para as câmeras durante a confirmação de William seis meses antes. A Coroa concordara em desativar o *Britannia* como parte dos continuados esforços para economizar, e Charles, que embarcaria no iate real em Cardiff para uma parte da viagem de despedida, pediu que Diana e os filhos fossem com ele. "Animada e comovida" com o convite, a princesa aceitou imediatamente — William e Harry poderiam "se sentir parte de uma família de novo, mesmo que somente por algumas horas. Todo filho de pais divorciados sabe como isso é importante". O telefonema feito de Balmoral foi a última vez em que Charles conversou com Diana.

Quando seu verão idílico chegou ao fim, Dodi e Diana pararam em Paris antes de voltar para casa. Assim que se registraram no hotel Ritz, na Place Vendôme, e subiram para a opulenta suíte imperial no segundo andar, Diana enviou um funcionário do hotel para comprar o Sony PlayStation que Harry queria como presente de aniversário de 13 anos, dali a duas semanas e meia. Ela queria comprar pessoalmente o videogame, mas os paparazzi e a multidão reunida diante do hotel tornaram isso impossível.

Enquanto isso, Charles passava outra temporada impecável em Balmoral, pescando, caçando, cavalgando e fazendo trilha com os filhos. O verão real nas Terras Altas escocesas quase terminara antes de começar. Quando William e Harry deram um beijo na mãe ao se despedirem pela última vez e viajaram para Balmoral na primeira semana de agosto, encontraram todos os membros da família real presentes, com uma única exceção. Seu pai decidira passar alguns dias sozinho em Maiorca, na costa da Espanha.

No meio do feriado espanhol, o Mercedes em que viajava saiu de controle em uma sinuosa estrada nas montanhas. O príncipe, que, ao contrário de Diana, raramente usava cinto de segurança, foi jogado de um lado para o outro no banco de trás enquanto o motorista tentava fazer a curva. O motorista e guarda-costas de Charles conseguiu frear segundos antes de o carro cair de um penhasco com mais de 30 metros de altura. Charles e outro guarda-costas, que estava no banco do passageiro, ficaram abalados, mas não feridos. O carro que os seguia parou, e dois guarda-costas à paisana e com pistolas Glock de 9 milímetros — que, com dois outros colegas, compunham a guarda mais próxima do príncipe — desembarcaram.

"O senhor está bem?", perguntou um deles, correndo até o príncipe.

"Meu Deus", respondeu Charles, tentando recuperar o fôlego. "Você viu aquilo? Quase morremos! Maldita estrada!"

Assim que eles retornaram ao hotel, Charles tomou uma dose de uísque Laphroaig. Quando se acalmou, telefonou para William e Harry em Balmoral para avisá-los que se encontraria com eles dali a alguns dias. Charles riu do quase acidente, mas, segundo um colega de Eton, William achou que o pai estava assumindo riscos demais, e que ele deveria dizer ao motorista que fosse mais cauteloso. "Tome cuidado, papai. Diga a ele para dirigir mais devagar nessas estradas."

Era 30 de agosto quando o príncipe de Gales se sentou em seu escritório em Balmoral e escreveu uma carta para "Minha cara Diana" na qual perguntava se Harry, que ia mal nos estudos em Ludgrove, devia permanecer nessa escola por mais um ano antes de se juntar a William em Eton. Terminando a carta com "Muito amor, Charles", o príncipe a selou e entregou a seu secretário, com instruções expressas de que deveria ser enviada por mensageiro ao Palácio de Kensington — a fim de que estivesse na mesa da princesa "quando ela voltasse das férias".

Horas depois, Diana telefonou para os filhos. Em uma conversa que durou cerca de vinte minutos, William expressou sua preocupação com o irmão, já que seria fotografado voltando para Eton — e queriam excluir Harry da imagem. "Eles querem que eu pose sozinho, mamãe", explicou o herdeiro, "e não quero que Harry se sinta ignorado". Depois que Diana concordou em falar sobre o assunto com Charles, mãe e filho conversaram sobre as férias dela no Mediterrâneo e sobre como ele abateu, com maestria, dezenas de tetrazes, codornas, perdizes e faisões sob a orientação do verdadeiro mestre da família, o duque de Edimburgo — no caso, o vovô.

A essa altura, William e Harry estavam separados da mãe havia um mês. Segundo William, eles estavam ansiosos para passar algum tempo com ela antes de voltarem para a escola. "Quando você vai chegar em Londres?", perguntou ele.

"No fim da manhã de domingo, um pouco depois das 11 horas", respondeu ela.

"Não vemos a hora de te ver! Podemos esperar você no aeroporto?"

"É claro", respondeu Diana sem hesitar. "*É claro*."

"Desde o primeiro dia, soube que nunca seria rainha."
— Diana

"Às vezes, acho que eles querem esquecê-la.
É como se ela jamais tivesse existido."
— Wayne Sleep, amiga de Diana

"É uma dor como nenhuma outra."
— William em 2019, descrevendo o impacto da morte da mãe

SETE

"AH, PARE DE RECLAMAR. TODOS NÓS TEMOS PROBLEMAS COM NOSSOS PAIS"

A morte súbita e brutal de Diana em 31 de agosto de 1997 não só abalou a Casa de Windsor e chocou o mundo, como também pareceu ter obliterado, em um único ato, qualquer chance de o príncipe e sua amante se casarem. O baile beneficente "A noite de encanto" para a Sociedade Nacional de Osteoporose — o planejado *début* como casal em um evento público — ocorreria duas semanas depois. Mas foi cancelado, assim como todo o progresso que a Operação PB fizera para promover Camilla para os britânicos. O *Daily Mail* indicou que, se o príncipe ainda planejava se casar, "ele sabe, assim como Camilla, que isso deve ser adiado para uma data tão distante que alguns em seu círculo estão chamando de 'para sempre'". Os comentaristas concordaram com a correspondente real Judy Wade que, se o carro de Camilla fosse visto perto de Highgrove, "pode ser o fim para eles. As pessoas não vão tolerar isso".

Horas depois de saber do acidente, Charles começou a repetir a mesma pergunta para Mark Bolland e seus outros conselheiros: "Eles vão me culpar, não vão?" Camilla sabia que sim. Embora o conde Spencer tivesse usado seu discurso fúnebre para culpar a imprensa por perseguir sua irmã até o túnel de l'Alma naquela noite fatídica — causando o acidente que matou a princesa, o motorista e Dodi Fayed —, a maioria dos britânicos acreditava que Camilla tinha sangue nas mãos. Dito de modo simples, ela havia montado um esquema para destruir o casamento do príncipe, levado Diana ao limite e iniciara uma cadeia de eventos que, no fim, colocara a reverenciada princesa de Gales no carro com Dodi, de onde foi perseguida até a morte em uma noite no fim do verão. "Eles têm que culpar alguém", disse ela a um dos vizinhos de Ray Mill. "E temo que esse alguém seja eu."

Da noite para o dia, Camilla voltou a ser uma pária, a mulher mais odiada e insultada do reino. Ao longo dos anos, ela aprendera a conviver com vaias, xingamentos murmurados ou olhares reprovadores. Mas aquilo era diferente — e muito mais assustador. Praticamente prisioneira em Ray Mill, ela recebeu dezenas de ameaças de morte por telefone e correio. Nas raras ocasiões em que tentou sair de casa, estranhos gritaram obscenidades, chamaram-na de "puta" e, como ela mais tarde admitiu, "transformaram minha vida em um inferno". A maioria dos incidentes não foi relatada, e o Palácio de St. James tentou abafar os poucos que saíram na imprensa — por exemplo, o relato muito acurado de como haviam jogado pão em Camilla quando ela tentou fazer compras no mercado local.

Foi um "período horrível" para Camilla, disse Julia Cleverdon, que aconselhou o príncipe Charles sobre suas obras de caridade durante mais de trinta anos. "Ele estava agoniado, de verdade. E o fato de ela se preparar para aguentar tudo por ele ilustra a parceria e o relacionamento incrivelmente forte que eles tinham."

Charles estava preocupado com a segurança de Camilla, e com razão. Ele dobrou o contingente de seguranças armados protegendo Ray Mill — de quatro homens para oito. Também temia que sua vida estivesse em perigo — mais especificamente, que pudesse ser assassinado enquanto caminhava atrás do caixão da princesa durante o cortejo fúnebre. Ainda abalado pelo que chamava de "o que aconteceu em Paris", um príncipe Charles taciturno escreveu quatro cartas a serem abertas no caso de sua morte — uma para William, prevendo que ele seria um grande rei; uma para Harry, incentivando-o a apoiar o irmão; uma carta de amor para Camilla; e uma carta para o povo britânico, dizendo basicamente que ele sentia muito por não ter a oportunidade de ser seu soberano.

Mas Charles não foi assassinado nem vaiado. Pelo contrário. Nos meses que se seguiram à morte de Diana, relatos na imprensa davam ao príncipe de Gales e a Tony Blair o crédito por terem convencido a rainha a demonstrar por Diana, na morte, o respeito que a família real parecia ter lhe negado em vida. Charles também foi descrito como pai amoroso, tentando fazer todo o possível para ajudar os filhos a se recuperarem da perda devastadora da pessoa mais importante da vida deles.

Um dia depois do funeral de Diana, os meninos retornaram com ele para Highgrove, onde nadaram, cavalgaram e fizeram longas caminhadas — atividades físicas para distraí-los. Tiggy Legge-Bourke, que, como a ex--babá de Charles, Mabel Anderson, por acaso estava hospedada em Balmoral por ocasião da terrível notícia vinda de Paris, correu para ajudar. Charles ficou grato às duas por terem confortado os garotos e depois viajarem com a comitiva real até Londres, a fim de ambos terem um ombro para chorar. A maior parte do crédito iria para Tiggy, cuja atitude moleca foi útil durante os primeiros dias depois do funeral, quando, segundo Charles, "tudo que William e Harry queriam fazer era chutar uma bola de futebol" pelos campos de Highgrove.

Deixando de lado a implicância que Diana nutria por Tiggy, todos os seus amigos concordaram que ela teria ficado grata pela presença da ex-babá durante esse momento devastador — e teria entendido que o pequeno Harry estava vulnerável. Como lembrou uma amiga, Diana "cobria Harry de amor e, pelo menos, Tiggy estava lá para abraçá-lo e beijá-lo". Ela também corria para o quarto de Harry quando ele acordava chorando no meio da noite, atormentado por pesadelos sobre a morte violenta da mãe. Tiggy ficava com ele por horas, até o jovem príncipe voltar a dormir.

William parecia estar lidando bem com a situação — talvez bem demais, como sugeriram amigos e familiares. Décadas depois, o herdeiro falaria sobre como se sentiu confuso e perturbado na época, e a sensação de que "você tem que se fingir de forte e agir como se nada tivesse acontecido. Ninguém nos disse, na época, que era natural sentirmos tristeza. Era o tempo todo 'Vamos seguir em frente'. Então foi o que eu fiz." O conde Spencer ficou impressionado com o "notável estoicismo" do sobrinho, "quase como um líder, em seu discreto luto. A mãe dele teria ficado orgulhosa".

Tanto os Windsor quanto os Spencer foram a Highgrove celebrar o aniversário de 13 anos de Harry em 15 de setembro, e a irmã de Diana, Sarah, deu a ele o Sony PlayStation que a princesa havia pedido que comprassem em Paris na véspera de sua morte. Harry, que aprendia com William e com sua impassível família a controlar as emoções mesmo em casa, rasgou alegremente o papel que embrulhava todos os seus presentes e apagou as velas do bolo, sem jamais mencionar a mãe.

Mesmo assim, William disse ao pai que estava "muito preocupado" com o irmão caçula, uma vez que em breve ele retornaria a Eton e Harry, a Ludgrove. Charles garantiu que ele teria o apoio das duas pessoas que haviam ajudado William a superar o amargo divórcio dos pais: o diretor de Ludgrove, Gerald Barber, e sua esposa Janet. Além disso, Harry podia telefonar para o irmão em Eton sempre que quisesse. "O retorno à rotina será bom para eles", argumentou o príncipe Charles. "Eles precisam ver que a vida segue em frente."

Ao contrário de Gordonstoun, onde Charles praticamente não tinha nenhum amigo e era agredido emocional e fisicamente quase todos os dias, tanto Ludgrove quanto Eton ofereciam uma espécie de refúgio seguro para os jovens príncipes. Por trás das paredes de tijolos e dos portões de ferro de ambos os colégios, os alunos foram instruídos a não mencionar Diana nem tratar os príncipes de maneira diferente; ali, William e Harry foram capazes de mergulhar nos esportes e nos estudos. Ajudou o fato de Harry, assim como o irmão mais velho, ser um atleta talentoso e fazer amigos com facilidade. A despeito de sua popularidade, o caçula de Diana às vezes parecia "triste", disse um de seus professores. Outro lembrou de vê-lo sozinho, "com um ar infeliz, jogando uma bola de tênis contra a parede por duas horas. Achei, na época, que ele pensava na mãe. Não quis incomodá-lo".

Quatro dias depois do aniversário de Harry, o príncipe Charles fez uma pausa durante um discurso em Manchester para informar a plateia da situação dos filhos. Ele elogiou ambos por serem "muito notáveis" e por lidarem com "uma época tão difícil" com "imensa coragem e uma dignidade talvez ainda maior". Mas acrescentou que "a morte de Diana foi uma perda enorme para os dois, e eu sempre sentirei falta dela".

William permaneceu em Eton naquele outono, mas, como as férias de seu irmão coincidiram com a viagem oficial de Charles à África do Sul, o príncipe convidou Harry para acompanhá-lo. A viagem, que ocorreu somente oito semanas depois da morte de Diana, permitiu que pai e filho se conectassem e dava a Charles a oportunidade de mostrar ao mundo que era um pai caloroso e atencioso. Tiggy foi junto para entreter Harry sempre que os deveres oficiais o afastavam do pai.

Primeiro, Harry e seu colega de Ludgrove, Charlie Henderson, foram com Tiggy a um safári em Botsuana enquanto Charles visitava a Suazilândia e o Lesoto. Mais tarde, os príncipes se encontraram em Durban, na África do Sul. Charles apertava as mãos dos locais quando olhou para cima e viu Harry tirando fotos suas da sacada da suíte no Hotel Royal. O filho caçula acenava para o pai, a placa com o nome do hotel acima dele, quando a multidão abaixo começou a gritar "Harry, Harry!". Charles, feliz em ver o filho, apontou para cima e gritou para a multidão: "Ele está bem ali, logo abaixo da letra 'H'!" Esse era o tipo de momento afetuoso, registrado pelas câmeras, que o Palácio de St. James esperava que fosse capaz de amenizar a dura imagem do futuro rei.

O ponto alto da viagem para o filho de 13 anos de Charles ocorreu em Johanesburgo, onde eles foram a um show beneficente das Spice Girls para o Prince's Trust. Nos bastidores, os príncipes tiraram fotos com as cinco integrantes do grupo: Emma Bunton, Victoria Adams (que se tornaria Victoria Beckham), Melanie Brown, Geri Halliwell e Melanie Chisholm — todas prontas para cobrir o garotinho de Diana de beijos. Fotos do encontro mostram Harry usando um terno azul-marinho e uma comprida gravata púrpura, sorrindo de orelha a orelha. "O mundo todo chorou por William e Harry", disse Melanie Brown, também conhecida como Mel B., na época. "Foi maravilhoso vê-lo sorrir."

Pai e filho voltaram a enrubescer quando foram saudados por mulheres com os seios desnudos nos portões do remoto vilarejo zulu de Duku. Enquanto as mulheres encenavam uma frenética dança de boas-vindas a alguns metros de seus convidados reais, Charles se virou para o filho de olhos arregalados e disse: "Que energia incrível." Novamente, houve momentos que mostraram um relacionamento genuíno e fácil entre Charles e o filho mais novo. Em certo momento, Harry riu até chorar quando o pai pegou uma clava e um escudo zulus e pulou para cima e para baixo como um guerreiro. Como Tiggy não os acompanhara nesse trecho da viagem, Harry pediu ao pai dinheiro para comprar um souvenir — um bracelete de contas —, somente para ser lembrado de que os membros da família real nunca carregavam dinheiro em espécie. O guarda-costas de Harry, Ian Hugget, lhe deu uma nota de 20 rands (mais ou menos US$5).

Harry partiu mais cedo para retornar ao colégio, enquanto o príncipe Charles discursava durante um jantar na Cidade do Cabo oferecido pelo presidente da África do Sul à época, Nelson Mandela. Falando da "importância, para os africanos, da atuação de Diana como no combate à aids, à pobreza e ao uso de minas terrestres", ele expressou "a gratidão, minha e de meus filhos, pelos sul-africanos que se deram ao trabalho de expressar suas condolências".

Todo mundo se levantou e aplaudiu o herdeiro do trono inglês — incluindo o conde Spencer, que vivia na África do Sul na época. Os dois homens, que não se falavam desde que o irmão de Diana fizera sua provocativa eulogia durante o funeral da irmã, trocaram um aperto de mão e conversaram amigavelmente. Mesmo assim, Charles, ainda aborrecido, no último minuto decidiu deixar de fora o tributo público que a família Spencer havia incluído no esboço original de seu discurso.

Assim que pai e filho retornaram da emocionante viagem à África do Sul, os jovens príncipes foram atingidos por notícias sérias do Inland Revenue Service, a Receita Federal britânica. Diana deixara quase todas as suas posses, avaliadas em US$35 milhões, para os filhos. O governo ficaria com 40% disso, e William e Harry dividiriam os US$21 milhões restantes. Charles quis que seus advogados iniciassem uma ação legal contra Inland Revenue, mas seus conselheiros o convenceram do contrário. O príncipe de Gales queria "proteger a herança dos filhos", disse um deles, "mas causaria má impressão se a família real parecesse esperar 'tratamento preferencial'".

Conforme o Natal de 1997 se aproximava — o primeiro dos garotos sem a mãe —, mais detalhes perturbadores eram revelados sobre o acidente em Paris. Os mais angustiantes para William e Harry foram os relatos de quem disse ter testemunhado Diana gemer e chorar de dor enquanto a equipe de resgate a removia das ferragens retorcidas. Então houve a insistência de Mohamed Al Fayed de que Diana e Dodi haviam sido assassinados por facções do governo britânico que não tolerariam ver um muçulmano se tornar padrasto do futuro rei. Al Fayed chegou a oferecer a recompensa de £1 milhão (US$1,62 milhão) para quem apresentasse evidências que comprovassem essa teoria.

Charles sabia que não havia maneira realista de proteger William das matérias repletas de detalhes que surgiam todos os dias na imprensa. Mas Harry era outra questão; assim como haviam feito quando William estudava em Ludgrove, Gerald e Janet Barber proibiram tabloides na escola e controlaram todas as informações que chegassem aos alunos pela TV e pelo rádio. Anos depois, Harry elogiaria seus "sinceros" esforços para protegê-lo, apesar de não terem funcionado: "É claro que eu sabia das histórias sobre o acidente, todas elas. Estavam por toda parte. Não havia como fugir. Mas nunca admiti. Era mais fácil fingir que eu não havia visto nem ouvido aquelas coisas terríveis."

Durante as semanas seguintes, Charles se concentrou em ajudar os filhos a passarem pelas festas de fim de ano — e em se encontrar com Camilla, que estava basicamente em prisão domiciliar autoimposta, cercada pelas usuais medidas de segurança de Estado. Em 15 de dezembro, Camilla foi vista em público pela primeira vez em quatro meses, participando da Caçada do Duque de Beaufort (conhecida como Beaufort Hunt), um dos grupos de caça à raposa mais antigos do país. Também foi a primeira vez que William e Harry, caminhando com Tiggy atrás da matilha, viram a amante do pai — a uma considerável distância, a cavalo, em meio a centenas de outros caçadores e usando o tradicional traje que consistia em jaqueta de tweed, calça bufante de montaria, chapéu e botas pretas. Charles também estava entre os caçadores, mas bem longe de Camilla. Sempre que os dois caçavam, tinham o cuidado de não serem vistos juntos — "o que teria dado a seus inimigos toda a munição de que precisavam", disse o duque de Beaufort, que organizara a caçada em sua propriedade de 6 mil hectares.

Seguindo a tradição Windsor, Charles e os garotos passaram o Natal com o restante da família em Sandringham. Mais de cem funcionários trabalharam por semanas para preparar um banquete digno de, bem, uma rainha. Charles levou o próprio chef e "uma cesta cheia de comida orgânica", lembrou o chef real Darren McGrady. "Ele gostava das ameixas escaldadas de Highgrove. Seu valete entrava na cozinha com três ou quatro garrafas de ameixas para serem guardadas na geladeira."

Depois de se reunirem na Sala Branca a fim de terminarem de decorar a árvore — sempre um abeto de Norfolk cortado na propriedade de 400 hectares —, iam para a Sala Vermelha, onde grandes mesas montadas sobre cavaletes estavam cobertas de presentes empilhados, etiquetados e separados por linhas de fita adesiva. Até nos momentos mais íntimos, as pilhas eram organizadas por posição hierárquica, de modo que a rainha, o príncipe Philip, Charles, William e Harry tinham uma mesa cada.

Charles observou os filhos abrirem seus presentes — carretéis de pesca, equipamentos de equitação — e então desembrulhou delicadamente os que ganhou deles: abotoaduras e um peso de papel de prata. Na manhã seguinte, todo mundo foi à missa de Natal na Igreja de Santa Maria Madalena, na propriedade — mas, dessa vez, ao contrário do que ocorrera meses antes em Balmoral, o nome de Diana foi mencionado pelo cônego George Hall em sua prece por "todos os entes queridos que partiram desta vida". A rainha, incentivada por seus principais conselheiros, também mencionou Diana em seu discurso anual de Natal, contando que sua morte fora "quase insuportável de tão triste" e reconhecendo que sentia o mesmo "choque e sofrimento" da nação.

Vendo os filhos tentarem ser fortes durante o primeiro Natal sem a mãe, Charles ficou ainda mais determinado a fazer tudo o que pudesse "para ajudá-los a esquecer". Isso significava passar o máximo de tempo com eles — tanto em Highgrove como no Palácio de St. James, no coração de Londres.

Imediatamente depois do Natal em Sandringham, Charles levou os filhos para esquiar em Klosters. Enquanto o príncipe de Gales se concentrava nos filhos, a rainha iniciou uma ofensiva de relações públicas com o objetivo de reconquistar os súditos perdidos após a morte de Diana. Pela primeira vez, uma das principais empresas de pesquisa de mercado da Grã-Bretanha, a Ipsos MORI, foi contratada para avaliar os danos e ajudar a elaborar um plano de ataque. Em um período de 48 meses, a monarca daria passos inéditos — incluindo a promessa de apoiar o plano do primeiro-ministro Tony Blair de pôr fim à progenitura, a prática milenar de considerar herdeiro somente o filho mais velho do sexo masculino. Ela também publicou alguns dos mais sensíveis registros financeiros da Coroa, incluindo informações sobre suas posses privadas, e proclamou formalmente que as mesuras e reverências para os membros da família real seriam voluntárias. Como Diana provara que mesmo os menores gestos públicos podiam ter enorme impacto, a rainha também fez sua primeira viagem em um dos famosos táxis de Londres, visitou um McDonald's e entrou pela primeira vez em um pub — o Bridge Inn, que existia a nove séculos, em Topsham, Devon.

Conscientes da excelente imagem pública de William e Harry demonstrada nas pesquisas, os oficiais de St. James persuadiram o príncipe de Gales a incluir os filhos em sua viagem ao Canadá em março de 1998. William, que fazia sua primeira grande aparição pública desde a morte de Diana, não estava preparado para a recepção de astro do rock que o esperava quando os príncipes chegaram a Vancouver. A cada parada, eles eram cercados por milhares de garotas gritando "William! William!" e jogando cartões, flores, lenços e ursinhos de pelúcia no príncipe. Em cada parada, ele era saudado com gritos de "Eu te amo, Wills! Quer se casar comigo?". A princípio, o herdeiro só conseguiu dar sorrisos nervosos. Mas, aos poucos, com um leve incentivo do irmão infinitamente mais descontraído ("Vai, acene para eles"), ele relaxou.

Quando fizeram sua última aparição agendada no Vancouver Heritage Center, William estava gostando de seu recém-descoberto status de galã adolescente global. Charles e os filhos foram presenteados com jaquetas e bonés em vermelho e branco com o brasão de folha de bordo da equipe olímpica canadense que competira em Nagano, no Japão, no mês anterior. William tirou o paletó e vestiu a jaqueta antes de colocar o boné — virado para trás. Ele moveu os braços inspirado em Michael Jackson antes de fazer uma pose. O resultado: o lugar veio abaixo.

Para Charles, foi um momento marcante. Apenas seis meses depois da morte da mãe, eles pareciam ter deixado o luto para trás. Do seu ponto de vista como pai, ele os via equilibrados e alegres — em êxtase, com garotas se jogando a seus pés. Mas, depois de anos lutando para sair da sombra da primeira esposa, ele estava sendo deixado de lado novamente — dessa vez, por um público que só tinha olhos para os filhos de Diana. No voo de volta para Londres com Harry (William e Tiggy viajaram em outro avião, seguindo a regra do palácio de não permitir dois herdeiros no mesmo voo), Charles comentou com um de seus funcionários, entre goles de martíni: "Meu Deus, aqui estamos nós de novo, depois de todos esses anos tendo pessoas me empurrando para conseguir tocar em Diana [...]. É claro que estou feliz pelos garotos, e é terrível sentir inveja dos próprios filhos. Mas achei que tudo isso tinha ficado para trás..."

Por mais marginalizado que Charles se sentisse, ninguém estava mais isolado que sua há muito sofredora e ainda desprezada amante. Escondida em Ray Mill, Camilla acompanhou a viagem ao Canadá pelos jornais e pela televisão, concentrando-se na quase constante presença de Tiggy Legge-Bourke ao fundo. Pelas costas de Tiggy, uma ressentida Camilla a chamava de "empregada" e, em uma ocasião, "bunduda". E conspirava para se livrar dela.

Camilla era territorial — um traço que a levara a banir sua outrora amiga Lady Tryon do círculo íntimo de Charles, sem mencionar a guerra contra Diana pelo afeto do príncipe. Como a falecida princesa de Gales, ela tinha ciúmes do papel que Tiggy desempenhava na vida dos jovens príncipes e suspeitava do elo curiosamente forte que sempre havia existido entre a jovem e atraente babá e o príncipe. "Tiggy e o príncipe eram muito brincalhões um com o outro", disse um dos ex-ajudantes de ordens de Charles. "Eles contavam piadas, riam muito e tinham um relacionamento fácil, quase como um casal. Um casal *feliz*."

Aos poucos, Tiggy foi deixada de lado, graças a algumas manobras de Camilla nos bastidores. No fim da primavera de 1998, a babá já não era convidada a viajar com os príncipes para Sandringham, Highgrove e Balmoral. Nas raras ocasiões em que sua presença era solicitada, sabia que a Sra. Parker Bowles estaria presente para criticar seu trabalho. Durante uma viagem a Gales naquele verão, a babá observou enquanto os príncipes desciam pela face de uma represa sem arnês ou capacetes de segurança. Camilla fez questão de que Charles e a rainha vissem fotos daquela cena, acelerando a saída de Legge-Bourke da vida dos príncipes.

Ao mesmo tempo, Camilla deu seus primeiros e hesitantes passos de volta à vida pública quando ela e o príncipe ofereceram "um fim de semana de cultura e reflexão" em Sandringham em março de 1998. A festa black-tie de tema eduardiano contou com a leitura de poemas, um quarteto de cordas do Royal College of Music e um elegante jantar à luz de velas, no qual foram servidas garrafas de vinho de mil dólares da adega do príncipe Charles, além de frutas e vegetais orgânicos colhidos em Highgrove. Uma das convidadas foi a colunista de fofocas Aileen Mehle, que, com Joan Rivers, Betsy Bloomingdale e mais um monte de socialites e filantropos, fora incluída no círculo do príncipe. "Era evidente que ambos estavam muito nervosos com a perspectiva de parecerem confortáveis demais na presença um do outro", lembrou ela. "Os dois foram simpáticos, mas se mostraram tensos e constrangidos. Diana havia falecido fazia pouquíssimo tempo. Era impossível não imaginar o que ela teria pensado daquilo. Para dizer a verdade, senti certa pena dos dois."

Será que Charles e Camilla ainda compartilhavam, como sugeriu Mehle, "um sentimento de culpa"? Semanas depois da festa em Sandringham, o príncipe procurou resposta para essa e outras irritantes questões em uma de suas periódicas jornadas de autodescoberta. Dessa vez, ele fez a viagem sozinho ao mosteiro ortodoxo oriental de Vatopedi, construído no século X no monte Atos, 2.100 metros acima do mar Egeu, ao norte da Grécia.

Para o príncipe de Gales, a fé ortodoxa oriental tinha certo apelo romântico. Sua avó paterna, a princesa Alice, havia fundado a própria ordem na Grécia e vestido o hábito cinzento das freiras ortodoxas. E, embora seu pai tivesse sido exilado da Grécia quando ainda era bebê, Philip fora batizado na Igreja Ortodoxa Grega e tivera que se converter à Igreja da Inglaterra para se casar com Elizabeth em 1947. Com seus claustros medievais, monges barbados de túnica preta, relíquias (incluindo o "cinto da Virgem Maria" e os restos mortais de São Germano do Alasca, o primeiro santo ortodoxo da América do Norte), cantos bizantinos, mosaicos elaborados, ícones de ouro e rituais antigos, Vatopedi atendia ao desejo de Charles por mistério, misticismo e sentido. De acordo com as regras do lugar, o príncipe de Gales seguia o rígido cronograma do mosteiro: acordar antes do nascer do sol para rezar e meditar, comer no refeitório coletivo, passar longos períodos em silêncio e reflexão, seguir a liturgia das horas à luz de velas e ir se deitar às 8 horas da noite.

É claro que Charles não era um seminarista comum. O príncipe viajara para a Grécia a bordo do *Alexander* (em homenagem a Alexandre, o Grande), o luxuoso iate de 400 pés do multibilionário John Latsis, e chegara ao deque do monastério em uma lancha com seus quatro guarda-costas. Durante sua breve estadia, ele e a equipe de segurança ocuparam uma ala própria. Embora o príncipe comesse com os outros peregrinos e os monges na reitoria, todas as suas refeições eram preparadas por um oficial da segurança real como precaução para evitar envenenamento — algo improvável, já que o príncipe, que arrecadara milhões de dólares para a organização Amigos do Monte Atos e era sempre recebido de braços abertos.

Brincando que suas "baterias espirituais" estavam "recarregadas", Charles retribuiu a gentileza de seus anfitriões oferecendo uma festa para dignitários gregos em Highgrove. Camilla, dando outro passo hesitante em direção à notoriedade, esteve a seu lado — como lembrou um dos convidados, "fazendo todas as coisas que qualquer esposa simpática faria. Ela nos recebeu, conversou, deu instruções à equipe. Tive a impressão de que ela estava no controle, lidando com todos os pequenos detalhes e dirigindo o espetáculo". Ser uma anfitriã real "parecia bastante natural para a Sra. Parker Bowles. Ela parecia estar muito calma".

Camilla estava tudo menos calma em 12 de junho de 1998, quando William saiu de Eton para ir ao cinema com um pequeno grupo de amigos em Londres. Ele telefonou para Charles do e lhe disse que passaria em York House para trocar de roupa. Quando Charles avisou que a Sra. Parker Bowles estava presente, William, que sempre desempenhara o papel de pacificador durante o turbulento casamento dos pais, disse que estava na hora de conhecê-la.

O encontro se deu somente nove meses depois da morte de Diana e nove dias antes de William completar 16 anos, mas demorara muito para acontecer. A princesa sempre pedira conselhos ao primogênito, compartilhando com ele até os mais íntimos detalhes de sua vida romântica. Assim, não surpreende que, antes da morte de Diana, nem William nem Harry tivessem a menor intenção de conhecer a mulher responsável por destruir o casamento dos pais. Em abril de 1998, no entanto, Charles astutamente providenciou para que os filhos de Camilla — Tom, de 22 anos, e Laura, de 19 — acompanhassem a família real em uma visita à rainha-mãe em Birkhall. Embora mais tarde a adorável prole de Camilla entrasse em conflito com a família real, naquele momento os dois se deram bem com William e Harry na mesma hora.

Dois meses depois, porém, uma trêmula Camilla disse ao príncipe Charles que estava "aterrorizada" e não "poderia continuar com o plano" de encontrar William. Quando ele chegou a York House às 4 horas da tarde, ela fugiu para a sala de estar com sua assistente pessoal, Amanda McManus, enquanto ele se dirigia ao andar de cima para se trocar. Irritado com a hesitação de Camilla, Charles a pegou pelo braço e a guiou na direção de William. Camilla, que sempre cumpria o protocolo real, fez uma mesura e apertou a mão do jovem príncipe. "Vocês dois têm muito que conversar para se conhecerem", disse Charles, sem jeito, e deixou o filho e a amante sozinhos, tomando chá e refrigerante.

Como de costume, foi William quem tentou fazer Camilla se sentir à vontade enquanto eles conversavam sobre como adoravam caça à raposa e polo, sobre a vida dele em Eton e o fato de que Harry havia passado na prova de admissão e estudaria no mesmo colégio interno do irmão. Trinta minutos depois, William partiu para se juntar aos amigos e Camilla respirou aliviada. Até para a notória Sra. Parker Bowles, aquela foi uma tarde angustiante. "Querido", disse ela a Charles, estendendo a mão para mostrar que tremia, "eu preciso *muito* de uma vodca tônica".

O fato de William estar prestes a atingir uma idade tão importante sem a mãe não passou despercebido por Charles, nem para os membros influentes da corte. Para satisfazer o insaciável apetite do público por mais informação sobre o futuro soberano e recompensar a imprensa por deixar os príncipes em paz, o palácio publicou um perfil de William. Acompanhado de fotos, o texto revelou, entre outras coisas, que ele gostava de fast-food e música techno, estava cada vez mais desconfortável com seu novo status de símbolo sexual, queria fazer um safári na África e gostava de usar o fraque de Eton. Em troca da cooperação do filho, Charles concordou em permanecer em Highgrove enquanto William celebrava seu aniversário com amigos em Balmoral. William pediu para não conversar por telefone com nenhum membro da família real — incluindo a rainha, o príncipe Philip e a rainha-mãe —, com exceção do pai e do irmão. Como explicou um colega de Eton, "por uma noite, ele queria esquecer quem era".

Nas semanas seguintes, William almoçou com o pai e Camilla e tomou chá com ela pela segunda vez. Charles, satisfeito em ver como as coisas estavam indo bem entre seu filho mais velho e a Sra. Parker Bowles, providenciou um encontro também descontraído com Harry em Highgrove. "Eles queriam fazer o pai feliz", disse um amigo dos príncipes. "A princesa Diana dissera a eles que o pai amava Camilla, e até usou o casal como exemplo de verdadeiro amor." Ajudava o fato de Camilla Bowles não ser nada parecida com Diana — como disse um amigo de Charles, "mais como uma tia excêntrica do que uma madrasta".

Atingida pela percepção de que os paparazzi haviam perseguido Diana até a morte, a grande mídia mantinha uma distância respeitosa de William e Harry. Era tudo parte da promessa informal de manter a privacidade dos garotos. Quando o encontro secreto entre Camilla e William vazou um mês depois, o herdeiro ficou lívido, assim como a rainha e a rainha-mãe, embora por razões muito diferentes. A rainha-mãe, que tinha aperfeiçoado a arte de ser um "avestruz" — ou seja, evitar enfrentar o que acontece ao redor —, jamais conversou sobre Camilla com Charles. Ela temia que isso poderia prejudicar seu relacionamento com ele.

A rainha não tinha tais escrúpulos. Ela ainda insistia para que Charles se afastasse daquele relacionamento e preservasse o apoio do público à monarquia. Quando o novo secretário particular da rainha, Robin Janvrin, recusou-se a se unir a William e à Sra. Parker Bowles para um de seus chás no Palácio de St. James porque a rainha não lhe dera permissão, Charles ficou furioso. "Quantas vezes preciso dizer?", perguntou ele a seu ex-secretário particular, Sir Richard Aylard. "A Sra. Parker Bowles é uma parte não negociável de minha vida."

Talvez, mas aquele encontro foi projetado para aumentar as chances de Camilla se tornar rainha — e provou que, se fosse necessário, Charles usaria os próprios filhos como peões desse jogo. Muitos dos amigos de Diana sentiam que aquela foi uma magnífica afronta à memória da princesa. "Inacreditavelmente insensível" foi como um amigo descreveu o encontro para o jornalista Richard Kay. Camilla havia causado "tanto sofrimento a Diana que que tal encontro, antes do primeiro aniversário de morte da princesa, parecia inacreditável". Lady Elsa Bowker concordou: "Diana teria ficado muito irritada com o fato de a mulher que transformara sua vida em um inferno ser aceita por seus filhos." Surpreso com aquele alvoroço, Charles foi aproveitar o verão em um cruzeiro pelo mar Egeu a bordo do *Alexander*, com William e Harry — e sem Camilla. Em uma foto brilhantemente ensaiada, o príncipe Charles caminhou pela pista de Heathrow e beijou o filho adolescente de 1,85 metro antes de eles embarcarem em voos separados para Atenas. "Foi muito tocante. Você não acha?", comentou de forma maliciosa Mark Bolland.

Sete anos haviam se passado desde que o casal real fizera um último esforço para salvar seu casamento ao sair, naquele mesmo iate, em uma "segunda lua de mel" — que fracassou em razão do constante namorico entre Charles e Camilla pelo telefone. Dessa vez, o príncipe de Gales pouco aproveitou tudo o que o iate tinha a oferecer: cinco deques, duas piscinas, um cinema, metais dourados nos banheiros, salão de baile e dois heliportos. Em vez disso, ele passava horas sozinho em um dos deques, olhando para o horizonte, perdido em pensamentos. Em certo momento, virou-se para seu anfitrião (e amigo de Diana), o magnata grego John Latsis, e disse solenemente: "Eu gostaria que ela estivesse aqui comigo."

"Diana?", perguntou Latsis, sensível ao fato de que a princesa morrera somente dez meses antes.

"Ah, nossa, não", respondeu Charles, aborrecido. "Camilla, é claro."

Charles teve que lidar com a iminência de uma data emocionalmente difícil. Todo mundo — William e Harry mais do que qualquer um — temia o aniversário de morte de Diana. Procurando distrações, os jovens príncipes decidiram dar uma festa-surpresa de 50 anos para o pai. Para assegurar de que seria surpresa, decidiram realizá-la em Highgrove em 31 de julho, três meses e meio antes da data do aniversário de Charles.

Como esperado, detalhes foram vazados para o *Sunday Mirror* somente dez dias antes da festa. Um furioso Charles chegou ao ponto de publicar uma declaração dizendo que seus filhos estavam "chateados" porque os planos da "festa secreta que planejavam para o pai" foram divulgados. "Eles tentaram organizar isso [...]. O príncipe de Gales está chateado pelo jornal envolvido não ter lidado com a informação que recebeu com bom senso e mais cortesia." William e Harry seguiram em frente com seus planos, pedindo a ajuda dos amigos do príncipe Charles, os atores Emma Thompson, Stephen Fry e o "Mr. Bean" Rowan Atkinson, para atuarem em uma paródia de outro sucesso de Atkinson, a comédia britânica para a TV *Blackadder*.

Pouco tempo depois, Charles, William, Harry e o restante da família real voaram para seu santuário de verão, o Castelo de Balmoral. Enquanto o mundo era inundado por artigos e especiais de TV marcando a morte de Diana, o príncipe de Gales levou os filhos para pescar, cavalgar, caçar, fazer trilhas e piqueniques com a rainha, o príncipe Philip e a rainha-mãe. Durante as missas em Crathie Kirk, o nome de Diana foi mencionado. A congregação recitou uma "prece em memória e graças por Diana, a princesa de Gales", na qual ela foi elogiada como "alguém que tocou os corações de muitas pessoas. Ela vivenciou dor e felicidade em sua vida, e isso a fez desenvolver compaixão pelo sofrimento alheio". Charles, que fora responsável por uma parte considerável da dor de Diana, recitou a prece com o resto da congregação. Nos bastidores, ele pediu para que, no primeiro aniversário da morte dela, as bandeiras ficassem a meio mastro por todo o Reino Unido. Dessa vez, a rainha, tendo aprendido sua lição da maneira difícil, não hesitou em dar a ordem.

Camilla não estava por perto — e por uma boa razão. Com a aproximação do primeiro aniversário do acidente em Paris, as ameaças de morte ressurgiram, e Charles implorou para que ela ficasse em Ray Mill, onde os guarda-costas reais podiam protegê-la. "Será assim para o resto de minha vida?", perguntou ela a um deles. "Não sei se consigo suportar isso."

Em meados de abril, Charles estava por perto quando Harry entrou para a mesma escola do irmão. William estava brilhando no colégio, como aluno e atleta: entre os 10% melhores de sua turma, foi capitão da equipe de natação e se destacou nas equipes de polo aquático, remo e rúgbi. Também era membro de uma sociedade de liderança estudantil chamada Pop, e se sobressaiu tanto na Força Combinada de Cadetes de Eton que recebeu a cobiçada Espada de Honra.

Charles temia que Harry fosse definhar à sombra do irmão, mas não precisava ter se preocupado. O filho caçula encantou professores e colegas e também se destacou tanto nos estudos quanto nos esportes. "O príncipe William é um atleta talentoso, sem dúvida", disse um dos instrutores de Eton. "Ele é centrado, muito determinado e competitivo. Harry é uma fera que desconhece o medo. Ele se joga, de corpo e alma, em todo esporte. Faz qualquer coisa para vencer e, nesse sentido, é um atleta muito mais natural que William." Um dos guarda-costas de Harry concordou: "William é mais cauteloso, e Harry é absolutamente destemido."

Harry também estava apaixonado por todas as coisas militares e se destacaria como membro da força de cadetes formada pela elite de Eton. A fascinação dos príncipes pelas Forças Armadas — uniformes, medalhas e bandas — era herança tanto de Diana quanto de Charles. Os Spencer tinham uma longa e distinta história militar e, desde que os filhos eram pequenos, a princesa os levava para bases do Exército britânico, a fim de passear em tanques e assistir a desfiles. Quanto aos Windsor, o elo com a pompa militar era óbvio — William lembrou que, quando eram pequenos, ele e Harry "iam à loucura" sempre que Charles vestia um de seus muitos uniformes cerimoniais cheios de tranças, medalhas e fitas, destinados ao detentor de mais de cinquenta patentes militares.

Mas, em relação ao fascínio dos jovens príncipes pelas armas, Charles e sua família eram a força motriz. Depois de matar seus primeiros cervos aos 14 anos, William e Harry foram "iniciados" em Balmoral: tocados, em ambas as bochechas, pelo sangue ainda quente de suas presas. Logo depois, William começou a caçar raposas — como parte do que Diana chamava de "glorioso passatempo dos Windsor: matar coisas".

O "glorioso passatempo dos Windsor" quase teve consequências fatais naquele ano, quando William e Harry, com a aprovação de Charles, convidaram 14 colegas de Eton para jantar com a avó no Castelo de Windsor. Sua Majestade se reuniu com os príncipes e seus amigos — o mais novo com 14 anos, o mais velho com 16 — para um coquetel no Salão Verde.

Vinho foi servido no jantar: burgundy branco com o linguado, bordeaux com o faisão e um porto fulvo com os queijos. Quando a rainha se retirou às 9 horas da noite, os convidados adolescentes dos príncipes assaltaram os armários abastecidos de bebidas do castelo.

Às 11h30 da noite, Harry anunciou que queria andar de trenó. Ele escolheu seus convidados até a despensa, onde cada um deles pegou uma grande bandeja de prata, e todos foram para a inclinada e relvada encosta sob a Torre Redonda, que existia há nove séculos. Durante meia hora, eles deslizaram pela encosta aos risos e gritos. Seus guarda-costas observavam pacientemente.

Logo antes do amanhecer, os jovens convidados, de ressaca, receberam espingardas e foram convidados a caçar coelhos no Grande Parque de Windsor. Acompanhados pelo usual contingente de guarda-caças, guarda-costas e cães, que também participaram das caçadas reais em Balmoral e Sandringham, a gangue de Eton fez um civilizado piquenique durante o almoço (com vinho) e outras pausas durante a tarde, que sempre incluíam sanduíches e cerveja.

Muitos dos jovens jamais haviam atirado antes, e ninguém se dera ao trabalho de perguntar se eles tinham alguma experiência. Charles, a rainha ou, no mínimo, alguns dos oficiais mais experientes do palácio poderiam ter percebido que oferecer álcool a adolescentes e depois soltá-los no terreno do castelo com espingardas carregadas não era uma boa ideia. Charles, cuja capacidade de avaliação havia sido corrompida por séculos de tradição real e uma vida inteira de privilégios, mostrou-se indiferente à segurança dos filhos — sem mencionar a óbvia ameaça para seus convidados. Não era o tipo de coisa que teria passado por Diana, a mãe prática por excelência.

Assim, parecia inevitável que um dos amigos, alguns metros atrás de William, disparasse acidentalmente sua espingarda, não acertando a orelha do futuro monarca por centímetros. Os guarda-costas reais, que até então haviam mantido suas objeções para si mesmos, correram na direção de William e de seu horrorizado e boquiaberto amigo, com as pistolas em punho. William explicou que o outro garoto não tinha experiência e nada de ruim acontecera. Menos de dez minutos depois, a caçada foi retomada, como se nada tivesse acontecido.

Se o pior tivesse acontecido — e somente um ano depois da morte acidental de sua mãe —, a monarquia dificilmente teria sobrevivido. Por incrível que pareça, Charles deu de ombros quando foi informado do incidente, que poderia ter sido evitado com um pouquinho de bom senso parental. "Alguém se feriu?", perguntou ele, emendando: "William está cercado por pessoas cujo único trabalho é protegê-lo. Se realmente houvesse perigo, tenho certeza de que eles teriam interferido."

No que dizia respeito ao príncipe de Gales, havia assuntos mais importantes a tratar: por exemplo, as seis luxuosas festas planejadas durante o mês anterior para seu aniversário de 50 anos, em 14 de novembro de 1998. O marco pesava sobre sua mente — tanto que ele começou a dizer, durante jantares e outros eventos privados, que a mãe de 72 anos o estava atrapalhando. A esposa de um colega de Charles no Beaufort Polo Club disse: "Ficamos chocados quando o príncipe de Gales bateu os talheres na mesa e disse, quase gritando: 'Por quanto tempo ela vai me fazer esperar? Por que não abdica do trono?'"

Em outro evento, no qual Lord Mishcon estava presente, Charles ficou "agitado" ao falar sobre a rainha e seus assessores no Palácio de Buckingham — em especial o secretário particular dela, Sir Robert Fellowes. "Chega uma hora em que você tem que sair do palco", queixou-se Charles, que achava que seus planos para o futuro estavam sendo frustrados pela intransigência da "mamãe". "Aquele horrível Fellowes e todos os outros ficam repetindo para a rainha que ela pode ocupar o trono para sempre. Não sei por que ela não se afasta e vai descansar. Ela se dedicou muito. Ela merece. *Eu* mereço."

As tensões entre os dois campos reais primários — todos os homens da rainha no Palácio de Buckingham e a leal corte de Charles no Palácio de St. James — cresciam, com a equipe do príncipe defendendo um reposicionamento da monarquia, com ele no controle. "Acreditamos que o príncipe é a voz do que a monarquia será no século XXI", disse um assessor ao *New York Times*.

O produtor de TV Gavin Hewitt jogou mais lenha na fogueira quando abordou Charles a respeito de um documentário para o *Panorama*, da BBC, que coincidiria com seu aniversário. Embora não aparecesse em *Prince Charles at 50: A Life in Waiting* [O príncipe Charles aos 50 anos: uma vida à espera], ele aceitou conceder uma entrevista (não gravada) e deu a Hewitt livre acesso a amigos e membros de sua equipe. Apesar de muitos de seus comentários permanecerem secretos durante anos, o príncipe disse a Hewitt que se sentia "torturado" em relação à sua vida particular, alegando ter sido transformado "em uma indústria para o lucro alheio".

Quando Hewitt perguntou sobre Camilla, Charles respondeu: "Eu achava que o povo britânico era compassivo. Mas não vejo isso." E acrescentou: "Por que as pessoas acham que têm o direito de fazer essas perguntas? Durante toda minha vida, me disseram o que fazer. Estou cansado disso. Minha vida particular se tornou uma indústria. Estão ganhando dinheiro com ela."

Charles continuou a reclamar, sem estar sendo gravado, sobre outras questões. Ainda irritado por ter que desistir do iate real *Britannia* (cuja manutenção básica custava quase US$20 milhões por ano), o príncipe queixou-se das "falsas economias" feitas por oficiais do Tesouro "de mente pequena" que eram "incapazes de ver além do balanço patrimonial".

Os comentários mais provocativos vazados do Palácio St. James foram ao ar em um documentário separado, *Charles at 50*, da London Weekend Television. Embora o próprio príncipe já não fosse reticente sobre como seria sua vida "quando eu estiver fazendo o trabalho da minha mãe", seus assessores ousadamente falaram sobre o chefe "tornando-se o número 1". Um deles comentou, irritado: "A rainha gosta de ser rainha, e não abre mão de muita coisa."

Para sermos justos, a rainha se mostrava cada vez mais disposta a ser substituída por Charles em eventos importantes. Por exemplo, ela o enviou para representar a Coroa na devolução de Hong Kong à China em junho de 1997 (quando ele reclamou por viajar em um voo comercial) e à Irlanda do Norte em agosto de 1998, depois que um carro-bomba do Exército Republicano Irlandês matou 29 pessoas na cidade de Omagh. Porém, era cada vez mais evidente que o herdeiro do trono e os membros de sua corte particular em St. James estavam cada vez mais impacientes.

No ano que marcou seu meio século de existência, o príncipe de Gales viveu uma estonteante reviravolta do destino. O acontecimento mais convulsivo de sua vida — a morte de Diana — permitiu que ele parasse de competir com o ser mais amado do planeta pelo afeto do público. Já não sendo o membro mais detestado da família real, ele passara a ser visto não como um galanteador pomposo e idiota sem noção, e sim como um pai amoroso e um filantropo importante, cujo Prince's Trust impactara fortemente a sociedade britânica. Depois de cair nas pesquisas de 82% em 1991 para 41% em 1996, ele se recuperou de modo surpreendente. No fim de 1998, 63% dos britânicos achavam que Charles seria "um bom rei".

Um fator-chave foi, indubitavelmente, a ascensão ao poder de Tony Blair e do Partido Trabalhista. Durante anos, Charles fora o único membro da família real, com exceção de Diana, que defendera convocar o setor privado para criar oportunidades para as minorias, os jovens e os desempregados, e falara sobre questões como assistência médica, agricultura orgânica e mudanças climáticas. Como disse Mark Bolland, "de repente, as visões dele se tornaram a linguagem política do país". Quanto às políticas de Blair, o diretor do Prince's Trust, Tom Shebbeare, alegou que, "para nosso deleite, muito do que o governo está fazendo foi copiado de nós".

Ainda mais importante foi a ofensiva de sedução orquestrada por Bolland. Pela primeira vez, Charles tinha a seu lado alguém que sabia agradar à imprensa. "Acho que ele foi difamado e tratado com injustiça, e espero, nesse cargo, ajudá-lo a entender a mídia moderna. Acredito na monarquia, e ele a encarnará. O príncipe só vai sobreviver se seguir pelo caminho certo", explicou Bolland.

Por insistência de Bolland, Charles contratou a Brown Lloyd James, a empresa de relações públicas londrina dirigida pelo ex-assistente pessoal dos Beatles Peter Brown, pelo ex-editor do *Daily Express* Sir Nicholas Lloyd e Howell James, que já dirigira o escritório político do número 10 de Downing Street. Os outros clientes da empresa incluíam a Christie's, a BBC, o estilista Ralph Lauren e o compositor Andrew Lloyd Webber. Assim que foram contratados, os novos assessores do príncipe o persuadiram a conversar com os repórteres que cobriam seu cotidiano — para os quais ele não dizia uma única frase não ensaiada há mais de uma década. O gelo foi quebrado durante um voo da África do Sul para a Suazilândia, quando o príncipe deixou os repórteres atônitos ao entrar na classe econômica e brincar, entre outras coisas, sobre ter que permanecer calmo enquanto saudado por nativas "enérgicas" e de seios descobertos em praticamente toda parada. "CHARLES BRINCA DURANTE VIAGEM REAL", gritou a manchete de primeira página do *London Evening Standard*.

Em caráter particular, o príncipe também se mostrava mais relaxado. Em certo fim de semana, o telefone de Bolland tocou, e Charles, que raramente tinha a satisfação de realizar um telefonema sozinho, perguntou a seu oficial de relações públicas se ele estava fazendo "algo interessante".

"Na verdade, eu estava esvaziando a máquina de lavar louças", respondeu Bolland.

"Ah, sim", respondeu o príncipe. "E agora devo perguntar: 'O que é isso?'"

Porém, muitas vezes ele voltava a encarnar o príncipe taciturno, inseguro e mimado de antes. Durante um jantar em Highgrove em meados de 1998, perguntou a Peter Mandelson o que o Gabinete de Tony Blair pensava dele e, mais uma vez, Mandelson cometeu o erro de ser sincero ao responder: "Eles acham que você sente pena de si mesmo." Movendo-se para o saguão frontal, um desanimado Charles começou a perguntar a seus convidados se os membros do Gabinete tinham razão. "Acho que nenhum de nós conseguirá suportar você fazendo essa pergunta pelo próximo mês", respondeu Camilla bruscamente, cumprindo seu papel de a realista do relacionamento. "Muito bem", respondeu ele, desamparado. "E quanto aos próximos vinte minutos?"

Sempre havia quem defendesse tal insegurança. "Ele foi agredido com críticas intensas, brutais e injustas, e suportou isso mais que qualquer outro ser humano", disse Chris Patten, o último governador britânico de Hong Kong. Mas até o amigo e mentor de Charles, o Dr. Eric Anderson, reconheceu que a sensibilidade do príncipe é "uma grande fraqueza. Sem dúvida seria mais fácil ter a pele grossa como a de um elefante para aguentar as pedras e flechas lançadas pela mídia, mas ele tem a pele muito fina e é sensível ao que dizem sobre ele". A diretora de uma das organizações filantrópicas apoiadas pelo Prince's Trust ficou tão cansada da situação que disse: "Ah, pare de reclamar. Todos nós temos problemas com nossos pais." O príncipe, continuou ela, "resmunga sobre isso o tempo todo".

Esse não era o tipo de problema que afligisse Camilla. Quando sua amiga Linda Edwards perguntou como ela lidava com todas "aquelas matérias horríveis a seu respeito", Camilla respondeu: "Eu não as leio. E fui criada para seguir adiante com minha vida, e não para sentar em um canto e chorar."

Charles sofria com a indisposição da mãe de se afastar do trono — ainda mais durante a crise desencadeada pela morte da princesa de Gales, quando a rainha demonstrara quão desligada estava da Grã-Bretanha moderna. Com a ajuda de Tony Blair, Charles praticamente resgatara a monarquia, e se sentia mais que pronto para "seguir em frente". Com sua aprovação explícita, Bolland disse aos produtores de *Charles at 50* que o príncipe de Gales ficaria "encantado se a rainha abdicasse". Esse comentário era tão incendiário que os produtores do programa conferiram várias vezes sua veracidade com o Palácio de St. James. E todas as vezes os conselheiros de Charles confirmaram a citação.

Não era difícil imaginar como seria Charles III. "Quando for o número 1", cogitou um funcionário, "ele vai assumir algumas responsabilidades e se livrar de outras. Como rei, ele não poderá dar sermões em todo mundo a toda hora. Mas, conhecendo-o como conheço, ele fará isso". *Charles at 50* deu aos telespectadores um vislumbre das mudanças que o príncipe tinha em mente para a monarquia. Para começar, ele não moraria no Palácio de Buckingham, que seria usado como sede da monarquia em Londres e estaria aberto aos turistas e para eventos cerimoniais. Ele moraria no Castelo de Windsor. O Palácio de St. James, Highgrove e as imensamente lucrativas propriedades da rainha no ducado de Lancaster iriam para o novo príncipe de Gales, William.

Insinuando que ele era o único a ter a vitalidade e a visão necessárias para modernizar a monarquia, Charles queria acabar com a Lista Civil — o fundo aprovado pelo Parlamento para financiar a rainha e sua família —, substituindo-a por um autossustentável Fundo Soberano que poria fim ao desagradável ritual de pedir dinheiro à Câmara dos Comuns todos os anos. Infelizmente, isso exigiria devolver à monarquia a Crown Estate, que George III entregara ao governo em 1760. (Em 1998, a Crown Estate, que incluía toda a Regent Street e metade da rua St. James em West London, entre outras coisas, gerava uma receita anual de cerca de US$200 milhões. Em 2022, seus ativos seriam avaliados em torno de US$20 bilhões.) O plano de Charles envolvia retirar 15% da receita líquida total para financiar a monarquia, acabando com a necessidade de debater o valor todos os anos no Parlamento. Além disso, o príncipe queria reduzir a própria monarquia ao remover seus irmãos Andrew e Edward da folha de pagamento e promover a irmã Anne a uma posição de proeminência, como sua "parceira real".

"Mencione o cargo principal e a equipe do príncipe começa a falar no tempo futuro, não no condicional; sobre *quando*, não *se*", disse Warren Hoge, do *New York Times*. "Eles acreditam, até de forma arrogante, que seu outrora menosprezado homem pode estar à altura da posição." Um deles disse a Hoge que "seria agradável" ter um monarca "atencioso. Não temos um há algum tempo".

O príncipe Charles estava em uma viagem aos Bálcãs quando *Charles at 50* foi ao ar, gerando alvoroço na mídia. Minutos depois, ele telefonou para a mãe negando ter dito ou pensado tal coisa e relatando quão "aborrecido" estava com a mera menção da palavra *abdicar*. Toda a ideia era "ridícula", disse ele em uma declaração que também elogiava "o senso de dever e lealdade" da rainha como "um exemplo para todos nós".

Suas desculpas caíram em ouvidos moucos. Sua Majestade estava furiosa. "Ela ouvira rumores sobre o que o príncipe vinha dizendo pelas suas costas, e eles eram bastante dolorosos", disse um ex-secretário particular. "Mas, ao permitir que Bolland fosse a público, os rumores se transformaram em ameaças." Também "deixaram Sua Majestade mais obstinada". A rainha-mãe jamais perdoara o duque e a duquesa de Windsor por forçar seu frágil marido a assumir o trono e, aos 98 anos, estava mais convencida do que nunca de que Camilla era uma influência tão tóxica sobre Charles quanto Wallis Simpson tinha sido sobre Edward VIII.

A rainha concordava com a mãe. Complicando ainda mais as coisas, ela acreditava ter feito um pacto solene com Deus, prometendo reinar enquanto sua saúde física e mental permitisse. Como líder da Igreja da Inglaterra, ela considerava os votos que fizera durante sua coroação tão sagrados que, durante anos, impedira a divulgação da gravação que mostrava o momento em que fora sagrada rainha. "Durante seu reinado", disse Gavin Hewitt, a rainha "esteve determinada a [...] proteger seu legado, passando adiante uma monarquia saudável. A indefinida vida particular do filho parece ameaçar o que ela trabalhara tão duro para preservar. A rainha não somente é contrária ao casamento dele, como acredita que o público jamais aceitará Camilla como rainha ou Charles como rei com Camilla a seu lado".

Tendo cometido um sério erro ao desafiar publicamente a soberana no que via como seu momento de maior fragilidade, Charles recuou. Continuando a campanha para vender o príncipe como o que Bolland chamava de "cara legal", a rede ITV exibiu durante duas horas uma festa de aniversário cheia de celebridades. Em certo ponto do programa, a Spice Girl Geri Halliwell fez sua melhor imitação de Marilyn Monroe cantando uma versão sexy de "Parabéns pra você" para o futuro rei ("Feliz aniversário, Vossa Alteza Real").

Em 12 de novembro, houve outra festa, dessa vez no Palácio de Hampton Court, com Camilla fazendo uma aparição furtiva, mas fora do alcance das câmeras. Os assessores de Charles insistiram para que ele aparecesse no dia seguinte em Sheffield, onde se uniu a um dos astros de *Ou tudo ou nada* — o filme britânico sobre seis operários desempregados que se tornam strippers — numa fila de desempregados ao som de "Hot Stuff", de Donna Summer. O príncipe estava desconfortável, mas, quando a breve paródia chegou ao fim, a multidão aplaudiu com simpatia.

O aniversário de 50 anos de Charles, em 14 de novembro, caiu em um sábado, e a rainha ofereceu no dia uma festa para 850 pessoas no Palácio de Buckingham. Camilla não foi convidada, o que não era nenhuma surpresa. O convidado de honra e sua equipe foram informados que Sua Majestade ainda estava furiosa com todos os pedidos de abdicação emanados do Palácio de St. James. Embora zangada, a soberana era esperta o bastante para não demonstrar. Em uma rara, mas cálida, demonstração pública de afeto, a rainha começou seu breve discurso chamando o filho de Charles, ao que ele retribuiu chamando-a de mamãe.

A festança de Charles em Highgrove, planejada com precisão militar por Camilla, foi outro ponto de referência no relacionamento deles. Em reconhecimento da paixão do príncipe pela agricultura orgânica, Camilla usou flores silvestres, galhos, folhas, trepadeiras e tocos de árvores na recém--finalizada Sala do Pomar para recriar o jardim murado dentro de casa. Dessa vez, ela deixou claro que já não estava disposta a "se esconder". Ela instruiu o motorista a desacelerar quando sua limusine chegasse à propriedade. Saiu do carro se exibindo para os fotógrafos em um decotado vestido de veludo verde-esmeralda e um espetacular colar de diamantes, turquesas e safiras.

A maioria dos 340 convidados já estava na festa quando William, que havia acabado de treinar com os cadetes em Eton, chegou usando traje de combate. Ele correu para o andar de cima e voltou minutos depois, de smoking. Durante o jantar, o primogênito de Charles ergueu sua taça de champanhe rosé para brindar o aniversariante. Mais tarde, ele e Harry — os autonomeados DJs da noite — ficaram ao lado de Camilla diante de uma enorme pilha de CDs antes que ela escolhesse uma música disco que fora sucesso na época em que ela e Charles haviam retomado seu caso: "YMCA", do Village People.

Ao lado dos filhos de Camilla, Tom e Laura, os jovens príncipes assistiram, fingindo estarem horrorizados, a Charles e Camilla dançarem ao som de Bee Gees, ABBA, Queen, Chic e Gloria Gaynor. Às 3 horas da madrugada, William e Harry, também fãs de *Ou tudo ou nada*, tocaram "You Sexy Thing", do Hot Chocolate, tiraram a camisa e começaram a desabotoar as calças, enquanto os convidados remanescentes caíam na gargalhada. Isso se tornaria a apresentação oficial dos príncipes em festas com amigos.

As ausências mais notadas foram as da rainha, do príncipe Philip, dos irmãos de Charles e da rainha-mãe — todos demonstrando solidariedade à monarca em sua recusa de se reunir ou mesmo ser vista com Camilla. A princesa Margaret, disposta a desobedecer a irmã, estava presente, assim como os atores Stephen Fry e Rowan Atkinson, para apresentar paródias constrangedoras, e a Spice Girl Geri Halliwell, que leu um poema que escrevera especialmente para a ocasião. "Príncipe encantado, você está no auge", disse ela, antes de pronunciar a frase mais chocante da noite: "O trono é seu, está quase na hora." Charles ficou visivelmente abalado, mas se recuperou com rapidez.

Talvez o mais importante para a infame amante de Charles foi a presença de muitas das cabeças coroadas da Europa, tanto titulares como destronadas — incluindo as da Espanha, da Dinamarca, da Grécia, dos Países Baixos, da Bélgica, de Luxemburgo, da Bulgária —, e mesmo de países árabes. Pela primeira vez, Camilla os recebia como anfitriã, um grande passo em termos de protocolo e evidência de que ela seria capaz de assumir alguns deveres reais no futuro

Dez semanas depois, Charles e Camilla alcançaram outro marco, e Mark Bolland garantiu que centenas de jornalistas estivessem presentes ao informá-los com três dias de antecedência. Em 28 de janeiro de 1999, o príncipe e a amante ficaram juntos por vinte segundos nos degraus do hotel Ritz de Londres, onde celebraram o 50º aniversário da irmã de Camilla, Annabel Eliot. O local e a data do evento — a primeira aparição pública oficial como casal — não foram por acaso. De todas os eventos, festas e bailes de gala que Camilla poderia ter escolhido, o aniversário ocorreu exatamente uma década depois de a princesa de Gales tê-la acuado e censurado na festa de 40 anos de Annabel.

Dessa vez, por insistência de Bolland, Camilla escolheu um traje discreto para se apresentar às massas. Em vez de um vestido de baile com decote exagerado e joias dignas de uma imperatriz, ela usou um conservador vestido preto e um colar de pérolas. Nada disso importou para os leais a Diana, que reconheceram a importância da data. Um deles comentou que "as pessoas dizem que Camilla é legal e descomplicada. Mas tudo que você precisa fazer é observar como ela conspira, maquina — a enganação."

Em uma questão de semanas, e com a ajuda de vazamentos precisamente cronometrados pelo Palácio de St. James, os paparazzi fotografaram Charles e Camilla caçando em East Yorkshire e assistindo a espetáculos no Royal Shakespeare Theatre em Stratford-upon-Avon. Sob a direção de Bolland, a Operação PB teve outro triunfo em maio, quando Camilla retornou ao hotel Ritz em Londres — dessa vez como anfitriã de um banquete para a Sociedade Nacional de Osteoporose. Confiante em seu novo papel como companheira oficial de Charles, ela usou um broche de diamantes com o distinto emblema de penas de avestruz do príncipe de Gales. Mais tarde, foi convidada dele em um jantar no Palácio de Buckingham para norte-americanos ricos que haviam contribuído com milhões para a fundação filantrópica do príncipe de Gales. Foi outra primeira vez para Camilla, tornada ainda mais intrigante por sua dramática entrada na Sala Branca ao lado de Charles, através de uma porta secreta escondida atrás de um grande armário e um espelho de moldura dourada de 9 metros de altura. A porta pela qual a rainha normalmente entrava se conectava aos aposentos privados da família real.

Porém, a Operação PB sofreria outro revés naquele mesmo mês. Em uma época na qual Camilla não podia se dar ao luxo de ser retratada sob uma luz menos favorável, seu filho Tom admitiu ter cheirado cocaína durante o Festival de Cinema de Cannes, quatro anos depois de sua prisão por posse de maconha e ecstasy, em 1995. A mídia inundou o país com revelações desagradáveis sobre ele — enfatizando a mais memorável de todas: a vez em que comparecera a uma "festa do fetiche" vestido de dominatrix, com meia-arrastão e saltos altos.

Sem jamais ter realmente se dedicado à criação dos filhos — sempre a cargo de babás e governantas e, depois, professores de internato —, Camilla evitou comentários. Em seu papel como padrinho do rapaz, Charles recebeu a tarefa de dar um sermão no jovem: "Sua mãe está muito aborrecida. Pelo amor de Deus, pense no que isso tudo está fazendo com ela." Ele também disse a Tom para manter-se longe de William e Harry até que seu problema com a cocaína estivesse resolvido.

A família Parker Bowles voltaria às manchetes quando Emma Parker Bowles, sobrinha de Camilla e primeira paixonite séria de William, começou sua reabilitação pelo abuso de álcool e cocaína. Quando um tabloide descobriu que ela passara um mês se desintoxicando em uma clínica no Arizona, Emma descreveu o caso como "muito perturbador". Nessa mesma época, não eram poucas as pessoas do círculo de William que lutavam contra o uso abusivo de substâncias: seu primo Nicholas Knatchbull, bisneto de Lord Mountbatten e amigo mais próximo do herdeiro em Eton, acabaria indo para a reabilitação duas vezes em dois anos. Tara Palmer-Tomkinson, filha dos companheiros de esqui de Charles, Charlie Palmer-Tomkinson e a esposa Patti, também estava em tratamento por vício em cocaína. Até um favorito da rainha, o primo Lord Frederick "Freddie" Windsor, era dependente de drogas. "É muito difícil evitar entrar nesse tipo de coisa quando você frequenta esses círculos", ele advertiu aos filhos de Charles.

A diferença era que Tara Palmer-Tomkinson, Nicholas Knatchbull ou Freddie Windsor não eram filhos de Camilla. Meses depois, quando Emilie van Cutsem confidenciou a Charles, durante um jantar, que Tom estaria usando drogas novamente, Camilla retaliou espalhando falsos rumores sobre os filhos da suposta amiga de longa data. Um conhecido norte-americano disse que "mesmo com pessoas que ela conhece há anos, Camilla é impiedosa se houver o menor sinal de traição. Ela suspeita de todas as mulheres e, caso se sinta ameaçada, torna-se letal".

Os escândalos envolvendo o uso de drogas e a festa do fetiche de Tom Parker Bowles foram um grande revés para Charles e Camilla, que vinham fazendo grandes avanços na direção de sua aceitação pelo público como um casal. A rainha, porém, não dera sinais de abrandar sua posição, e avisara a Charles que os jovens príncipes não deviam se relacionar com o filho rebelde de sua amante. "Quando pareceu que os príncipes estavam sendo arrastados pelos Parker Bowles", comentou um membro da corte, a rainha ficou "muito zangada". Em uma incomum exibição de união em relação à questão Parker Bowles, o Palácio de Buckingham e os conselheiros de Charles concordaram que Tom não deveria ser visto em público com William ou Harry. Camilla também fora aconselhada a ficar longe dos olhos do público até que os escândalos cessassem.

Os protestos do príncipe de Gales não foram considerados quando a rainha proibiu Camilla de comparecer, em 19 de junho de 1999, ao casamento do príncipe Edward com Sophie Rhys-Jones, que se parecia um pouco com a falecida princesa de Gales. Charles, que já tinha sido padrinho na cerimônia do irmão Andrew, foi à Capela de São Jorge e à discreta recepção para seiscentas pessoas, mas não fez questão de disfarçar o quanto a ausência forçada de Camilla lhe desagradava. Seria esse um sinal de que houvera um grande revés na campanha de aprovação de Camilla pela Coroa? A resposta emitida por um porta-voz do palácio foi de que "a rainha deixou claro que qualquer aproximação está fora de questão".

Charles, cujo novo mantra era "Estou cansado de ouvir as pessoas me dizendo o que fazer", não cedeu aos desejos da mãe. Camilla se uniu a ele e aos garotos a bordo do *Alexander* quando eles embarcaram, em julho, para um cruzeiro de dez dias no mar Egeu. Além disso, Charles ignorou as notícias sobre o vício de Tom Parker Bowles e o convidou para ir junto, ao lado de sua irmã Laura.

O príncipe de Gales e a amante voltaram a ser acusados de desrespeitar a memória de Diana. Haviam se passado oito anos desde que, em seu décimo aniversário, o príncipe e a princesa de Gales haviam feito uma última tentativa de salvar o casamento, embarcando no *Alexander*. "Cada um desses lugares representava a rivalidade entre as duas", disse uma amiga da princesa. "Camilla fazia questão de retornar a eles para deixar claro que vencera. Isso deixou muita gente furiosa."

A despeito de tudo, Charles estava convencido de que Camilla poderia ser útil para a família real como embaixadora da boa vontade no exterior. Para provar isso, ele a enviou em uma viagem a Nova York. Foi uma decisão ousada. Por mais popular que a princesa de Gales fosse na Inglaterra, ela era idolatrada nos Estados Unidos — o país era chamado, pelo príncipe e sua cautelosa equipe de relações públicas, de "território de Diana".

Com Mark Bolland a seu lado, Camilla embarcou em um Concorde em 19 de setembro de 1999, para uma breve estadia em East Hampton na mansão de Scott Bessent, o publicamente gay *protégé* do titã bilionário dos investimentos George Soros e grande financiador das obras filantrópicas de Charles. Camilla foi de helicóptero para Manhattan no meio de uma tempestade — "Querido, foi *aterrorizante*. Achei que estava prestes a morrer", contaria depois a Charles — e se registrou em uma suíte com diárias de US$1.100 no Carlyle (o hotel favorito de Diana), na Madison Avenue.

Nunca se afastando de Bolland, Camilla fez uma breve visita à Academia de Arte de Nova York e assistiu a uma apresentação de *Cabaret*. O ponto alto da viagem foi um almoço oferecido pela grande dama da sociedade de Park Avenue, Brooke Astor, de 97 anos, e pela lenda viva dos noticiários, Barbara Walters. Entre os convidados, estavam o político, diplomata e ex-secretário de Estado norte-americano Henry Kissinger; o então secretário-geral da ONU Kofi Annan; o magnata da mídia Mort Zuckerman; o bilionário (e futuro prefeito de Nova York) Michael Bloomberg; o estilista Oscar de la Renta; a editora da revista *Vogue*, Anna Wintour; e o ator Michael Douglas com sua esposa, a também atriz Catherine Zeta-Jones.

Astor conhecera Alice Keppel, e Camilla estava ávida para saber o que pudesse sobre a bisavó, que era considerada uma pária social — excluída pelas classes altas, que a viam como devassa e predadora, e não somente por causa de seu caso com o rei. Embora tivesse se casado com o desafortunado George Keppel, ela tivera duas filhas fora do casamento, de pais diferentes: Sonia, que se presumia ser filha do rei Edward, e Violet, cujo pai era Lord Grimthorpe, um dos projetistas do mecanismo do Big Ben. Se Sonia era filha de Edward VII, então Camilla e Charles eram primos em segundo grau.

Brooke Astor também evitou contar à sua convidada que a Sra. Keppel não era uma mulher bonita e que tivera "um fim muito triste", passando seus últimos anos em um quarto no hotel Ritz, confusa por causa dos danos causados pelo álcool, e depois, na Villa Ombrellino, em Florença, onde morreu de cirrose em 1947. Mas causou uma cena ao dizer para Camilla que sua bisavó teria "muito orgulho" dela, deixando a convidada de olhos arregalados. "Você está mantendo o negócio da família! Duas gerações fornecendo amantes!" O presidente da Fundação Carnegie, Vartan Gregorian, estava presente e disse que Camilla foi "simpática" e "riu do comentário", mas acrescentou: "Foi um momento constrangedor."

Camilla se consolou com o fato de que a Sra. Astor, que podia estar sofrendo de demência, também foi rude com outros convidados. Quando Zeta-Jones passou por perto, Astor apontou para ela e perguntou a Gregorian: "Quem é essa mulher?" Quando ele respondeu que Zeta-Jones era "uma grande atriz", Astor respondeu em voz alta: "Ela está usando o vestido errado para a ocasião!" De acordo com Gregorian, a atriz galesa, que estava diretamente em frente a Astor, "fingiu não ouvir".

Ao fim do almoço, as draconianas regras antifumo de Nova York, que tornavam quase impossível fumar em qualquer lugar, cobravam seu preço. Segundo um convidado, Camilla "quase teve um acesso por causa da falta de nicotina. A primeira coisa que ela fez ao sair foi acender um cigarro e dar uma longa tragada".

Mais tensa foi outra recepção lotada de celebridades que chegou a um fim abrupto quando alguém telefonou informando sobre uma ameaça de bomba. No momento em que o esquadrão antibombas chegou, Camilla saiu por uma porta lateral, acendeu um cigarro e brincou: "Bem, *isso* foi divertido!"

Com exceção do fumo, Camilla encantou seus anfitriões norte-americanos. A cobertura da mídia foi quase universalmente positiva, e Charles teve o cuidado de garantir que o novo secretário particular da rainha, Robin Janvrin, deixasse cópias dos artigos laudatórios na mesa dela — "para que ela possa ler antes de começar a trabalhar com as caixas".

De volta a território familiar, Camilla foi conduzida por Bolland a outro evento de arrecadação de fundos de grande visibilidade — dessa vez, um jantar de gala para a fundação de filantropia do príncipe em Holyrood, Edimburgo, num palácio do século XVI que servia como residência oficial da monarca na Escócia (e outrora lar da desafortunada rainha Mary).

Mais uma vez, Camilla encantou os norte-americanos ricos da lista de convidados com seu senso de humor e por se mostrar tão acessível. "Ela é uma daquelas pessoas que entende piadas de mau gosto e adora rir", disse a amiga Joan Rivers. "Camilla não se leva a sério e faz o príncipe Charles colocar os pés no chão quando ele fica pomposo demais. Mas não se engane, ela é muito esperta e está bem ciente de que deve ser cuidadosa. Camilla sempre sabe o que está fazendo, porque, se der um passo em falso, pode ferir Charles — e, obviamente, ela o ama sem reservas."

Depois que pernoitara em todas as residências reais — Palácio de Buckingham, Castelo de Windsor, Sandringham, Balmoral e Holyrood — sem a rainha estar presente, Camilla começou a se sentir como um membro da família. Isso não se estendia à vida dos jovens príncipes, com uma infeliz exceção. Em meados de 1999, ela incentivou William a tornar pública sua paixão pela controversa caça à raposa, algo que, até aquele momento, era segredo. "Camilla era apaixonada por caçadas e achou que William melhoraria a imagem do esporte se as pessoas o vissem em ação. Obviamente, ela estava muito errada", disse um membro do Beaufort Hunt Club.

Obviamente. O primogênito de Charles caçava nas propriedades reais havia anos. Mas, quando os jornais publicaram fotos do herdeiro a cavalo, usando jaqueta de tweed e acompanhado por duzentos membros do Beaufort Hunt, os ativistas dos direitos dos animais ficaram horrorizados. Embora pessoas como Camilla e os Windsor vissem a caça à raposa como uma sagrada tradição britânica, as pesquisas indicavam que a maioria dos cidadãos do Reino Unido a considerava indefensavelmente cruel. O

Express censurou William por sua "arrogância inerente à classe alta" e o acusou de demonstrar "flagrante desrespeito" pela opinião pública. "QUE VERGONHA", proclamou a manchete de primeira página do *Mirror*, que descreveu o príncipe como "altivo e provocador". William foi denunciado até no Parlamento. O membro da Câmara dos Comuns Mike Foster acusou o jovem de ser "arrogante e insensível" por tomar a decisão de "apoiar tão publicamente as caçadas".

Charles ficou chocado — e se mostrou desafiador. "Essas pessoas jamais caçaram. Elas sequer podem pagar pelas caçadas e, portanto, não têm ideia do que estão falando", reclamou ele para outro membro do clube. "Imagine tentar nos dizer o que podemos ou não fazer! Que impertinência!"

William, por sua vez, ignorou os críticos, assim como o pedido do pai para não ir a boates londrinas que havia passado a frequentar — estabelecimentos como Crazy Larry's, K-Bar e Chinawhite. Ao contrário de alguns de seus amigos aristocratas, William jamais saiu da linha quando se tratava de drogas. Beber sendo menor de idade era outra coisa. O Rattlebone Inn, um pub que existia há quatro séculos e se localizava a alguns quilômetros de Highgrove, era um de seus bares favoritos — e seria onde, mais tarde, Harry se envolveria em um problema sério. Mais de uma vez, os jovens príncipes foram para o beco atrás do pub e se esconderam durante batidas policiais em busca de menores bebendo ou álcool sendo servido depois do horário permitido. Se tivessem sido pegos, é improvável que fossem presos — seus guarda-costas foram instruídos a ficar sempre por perto, em meio às pessoas, para evitar o pior.

Charles via com algum divertimento William lidar com seu novo status de símbolo sexual. Além do grupo usual de beldades da classe alta que viviam na periferia da família real — loiras de olhos arregalados e morenas de pernas longas com nomes como Emilia d'Erlanger e Davina Duckworth-Chad —, ao menos duas norte-americanas haviam chamado a atenção do herdeiro. A partir de julho de 1999, William trocou tórridos e-mails com a modelo Lauren Bush, sobrinha do presidente George W. Bush.

Pouco depois, um ícone pop dos Estados Unidos iniciou um ataque cibernético ao coração do príncipe. Quando a cantora Britney Spears soube que William havia pendurado um pôster dela na parede de seu quarto em

Eton, os dois iniciaram uma correspondência que um de seus colegas mais discretos chamou de "safada". William convidou a cantora para ser sua acompanhante oficial na festa que ele planejava dar na virada do milênio — uma festança que chamava de Willenium —, mas a agenda de shows dela a impediu. emeles combinaram então, de se encontrar em Londres em fevereiro, no primeiro Dia dos Namorados do novo milênio. Charles sentiu a frustração do filho quando esses planos vazaram para a imprensa e o Palácio de St. James foi forçado a publicar uma negativa que reforçava o "absurdo criado pelas empresas de relações públicas", embora não negasse as tórridas mensagens que ele e Britney haviam trocado pela internet.

Com a aproximação do ano 2000, Charles ofereceu Highgrove como local para a tão esperada festa do filho. "William não deixará que o lugar seja destruído. Ele gosta de lá quase tanto quanto eu. Ao menos assim o tumulto será contido", argumentou. Mas William já estava farto dos vazamentos que o obrigavam a mudar de planos. Por fim, desistiu de um grande evento público; em vez disso, decidiu ficar "seriamente bêbado" com os amigos em um vilarejo minúsculo e decadente perto de Sandringham. Dois dias depois, no voo para Gales, ele contou à aeromoça da British Airways que ainda estava de ressaca.

Charles levou o início do novo milênio mais a sério. Segundo as suposições de Alan Hamilton, correspondente real do *Times*, "acho que foi um pouco diferente para ele. Charles cresceu pensando que, a essa altura, seria rei, o monarca que uniria os séculos XX e XXI. Esses marcos são significativos para ele por ser um homem consciente da história e de seu lugar nela".

Isso estava quase dolorosamente evidente no discurso de cinco minutos de Charles, "Pensamento do dia", gravado em Highgrove e transmitido pela BBC Radio 4 em 1º de janeiro de 2000. Em um discurso que soou como uma defesa da religião, Charles conseguiu invocar Platão, Rilke, Einstein, Dante e "Nosso Senhor, Jesus Cristo" enquanto atacava a engenharia genética, a perniciosa falta de espiritualidade e a afronta dos anticriacionistas. "Afinal, a chance de a vida começar por acaso é tão grande quanto a de um furacão passar por um ferro-velho e montar um Rolls-Royce", disse ele.

Enterradas no texto cristão estavam referências que permitiam dar pistas sobre o tipo de monarca que Charles pode vir a ser como o primeiro rei inglês do terceiro milênio. "É claro, há toda a diferença do mundo entre renovar o que é antigo e substituir o antigo pelo novo", argumentou ele, sugerindo que pretendia tomar o último caminho. "O milênio nos fornece a oportunidade de abandonar os polos do otimismo cego e do desespero total, e redescobrir uma emoção muito mais antiga: a esperança."

Onde estava Charles nesse momento tão marcante do século XX? Com Camilla em Highgrove, recebendo o erroneamente presumido novo milênio com alguns amigos próximos (o novo milênio só chegou na virada do ano 2000 para 2001). Por fim, o príncipe de Gales e o amor de sua vida ficaram sozinhos no jardim, de mãos dadas. "Depois de tudo que passamos, queremos ficar sozinhos. Ninguém poderia entender o que sentimos naquela noite", disse ela.

"Juro que não há intenção, plano ou conspiração."
— Um dos assessores de Charles, negando os planos de tornar Camilla
aceitável como rainha para o público

"Provocar o destino não é o estilo de Camilla, mas ela viu isso como sinal de que seus dias como figura demoníaca estavam chegando ao fim."
— Mark Bolland, sobre as pesquisas indicando uma ligeira
alta em sua taxa de aprovação

"Agora posso parar de me esconder."
— Camilla

OITO

"NOSSOS MÚLTIPLOS PECADOS E MALDADES"

"Está nas mãos da rainha agora, não está?", perguntou Charles a Mark Bolland casualmente. "Por quanto tempo esse absurdo vai continuar?" Em maio de 2000, o príncipe de Gales tomou a estratégica decisão de enfrentar as objeções religiosas à sua união com Camilla — e isso incluía levá-la como acompanhante para a assembleia geral da Igreja da Escócia, no Palácio de Holyrood. Além de ser o futuro líder da Igreja da Inglaterra, Charles assumiu seu lugar como alto comissário — o substituto da Coroa — com Camilla literalmente a seu lado. Ele foi embora confiante de que, ao menos para a Igreja da Escócia, não haveria objeção caso o príncipe divorciado se casasse com a amante divorciada — ao menos, não com bases religiosas.

Duas semanas depois, Charles e Camilla tiveram a chance pela qual rezavam e torciam. Em um ostensivo churrasco em Highgrove para celebrar o aniversário de 60 anos do rei Constantine II, que reinara de 1964 a 1973 (quando a Grécia aboliu a monarquia) e era amigo de Charles, Camilla entrou na sala, ficou chocada ao ver a rainha caminhando em sua direção e fez uma profunda e formal reverência. A soberana reagiu com um sorriso. As duas conversaram amigavelmente por dez minutos, até que a rainha passou a bolsa de uma mão para a outra (o sinal de que a conversa havia terminado) e foi falar com outro convidado.

Esse foi o primeiro encontro entre elas em mais de vinte anos — durante a década de 1970, a rainha e Camilla haviam se visto de passagem. Menos de um mês depois, Camilla usou um vestido Versace rosa para o jantar na sede da Prince of Wales's Charitable Foundation, em um armazém reformado no elegante bairro londrino de Shoreditch. Charles e Camilla esperavam posar para os fotógrafos como fizeram em frente ao hotel Ritz, mas, devido à presença de manifestantes antimonarquistas do outro lado da rua, ficaram assustados e logo entraram. Entre os convidados do jantar estavam a atriz veterana Lauren Bacall, o empresário Richard Branson, a estilista Donatella Versace, a modelo Elle Macpherson e Joan Rivers. Observando o armazém e a decoração industrial — marcadores de lugar de arame farpado, toalhas de mesa feitas de borracha preta —, Bacall suspirou e comentou com outro convidado norte-americano: "Isso se parece mais com Detroit do que com Londres. Parece que a monarquia está passando por tempos difíceis."

Para Charles e Camilla, haveria outro importante momento coreografado na semana seguinte. Novamente, ela organizara um evento na Somerset House de Londres para celebrar os 15 anos da Sociedade Nacional de Osteoporose e arrecadar fundos para a entidade. Lord Rothschild e ela recebiam os convidados quando Charles desceu de sua limusine com a rainha Rania, da Jordânia. "Olá, você está aqui", disse o príncipe ao se aproximar de Camilla, com quem trocou dois beijinhos no rosto. Foi o primeiro beijo público dos dois — rápido e leve, mas ainda assim o primeiro.

Ninguém deixou de notar que Camilla usava um magnífico colar de diamantes de US$200 mil que pertencera à princesa de Gales. "É devastador ver outra mulher usando as coisas de Diana", disse Vivienne Parry, amiga da falecida princesa. Exibi-lo daquela maneira tão pública — e na que era somente a terceira aparição como casal — indicou a intenção de Charles de "seguir em frente".

Enquanto iam de um evento para outro, Charles e Camilla ainda tinham que escalar uma montanha íngreme antes de receberem total aceitação da rainha. Sua Majestade ofereceu uma festa no Castelo de Windsor para comemorar o aniversário de 18 anos de William, em 21 de junho de 2000 — e outros aniversários especiais daquele ano: o príncipe Andrew completaria

40 anos; a princesa Anne, 50 anos; a princesa Margaret, 70 anos; e seria o centenário de nascimento da rainha-mãe.

Por ironia do destino, o aniversariante principal não compareceu. William permaneceu em Eston porque precisava estudar para as provas finais. Mas todos os outros aniversariantes estavam presentes, assim como Charles, Harry, a ex-mulher do príncipe Andrew, a duquesa de York (em sua primeira aparição pública com os membros da família real desde a morte de Diana), e até o ex-marido de Camilla, Andrew Parker Bowles.

No entanto, a própria Camilla foi intencionalmente deixada de fora da lista de convidados. Ela também foi excluída da celebração oficial do aniversário de 100 anos da rainha-mãe em julho, quando Charles se sentou ao lado da amada avó em uma carruagem aberta durante a Horse Guards Parade, o grande desfile realizado em Whitehall, no centro de Londres. As festividades do dia incluíram paradas militares (a rainha-mãe estava acostumada a fazer a revisão das tropas, tendo assumido esse papel em 1927), demonstrações da Força Aérea Real e a requisitada presença da família real no balcão do Palácio de Buckingham. Era o tipo de momento histórico do qual Charles esperava que Camilla pudesse participar um dia — que não chegaria tão cedo, ainda mais se dependesse da rainha-mãe. "O príncipe Charles estava dividido entre as duas mulheres que amava, mas a rainha-mãe se mostrou inflexível", disse Margaret Rhodes.

Enquanto Charles estava ocupado com sua família, Camilla se concentrou em outras coisas — a saber, livrar-se de uma vez por todas de suas rivais pelo afeto do príncipe. Camilla, assim como Diana, não veria com bons olhos a relação entre Tiggy Legge-Bourke e Charles, sem mencionar o papel de irmã mais velha que ela desempenhara na vida dos filhos dele. Em outubro de 1999, Legge-Bourke se casou com Charles Pettifer, um oficial do Exército divorciado e pai de dois filhos. (Harry chamou atenção durante a cerimônia quando, graças a uma aposta, tirou um peixinho-dourado do aquário e o engoliu). Charles, consciente da birra de Camilla contra a ex-babá, não compareceu. Daquele momento em diante, Tiggy já não seria a pessoa à disposição para conversar com William quando ele estivesse mal ou consolar Harry, ainda fragilizado. Mas ela não saiu de suas vidas. Segundo ela própria, eles conversariam pelo telefone "constantemente, da maneira que fazem as pessoas que se importam umas com as outras".

Quando a ex-babá passou a se concentrar na própria família (dois anos depois, Harry seria padrinho do filho dela, Freddie), Camilla direcionou sua atenção para a secretária de Charles, Sarah Goodall. Com apenas 24 anos, em 1988 ela foi contratada para cuidar da correspondência do príncipe e estava sempre presente no Palácio de St. James e em Highgrove, além de acompanhar Charles em suas viagens. Nas férias que Charles e Camilla tiraram em Birkhall, apenas oito meses depois da morte de Diana, Goodall foi uma das cinco únicas pessoas convidadas — e sua presença não deixou Camilla feliz. Um funcionário de Balmoral disse: "A Sra. Parker tinha só alguns momentos roubados com o príncipe Charles, e não queria dividi-los com mais ninguém."

Durante a estadia em Birkhall, Charles e a secretária fizeram o mesmo tipo de brincadeira leve que caracterizava seu relacionamento no escritório. Seguindo seu *modus operandi*, Camilla se aproximou de Sarah durante o jantar e conversou sobre cavalos e obras de caridade; as duas até mesmo compartilharam os problemas de saúde de suas respectivas mães. E, queixando-se para Charles e para o chefe de Goodall, Mark Bolland, porque a secretária de longa data era "atirada demais" com o príncipe, iniciou uma campanha para neutralizá-la.

"Camilla deixou claro que não me queria trabalhando lá", disse Goodall. Segundo ela, após mais de dez anos no cargo e sem motivo algum, "todos estavam contra mim". A situação se deteriorou até que, um dia, ao entrar em seu escritório no Palácio de St. James, ouviu que havia sido demitida. Tendo apenas alguns minutos para pegar suas coisas e entregar seu cartão de acesso, foi escoltada por guardas do palácio com expressões fechadas. "Charles não é forte o suficiente para dizer não a Camilla. Ou dizer 'Eu gosto dela, ela vai ficar'", disse a ex-secretária. Mais tarde, Bolland concordaria com a avaliação de Goodall. "O príncipe Charles é muito fraco", declarou ele. E Camilla? "Ela não é."

Conforme os Windsor se aproximavam do terceiro aniversário de morte de Diana, Charles se consolou sabendo que, ao menos superficialmente, seus filhos pareciam bem. E acreditava que isso se devia ao fato de a imprensa ter aderido à autoimposta distância a eles. Com William atingindo 18 anos, o acordo de cavalheiros estava prestes a expirar. Em uma tentativa de manter a grande mídia afastada, ao menos até que ele se formasse na faculdade, o Palácio de Buckingham publicou uma série de fotografias e um vídeo mostrando William passeando pelos claustros de Eton, fazendo uma *paella* e jogando polo aquático e futebol. Sem nunca ter dado uma entrevista antes, o jovem príncipe aceitou, de má vontade, responder às perguntas escritas de Peter Archer, o estimado correspondente real da British Press Association. As revelações bombásticas incluíram o fato de que sua cadela Widgeon tivera oito filhotes, que ele ainda gostava de música pop e dance music e que, como a maioria dos colegas em Eton, teria um ano sem compromissos antes de começar a faculdade.

Determinado a testar sua resistência física e mental, William voou secretamente para Belize, um país minúsculo na América Central, a fim de treinar com uma unidade dos Guardas Gauleses. Ele estava na selva e sem contato telefônico quando seu pai enviou seu boletim com as notas das provas finais através de uma conexão do Exército: C em biologia, B em história da arte e A em geografia. Embora sua média fosse B, William estava entre os 7% dos melhores estudantes britânicos.

Charles observou com orgulho quando o filho entrou de cabeça em outra aventura: uma viagem de três semanas mergulhando na ilha Rodrigues, no oceano Índico. O companheiro nessa viagem foi Mark "Marko" Dyer, um ruivo alto e ex-oficial da Guarda Galesa escolhido por Charles, que pescou, andou de motocicleta e nadou nos mares da ilha, continuando de onde Tiggy havia parado.

Camilla explicou a Joan Rivers que o príncipe "é muito ocupado, como eu tenho certeza que você já notou, e não pode estar com eles o tempo todo. Eles precisam de uma figura masculina na vida deles, para além dos guarda-costas, e é isso que Mark faz". Tanto Camilla quanto Charles objetaram quando a imprensa começou a chamar Dyer, que, aos 34 anos, era vinte anos mais novo que o príncipe de Gales, de "segundo pai" de William e Harry. "Ele é um irmão mais velho, e é brilhante nesse papel", disse Camilla.

A fim de dividir seu tempo igualmente, Dyer também estava presente quando Harry celebrou 16 anos de idade visitando o histórico Ifield Tavern em Chelsea, um pub frequentado por notáveis como Madonna e Brad Pitt. "Foi ótimo", disse o príncipe Harry ao dono do pub, Ed Baines. "Direi a minha avó para vir até aqui quando ela estiver por perto!"

Por mais charmosos e despreocupados que os dois jovens parecessem para o mundo externo, sua mãe nunca estava longe de seus pensamentos. Quando um dos assessores em que Diana mais confiara publicou um livro maldoso sobre ela, William não hesitou em defendê-la. Charles ficou ao lado do filho — literalmente — quando este se posicionou diante das câmeras de televisão, em 29 de setembro de 2000, para denunciar *Shadows of a Princess* [Sombras de uma princesa], escrito pelo ex-secretário particular de Diana, Patrick Jephson. O príncipe William disse aos repórteres que ele e Harry estavam "muito irritados com o livro" e que a confiança de sua mãe "foi traída. Ela continua sendo explorada".

William, cujo suéter bege da Burberry e calça jeans contrastavam com o terno trespassado feito sob medida de Charles, agradeceu à imprensa por sua discrição em relação a ele e a Harry, e descreveu os planos para seu ano sabático antes da faculdade. O herdeiro iria para a região da Patagônia, no Chile, onde cortaria madeira, repararia e pintaria casas, construiria edifícios e ensinaria crianças locais junto com 110 voluntários. Durante a entrevista coletiva, o público teve um vislumbre do relacionamento confortável entre pai e filho. Quando os repórteres perguntaram se o príncipe Charles havia "contribuído" com os custos da viagem, William respondeu com um sorriso: "Ele ajudou um pouquinho." Quando os repórteres pararam de rir, Charles exclamou: "Eu contribuo o tempo todo!"

Charles — ou qualquer outro membro da família real, aliás — não tinha percebido que aquela era a primeira vez que alguém fora de seu círculo ouvia a voz de William. O embargo à imprensa funcionou tão bem que sua dicção de vogais curtas, no padrão das classes altas — parecida com a de Charles, mas com um toque do ator Hugh Grant —, foi uma agradável surpresa. Já sendo o membro mais alto da família real, com 1,87 metro, William demonstrava ter tanto uma forte presença como um nível de compostura e confiança que o próprio pai nunca teve.

A rainha, que havia acompanhado a entrevista coletiva ao vivo pela televisão, ficou "muito satisfeita com o desempenho do neto", disse um porta-voz da realeza. De acordo com Colleen Harris, porta-voz de Charles, conceder a entrevista fora "decisão do príncipe William — e ele mesmo escreveu cada palavra".

Para Charles e Camilla, o tumulto criado por *Shadows of a Princess* foi uma vitória dupla. Charles estava orgulhoso de William, que se comportou com a digna autoconfiança de um futuro rei. E se deliciava em ver qualquer membro da equipe da ex-mulher sendo destruído, ainda mais pelo próprio filho. O mais importante, porém, era que o livro de Jephson retratava Diana como desequilibrada, manipuladora, rancorosa, mimada e, às vezes, puramente maliciosa — alguém que combinava "um sorriso radiante com uma facada nas costas".

Pela primeira vez, o público tinha um vislumbre do lado mais sombrio da complicada princesa — o lado neurótico, autodestrutivo e às vezes manipulador —, e não vindo de um inimigo, mas sim de um de seus confidentes mais próximos. "Eu me perguntei quanto tempo demoraria pata *alguém* contar a verdade sobre ela", disse Charles a um de seus principais assistentes.

Aos olhos do público, Charles era cada vez mais considerado o pai amoroso de dois dos jovens mais queridos do mundo, ambos com personalidades diferentes. William, descrito pelos amigos como cauteloso, atencioso, teimoso e às vezes temperamental e distante, tinha "ideias muito definidas sobre as coisas", comentou Peter Archer. Era "algo que ele herdou da mãe e do pai. Ninguém o obrigará a fazer o que ele não quer". Já Harry parecia menos introspectivo e deliberado — o tipo de pessoa "que faz o que lhe pedem reclamar", segundo Archer. Harry era "menos questionador que o irmão, e mais ansioso por agradar". Mas as aparências enganam. Tempos depois, Harry confidenciaria a um amigo que, três anos depois da morte da mãe, estava "perdido, chorando até dormir, mas escondendo isso muito bem".

Camilla não ocultava nada ao tirar a parte de cima do biquíni, durante férias com Charles no sul da França, para que ele passasse bronzeador em seu corpo. A grande imprensa, ainda bajulando o príncipe para tentar obter acesso a William e Harry, não publicou as fotos do topless. Mas os tabloides europeus não demonstraram tal comedimento, para grande consternação da rainha.

Sua Majestade ainda via o relacionamento entre o filho mais velho e sua resiliente amante como imoral, e não era a única. Durante anos, ao fazer uma visita oficial a Gales, Charles ficava no histórico Castelo de Powis. Isso chegou ao fim quando o dono do castelo, o conde de Powis, descobriu que o casal o havia usado para encontros secretos. Dali em diante, como informou o conde ao Palácio de St. James, o castelo não o receberia mais. Segundo o nobre galês, "você não dorme com uma mulher na mesma cama se não for casado com ela. Isso serve para todo mundo".

Harry permaneceria em Eton, com o nariz enfiado nos livros, mas William foi destacado a fim de pavimentar o caminho para que o público aceitasse Camilla — e também fazer com que a rainha, ao menos, se encontrasse com a amante do pai. Em 7 de fevereiro de 2001, o jovem príncipe fez sua primeira aparição oficial durante um jantar de gala em comemoração ao 10º aniversário da Comissão de Queixas contra a Imprensa — como gesto de gratidão pela mídia ter se mantido à distância. O jantar para mais de 550 convidados (a maioria jornalistas previamente avisadas de que o evento não sairia nos jornais) também seria o improvável cenário da primeira aparição de Camilla, Charles e William juntos.

O problema era que a rainha tinha sido bem direta ao ordenar que Camilla não fosse vista em público com seus netos. Para conseguir isso, Charles e William chegaram juntos a Somerset House, no centro de Londres, mas se separaram assim que entraram. Quinze minutos depois, Camilla entrou pelo outro lado do salão, conversando com os outros convidados sem jamais se aproximar dos príncipes. Depois de uma hora e meia canapés e bebendo Chablis, Charles e William foram embora. Camilla esperou mais meia hora antes de sair, sozinha.

Apesar de não ter sido vista com Charles ou William, tornou-se de conhecimento público que os três estavam no mesmo evento. Como disse o jornalista Richard Kay, "foi uma vitória para Camilla. Criou a impressão geral de que ela estava sendo aceita pela família". A rainha, ultrajada por William ter sido arrastado para aquela confusão, reagiu bruscamente. "Informe ao Palácio de St. James que a Sra. Parker Bowles não deve ser vista com o príncipe William ou o príncipe Harry. Já é ruim o bastante que as pessoas a vejam ao lado do meu filho", disse ela a seu secretário particular.

Quando William retornou do Chile, trabalhou durante um mês na fazenda de amigos do pai, perto de Highgrove. No início de março e depois de seu *début* no jantar de gala, ele partiu em uma viagem de quatro meses para rastrear animais selvagens, abrir valas e consertar cercas em reservas de caça no sul da África. William ainda estava no exterior quando, em 17 de junho de 2001, o príncipe Charles visitou a mãe no Palácio de Buckingham. "Por favor, mamãe, você não pode ser mais gentil com Camilla?", implorou ele. Quando a monarca respondeu sucintamente que nem ela nem a avó de Charles seriam vistas em público com a amante dele, Charles foi embora furioso.

Pelos dois meses seguintes, Charles e a mãe se recusaram a falar um com o outro. A situação era tensa em Balmoral, quando a rainha-mãe, a despeito de sua firme oposição a Camilla, permitiu que o neto levasse a amante para Birkhall durante sua ausência. Embora as duas residências reais ficassem a somente alguns quilômetros uma da outra, a rainha fez questão de isolar o casal. Charles esperou em vão por um convite para o castelo ou por uma visita da mãe em caráter particular. Como um funcionário de Balmoral lembrou, "foi muito estranho. A rainha gosta de dirigir pela propriedade, e em alta velocidade. Ela acelerava e passava por Birkhall sem parar".

Enquanto a mãe se mantinha firme, Charles se viu mais uma vez na peculiar posição de defender a memória de Diana — nem que fosse pelo bem dos filhos. William ainda estava na África quando soube que a condessa de Wessex — a mulher de seu tio Edward, Sophie — caíra na armadilha de um tabloide e falara da princesa de Gales com menosprezo. "Muita coisa foi revelada, após a morte de Diana, sobre a maneira como ela se comportava", disse a condessa ao repórter que se fazia passar por um cliente em potencial para a empresa de relações públicas dela. Depois de chamar Diana de "louca por publicidade" e "manipuladora", Sophie atacou "os fanáticos que sempre culpam o príncipe de Gales por tudo".

Sophie defendeu Charles, dizendo que ele era "muito divertido, engraçado. Por exemplo, com os filhos, ele é tão descontraído. O que ninguém vê são os momentos nos quais o príncipe de Gales está brincando e sendo engraçado e bobo [...]. Ele brinca com os garotos o tempo todo; fazem pegadinhas uns com os outros. Ele é o tipo que sempre vai botar uma peruca ou fazer uma bobeira". Ela também o elogiou por ser "um homem que sempre esteve à frente de seu tempo. Ele foi condenado como charlatão. As pessoas riram de suas visões sobre arquitetura e meio ambiente, mas começaram a prestar atenção".

Infelizmente, ela também descreveu a sogra, a rainha, de modo bastante irreverente, chamando-a de "velha querida", e admitiu que Charles e Camilla eram "os primeiros na lista de pessoas impopulares. As pessoas não querem que Camilla seja rainha". Quando perguntada se a rainha algum dia permitiria que os dois se casassem, Sophie respondeu: "Acho difícil, especialmente enquanto a rainha-mãe estiver viva."

A rainha, compreensivelmente, sentiu-se ofendida — não somente por causa dos comentários indiscretos sobre a família real e várias figuras políticas, como também porque a condessa de Wessex tentava capitalizar sua posição. Por mais que tenha gostado das palavras rudes sobre Diana (sem mencionar a descrição dele como homem à frente de seu tempo), Charles pressionou Sophie a escrever cartas pedindo desculpas a todos os envolvidos e a se afastar da própria empresa de relações públicas.

No meio de 2001, uma série de escândalos abalou as fundações da monarquia — e testou o caráter do homem que seria rei. Charles não sabia que Harry fora apresentado à maconha aos 14 anos, enquanto visitava os Mountbatten nas Broadlands. O jovem príncipe tinha recebido um "enorme" baseado do primo Nicholas Knatchbull e, após dar uma tragada, ficara "muito vermelho", de acordo com a namorada de Knatchbull, Jessica Hay. "Acho que ele ficou com vergonha."

O príncipe de Gales, sob orientação de sua amante, fizera o possível para transformar Highgrove em um santuário atraente para os filhos. Chamada de Club H, a área subterrânea do palácio rural tinha um salão de dança, um jukebox, videogames, um espetacular sistema de som e um bar completo.

Aos 16 anos (a dois anos da idade permitida para beber na Grã-Bretanha), Harry já tinha uma cantada que parecia impossível de recusar: "Você quer tomar um drinque no meu palácio?"

Infelizmente, sem Charles, William ou Tiggy para contê-lo, Harry passava cada vez mais tempo em Rattlebone Inn, tomando uma cerveja atrás da outra e doses de vodca e gim. Em certo momento, depois de fingir brigar com os amigos por causa de uma partida de sinuca, Harry foi expulso. Além disso, uma empregada de Highgrove notou o cheiro de maconha durante as festas do jovem na Club H. Os guarda-costas não diziam nada para não lhe causar problemas, mas confirmaram que Harry era adepto desses cigarros pouco convencionais — e os fumava com frequência. Logo se revelou que ele fora apanhado fumando maconha com amigos em um galpão de ferramentas atrás de Rattlebone Inn.

Tendo visto o filho de Camilla e tantos outros na órbita real serem vítimas das drogas, Charles entrou em ação — ou, ao menos, foi isso a que o público foi levado a acreditar. Na verdade, meses antes de o príncipe de Gales ser informado sobre a questão, Mark Dyer havia levado Harry ao centro de reabilitação Featherstone Lodge, no sul de Londres, para conversar com dependentes de heroína e cocaína. O encontro foi sério, mas não o suficiente. Nos meses seguintes, Harry — então apelidado de Esponja — bebia até cair quase todas as noites. "Ele nunca bebia só um drinque. Ele sempre bebia, bebia, bebia [...]. Sempre acabava falando arrastado e cambaleando", disse Nick Hooper, barman do pub Vine Tree, perto de Highgrove.

Charles nada fez, mesmo quando os jornais passaram a publicar fotos de seu filho, com o rosto vermelho e os olhos lacrimejantes, saindo de boates em Londres pelas portas laterais. "Álcool é algo que o príncipe Charles não via como um problema sério", disse Harold Brooks-Baker. "Todo mundo na aristocracia britânica bebe, e muito. A rainha-mãe toma quatro ou cinco drinques todo dia. Isso não parece fazer nenhum mal a ela."

Décadas depois, Harry veria esses episódios como um sinal de problemas mais sérios. "Ao perder minha mãe aos 12 anos, sufoquei todas as minhas emoções pelos vinte anos seguintes", confessou ele. "Minha solução era fingir que nada estava acontecendo, me recusando a sequer pensar sobre ela porque isso me deixaria ainda mais triste. Eu não a teria de volta. Então desisti de sentir emoções sobre qualquer coisa."

Seis meses depois, os tabloides descobriram que Harry fumava maconha, o quanto ele bebia e que visitara Featherstone. Os detalhes sórdidos de suas bebedeiras — um barman se lembrou do príncipe sair correndo do bar para vomitar e depois retornar, com a jaqueta "suja de vômito" — chocaram a nação. Preocupado por ter provocado mais manchetes escandalosas, Harry admitiu para um amigo que se sentia "um completo idiota. Ninguém entende como as coisas são difíceis para meu pai. Sinto que o decepcionei".

Mesmo assim, houve um lado bom no caso do "Harry Maconheiro". Ignorando o fato de que Mark Dyer, e não o príncipe, levou Harry a Featherstone para tomar um susto e ficar longe das drogas, o Palácio de St. James rearranjou a linha do tempo para fazer parecer que fora ideia de Charles. Bolland pintou o príncipe de Gales como o "pai comum": atencioso e prático, lidando com os problemas enfrentados por pais de todo o mundo.

Nem todo mundo concordou com essa avaliação idealizada das habilidades parentais de Charles. "Harry sempre dependeu da orientação da mãe e de William", disse o conde Spencer, tio dos príncipes. Quando o irmão mais velho partiu para um safári na África, Harry ficou perdido. A princesa de Gales e seu filho mais velho, disse o conde, jamais "teriam deixado as coisas chegarem a esse ponto".

Ao mesmo tempo que lidava com os problemas com álcool e drogas de Harry, Charles também enfrentou outra crise bombástica quando, em agosto, a polícia invadiu a casa do mordomo de Diana, Paul Burrell. A acusação: roubar 342 itens (no valor estimado de US$7,7 milhões) dos aposentos de Diana no Palácio de Kensington. O homem a quem a princesa chamara de "minha rocha" tentou, sem sucesso, convencer as autoridades de que os bens em questão lhe foram confiados para que fossem guardados ou como presentes de Diana para ele e sua família.

Burrell escreveu para Charles e para William, pedindo que dissessem que poderiam acreditar nele. Mas os Windsor, cientes do íntimo relacionamento entre Diana e Burrell, não se manifestaram. "Por que a família real não me defendia?", perguntou o antigo mordomo. "Achei que estava sendo entregue aos leões."

Antecipando o desastre que seria caso Burrell fosse julgado e forçado a revelar segredos sobre o casamento real no banco das testemunhas, Mark Bolland providenciou para que Charles se encontrasse com ele depois de um jogo de polo em 3 de agosto de 2001. No meio da partida, contudo, o príncipe de Gales foi derrubado de seu cavalo e desmaiou. Depois que o pai foi levado para observação em um hospital próximo, William e Harry continuaram a jogar. O acidente de Charles se revelou um pretexto para cancelar o encontro com Burrell. Na realidade, a Scotland Yard apresentara a Charles e William evidências — que se descobririam terem sido fabricadas — de que o mordomo estava vendendo as coisas de Diana nos Estados Unidos.

Com a desconfiança de Charles e o desejo da família real de se distanciar do escândalo, o caso se arrastou por mais dois anos, levando Burrell à beira da ruína financeira e a pensar em suicídio. Foi somente durante a segunda semana de julgamento, em outubro de 2002, que os promotores foram forçados a revelar o que estavam procurando quando invadiram a casa do mordomo. Um informante dissera aos investigadores que, dentro de uma caixa de mogno com a inicial "D", eles encontrariam alguns dos mais escandalosos segredos da princesa: correspondência com o príncipe Philip, o anel de sinete que James Hewitt lhe dera e uma conversa gravada entre ela e George Smith, ex-valete e criado de libré do Palácio de Kensington, em 1996.

Smith, que bebia muito e sofria de depressão, alegou que seus problemas haviam começado em 1989, quando supostamente fora violentado por um dos criados do príncipe Charles. Jogando mais lenha na fogueira, também jurou ter visto o mesmo funcionário em uma posição comprometedora — que descreveu em vívidos detalhes — com um membro importante da família real.

Diana telefonara para Charles quando ouvira a história de Smith e exigira que o tal criado fosse demitido. Charles, furioso, se recusara ("Não dê ouvidos às fofocas da criadagem") e gastou US$200 mil para cobrir as despesas legais de tal assistente. De acordo com a advogada de Charles,

Fiona Shackleton, o príncipe de Gales só tinha uma coisa a dizer sobre as espantosas acusações de estupro: "George precisa ir embora." Charles autorizou o pagamento de US$59 mil a Smith, que abandonou tanto sua posição no Palácio de Kensington como a causa — uma cadeia de eventos que inevitavelmente levaria a acusações de acobertamento.

Charles entendeu que, para o bem da Coroa — e sua futura reivindicação a ela —, a "fita sobre o estupro" jamais deveria ser ouvida no tribunal. Mas o secretário particular da rainha, Robin Janvrin, confirmou a posição da monarca de não interferir em casos no tribunal. A última chance que o príncipe teve de persuadi-la foi no banco de trás do Rolls-Royce de Sua Majestade enquanto iam, com o príncipe Philip, a uma cerimônia na Catedral de São Paulo em memória das 202 vítimas do ataque terrorista em Bali.

"Paul Burrell vai testemunhar em alguns dias", disse Charles aos pais. "Vocês precisam fazer alguma coisa, antes que seja tarde demais."

A rainha ficou em silêncio, mas seu marido disse: "Isso é complicado para sua mãe, porque ela falou com Paul."

"O quê?", perguntou Charles, incrédulo. "Ele falou com você? Quando?"

Pasmo, o príncipe ouviu a mãe contar sobre uma reunião no Palácio de Buckingham logo após a morte de Diana — ocasião na qual Burrel informara Sua Majestade de que, com a permissão dela, pretendia salvaguardar algumas coisas da princesa.

"Mas, mamãe, por que não disse nada?"

"Não achei que fosse importante", respondeu ela. O que a monarca não disse ao filho é que ela também dera um aviso a Burrell. "Tome cuidado, Paul. Há poderes em ação neste país sobre os quais não temos conhecimento." Mais tarde, Burrell disse que a rainha estava "séria. Ela queria que eu ficasse atento".

Horas depois, Charles contou o que ouvira ao seu novo secretário particular, o ex-tesoureiro da rainha, Sir Michael Peat. E este, por sua vez, passou a informação para a Scotland Yard. No dia seguinte, antes que Burrell pudesse testemunhar, o caso foi abandonado.

"Foi a rainha!", disse Burrell, quase chorando. "É tudo graças à rainha!"

"Eu e meu irmão estamos muito felizes por Paul", disse William. "Sempre soubemos que ele era inocente." Para Charles, no entanto, fora tarde demais. As alegações escandalosas de Smith já haviam sido reveladas. "Fui estuprado pelo criado de Charles", bradava a manchete de primeira página do *Daily Mail*, que acuradamente observou que "O palácio está em pânico".

Haveria mais consequências do caso Burrell. Quando seu depoimento aos promotores foi vazado para a imprensa, Burrell vendeu sua história para o *Daily Mirror* por US$468 mil. Entre outras coisas, ele revelou, pela primeira vez, que Diana estava tão apaixonada por Hasnat Khan que pensou em engravidar para forçá-lo a se casar com ela. Embora Charles e Camilla mais uma vez tenham apreciado aquelas revelações pouco lisonjeiras, o príncipe se preocupou com o impacto que elas teriam sobre os filhos. Em uma declaração pública, Burrell tentou garantir a William e Harry que ele jamais trairia "sua mãe ou vocês dois enquanto eu viver. Algumas coisas eu levarei para o túmulo".

Uma estratégia diferente foi usada para conter Burrell. Os membros da família real não criticaram o ex-mordomo e se esforçaram para apoiá-lo publicamente. Durante algum tempo, pareceu funcionar. Quando um tabloide chamou Burrell de "Paul, o traidor", o Palácio de St. James publicou uma declaração negando que a família real estivesse zangada com ele. Ao mesmo tempo, um porta-voz da rainha insistiu que a soberana não estava "furiosa ou desapontada", como a imprensa vinha relatando. Um ano depois, no entanto, Burrell lavaria ainda mais roupa suja da família real em seu livro de memórias, *A Royal Duty* [Um dever real], incluindo uma carta de Diana na qual ela previa que morreria em um acidente de carro seria usado como acobertamento e outra, escrita logo antes de sua morte, na qual ela evisceava o ex-marido. "Eu fui atacada, ferida e abusada psicologicamente pelo sistema por 15 anos", escreveu a princesa. "Obrigada, Charles, por transformar minha vida nesse inferno e me dar a oportunidade de aprender com crueldades que você fez comigo."

Por que Charles não insistiu para que os promotores abandonassem o caso contra Burrell quando teve a oportunidade, em 2001? "O príncipe não é uma pessoa de pulso firme [...] e estava passando por um momento de fraqueza", observou Mark Bolland, que insistiu para que Charles agisse de maneira mais incisiva. "Ele não é firme sobre muitas coisas e, nesse caso em particular, se mostrou muito hesitante, e acho que isso foi frustrante para todo mundo." Como resultado, o caso Burrell "foi uma cagada completa, que jamais deveria ter acontecido". O príncipe "deveria ter feito mais para impedi-lo. Mas ele não é assim. Não tem autoconfiança e, quando está sob muita pressão [...], acha muito difícil se impor". Bolland acrescentou que o príncipe de Gales "não acredita muito em si mesmo. Ele não tem muita convicção". No fim, o caso Burrell e todas as manchetes sensacionalistas que ele gerou durante dois anos foram "um dos maiores erros que Charles já cometeu", concluiu o seu guru de mídia. (Bolland se afastaria logo depois desse ser abandonado para fundar a própria empresa de relações públicas.)

Em defesa do príncipe, ele era o único membro da família real apagando os incêndios causados por escândalos e crises durante esse período. Um dos acontecimentos mais inesperados ocorreu depois que William começou a estudar na universidade, no outono de 2001. Enquanto Charles, como ex-aluno de Cambridge, fazia lobby por sua faculdade e os Spencer pressionavam por Oxford, William escolheu se matricular na Universidade de St. Andrews, na Escócia, *alma mater* de seu diretor e mentor em Eton, Andrew Gailey. A rainha, que declarara que Balmoral era "seu lugar favorito", gostou da ideia do neto. Com o nacionalismo escocês em ascensão, seria útil que o futuro rei se tornasse o primeiro monarca britânico a frequentar uma universidade na Escócia.

Famosa por ser o local onde o golfe fora inventado na década de 1440, St. Andrews abrigava 6 mil alunos e oferecia uma atmosfera mais íntima que Oxford e Cambridge. O *campus* ficava a 120 quilômetros ao norte de Edimburgo, mas era muito remoto. Encoberta pela névoa e se estendendo sobre o mar do Norte, a universidade seria bem isolada. Mas não foi isso que pareceu quando Charles manobrou seu carro pela North Street e abriu caminho por entre uma multidão de 4 mil pessoas gritando por trás de barricadas policiais. O príncipe de Gales ficou tão assustado com o tamanho da multidão que julgou mal o ângulo de passagem pelo estreito arco sob a medieval torre do relógio de St. Andrews. Como não conseguiu esconder o constrangimento, ele deu ré e fez uma segunda tentativa.

"Eu quase dei meia-volta e fugi", confessou Charles, que conseguiu abrir um débil sorriso, mas temeu que a polícia local não fosse capaz de manter "a turba" sob controle. Ele não precisava ter se preocupado — ao menos não com a imprensa. O Palácio de St. James e a grande mídia estabeleceram um acordo: os repórteres teriam livre acesso ao príncipe William quando ele chegasse, desde que concordassem em partir dentro de 24 horas. O irmão mais novo de Charles, o príncipe Edward, aparentemente não recebeu esse memorando. Tentando se estabelecer como produtor, ele tinha assinado um contrato para produzir uma série documental para o canal de TV a cabo norte-americano E! Entertainment chamada *Royalty A to Z* [Realeza de A a Z]. Ele despachou dois homens para filmar o sobrinho enquanto ele se acomodava em seu alojamento, o St. Salvator ("Sallies" para os alunos), e fazia um rápido tour pelo *campus*. Quando os oficiais locais pediram que eles partissem com o restante da imprensa, a equipe de *Royalty A to Z* respondeu que tinha a permissão especial do tio de William para continuar gravando. E acrescentaram que foram instruídos a seguir o jovem durante toda a sua primeira semana na universidade.

Charles ficou "incandescente de raiva", como Bolland descreveu, e se recusou a atender os telefonemas do irmão. Quando finalmente se dignou a falar com Edward, o príncipe de Gales "o esfolou vivo". Charles "não esperava aquilo do próprio irmão", disse outro porta-voz de St. James. "Ele viu isso como uma traição, pura e simples."

Edward, cuja reputação na época era quase tão ruim quanto a da esposa, na mesma hora retirou seus homens do local, cancelou sua participação na série e, alguns meses depois, abandonou o sonho de ter uma carreira como produtor de televisão. Mas, mesmo sem a intrusão da mídia, William, que estudava história da arte e geografia, achou difícil se adaptar à vida no *campus*. Apenas algumas semanas depois, ele se queixou a Charles: St. Andrews era isolada demais, ele sentia falta dos amigos e da família e estava se sentindo "preso". Todo fim de semana, ele dirigia os 120 quilômetros até Edimburgo para se encontrar com os velhos amigos de Eton que estudavam na cidade ou fazia uma viagem de cinco horas de trem para visitar a avó, o príncipe Philip e a bisavó em Balmoral. "É fácil se sentir isolado se você não está perto das poucas pessoas com as quais pode contar", comentou William com seu amigo de Eton, David Walston.

Naquele Natal, sentindo-se solitário — embora já tivesse feito amizade com uma jovem chamada Kate Middleton —, William implorou pela permissão do pai para se transferir para a Universidade de Edimburgo. Mas os conselheiros de Charles vetaram a ideia. Isso poderia fazer o príncipe William ser rotulado de mimado e reclamão como o pai — algo que a Coroa estava determinada a evitar. Ao mesmo tempo, Kate Middleton, que também não sabia se ficaria naquela universidade, era incentivada pelos pais a permanecer em St. Andrews. Quando William e Kate retornaram às aulas, ambos concordaram em tentar por mais um ano, e então partirem juntos, "se nos sentirmos como nos sentimos agora", disse Kate. Relembrando suas "hesitações" iniciais em relação a St. Andrews, William negou a ideia de que sentira falta da família: "Eu não acho que estava com saudades de casa. Eu estava apavorado."

Charles e a família real receberam dois grandes golpes emocionais no início de 2002. Em 9 de fevereiro, a outrora bela, infame e vivaz princesa Margaret, que fumara durante toda a vida, morreu aos 71 anos depois de sofrer uma série de derrames e sucumbir a um infarto. Quando crianças, Elizabeth e Margaret chamavam uma à outra de Lilibet e Margo; para Charles, ela sempre seria a tia Margo, uma figura glamourosa e divertida que segurava a longa piteira de prata entre os dentes enquanto fazia duetos ao piano com o pequeno sobrinho. Perto do fim, várias vezes Charles a visitou e passou tardes lendo para ela, que estava acamada e cega.

Horas depois da morte da "querida tia", Charles gravou um emocionante tributo que foi transmitido pela televisão britânica. "Esse é um dia extremamente triste para toda a minha família, e ainda mais para a rainha, é claro, minha mamãe, e para minha avó, a rainha-mãe", começou ele, elogiando o "espírito maravilhoso e livre" de Margaret e falando sobre o quanto "ela amava a vida e a aproveitou de forma intensa. Minha tia foi uma dessas pessoas notáveis que, além de serem tão vitais e atraentes — ela era linda —, também são talentosas". A princesa Margaret era também "impecável" ao tocar piano de ouvido, cantava "como um anjo" e "tinha uma mente aguçada [...]. Sentiremos tanto a sua falta".

Em vez de consolar a mãe no Castelo de Windsor, Charles correu para perto da avó em Sandringham. Ela aceitou a morte da filha mais nova com dignidade — não à toa, a rainha-mãe fora, juntamente com o marido, o rei George VI, um símbolo do espírito guerreiro da Grã-Bretanha durante a Segunda Guerra Mundial. A morte de Margaret Rose, disse a indomável matriarca Windsor, foi uma "misericordiosa libertação" da dor e do sofrimento.

O estado da rainha-mãe era frágil, mas ela conseguiu comparecer ao funeral da filha e à cerimônia fúnebre na Capela de São Jorge. Antes de partir para uma temporada de esqui na Suíça com William e Harry, Charles visitou a avó no Grande Parque de Windsor com um presente de Páscoa antecipado: um vaso de jasmins de sua estufa em Highgrove.

Menos de 48 horas depois, na tarde de 30 de março de 2002, a rainha-mãe estava em Windsor para o fim de semana de Páscoa quando, subitamente, ficou muito cansada. Elizabeth acabara de retornar de uma cavalgada e se dirigia para os estábulos quando os médicos a chamaram. Quando a rainha chegou, encontrou a rainha-mãe sentada em uma cadeira em frente à lareira de seu quarto, vestindo um roupão. Orientada a se apressar, ainda usava roupas de montaria e botas enlameadas quando se ajoelhou ao lado da mãe. As duas conversaram por um tempo antes de a rainha-mãe ficar inconsciente. Às 3h15 da tarde, Elizabeth Bowes-Lyon morreu tranquilamente, cercada por sua primogênita e os filhos de Margaret, Sarah Chatto e David Armstrong-Jones (o segundo conde de Snowdon é presidente da casa de leilões Christie's no Reino Unido, e conhecido profissionalmente como David Linley), e a sobrinha da soberana, Margaret Rhodes, que soluçava.

Sem dúvida o membro mais amado da família real, a rainha-mãe se conectara com todas as gerações. Para William e Harry, ela era a bisavó do tipo alma gêmea, que amava piadas sujas, Balmoral e gim tônica, e adorava imitar Ali G, o pretenso ícone do rap criado pelo comediante Sacha Baron Cohen. Ela estava feliz por William estudar em St. Andrews, que era cercada por 22 pubs — nenhuma outra comunidade na Escócia tinha mais bares por metro quadrado. "Se houver festas boas, não esqueça de me convidar!", disse a ele.

Margaret Rhodes falou que essas perdas quase simultâneas foram "um luto terrível". Nenhuma das mortes foi inesperada, mas isso não diminuiu o impacto que causaram. Como disse Tony Blair, "não importa quão idoso alguém é ou quanto tempo você teve para se preparar. É sempre um choque terrível".

A rainha Elizabeth ainda segurava as lágrimas quando telefonou para Charles, no hotel Walserhof, em Klosters, menos de 15 minutos depois de a rainha-mãe falecer. "Papai ficou arrasado, destruído", disse William a seu amigo Guy Pelly. Embora Charles e os filhos tivessem permanecido fenomenalmente estoicos, mesmo sob os olhares de milhões de pessoas, durante o funeral de Diana, os três perderam o controle. "Foi porque vi meu pai chorar", explicou Harry mais tarde. "Não consegui aguentar."

O primeiro telefonema que Charles deu não foi para um de seus irmãos ou mesmo qualquer outro membro da família real, mas para Camilla. "Charles ficou angustiado por não estar presente quando a avó morreu", disse ela a um de seus vizinhos em Wiltshire. "Isso o incomodou muito. Ele sentiu como se a tivesse decepcionado."

Ignorando a regra que proíbe que dois herdeiros do trono voem juntos, a rainha despachou um jato da Força Aérea Real para buscar os três príncipes e levá-los para Londres. Já vestidos de preto ao embarcarem — todos os membros da família real viajam com trajes de luto na mala exatamente para eventualidades assim —, Charles lembrou a William e Harry que aquela era a manhã de Páscoa. Assim que eles chegaram a Royal Lodge, a residência da rainha-mãe no Grande Parque de Windsor, Elizabeth convocou os três a subirem até o quarto da bisavó. Lá, Charles caminhou lentamente até a cama, ajoelhou-se e curvou a cabeça. De acordo com Margaret Rhodes, a rainha-mãe parecia "trinta anos mais jovem" do que em vida.

Como fizera para a princesa Margaret apenas semanas antes, Charles voltou a discursar, dessa vez para elogiar a avó, "arquétipo de infusão da vida, indomável, atemporal, capaz de tocar todas as gerações [...], sábia, amorosa, com um caráter forte e uma graciosidade natural [...]. Acima de tudo, ela entendia o caráter britânico, e seu coração pertencia a esta antiga terra".

Falando de seu próprio relacionamento com a avó, Charles fez uma pausa, a língua pressionando a bochecha enquanto tentava dominar as emoções. Em uma mesa a seu lado, havia duas fotografias emolduradas da rainha-mãe, vestida de cor-de-rosa em uma delas e de um azul vibrante na outra. "Para mim, ela significava [...] tudo. Eu sempre temi este momento. De algum modo, achei que ele nunca chegaria. Ela parecia incontrolável. Desde que eu era criança, sempre a adorei [...]. Ela era tão divertida! Ríamos juntos até chorar. Ah, como vou sentir falta de suas risadas!" No fim, Charles declarou que "ela era a avó mais mágica que alguém poderia ter, e eu era profundamente devotado a ela. Sua partida deixou um vazio que não pode ser preenchido", disse ele, olhando para as mãos como se, subitamente, tivesse sido dominado pela emoção, "mas, *graças a Deus*, somos todos mais ricos pela pura alegria de sua presença e por tudo que ela representou".

Um membro da corte observou que aquele não era o tipo de tributo que a rainha deveria esperar do filho. O afeto entre Charles e a avó não era o mesmo que existia entre ele e a mãe — ao menos não com a mesma intensidade —, "e a rainha sabe disso. O que eles sempre tiveram é mais da natureza do respeito que do amor, ou, ao menos, o amor entre mãe e filho, como a maioria das pessoas acredita que deve ser", comentou Margaret Rhodes. Em seu discurso — muito mais formal —, a rainha agradeceu a seu povo pelas "muitas manifestações de afeto", que foram "extraordinárias [...]. Agradeço de coração pelo amor que vocês deram a ela durante sua vida e pela honra que agora lhe concedem em sua morte".

Na véspera do funeral da avó, na Abadia de Westminster, Charles se uniu aos outros três netos da rainha-mãe — Andrew, Edward e o filho de Margaret, David — por 15 minutos na vigília dos príncipes, enquanto ela jazia no Westminster Hall. Charles e Andrew usaram uniformes navais com medalhas e alamares, ao passo que Edward e David vestiam ternos escuros, cada um deles em um canto do caixão, com as cabeças curvadas. Charles fez isso não uma única vez, mas duas, enquanto os estimados meio milhão de pessoas passavam em frente ao caixão.

A rota fúnebre do Palácio de St. James até a Abadia de Westminster foi acompanhada por mais de 1 milhão de pessoas enlutadas. Do lado de dentro da abadia, três gerações da monarquia britânica — a rainha, Charles e William — estavam entre os 2.200 soberanos, aristocratas, líderes mundiais e outros dignitários presentes para prestar homenagem. Durante toda a cerimônia, Charles, consternado, manteve os olhos no caixão, coberto com o estandarte azul, vermelho, branco e dourado da rainha-mãe. Sobre o caixão estava sua coroa cravejada com 2.800 diamantes, incluindo o mítico Koh-i-Noor, de 105 quilates.

Colega de quarto e namorada secreta de William, Kate Middleton se contentou em assistir à cerimônia pela televisão no salão de St. Andrews. Camilla era outra questão. A despeito de a rainha ter proibido que o nome dela fosse pronunciado em sua presença, Charles pedira à mãe, através de intermediários, que ela pudesse comparecer à cerimônia. Assim, Camilla esteve presente (a uma distância discreta da família real) não só para dar apoio moral a Charles, como também para se despedir da mulher que proibira seu casamento.

Naquele início de ano, as pesquisas mostraram um aumento da popularidade do casal, e 57% dos entrevistados disseram aprovar a união. O príncipe de Gales usou esses números como evidência de que a rainha não devia mais banir o amor de sua vida dos eventos de alta visibilidade. "Imagine quantas vezes ela já ouviu: 'Não, querida, você tem que ficar em casa hoje à noite'", disse Harold Brooks-Baker. "É tão humilhante."

Charles exigiu que Camilla tivesse permissão para comparecer às festividades do jubileu de ouro, que marcava cinquenta anos de Elizabeth II no trono. Ele conseguiu o que queria quando Camilla foi convidada a se sentar no camarim real no concerto clássico que deu início às celebrações em 1º de junho de 2002. Sentada logo atrás de Charles, ela estava visivelmente nervosa; quando sua imagem foi projetada na tela gigantesca, a amante real apareceu mexendo no cabelo e passando a língua pelos lábios. A rainha e Camilla não trocaram uma palavra — de fato, a monarca evitou até mesmo fazer contato visual —, mas não importava. Aquela era a primeira vez que as duas eram vistas juntas, por assim dizer, pelo público em geral.

Charles ficou feliz ao ver Camilla relaxar dois dias depois, quando ela se sentou novamente com a família real — dessa vez, no show realizado no Palácio de Buckingham. Ao contrário de Charles, Camilla conhecia música pop e cantarolou com Phil Collins o sucesso "You Can't Hurry Love". Mais tarde, enquanto conversava nos bastidores com Tom Jones, Tony Bennett, Paul McCartney e Elton John, ela manteve a compostura quando a esposa de Ozzy Osbourne, Sharon, caminhou até ela e apertou seus seios. "Você tem belos peitos de velha", disse Sharon, alegre. Camilla, aparentemente lisonjeada, sorriu e assentiu.

O nome de Diana não foi mencionado durante as celebrações do jubileu, uma omissão pecaminosa que não foi bem recebida pelos fãs da princesa. Como lembrou o biógrafo da rainha, Robert Lacey, "ninguém veria um show pop naquele palácio se não fosse por Diana". Pouco depois, o conde Spencer se manifestou, criticando a família real por tentar manter William e Harry longe da família da mãe.

De fato, Charles proibiu que os filhos fossem ao casamento do ex-cunhado com a segunda esposa, a professora de pré-escola Caroline Freud, realizada em Althorp, lar ancestral dos Spencer. O conde reclamou que, com exceção de um encontro casual durante um jantar de gala filantrópico, ele não via o príncipe de Gales desde o funeral de Diana. Charles tampouco visitara o túmulo da ex-mulher em Althorp. "Nem uma única vez em cinco anos", disse o conde. (William e Harry iam até lá todos os anos, no aniversário da mãe.)

Em setembro de 2002, Charles novamente se viu na peculiar posição de ter que se unir aos filhos para defender a memória da falecida princesa enquanto, ao mesmo tempo, saboreava o fato de que cada descrição de Diana como desequilibrada servia para melhorar tanto a sua posição como a de Camilla nas pesquisas de popularidade. Desde a morte da princesa de Gales, as mais indecorosas revelações haviam sido feitas por aqueles que foram próximos a ela — o ex-guarda-costas de Diana, Ken Wharfe, fazia parte do clube formado por James Hewitt, Patrick Jephson e Paul Burrell. Nas páginas de *Diana: Closely Guarded Secret* [Diana: um segredo bem guardado], Wharfe revelou, entre outras coisas, que ela costumava passar por ele nua e sempre mantinha um vibrador na bolsa, e o sacudia quando achava que ninguém estava olhando.

Durante os seis anos como principal guarda-costas da princesa de Gales, Wharfe se tornara uma espécie de pai adotivo de William e Harry. Quando os meninos frequentaram Wetherby, foi Wharfe — e não Charles — quem compareceu ao evento "Traga seu pai" para competir na corrida de pais. Mas o livro destruiu essa ligação. Como contou William a Guy Pelly, "isso é traição. Harry está *muito* chateado". E não só ele. "A rainha está transtornada e muito preocupada com o efeito que isso terá nos netos", disse seu secretário particular, Robin Janvrin.

Em uma declaração, Charles chamou as revelações de Wharfe de "traição repulsiva" e pediu que o então chefe da Scotland Yard, Sir John Stevens, tomasse medidas legais contra o guarda-costas aposentado. "Quando algo assim acontece, abala as fundações de todo o sistema de crenças deles", disse um ex-oficial do palácio, referindo-se à necessidade da família real de "contar com a discrição das pessoas que trabalham para a monarquia. Eles não podem permitir que mordomos e guarda-costas divulguem segredos familiares".

A despeito da pressão do Palácio de St. James, as mãos de Sir John estavam atadas no caso Wharfe — os guarda-costas empregados pela Scotland Yard não assinaram o contrato de confidencialidade imposto aos funcionários das residências reais, criado em 2000. A atenção retornou rapidamente a James Hewitt quando se descobriu que ele tentava vender 64 cartas de amor tórridas que Diana lhe escrevera quando ele estava na guerra do Golfo, em 1991. O preço: US$16,5 milhões.

"Senti seus lábios em meu corpo ontem à noite, enquanto dormia. Eles estavam por toda parte", escreveu Diana em uma das cartas para o amante. Em outra, ela reclamou porque Hewitt se recusara duas vezes a fazer amor com ela no prado perto da casa da mãe dele. Ela o chamou de "besta a ser cobiçada" e, em várias cartas, referiu-se ao pênis do guarda-costas como "meu amigo". Em outras, perguntou sobre a pornografia que enviara a ele e mencionou maliciosamente os casos dele com outras mulheres.

Hewitt tentou vender a correspondência como "histórica". Segundo ele, "as cartas são únicas. Foi a primeira vez que um membro da família real escreveu a um soldado durante a guerra". Mas, quando o conteúdo das cartas foi exibido nas primeiras páginas dos jornais, Hewitt se viu denunciado mais uma vez como "o traidor do amor".

Ao mesmo tempo, Charles e a rainha eram atacados por não tomarem providências para honrar a memória da princesa de Gales. Propôs-se que uma estátua de Diana fosse colocada em frente ao Palácio de Kensington ou que o aeroporto de Heathrow passasse a se chamar aeroporto Princesa Diana ou mesmo Princesa de Gales. Charles e a rainha recusaram ambas as ideias por serem "inapropriadas".

Apesar de as pesquisas mostrarem cada vez mais apoio a Charles e Camilla, também indicavam que a suprema maioria dos britânicos concordava com o conde Spencer: Charles e seus apoiadores estavam tentando "marginalizar" Diana ao dizer às pessoas que ela "jamais fora importante". Não ajudou o fato de o único monumento a Diana que Charles aprovou — uma fonte memorial de US$4,7 milhões em Hyde Park, criada pela arquiteta de Seattle Kathryn Gustafson — ter sido chamada de "vala de drenagem" e "poça".

William e Harry estavam dispostos a ceder aos desejos do pai e permanecer em silêncio. "Estávamos ocupados demais processando nosso luto", argumentou William, alegando que ele e o irmão jamais receberam o acompanhamento psicológico necessário e foram praticamente abandonados. "Mas não percebemos isso na época."

Por fora, William ainda parecia o mais sério dos dois, dado à introspecção e a longos silêncios. Segundo Peter Archer, "Harry compartilha suas emoções com as outras pessoas, e, embora isso possa causar problemas, é saudável no longo prazo. William tende a bloquear as coisas desagradáveis, empurrá-las para o fundo de sua mente, em vez de enfrentá-las". Para resumir, os dois jovens escondiam a dor, a confusão, a frustração e a raiva atrás de uma máscara de falsa bravura.

Mais de uma vez durante esse período, William explodiu. Quando ele e o pai retornavam a cavalo de uma caça à raposa, o jovem de 19 anos viu um homem com uma câmera e avançou sobre ele. "O príncipe Charles passou por mim primeiro. Então, William me viu e ficou maluco: cavalgou na minha direção com os olhos arregalados e os dentes à mostra", lembrou o fotógrafo Clive Postlethwaite.

"Vaza daqui, porra!", gritou William enquanto avançava, forçando Postlethwaite a abandonar a câmera e saltar para longe.

Charles entendia a frustração do filho quando se tratava de lidar com a imprensa. Por volta da mesma época, o príncipe de Gales estava enfrentando problemas por escrever centenas de cartas longas e incoerentes aos membros do Gabinete e a oficiais do governo expressando suas opiniões sobre tudo: caça a raposas, mudanças climáticas, educação, arquitetura, meditação, o politicamente correto, cuidados ao paciente, medicina alternativa, planejamento urbano e agricultura sustentável. As cartas, que ficariam conhecidas como "memorandos da aranha negra" — uma referência à distinta e quase ilegível caligrafia do príncipe —, causavam agitação porque, tradicionalmente, esperava-se que a monarquia fosse imparcial na esfera política.

Charles, ao contrário da rainha, fazia questão de expressar suas opiniões. Para o então Lord Chancellor, Barão Irvine de Lairg, ele reclamou da proliferação de ações judiciais. Dando como exemplo uma decisão do governo de derrubar castanheiras por medo de que os pedestres fossem feridos pelas castanhas que caíssem, o príncipe lamentou "a perspectiva muito real e crescente de uma 'cultura' de danos pessoais no modelo norte-americano". Já em uma carta ao primeiro-ministro Tony Blair que vazou para a imprensa, ele defendeu "atividades rurais", como caça à raposa, e alegou que "se nós, como grupo, fôssemos negros ou gays, não seríamos vitimizados ou perseguidos". De acordo com Mark Bolland, "essas cartas não eram meramente rotineiras ou incontestes, como também expressavam suas visões sobre questões e problemas políticos". Em várias delas, continuou Bolland, Charles "denunciou os líderes eleitos de outros países com duras palavras".

De vez em quando, Sua Alteza Real fazia mais que somente escrever. Em certo momento, o príncipe, que se dizia "amigo íntimo" do Dalai Lama, protestou contra a ocupação chinesa do Tibete boicotando um banquete no Palácio de Buckingham em homenagem ao presidente chinês Jiang Zemin. Caso ainda restassem dúvidas, Bolland descreveu a ação de Charles como "deliberado desprezo".

Como disse um furioso Ian Davidson, parlamentar membro do Partido Trabalhista, "ele nasceu em meio a vários privilégios — um fazendeiro rico demais sem ter o que fazer —, então escreve cartas. Se quer se envolver na política, ele devia se candidatar às eleições".

Novamente ridicularizado, Charles reclamou com sua equipe sobre o "fluxo constante" de vazamentos que "tem o objetivo de me fazer parecer um imbecil". O Palácio de St. James assumiu uma postura defensiva, alegando que o príncipe Charles tinha "muito interesse em todos os aspectos da vida britânica" e acreditava que "parte de seu papel é destacar os problemas e representar visões que correm o risco de não serem ouvidas". Um porta-voz do palácio declarou que o príncipe estava "consciente de que, embora tenha todo direito de aconselhar, são seus ministros que decidem", acrescentando que ele só podia cumprir seu papel se "total confidencialidade fosse mantida".

Mais problemas surgiram quando William tomou a decisão insensata de expressar sua frustração ao volante. O conde Bathurst, então com 76 anos, era amigo de longa data e vizinho de Charles em Gloucestershire, e dirigia seu Land Rover branco por uma estrada rural dentro de sua propriedade perto de Highgrove quando William surgiu em seu retrovisor e o ultrapassou pela esquerda, duas vezes acima do limite de velocidade permitida por lei. "Ele dirigiu sobre a grama para me ultrapassar", disse o conde. "Achei que era um baderneiro dirigindo um carro muito surrado para ainda estar em circulação. Fiquei muito irritado."

O encontro não terminou aí. Sucumbindo ele mesmo à fúria tipicamente provocada por maus motoristas, o conde tocou a buzina e piscou os faróis — mas, em vez de reduzir a velocidade, William acelerou ainda mais. "Havia nuvens de poeira. Achei que ele pararia, mas sequer desacelerou", disse Bathurst. Enraivecido, o conde pegou um atalho pelas árvores, ultrapassou o carro de William e conseguiu bloquear seu caminho. Nesse momento, um carro preto se aproximou e guarda-costas desceram para falar com o conde. Foi quando ele percebeu que o "baderneiro" ao volante era o príncipe William. Segundo o conde, "eles acharam que eu estava tentando matá-lo. Eu poderia ter levado um tiro".

Sem descer do carro, William seguiu em frente enquanto Bathurst era interrogado pelos guarda-costas reais. "Ele simplesmente desviou de nós", lembrou o conde. "Não foi muito civilizado, para ser sincero."

Desde que William começara a dirigir, seu pai se preocupava com a paixão do filho por velocidade. Era inaceitável, porém, antagonizar um membro da aristocracia — e um vizinho de Highgrove, ainda por cima. Assim que soube do incidente, Charles telefonou para Bathurst a fim de se desculpar pelo comportamento do filho. O conde não ficou impressionado, ainda mais porque o impenitente William se recusou a fazer o mesmo que o pai. "O príncipe Charles precisa dizer a seu filho que ele deve obedecer às regras, como todo mundo", disse Bathurst às autoridades.

Nesse caso, como em muitos outros, Camilla defendeu o comportamento de William, dizendo que era "normal para a idade dele", e lembrou a Charles que tanto ele como o príncipe Philip e a rainha eram famosos por seu estilo "pé de chumbo" de dirigir. De acordo com funcionários de Highgrove, a amante-chaminé de Charles também "dava uma piscadela e assentia com a cabeça" para William quando ele fumava — os dois prefeririam Marlboro Light —, até que um grave problema de saúde a levou a parar. Em maio de 2003, Camilla sentiu uma dor nas costas tão forte que a levou a ser internada em um hospital e os médicos lhe avisaram que os cigarros já estavam comprometendo seu coração e seus pulmões. Além disso, estudos evidenciavam uma ligação entre o fumo e a osteoporose, a doença que matara sua mãe e sua avó materna. Aterrorizada, ela parou de fumar imediatamente.

Camilla não fez nenhum esforço para convencer William e Harry a também largarem o vício ("Levei quarenta anos para parar! Por que eles me dariam ouvidos?") ou passarem a frequentar menos festas. Infelizmente, no outono de 2003, Charles era constantemente informado das atividades noturnas nada saudáveis dos filhos. Embora William e Kate Middleton ainda fossem um casal, ele e o irmão bebiam até cair em boates londrinas como Purple, Sofa So Bar, Boujis e Mahiki — o bar em Mayfair do qual Guy Pelly, um dos melhores amigos dos irmãos reais, era um dos donos (Pelly viria a ser o padrinho do caçula de William, o príncipe Louis). Fotografias dos príncipes de olhos embaciados e apalpando jovens mulheres casas noturnas ou sendo carregados pelos guarda-costas abasteciam os tabloides, gerando novos incêndios.

Porém, o príncipe de Gales estava distraído com outro de seus muitos projetos: a reforma de sua nova casa, Clarence House. Residência da rainha-mãe por quase meio século, o palácio de quatro andares e 172 anos, com uma equipe de noventa funcionários, se tornaria a residência oficial de Charles e seus filhos — e a não oficial de Camilla.

O gosto dela tendia para o surrado, mas, ao se mudar para um palácio real, ela não perdeu tempo removendo as cortinas esfarrapadas e os móveis gastos da rainha-mãe. Robert Kime, o designer britânico que ela contratara para redecorar York House, Highgrove e Ray Mill House, tinha a delicada tarefa de renovar Clarence House sem apagar a memória da adorada avó de Charles.

Kime, orientado por Camilla e supervisionado por Charles, sabiamente escolheu melhorar, em vez de refazer, os espaços públicos do térreo: a Sala Lancaster, repleta de livros; a Sala Matinal, com sua mobília Chippendale com bordas douradas, cortinas de seda azul-acinzentadas e pinturas de Claude Monet e Augustus John; a iluminada Sala do Jardim, usada para recepções formais; o Salão Principal, com paredes recobertas de retratos dos moradores reais anteriores (sem mencionar o Corredor dos Cavalos, com cortinas vermelhas e retratos dos puros-sangues favoritos da rainha-mãe) — tudo faria lembrar dela.

Ao contrário das outras residências reais, os andares superiores, reservados à família real, eram muito mais opulentos que os espaços abertos ao público. Havia sete quartos no total, incluindo as suítes contíguas de Charles e Camilla no segundo andar, os quartos dos jovens príncipes no terceiro e uma suíte separada para o pai de Camilla, o major Bruce Shand. Camilla optou por um papel de parede em *chinoiserie*, com motivos chineses do século XVIII, ao passo que Charles, muito interessado em design, cuidou pessoalmente da reforma de seu quarto: tecido em um tom suave de rosa suave para as paredes, cortinas azul-cobalto e uma pesada cama de dossel de mogno esculpido. Em seu escritório, o príncipe escolheu um tecido listrado de azul e branco para o sofá e papel de parede com folhas prateadas.

Por insistência de Charles, pinturas, desenhos e fotografias de sua adorada avó estavam por toda parte — em cima de pianos de cauda, sobre as cornijas das lareiras, em mesas de centro e mesinhas de cabeceira. A sala de cinema no porão, com poltronas de veludo vermelho, foi transformada em santuário para a falecida mãe da rainha.

Em 1938, o retratista oficial da corte, Cecil Beaton, fotografou a então esguia e jovem rainha, com um olhar coquete segurando uma sombrinha com babados e usando um traje do "guarda-roupa branco" desenhado por Norman Hartnell. A coleção do estilista real causara sensação na França, quando a monarca viajara para aquele país, no mesmo ano. A fotografia dominava uma parede inteira do recinto. "É possível sentir a presença da rainha-mãe em todos os cômodos", comentou um visitante.

"Sim", respondeu Camilla, arregalando os olhos e pigarreando para produzir um efeito cômico. "Certamente é possível."

A redecoração encomendada por Camilla custou um pouco mais de US$10 milhões. A nova dona da casa e seu pai, o major Shand, mal haviam se mudado quando começaram os uivos de protesto na imprensa. Para amenizar as críticas, um relutante Charles concordou em pagar pela reforma dos quartos de Camilla e do pai dela.

O príncipe de Gales ficou satisfeito quando William o defendeu em uma entrevista marcando seu aniversário de 21 anos. O herdeiro disse que seu pai "passara por maus momentos recentemente" e que esperava que todos dessem a Charles "uma folga. Ele faz coisas incríveis. Queria que as pessoas pudessem ver isso, porque ele passou por maus bocados e, mesmo assim, superou-os e se manteve muito positivo".

William também deixou claro que pretendia traçar o próprio caminho como futuro monarca — mesmo que isso significasse contrariar o pai e os anônimos mestres de marionetes do Palácio de Buckingham. "Gosto de estar no controle de minha vida", disse o herdeiro. "Se não tenho como dizer o que penso, a decisão sai das minhas mãos, e não gosto disso. Eu poderia perder minha identidade." Admitindo que "muita gente" o considerava "teimoso", afirmou que precisava defender sua posição. "Se não puder manter suas armas, então você não decide nada."

Embora fosse teimoso como o pai, ele não gostava dos costumes da aristocracia. Charles passou toda a vida cercado por um pequeno e adulador grupo de mordomos, valetes, assessores e ajudantes de ordens que atendiam os seus menores caprichos. Ele também estava acostumado a ser chamado de "Sua Alteza" ou "Sir". William insistia que não havia necessidade de uma comitiva atrás dele ou de ser colocado em um pedestal. Como ele mesmo explicou, "prefiro ser chamado de William. Quero ser visto como eu mesmo. É uma escolha pessoal".

Apesar do enorme respeito por tudo que o pai fizera, pretendia se concentrar no auxílio aos sem-teto — um interesse particular de sua mãe —, em vez de trabalhar para promover qualquer uma das organizações filantrópicas favoritas de Charles. "Visitei muitos abrigos na companhia de minha mãe quando era mais novo, e isso me marcou. Ela usou sua posição para ajudar outras pessoas, assim como faz meu pai, e eu espero fazer o mesmo", declarou ele.

Charles também gostou do que William disse na entrevista sobre Harry. "Meu irmão é um cara muito legal e extremamente carinhoso." O caçula real foi um aluno bastante medíocre em Eton — seu D em geografia fora a nota mais baixa da turma toda —, mas se destacou como membro da Força Combinada de Cadetes e planejava entrar para a elite das Forças Armadas, a Academia Militar Real de Sandhurst. No entanto, como a instituição relutava em aceitar cadetes com menos de 20 anos, Harry teria não um, mas dois anos sabáticos. Seu primeiro destino durante o primeiro ano: passar três meses na Australásia jogando polo e empregado como *jackeroo* — os famosos trabalhadores dos ranchos australianos — em Tooloombilla Station, uma propriedade de 16 mil hectares em Queensland. Ele receberia US$160 por semana, o que não importou para os antimonarquistas que protestaram contra o fato de os contribuintes australianos terem que pagar mais de US$1 milhão pela segurança do príncipe Harry.

Quando Charles e a rainha ofereceram a William o Castelo de Windsor para a festa de 18 anos dele, o herdeiro, ainda apaixonado pela África depois de sua experiência de um ano no Quênia, optou por um tema africano. A vovó concordou, desde que os trezentos convidados fossem orientados a evitar quaisquer "conotações raciais" em seus trajes ou referências ao passado colonial britânico. O príncipe de Gales revirou seu closet em Highgrove até encontrar um dashiki com listras ousadas, ao passo que a rainha foi vestida de "rainha da Suazilândia": toda de branco, com um elaborado adorno de cabeça africano, vestido justo e estola de pele. William e Kate Middleton foram como Tarzã e Jane — ele com uma tanga de listras amarelas e pretas, ela em um ousado vestido com estampa de leopardo. O conde Spencer, o príncipe Philip, o príncipe Andrew e Harry usaram trajes de safári, ao passo que os outros convidados se vestiram como personagens de *O rei leão*, feiticeiros e membros da Legião Estrangeira. Tendo o cuidado de não chamar muita atenção, Camilla chegou discretamente por uma entrada lateral, usando um traje tribal vermelho e azul e um chamativo adorno de cabeça de penas vermelhas.

A festa, orçada em US$800 mil, que incluiu macacos pendurados nas palmeiras, passeios de elefante para os convidados e música da banda Shakarimba, de Botsuana, também assinalou uma trégua entre as famílias Spencer e Windsor. Com a bênção do pai, William insistiu para que todos os tios e tias Spencer fossem não somente convidados para a festa, mas também pernoitassem no castelo. Pela primeira vez, os irmãos de Diana, William, Harry, Charles, Camilla, o príncipe Philip e a rainha passaram algum tempo juntos sob o mesmo teto. No auge das festividades, Charles ofereceu a William seu presente: um pônei argentino de polo avaliado em US$165 mil.

Antes de os convidados mais idosos se retirarem, William subiu ao palco, alguns minutos antes da meia-noite, para agradecer pela presença de todos. No meio de seus comentários, um homem vestido de uma mistura de Osama bin Laden e *drag queen* — óculos escuros, turbante, barba, sapatos vermelhos de salto alto, vestido de cetim cor-de-rosa — subiu no palco e tirou o microfone de suas mãos. O autointitulado "comediante terrorista" Aaron Barschak começou a cantar a própria versão de "Diamonds Are a Girl's Best Friend" e beijou as bochechas de William antes de ser arrastado para fora do palco pelos guarda-costas. William, sem se deixar abalar, dançou e bebeu de tanga até a madrugada.

O pai do aniversariante não estava tão calmo. Como, perguntou ele, o penetra passou por dezenas de oficiais uniformizados e em roupas civis, todos armados, e subiu no palco com o futuro rei da Inglaterra? Camilla fez tudo que pôde para acalmar o príncipe, mas não conseguiu. "Meu Deus!", exclamou ele. "E se ele fosse um homem-bomba? Poderia ter matado todos nós!"

Essa foi a 13ª grande falha da segurança real desde que a rainha acordou certa noite, em 1982, com um desconhecido sentado na beirada de sua cama, depois de invadir o Palácio de Buckingham. Desde então, houve o piloto de asa-delta nu que aterrissou no teto do palácio em 1994, e o dia em que a princesa Anne abriu a porta do quarto e encontrou um turista pedindo orientações para chegar à estação de metrô Vitória. Os cômodos particulares de Charles nos Palácios de Buckingham e St. James foram invadidos várias vezes, embora os perpetradores jamais fossem identificados.

O próprio Barschak ficou surpreso com como havia sido "simples" se aproximar da família real. "Fiquei pasmo por conseguir entrar. A polícia começou a me dar orientações. Foi para mim um espanto ninguém ter perguntado meu nome, pedido uma identificação [...] ou mesmo ter procurado saber por que eu estava carregando uma enorme mochila. Poderia ter qualquer coisa aí dentro."

O príncipe Charles e a rainha pediram respostas ao chefe da Scotland Yard, John Stevens, que, por sua vez, ordenou que David Veness, o vice-comissário responsável pela proteção real, iniciasse uma detalhada investigação. Nesse ínterim, tudo que Stevens podia fazer era publicar um abjeto pedido de desculpas à família real "pela terrível falha de segurança, que não deveria ter ocorrido, sob nenhuma circunstância".

A imprensa pareceu mais preocupada com a vida amorosa de William do que com a falha de segurança. As especulações giravam em torno de Jessica "Jecca" Craig, cujo pai possuía uma reserva de caça de 22 mil hectares no Quênia, onde William passara parte de seu ano sabático. Durante seus quatro meses lá, William teve um breve romance com a moça, e ela foi convidada de honra na festa. O que ninguém percebeu foi que, antes de convidar a ex-namorada, William explicou tudo a seu verdadeiro amor, Kate Middleton. Quando o palácio percebeu que o companheiro ocasional de Jecca, o herdeiro dos transportes Henry Ropner, havia sido deixado fora da lista de convidados por engano, um convite de última hora foi enviado.

Com exceção de sua sumária fantasia de Jane, Kate sabiamente escolheu evitar os holofotes durante a festa, misturando-se com os amigos de St. Andrews do casal. Haviam se passado somente algumas semanas desde que William fizera uma viagem secreta à casa da família Middleton, em Berkshire, para o aniversário de 21 anos de Kate e partira discretamente no meio da noite, retornando para Clarence House — sem que os tabloides notassem.

Durante essa visita clandestina, William conheceu os pais da moça, e eles se deram bem no mesmo instante, a despeito de os Middleton serem da classe trabalhadora. A mãe de Kate, Carole Goldsmith Middleton, é descendente de mineiros de carvão de County Durham e passou parte da infância em um conjunto habitacional do governo. Incapaz de pagar pela faculdade, ela trabalhou como aeromoça da British Airways depois do ensino médio. Michael Middleton, o pai de Kate, tem interessantes conexões familiares: ele descende de Beatrix Potter, autora de *A história de Pedro Coelho*, assim como da legendária atriz shakespeariana Ellen Terry e do ator premiado com o Oscar Sir John Gielgud. Ele até compartilha um ancestral com a família real — o estadista do século XVII, Sir Thomas Fairfax —, o que faz de Kate e William primos de 15° grau.

Michael era despachante aéreo da British Airways, encarregado das operações de solo em Heathrow quando o casal se conheceu, se apaixonou e, depois de viver junto por um ano, se casou. Catherine — ela só passaria a ser chamada de Kate no fim da adolescência — nasceu em 9 de janeiro de 1982, seguida pela irmã, Philippa ("Pippa"), em setembro de 1983. Logo depois do nascimento do caçula James, em 1987, Carole alugou um espaço e fundou a Party Pieces, um negócio por correspondência projetado para, como explicava ela no prospecto, "inspirar outras mães a criarem festas mágicas em casa e tornar sua organização um pouco mais fácil".

Em pouco tempo, a Party Pieces estava atendendo milhares de pedidos de chapéus de festa, apitos, pratos de papelão, bexigas, convites, lanternas, fantasias e jogos. Depois que Michael deixou seu emprego em Heathrow e foi trabalhar na empresa da esposa, Carole tomou a inteligente decisão de criar um website, em 1992. Dois anos depois, a empresa tinha um faturamento anual de mais de US$3 milhões — o suficiente para comprar Oak Acre, uma casa em estilo Tudor no incrivelmente charmoso vilarejo de Bucklebury, em Berkshire.

A educação de Kate não foi muito diferente da de William. Ela frequentou colégios exclusivos, como o St. Andrews School, na cidade próxima de Pangbourne, a oeste de Londres, seguido por dois internatos de elite: Downe House e Marlborough College, em Wiltshire. Em Downe House, Kate vivenciou a perseguição que Charles enfrentara quando criança — não tão extrema, mas suficiente para que os pais dela a transferissem para Marlborough. Ela era estudiosa e atlética, discreta o suficiente para disfarçar seu lado travesso. Durante seus anos em Marlborough, ela mostrou o traseiro pela janela de seu alojamento tantas vezes que recebera o apelido de "Middlebum" [trocadilho com o sobrenome Middleton e *bum*, "traseiro"].

William só conheceu esse aspecto da personalidade de Kate quando ela ocupou a passarela vestindo uma lingerie sexy no desfile de moda anual patrocinado por Yves Saint Laurent, cuja receita era revertida para a caridade. O príncipe, que tinha pagado US$375 por um lugar na primeira fila, ficou em pé e assobiou. Como contou seu amigo Jules Knight, "ficamos todos maravilhados. Lá estava aquela garota reservada, parecendo incrivelmente tentadora, mostrando um lado que desconhecíamos. Naquele momento, a percepção que as pessoas tinham em relação a ela mudou por completo. Todo mundo prestou atenção, incluindo Will".

Quando Kate apareceu na festa de William em um revelador vestido de leopardo, ela já estivera em Sandringham — embora fosse apenas uma entre 14 estudantes de St. Andrews que William convidou para uma caçada. Enquanto William e Kate ficavam com os amigos em Wood Farm, uma "cabana" de cinco quartos na propriedade, o príncipe de Gales recebia a rainha da Dinamarca na casa principal. "Quero que você o conheça, mas ele está sempre ocupado com alguma coisa", explicou William a ela.

Foi somente depois da festa que Charles percebeu o quanto as coisas entre Kate e o filho eram sérias. Quando retornaram a St. Andrews no segundo semestre de 2003, William e Kate deixaram a casa que dividiam com colegas perto do *campus* e foram morar em Balgove House, uma cabana espaçosa com teto recoberto de fúcsia nos limites da cidade. O herdeiro teve que pedir a permissão do pai para morar com a namorada por várias razões, entre elas os US$2,5 milhões necessários para vidros à prova de balas, quartos de pânico, novas câmeras de segurança e uma casa separada para alojar o contingente de quatro guardas armados.

A primeira impressão de Charles foi favorável de modo geral, embora ele não estivesse convencido de que o relacionamento iria durar. Havia relatos demais de William beijando e dançando com outras jovens atraentes em boates de Londres e Edimburgo. Camilla, no entanto, reconheceu desde o início que aquela equilibrada descendente de mineiros de carvão era uma candidata séria ao afeto de William — e, como tal, uma ameaça.

Embora Camilla fosse tecnicamente plebeia por não ter nenhum título, ela era uma genuína aristocrata, descendente direta de Guilherme, o Conquistador e neta de um barão. Tendo se esforçado por tanto tempo para conseguir a aprovação da rainha — sem sucesso até aquele momento —, não via com bons olhos uma jovem que basicamente não tinha posição social. Pouco impressionada com os Middleton e sua "saga dos que saíram do nada", ela disse a Charles que a namorada de William era "bonitinha, mas sem brilho". Posteriormente, quando Kate estava prestes a obter a aceitação da rainha, Camilla chamou a atenção de Charles para o apelido dado a Kate e sua socialmente ambiciosa irmã. "Parece que elas são conhecidas como 'irmãs-trepadeiras' porque são bonitas e têm 'uma feroz capacidade de se agarrar a qualquer coisa para subir'." Ela também repetiu que nem William nem Harry deveriam se casar antes dos 35 anos.

Ela queria que William se casasse com uma das jovens inglesas da classe alta que ele havia namorado antes ou, melhor ainda, alguém de uma das casas reais da Europa. Depois que estivesse casado, William poderia ter uma amante ou até sair com outras mulheres. "Camilla é uma esnobe quando se trata da família real. Ela tem os pés no chão, mas acredita que os membros da família real deveriam ficar em seus pedestais, longe da ralé", disse Brooks-Baker.

Camilla estava mais preocupada com as coisas negativas que ouvia sobre Carole Middleton de amigas em comum em Berkshire. Elas diziam que a mãe de Kate era uma nova-rica e não tinha boa educação ou uma boa ascendência; era agressiva, fumava como uma chaminé, mascava chicletes e se vestia como alguém com metade de sua idade. "Sério, Charles, não estou impressionada com esses Middleton", disse Camilla na frente de funcionários de St. James.

Charles tinha assuntos mais urgentes a tratar no fim de outubro de 2003. Depois do caso Burrell, que se arrastara de janeiro de 2001 a novembro de 2002, Mark Bolland ainda jogava granadas em seu antigo patrão, avisando, no *News of the World*, que a Coroa ruiria se Charles e os outros Windsor continuassem "inconscientes dos problemas das pessoas comuns. A família real colherá os frutos amargos gerados pelas sementes que os membros de sua corte plantam hoje". Segundo ele, os Windsor deviam deixar de temer "o fantasma de Diana" e "aprender lições" com a falecida princesa: "Não é tarde demais. Por que não aceitar o bem que ela representou e sua força dinâmica para mudar?" Se a rainha e o príncipe de Gales não começassem a "entender a maneira como uma sociedade moderna e democrática funciona em uma era de comunicação global", concluiu um agourento Bolland, a monarquia descobriria em breve que "a linha entre a invisibilidade e a irrelevância não existe".

Invisibilidade era o que Charles desejava quando retornou de uma viagem oficial à Índia e a Omã e descobriu que estava novamente envolvido no que parecia interminável rol de escândalos sexuais sensacionalistas. Oito meses antes, seu confiável valete, Michael Fawcett, pedira demissão de seu emprego de US$15 mil mensais depois de ser revelado que um de seus deveres fora vender presentes reais no valor de US$150 mil e entregar o dinheiro ao príncipe — uma tarefa pela qual recebera o apelido de Fawcett, o Atravessador. O suposto acordo de demissão de US$800 mil gerou indignação quando os detalhes foram vazados para o *Daily Mail* e o *Times* — até porque incluía, além dessa quantia, mais US$750 mil para comprar uma casa e US$160 mil por ano para organizar festas e outros eventos para o príncipe.

Um ano depois de o valete George Smith alegar que fora estuprado por um dos principais criados de Charles e ter visto "um membro da família real" em posição comprometedora com outro homem, o *Mail on Sunday* estava prestes a identificar o príncipe de Gales como tal membro misterioso. Ao mesmo tempo, Paul Burrell divulgou gravações secretas de Diana do início da década de 1990, na qual ela se queixava de Charles ser "próximo demais" de Fawcett. "O que uma mulher pode fazer quando seu marido tem um relacionamento pouco saudável com um criado?" Ela disse que Charles e Fawcett haviam parecido "desconfortáveis e inquietos" quando ela os surpreendera, certa noite, no quarto do príncipe.

"Eu me sinto isolada", disse Diana na época. "Charles confia mais em Fawcett do que em mim." Nas gravações, a princesa também acusava o príncipe e a rainha de estarem "presos na Idade Média" e, em parte, atribuiu ao valete a atitude indiferente da família real em relação a ela. "Eles me olham com superioridade. É horrível. Tenho certeza de que Fawcett está por trás disso. Ele exerce influência demais."

Antes que o *Mail on Sunday* pudesse detonar essa bomba, os advogados de Fawcett conseguiram na justiça suspender a publicação do artigo supostamente falso e difamatório. "Amordaçados!" era a manchete do jornal no dia seguinte. Mas a ordem judicial não se aplicava ao *News of the World*, que lançou a seguinte pergunta na primeira página: "Charles é bissexual?" Segundo Mark Bolland, "de jeito nenhum", mas, mesmo assim, admitiu que o secretário particular de Charles, Sir Michael Peat, certa vez perguntou se o príncipe de Gales dormia tanto com homens quanto com mulheres.

Camilla, que respondeu à ideia de Charles não ser heterossexual com uma única palavra — "Risível" —, aconselhou o príncipe a "ignorar altivamente" as histórias e "continuar fazendo todas as coisas maravilhosas que você faz, querido". Nesse caso, contudo, Charles tomou a insensata decisão de enfrentar as acusações. Ele instruiu seu secretário particular a ir à TV para, em seu nome, apresentar uma nota simples negando tudo. Chamando as acusações de "inverídicas e sem um pingo de consistência", Peat insistiu que "as especulações precisam parar. O incidente que o ex-funcionário afirma ter testemunhado não aconteceu".

Infelizmente para Charles, a "negativa" de Peat incluiu a franca admissão de que ele era o nobre em questão. Por que Peat concluiu que a história era "um absurdo"? Porque "o príncipe de Gales me disse que não é verdade, e acredito nele".

Como disse o jornalista Richard Kay, "quando ele terminou, Sir Michael falou tanto sobre um boato que qualquer pessoa de inteligência mediana não teria dúvida de que se tratava de algo sexual envolvendo o príncipe e um criado real". Obviamente, a reação da imprensa foi feroz.

"CHARLES SOB TENSÃO; CRISE SOBRE O QUE O CRIADO VIU", anunciava a manchete do *Daily Mail*. O *Mirror* publicou: "EU E UM CRIADO, TUDO MENTIRA! A ESPANTOSA NEGAÇÃO DE CHARLES", e o *Independent* revelou um "ACOBERTAMENTO REAL". "O palácio está sob cerco graças ao frenesi de rumores sexuais", uivou o respeitável *The Guardian*. Até o pró-monarquia *Sunday Times* perguntou: "PRÍNCIPE CHARLES; NADA A TEMER, NADA A ESCONDER?" Os editores do outro lado do Atlântico não foram mais gentis. "Já ouviu aquela sobre o príncipe Charles e seu valete?", perguntou a revista digital *Salon*. "'Princesa Charles pode ir à TV negar boatos sobre bissexualidade", caçoou o *New York Post*.

Um experiente membro da corte descreveu a negativa do príncipe como "um momento de loucura que pode destruí-lo". Pesquisas nos dias seguintes pareceram confirmar esses temores: uma delas mostrou que menos de 39% dos britânicos queriam que ele fosse o próximo monarca. A grande maioria queria que William sucedesse a rainha. Sob a manchete do *The Guardian*, John Arlidge escreveu que o príncipe Charles "teve que confirmar que está no meio disso", transformando "um drama particular em crise pública".

O príncipe de Gales fugiu para Highgrove para conversar com suas plantas, passear por seu jardim e cuidar de suas ovelhas pretas premiadas. Em seu aniversário de 55 anos, visitou uma comunidade de idosos próxima, onde funcionários e residentes o surpreenderam com um bolo. Quando eles explodiram em uma vibrante interpretação do "Parabéns pra você", Charles observou a cena, impassível. "Queríamos alegrá-lo em seu aniversário. Achamos que ele podia precisar", disse uma das organizadoras da visita, Lady Emily Blatch, minimizando drasticamente a situação.

Ao menos, ele podia sentir orgulho dos filhos. William parecia sossegado ao lado de Kate Middleton em sua aconchegante casa de campo, e os dois estavam indo bem na faculdade. Ainda trabalhando para afastar Harry da imagem de bêbado baladeiro — assim que retornou da Austrália, ele voltou a ficar até as 4 horas da manhã em boates em Londres e nos arredores da capital —, os assessores de Charles decidiram enviar o caçula real para trabalhar com vítimas da aids na África. Mas, antes de partir, Harry tomou outro porre no Boujis, a animada boate em South Kensington que pertencia ao ex-colega e amigo dos príncipes Marko Dyer. Eram quase 3 horas da manhã quando dois guarda-costas retiraram o embriagado príncipe e o levaram para o carro.

Alguns dias depois, sob a manchete "HARRY, MIMADO E PREGUIÇOSO", a colunista do *Daily Express* Carol Sarler descreveu o jovem príncipe como "desgraça nacional" que "raramente ergue um dedo, a não ser que seja para agarrar uma prostituta barata em uma boate". Harry era "um baderneiro que bebe e usa drogas", continuou ela, e os dois meses que ele passaria em Lesoto, onde 30% da população sofria de aids, era nada mais que uma estratégia de relações públicas para melhorar sua imagem. Harry, disse Sarler, "concordou, relutantemente, em passar parte da viagem olhando para pessoas pobres".

Furioso, Charles instruiu seu novo secretário de comunicações, Patrick "Paddy" Harverson, a reagir. O ataque de Sarler não somente fora "excessivo [...], errado, injusto e infundado", como o retrato que ela pintara do príncipe Harry era "grosseiramente impreciso e mal informado". Para provar seu ponto, uma equipe de gravações da emissora ITV seguiu Harry enquanto ele carregava água, abria valas, construía pontes e brincava com órfãos infectados com o HIV.

Sem dúvida, Diana ficaria satisfeita ao ver os filhos abraçarem seu ativismo em obras de caridade. Ela teria ficado menos emocionada em vê-los adotar Camilla como madrasta. Embora fossem cordiais, nem William nem Harry se esforçavam para passar tempo com ela. Charles, por sua vez, não os forçava, percebendo que os filhos estavam ocupados com as próprias vidas. "Eles são mais ou menos como Ron e Nancy Reagan", disse Joan Rivers. "É tudo sobre Charles e Camilla. Ela o ama e ele a ama — e ele não *precisa* que William e Harry também a amem. Seria bom se *gostassem* dela, e acho que eles gostam."

Camilla se mantinha como uma presença constante na vida social de Charles, acompanhando-o a eventos privados e sem rigidez protocolar no

Reino Unido. Mas não tinha papel oficial, nem ao menos compromissos no exterior. Camilla não o acompanhou em sua viagem de um dia à capital Washington para o funeral de Ronald Reagan, em 11 de junho de 2004. "Foi muito triste. Nancy estava arrasada", contou ele a Camilla durante um pequeno jantar, alguns dias depois. "Será assim conosco", retrucou ela, antes de brincar: "É por isso que eu vou primeiro!"

O limbo em que os dois se encontravam poderia ter continuado indefinidamente, se não fosse por um incidente no fim daquele ano que mudaria tudo. Edward van Cutsem, o afilhado de 29 anos do príncipe de Gales, estava prestes a se casar com Lady Tamara Grosvenor, de 24 anos, filha do duque e da duquesa de Westminster. A rainha e o príncipe Philip compareceriam à cerimônia na catedral de Chester, e William e Harry receberiam os convidados. Charles e Camilla foram convidados pelo noivo, mas, no último minuto, a mãe de Edward pediu que o príncipe de Gales e a amante não somente sentassem em bancos separados, como chegassem e partissem em carros diferentes. Mantendo o protocolo, isso significaria que Charles se sentaria na frente, com o restante da família real, e Camilla seria relegada ao fundo da igreja.

Camilla achou isso indigno demais, e Charles concordou. Eles decidiram boicotar o casamento e montar uma estratégia que os permitisse planejar o deles. O príncipe de Gales sempre havia relutado em confrontar a mãe, mas Camilla passara a insistir para que ele assumisse uma posição. O príncipe disse à rainha, com firmeza, que se casaria com Camilla — quer Sua Majestade aprovasse, quer não. "E o que a Sra. Parker Bowles quer, ela tem", afirmou Richard Kay.

Também havia razões estratégicas para o casamento. Charles via que William estava apaixonado por Kate Middleton, e já se falava em um noivado iminente. Dado o fato de a maioria de seus conterrâneos desejar que William assumisse o trono, era provável que essa preferência aumentasse quando ele se casasse. O primogênito se emocionava ao falar sobre como seu pai fora tratado injustamente pela imprensa, e por isso Charles sabia que o filho jamais roubaria a coroa. Mas o príncipe de Gales era experiente o bastante para perceber que a monarquia precisava, mais do que nunca, do apoio do povo. "Se eles não me amarem da maneira como amam a rainha porque preferiam ter outro rei, então posso muito bem ficar onde estou", disse Charles a seu secretário particular.

No fim de 2004, a rainha informou a seu secretário, Sir Robin Janvrin, que se sentia "impotente para impedir isso". Durante o feriado de Natal da família real em Sandringham, Elizabeth II deu seu consentimento, ainda que a contragosto. Antes de fazer isso, no entanto, a rainha arrancou do filho mais velho a promessa de que não tentaria transformar Camilla em rainha ao assumir o trono: ele reiterou que Camilla não tinha intenção de se tornar princesa de Gales ou rainha. Charles pediu e obteve a bênção dos filhos. Em Highgrove, logo antes do Ano-Novo de 2005, ele se ajoelhou ("É claro. De que outro modo faria o pedido?", disse Camilla mais tarde) e pediu a mão dela em casamento. Ironicamente, o anel (um grande diamante cercado por outros menores, totalizando oito quilates em brilhantes) que havia pertencido à rainha-mãe.

O plano era anunciar o casamento em fevereiro de 2005, no Dia dos Namorados (Valentine's Day, ou Dia de São Valentim). Haveria muito com o que lidar ao longo do caminho, inclusive a decisão de Harry de comparecer a uma festa a fantasia como o general do exército nazista Erwin Rommel, usando o uniforme cáqui de mangas curtas do Afrika Korps — não faltaram nem mesmo o emblema de águia da temida Wehrmacht no peito e uma braçadeira com a suástica. Aparentemente, Harry não sabia o que é nazismo ou o que a suástica, em particular, simboliza.

Sob a manchete "HARRY, O NAZISTA", o *The Sun* publicou uma fotografia de página inteira do príncipe segurando um cigarro na mão esquerda e uma bebida na direita. A grande faixa vermelha, com a suástica preta sobre o fundo branco em seu braço esquerdo, saltava da página. A reação foi imediata. Membros do Parlamento, sobreviventes do Holocausto e suas famílias, o ministério do Exterior israelense e grupos de veteranos da Segunda Guerra Mundial condenaram o príncipe sem noção. O biógrafo de Hitler, Sir Ian Kershaw, criticou aquele "grotesco mau gosto"; o rabino Marvin Hier, do Centro Simon Wiesenthal, denunciou seu "ato vergonhoso"; e o antigo porta-voz real Dickie Arbiter disse que o príncipe Charles fora "prejudicado pelo filho desobediente. Isso não pode continuar".

Charles estava na Escócia na época, e foi ouvido por um segurança "gritando a plenos pulmões" com Harry pelo telefone de Balmoral. ("MEIN FURY: CHARLES SE ENFURECE COM O NAZISTA HARRY", foi a manchete do *The Sun* no dia seguinte.) "O príncipe Charles ficou apoplético e, quando terminou, o pobre príncipe Harry estava tremendo." Charles também questionou por que William, que usara uma inofensiva fantasia de leão, não havia impedido o irmão mais novo de cometer tamanho erro. "Acho que nenhum deles entende de verdade quem foram os nazistas e o que fizeram — o que, considerando-se a história de luta da nossa família contra eles, é bastante estranho", confidenciou Charles a um grande doador norte-americano.

Mesmo assim, Harry ficou mortificado por mais uma vez "decepcionar a família". Charles relutantemente aceitou o choroso pedido de desculpas do filho e instruiu Clarence House a publicar um comunicado de imprensa. A breve declaração dizia que "o príncipe Harry pede perdão por qualquer ofensa ou constrangimento que tenha causado. Ele entende que escolheu mal a sua fantasia".

Para muitos, esse tépido "pedido de desculpas" não foi suficiente. O líder do Partido Conservador no Parlamento, Michael Howard, exigiu que o príncipe Harry fosse à televisão e dissesse "como sentia muito". Temendo que a fantasia de Harry fosse interpretada como um aceno a grupos neonazistas, os líderes judeus o convidaram a participar de cerimônias em memória do aniversário de 60 anos da libertação de Auschwitz. Foi necessário explicar ao jovem príncipe que Auschwitz-Birkenau foi um campo de extermínio nazista onde 1 milhão de judeus pereceu.

Charles, convencido de que a ofensa da população pelo comportamento de Harry era excessiva, deixou claro que o filho não pediria desculpas na televisão. Nem visitaria Auschwitz. Ele pediria perdão de modo "pessoal e particular" ao rabino-chefe das Congregações Hebraicas Unidas da Commonwealth, o Dr. Jonathan Sacks. Paddy Harverson comunicou à imprensa que não haveria mais comentários sobre o assunto por parte do príncipe Charles ou de qualquer outro membro da família real. O príncipe Harry pedia "desculpas sinceras por cometer um erro muito grave".

Os membros da Câmara dos Comuns queriam que Harry fosse proibido de se matricular em Sandhurst, porque "não seria adequado", disse o trabalhista Doug Henderson. O príncipe "decepcionou o país", concordou Lord Levy, o enviado britânico para o Oriente Médio. "O comportamento dele criou ondas de choque em toda a comunidade internacional." Tom Utley, colunista do *Daily Telegraph*, o chamou de "completo idiota" e disse que o temperamental príncipe parecia "ignorante" sobre o que a suástica simboliza. "O que ensinaram a ele durante seus cinco anos em Eton? Estamos falando aqui de estupidez em escala monumental."

Novamente, os amigos de Diana se apressaram em apontar que nada dessa natureza teria acontecido sob os cuidados dela e que Charles nunca fora próximo dos garotos quando eles eram pequenos. O príncipe havia se mostrado um pai amoroso depois da morte da ex-esposa, mas deixou de ser uma presença constante na vida dos filhos desde que eles foram enviados para o colégio interno. Com a exceção de seus diretores e guarda-costas (alguns dos quais eram próximos dos príncipes, mas não ao ponto de serem pais substitutos), William e Harry foram entregues à própria sorte para lidar com as pressões da vida cotidiana.

Charles tentou prevenir outro desastre na mídia, contratando um secretário particular para os dois príncipes após o episódio "Harry, o nazista". Jamie Lowther-Pinkerton tinha 44 anos, era pai de três filhos e fora major dos Guardas Irlandeses, além de ter trabalhado como ajudante de ordens da rainha-mãe. Veterano da guerra do Golfo, também serviu nas Forças Especiais britânicas e perseguiu traficantes de drogas na Colômbia na década de 1990. O major e os garotos se deram bem desde o primeiro instante. Durante os oito anos seguintes, Lowther-Pinkerton estaria disponível 24 horas por dia, dando a eles os conselhos paternais de que precisavam para não se meterem em problemas. Ele se tornaria o mais confiável assessor e membro *de facto* da família.

O plano de Charles de anunciar seu noivado com Camilla no Dia dos Namorados fracassou quatro dias antes. Em 10 de fevereiro de 2005, o Gabinete do primeiro-ministro Tony Blair vazou a notícia para a imprensa. Dias antes, a rainha o tinha consultado antes de conceder sua permissão oficial sob a Lei de Casamentos Reais. "O duque de Edimburgo e eu estamos muito felizes porque o príncipe de Gales e a Sra. Parker Bowles vão se casar", dizia a pouco efusiva declaração de Sua Majestade. "Desejamos a eles o melhor em seu futuro juntos."

Naquela noite, o casal ofereceu um jantar para ambientalistas no Castelo de Windsor, e a rainha mandou iluminar a torre redonda em homenagem aos dois. Mais tarde, Camilla, usando um vestido vermelho e sorrindo de orelha a orelha, mostrou seu anel de noivado para as câmeras. A ruborizada futura noiva de 57 anos balbuciou: "Só agora estou acreditando que é real."

Enquanto isso, Charles tinha que lidar com duas grandes perdas como esportista — em atividades centrais em sua vida desde a adolescência. A despeito de ter bombardeado Tony Blair e outros ministros com memorandos escritos à mão, alegando que a caça à raposa era "romântica", a proibição do governo entrou em vigor em fevereiro de 2005. Em uma demonstração final de desafio, o príncipe de Gales foi saudado por outros cavaleiros quando saiu para caçar com o grupo Meynell & South Staffordshire, em Derbyshire, somente três dias antes de a proibição entrar em vigor. (Camilla já desistira de caçar raposas porque a atividade estava "destruindo minhas costas".)

A seguir, Charles aposentou o taco de polo, alguns meses depois. O príncipe, com seu alto padrão de vida, certa vez chamara essa atividade de sua "única grande extravagância": ele competira no esporte estratosfericamente dispendioso por mais de quatro décadas. "Sem o polo eu ficaria louco. Vou continuar enquanto conseguir me levantar toda vez que cair", disse, no meio de seu tumultuado casamento com Diana. Mas o esporte lhe cobrou um preço: ao longo dos anos, o jogador real foi derrubado do cavalo numerosas vezes, quebrando ossos e machucando as costas. Em certa ocasião, o pônei de Charles o derrubou e lhe deu um coice no rosto, deixando uma cicatriz de cinco centímetros no lado esquerdo. Quando ele se preparava para se casar com o amor de sua vida, sentia que "é a hora certa. Desejo me despedir graciosamente, apesar de lamentar".

Além disso, havia outros desafios, incluindo saber se dois divorciados poderiam se casar na igreja e se a rainha estaria disposta a comparecer à cerimônia. Enquanto os detalhes eram planejados, William e Harry levaram o noivo para uma "despedida de solteiro" de uma semana esquiando em Klosters. Em certo momento, o trio se sentou em um muro de pedra e posou para uma bateria de fotógrafos. Com os repórteres a somente alguns metros e os microfones a centímetros de seu rosto, Charles se queixou da imprensa. "Não suporto aquele homem", disse ele, falando de Nicholas Witchell, da BBC, que estava bem na frente dele, pasmo. "Ele é tão horrível, de verdade [...]. Gente maldita. Eu *odeio* fazer isso."

Infinitamente mais experiente em como lidar com a mídia, William tentou acalmar o pai. "Continue sorrindo", sussurrou. "Continue sorrindo."

Quando lhe perguntaram o que achava do casamento do pai, ele respondeu com entusiasmo: "Estou muito feliz, muito satisfeito. Será um dia legal." Se era uma atuação, William foi muito convincente. Ele até brincou sobre suas responsabilidades como testemunha da cerimônia civil. "Desde que eu não perca as alianças, tudo ficará bem!"

Sábado, 9 de abril de 2005
Castelo de Windsor

Charles e Camilla se ajoelharam lado a lado na nave da Capela de São Jorge — local de descanso de dez reis, incluindo Henrique VIII, e lar espiritual da Ordem da Jarreteira — e curvaram a cabeça em uma exibição óbvia e submissa de vergonha. Perante os dois, estava a imponente figura de barbas brancas e manto carmesim do Dr. Rowan Williams, o arcebispo de Canterbury. Grandes exemplares encadernados em couro do *Livro de Oração Comum* de 1662 foram abertos diante do noivo e da noiva para que lessem o ato de penitência. Escrito pelo arcebispo de Canterbury do rei Henrique VIII, Thomas Cranmer, ele é considerado a mais intensa prece confessional da Igreja da Inglaterra.

Tecnicamente, o que transcorreu no interior das paredes medievais de pedra do Castelo de Windsor não foi um matrimônio em si. Charles e Camilla haviam se casado oficialmente antes, durante uma breve cerimônia civil em Windsor Guildhall (a prefeitura da cidade). Aqueles foram 45 minutos de preces e consagração, e o arcebispo só concordou em oficializar a união se o noivo e a noiva pedissem perdão público pelo egrégio comportamento adúltero pelo qual eram conhecidos. Ainda ajoelhado e olhando para o livro de orações à sua frente, Charles nervosamente coçou a orelha direita quando chegou o momento de ele e Camilla implorarem pela absolvição. Embora o príncipe de Gales tenha permanecido impassível durante o ato, marido e mulher estavam ruborizados ao lerem em voz alta, para os 750 convidados: "Reconhecemos e lamentamos nossos múltiplos pecados e maldades, que, de tempos em tempos, gravemente cometemos, por ações, palavras e atos contra tua Divina Majestade, provocando, muito justamente, tua ira e indignação contra nós. Nós nos arrependemos sinceramente e sentimos muito por nossos erros. A lembrança deles é penosa para nós. Seu fardo é intolerável."

Sem deixar dúvidas sobre o que era esperado dos recém-casados, o arcebispo os instruiu — primeiro Charles, depois Camilla — a serem fiéis um ao outro durante o casamento, entenderem o acordo da união perante Deus e ficarem ao lado um do outro "na riqueza e na pobreza, para o melhor e para o pior [...] até que a morte os separe". O clérigo perguntou novamente (talvez acreditando não ter deixado a questão suficientemente clara) se eles estavam decididos, em seus corações, a serem "fiéis" e "abandonarem todos os outros". Afinal, até aquele ponto, nenhum dos dois mostrara qualquer interesse particular em cumprir os votos do matrimônio.

"Estou decidido, com a ajuda de Deus", respondeu Charles timidamente. Camilla disse o mesmo, e os dois deram as mãos. O arcebispo proclamou: "Que as alianças sejam o símbolo de sua fidelidade." Os anéis eram feitos de ouro retirado da mesma grande pepita galesa que fornecera o metal para as alianças de Charles e Diana, assim como as da rainha e do príncipe Philip.

Admitir publicamente seus "múltiplos pecados e maldades" foi somente uma das várias e importantes concessões que os dois foram compelidos a fazer — a principal foi a promessa do príncipe de Gales de que, se fosse rei, ele não insistiria para que Camilla fosse rainha, mas sim a primeira "princesa consorte" da Inglaterra. Até lá, em vez de ser conhecida como princesa de Gales, um título ligado de forma tão intensa a Diana, ela concordou em assumir um dos títulos menores de sua predecessora: duquesa da Cornualha.

Sem dúvida, era melhor do que o planejado pelos "homens de cinza": apenas "Camilla Windsor", sem nenhum título.

Para tornar o casamento mais palatável para o público — as pesquisas mostravam que somente 7% dos entrevistados estavam dispostos a aceitar Camilla como rainha —, Charles estava mais que disposto a levar adiante a estratégia do "brando convencimento" criada por Mark Bolland e Peter Mandelson. E com razão. Nada daquilo importava. Como quer que a chamassem, Camilla tinha se tornado — pela tradição e pela lei — princesa de Gales ao ter se casado com o príncipe de Gales. Isso significava que, entre todas as mulheres da família real, ela estava atrás somente da rainha em termos de hierarquia. Quando Charles se tornasse rei, Camilla automaticamente seria rainha pela mesma razão, e não somente da Inglaterra. O monarca inglês também era chefe de Estado de 16 das 53 nações que fazem parte da Commonwealth, tornando sua esposa rainha dessas nações. (Um casamento monárquico que a proibisse de se tornar soberana fora vetado por Charles no início do processo.)

Fossem ou não essas concessões importantes, os planetas haviam se alinhado de modo a permitir que Charles se casasse com o amor de sua vida, e ele aproveitou o momento. Seus motivos não eram inteiramente românticos. A pressão aumentava desde que o arcebispo de Canterbury anterior, George Carey, o pressionou a transformar a amante de uma vida inteira em "mulher honesta". Além de a Igreja da Inglaterra ter pedido publicamente para que o príncipe colocasse um fim em seu caso "pecaminoso" com Camilla, a rainha se resignara ao inevitável. Por mais que culpasse Camilla por destruir o casamento do filho e prejudicar a monarquia, Elizabeth II achava melhor que ele se casasse o quanto antes, a fim de que as pessoas se acostumassem com a ideia de rei Charles e rainha Camilla.

Isto é, se Charles sucedesse a mãe. William e sua namorada de longa data, Kate Middleton, também pareciam estar seguindo para o altar. As pesquisas continuavam a indicar que a grande maioria dos cidadãos britânicos queria que William fosse o próximo soberano — um sentimento que só aumentaria se ele se casasse com a popular namoradinha de faculdade enquanto o pai continuava a se encontrar com a amante de meia-idade.

E então havia a questão do dinheiro. A Câmara dos Comuns, através do comitê especial criado para analisar as finanças do príncipe Charles, havia chegado à conclusão que ele gastava mais de US$500 mil ao ano com Camilla — parte disso paga pelos contribuintes britânicos. Como disse um parlamentar, "pode-se desculpar o gasto dessa quantia com uma esposa real, mas usar fundos públicos para custear a amante não parece adequado para o Parlamento ou para o público britânico".

Para Charles, havia outra questão envolvendo dinheiro: se ele deveria ser o primeiro príncipe de Gales — o primeiro membro da família real, aliás — a insistir para que sua noiva assinasse um contrato pré-nupcial. Pela inexistência de um em seu casamento com Diana, ele fora forçado a pagar, do próprio bolso, US$28 milhões no acordo de divórcio. No fim (e contra o conselho de seus advogados), Charles não abordou o assunto com Camilla. Ao contrário: ele fez todo o possível para garantir que a segunda mulher fosse financeiramente independente, criando um fundo de US$20 milhões que garantiria a ela uma renda anual de ao menos US$700 mil. (A única condição era que, depois da morte dela, os US$20 milhões voltassem aos cofres reais.)

Por mais generosos que fossem os termos do fundo, eles não impediriam que Camilla exigisse reparação monetária em caso de divórcio. O príncipe "não se importava", disse um advogado real. "Ele estava decidido a basear o casamento, desde o início, na confiança e na boa-fé" — coisas que estavam ausentes em seu primeiro matrimônio.

Os obstáculos financeiros e legais haviam sido superados — o Lord Chancellor, Lord Falconer, decidiu que, sob a Lei dos Direitos Humanos de 1998, um futuro rei divorciado podia se casar em uma cerimônia civil, "como qualquer um" —, mas ainda havia um último obstáculo. O papa João Paulo II morrera em 2 de abril de 2005, e seu funeral seria no mesmo dia escolhido para o casamento: 8 de abril. Elizabeth ordenou que o filho adiasse o casamento em um dia, a fim de que pudesse ir a Roma no lugar dela — como disse uma de suas damas de companhia, "tudo que fosse possível fazer para adiar o momento em que ela teria que ver Charles se casar com Camilla, nem que somente em um dia".

Ou por somente duas horas. Durante semanas, Charles implorou à mãe para comparecer ao casamento, marcado para 12h30, na prefeitura de Windsor, mas ela disse que não queria atrapalhar a natureza "discreta" da cerimônia civil. Sua ausência — e do príncipe Philip — foi percebida como uma reprimenda real, como a rainha e o príncipe de Gales sabiam que seria.

De fato, na cerimônia de prece e consagração das 2h30 da tarde, a nova sogra de Camilla não fez esforço algum para esconder seus sentimentos. "Irritada" e "azeda" foram as palavras usadas pela imprensa para descrever a expressão da rainha durante a cerimônia. "Soturna" foi outra. Durante grande parte do evento, ela olhou para afrente, ocasionalmente apertando os olhos para ler o programa em seu colo ou fazendo uma pausa e dando um audível suspiro de resignação. Mais tarde, confidenciou à prima que fora difícil esquecer que a mãe estava sob seus pés, enterrada ao lado do marido, George VI, na cripta da Capela de São Jorge. A rainha-mãe tinha ficado tão irritada com a maneira como Diana tratava seu adorado neto que, em 1991, proibira que o nome da princesa fosse dito em sua casa. Mas ela desprezava Camilla. Como a notória norte-americana Wallis Simpson, Camilla causava escândalo na família real e, assim, empurrava a monarquia para a beira da extinção.

Margaret Rhodes disse que "a rainha-mãe não conseguia entender o que Charles via nela, assim como não conseguia entender o que o cunhado, Edward VIII, vira na Sra. Simpson" e que descrevia as duas como "iníquas" e "iguais". Ela também fez a filha prometer que não permitiria que Charles se casasse com Camilla — "por mais feliz que ele ache que ela pode fazê-lo".

Elizabeth II se sentia obrigada a manter a promessa. A rainha-mãe "tinha certo poder sobre a rainha. Ela podia parecer uma vovozinha doce, mas era dona de um espírito travesso e era capaz de guardar rancor para sempre", disse Harold Brooks-Baker. Até a morte da mãe em março de 2002, aos 101 anos, a rainha manteve sua palavra. Colin Henderson, principal cocheiro da rainha nos estábulos reais, revelou que "havia a instrução de não permitir que 'aquela mulher' cruzasse o umbral do Palácio de Buckingham ou, aliás, de qualquer residência real".

Charles ficou devastado com a notícia da morte da avó. Afinal, ela sempre havia oferecido a ele amor ("os abraços, aqueles abraços maravilhosos e envolventes") e a ternura que ninguém mais na família real parecia capaz de lhe dar. Mas foi a morte da rainha-mãe que removera um grande obstáculo para que ele obtivesse a permissão — embora não exatamente a bênção — da rainha para seu segundo casamento.

Para essa ocasião, Elizabeth II usou o tradicional conjunto de vestido, casaco e chapéu, tudo em um tom de branco com um toque de amarelo. Usar essa cor (conhecida como off-white) foi, nas palavras de um membro da corte, "uma escolha interessante, dado que o protocolo é explícito em reservar a cor branca à noiva, quer ela escolha usá-la, quer não. Talvez a rainha estivesse enviando a mensagem de que via o casamento como uma farsa e a noiva, como uma piada". Os membros da família real usam joias para enviar sinais, e seria difícil não ver o broche em forma de acácia australiana, feito de diamantes azuis e amarelos, preso à gola do casaco, à esquerda — uma peça importante, mas não tão impressionante ou historicamente significativa quanto o broche de diamantes da rainha Vitória que fora usado no funeral da princesa Diana na Abadia de Westminster.

"Era inevitável que eles se casassem, e a rainha só queria que aquilo acabasse logo", disse o correspondente da realeza James Whitaker. "Mas isso não significa que ela precisava gostar da situação." E Sua Majestade não estava sozinha. Uma pesquisa conduzida pelo *Daily Telegraph* dias antes mostrara que a maioria dos britânicos achava que aquele casamento enfraqueceria a monarquia e que 69% não queriam que Charles herdasse o trono. A pesquisa do *Sunday Times* também refletiu o ultraje do público, com 58% dos entrevistados preferindo que William fosse o próximo monarca, e 73% rejeitando a ideia de ter Camilla como rainha.

A nova esposa real tentou tratar o grande evento em Windsor como "dois velhos se juntando". Mas, na verdade, a situação parecia cobrar um preço da noiva de 57 anos. Na véspera do casamento, Camilla misteriosamente teve uma febre de 39,5°C que os médicos reais só puderam atribuir ao "imenso estresse". Na manhã seguinte, ela se recusou a sair da cama. Mais tarde, admitiria estar "aterrorizada" com a ideia de ela e Charles serem confrontados por centenas de fãs de Diana protestando contra o casamento em Windsor. Com Camilla literalmente escondida sob as cobertas, sua filha Laura, sua irmã Annabel, sua estilista Jacqui Meakin e mais uma criada imploraram para que ela se levantasse — até que Annabel ameaçou colocar as roupas da irmã e se casar com o príncipe de Gales. Camilla, com grande relutância, saiu da cama e começou a se vestir.

No trajeto até Windsor Guildhall, para reconfortá-la, Charles mostrou a ela que a maioria das pessoas nas ruas sorria e se comportava de maneira amigável. Mas nem todos. Diretamente em frente à prefeitura, uma faixa dizia "Ilegal, imoral, vergonhoso", enquanto outra saudava o casal com um "Vida longa à rainha! Diana para sempre! Rei Charles e rainha Camilla jamais!".

A segurança foi rígida, com oficiais à paisana em meio aos espectadores, policiais uniformizados com cães farejadores examinando bolsas e pacotes e atiradores de elite nos telhados. Dentro da prefeitura, Camilla tremia tanto que uma de suas amigas temeu que ela desmaiasse "antes que pudesse dizer sim". Embora Charles e a noiva não tenham se beijado em nenhum momento da cerimônia — de fato, eles não foram vistos se beijando em nenhum momento do dia do casamento —, o filho de Camilla, Tom Parker Bowles, ficou aliviado porque "tudo saiu como planejado". Em pé nos degraus enquanto os recém-casados acenavam para a multidão em sua maioria simpática, William tentou ignorar as poucas vaias. "Estou feliz", disse ele. Seu novo meio-irmão assentiu. "Sim", retrucou Tom, "eu também".

Uma pessoa cuja ausência foi notada: Kate Middleton, que, àquela altura, era alvo de infinitas especulações. Por mais afetuoso que fosse em relação a ela, Charles não admitiria ver a noiva superada por alguém tão jovem, linda e atraente aos olhos dos britânicos quanto Kate. De modo geral, disse um amigo, entendia-se que aquele era, "finalmente, o momento de Camilla".

A noiva ainda tremia quando entrou na Capela de São Jorge, mas nunca parecera tão glamourosa. Na cerimônia civil, ela usou um vestido de chiffon creme e casaco de seda da mesma cor, criados pelas estilistas londrinas Antonia Robinson e Anna Valentine; um grande chapéu branco decorado com renda francesa e borda de penas; e um antigo broche com as três penas do brasão dos príncipes de Gales, feito de diamantes e uma pérola preta, na lapela direita. Charles usava calça risca de giz, colete cinza trespassado, fraque preto, camisa azul-pálido, gravata azul e verde e uma flor na lapela esquerda.

Ao caminhar pela nave de braços dados com o novo marido, Camilla parecia majestosa em um casaco de seda azul pintado à mão, criado pelo luxuoso ateliê Anna Valentine, sobre um vestido de chiffon da mesma cor e um chamativo chapéu dourado de penas com cristais Swarovski, desenhado pelo chapeleiro irlandês Philip Treacy — um visual considerado atraente por Charles, que comentou, com razão, que a intenção de Treacy fora que as penas de filhote de avestruz com cristais na ponta parecessem "hastes brilhantes de trigo". O buquê de Camilla era feito de lírios e prímulas brancas, amarelas e púrpuras com um ramo de murta. A murta, enviada por um amigo da Cornualha, é tradicionalmente incluída nos buquês reais desde os tempos vitorianos — e sempre nas mãos das mulheres destinadas a se tornarem rainhas.

No fim da cerimônia, todos se levantaram para cantar "Deus salve a rainha", menos Elizabeth, obviamente. (Quando uma amiga norte-americana perguntou o motivo, ela respondeu, com um sorriso travesso: "Você realmente acha que eu deveria ficar em pé e cantar 'Deus salve... a mim'?") Os recém-casados partiram de braços dados pela porta oeste da capela, seguidos à distância pelo príncipe Philip e pela rainha. Do lado de fora, foram recebidos por aplausos e vivas da multidão.

O príncipe de Gales respirou fundo, cerrou os olhos por causa do sol e sorriu. "Aqui estamos", disse ele a Camilla.

"Eu estava muito nervosa", admitiu ela, segurando o elaborado chapéu de penas de avestruz para evitar que fosse levado pelo vento.

"Estamos casados agora. O plano... Olhe para eles, desejando nossa felicidade. É adorável, não é?"

"Ah, sim", assentiu Camilla, enquanto continuava a segurar o chapéu. "Esse chapéu não é bom para dias em que está ventando muito." Virando-se, ela olhou em torno em busca da sogra. "Onde está a rainha?"

"Eles já vêm", respondeu Charles. "Ela está conversando."

A rainha se demorava, talvez tentando decidir se estava pronta para sua primeira aparição ao lado da problemática Sra. Parker Bowles.

Finalmente, Sua Majestade se materializou nos degraus atrás deles.

"Tudo correu bem", murmurou ela para Charles.

"Sim", respondeu ele.

No instante seguinte, ela se virou para ir embora. "Estamos indo", disse a rainha ao filho.

Surpreso, Charles se deu conta de que outro momento importante, a imagem de Camilla ao lado da rainha, estava escorrendo por seus dedos. "Fique", implorou ele à mãe. "Quero uma foto de todos nós." A rainha não tinha a menor intenção de cooperar e, segundos depois, ela e o duque de Edimburgo embarcavam no Rolls-Royce real que os levaria de volta a Castle Hill. Charles conseguira convencê-la a oferecer um chá nos opulentos salões públicos de Windsor para oitocentos amigos do casal. Entre eles, Tony Blair e sua esposa, Cherie; o rei Constantine e a rainha Anne-Marie, da Grécia; o músico Phil Collins; o estilista italiano Valentino Garavani; o apresentador de TV e jornalista britânico Sir David Frost; os atores Richard Grant, Edward Fox e Joanna Lumley; a amiga de longa data Joan Rivers; e até Andrew Parker Bowles e a nova esposa, Rosemary.

A rainha, reconhecidamente uma fanática quando se tratava do esporte dos reis, não podia ignorar o fato de que o casamento caíra no mesmo dia da corrida Grand National Steeplechase. Misturando referências dos dois eventos, Sua Majestade começou seu discurso dizendo que tinha "dois importantes anúncios a fazer. O primeiro é que Hedgehunter venceu a Grand National! O segundo é que meu filho está em casa, com a mulher que ama. Eles passaram por saltos difíceis — Becher's Brook e Chair — e obstáculos dificílimos de todo tipo. E agora estão no cercado de inverno." Em nenhum momento ela mencionou o nome de Camilla.

Em seu discurso, Charles agradeceu à "querida mamãe" por pagar a conta e a "minha querida Camilla, que ficou a meu lado durante todos os percalços e cujos preciosos otimismo e bom humor me ajudaram a vencer todos eles", além de "assumir a tarefa de ser casada comigo". Quando os recém-casados se prepararam para partir, William e Harry fizeram questão de beijar a madrasta em ambas as faces. A rainha e o príncipe Philip finalmente posaram para as fotografias do casamento durante a festa — as primeiras com Camilla perto da soberana. Também seria a primeira vez que William e Harry posavam ao lado de Camila, com o pai sorridente ao lado da noiva.

Nos bastidores e incentivado por seus assessores no Palácio de St. James, Charles implorara à mãe para fazer algum sinal público de afeto em relação a Camilla. A demonstração de boa vontade era necessária para que a outrora notória Sra. Parker Bowles fosse integralmente aceita pelo público como esposa do futuro monarca. Mas "a rainha não gosta que lhe digam o que fazer. E por que deveria? Ela é a rainha", como bem lembrara certa vez Martin Charteris, um de seus primeiros secretários particulares.

Mesmo assim, Sua Majestade estava determinada a restaurar certo grau de tranquilidade no interior do palácio, e por isso fez um gesto preciso e bem executado quando seu filho e a nova esposa dele pararam nos degraus do castelo, antes de partirem para a lua de mel em Balmoral: a rainha surpreendeu Camilla oferecendo o rosto para um beijo de despedida e então observou impassivelmente Charles e sua trêmula esposa embarcarem no Bentley que William e Harry passaram mais de uma hora decorando com balões e grafites que diziam "Príncipe + Duquesa, C + C" e o obrigatório "Recém-casados".

Charles admitiu que, àquela altura, "estava mais aliviado que qualquer outra coisa por tudo ter terminado". Ele conseguiu sorrir ao acenar para os filhos, gritando: "Obrigado por terem vindo! Obrigado por terem vindo!", as palavras que ele e Camilla haviam repetido roboticamente ao apertar as mãos dos convidados que chegavam para o chá.

Durante as duas semanas seguintes, Charles e Camilla passaram a lua de mel entregando-se às suas atividades rurais favoritas em Balmoral, às margens do rio Muick. Eles não ficaram no Castelo de Balmoral, mas na recém-reformada Birkhall, outrora a casa escocesa da pessoa que trabalhara com sucesso para impedir o casamento do príncipe Charles com seu amor de longa data: a rainha-mãe. Mesmo assim, Charles prezava a memória da avó. Ela costumava chamar Birkhall, construída em 1715 e comprada pela rainha Vitória em 1849, de "pequeno casarão ou grande casinha". Camilla chegou a sugerir que Birkhall, local de seis luas de mel reais, fosse reformada e redecorada, mas Charles não quis nem ouvir falar do assunto. Os estofamentos desfiados, as cortinas desbotadas e os carpetes sujos foram reparados e limpos, não substituídos. A cobertura de tartã nas paredes também permaneceu, e os casacos de jardinagem azuis da rainha-mãe continuaram pendurados em ganchos de madeira perto da porta dos fundos, onde estavam quando ela morrera. Talvez a mais impressionante lembrança fosse a coleção de 11 relógios-cuco na sala de jantar, que soavam a cada hora, mas não em uníssono, impedindo qualquer conversa. "Não vale a pena tentar falar até eles terem terminado", dizia ela aos convidados.

Durante seus primeiros meses como membro *bona fide* da família real, Camilla avançou lentamente. Ela andou de carruagem em Ascot e na Trooping the Colour, o desfile que marcava o aniversário "oficial" da rainha no início de junho. Em seguida, fez sua primeira aparição no balcão do Palácio de Buckingham com a soberana, Charles e o restante da família real. Poucos notaram que ela usava seu vestido de casamento — o mesmo da cerimônia civil em Windsor, e por insistência do marido. Como explicou um ajudante de ordens, "o príncipe Charles acreditava que era direito de Camilla aparecer no balcão com seu vestido de casamento, como Diana e outras noivas reais". Outro membro da corte acrescentou que Charles "queria que ela fosse fotografada no balcão em seu vestido de casamento, ao lado dele. Esse foi o motivo, que mostra como a mente dele funciona e o que ele espera conseguir".

Um mês depois, bombas plantadas por terroristas islâmicos explodiram em ônibus e trens do metrô de Londres, matando 52 pessoas e ferindo mais de setecentas. Horas depois, Charles e Camilla visitaram vítimas no Hospital de St. Mary em Paddington. Charles ficou orgulhoso da maneira como Camilla, olhando nos olhos de pessoas horrivelmente feridas, "manteve-se impassível. Ela é um ser humano muito forte e compassivo. Mas depois ela chorou", contou ele.

Após os ataques terroristas, os britânicos estavam ansiosos por boas notícias, e elas chegaram com a formatura real. Depois de viverem juntos no *campus* por três anos, Big Willy e Babykins — os apelidos que William e Kate Middleton haviam escolhido um para o outro — graduaram-se na Universidade de St. Andrews em 23 de junho de 2005. Ele obteve um diploma em geografia e Kate, em história da arte, tornando-se a primeira futura soberana com diploma universitário. A rainha Elizabeth e o príncipe Philip compareceram ao evento, assim como Harry, Camilla e, é claro, Charles. Apesar de todo seu poder de fogo, os membros mais velhos da família real se recolheram atrás dos inegáveis astros daquele espetáculo: o alto e loiro herdeiro do trono britânico e sua belíssima namorada plebeia de cabelos castanhos.

O vice-chanceler Brian Lang pareceu ter William e Kate em mente quando se levantou para fazer seu discurso. "Eu digo isso todos os anos, a todos os alunos: você pode ter conhecido aqui seu marido ou sua esposa." Lang fez uma pausa para as esperadas risadas e continuou: "Nosso título de 'principal universidade casamenteira da Grã-Bretanha' diz muito sobre o lado positivo de St. Andrews, o fato de que podemos contar com vocês para seguirem em frente e se multiplicarem."

Mas primeiro William tinha que cumprir o cronograma de seis meses montado pelo Palácio de Buckingham para o período após sua graduação: uma breve estadia nas instituições financeiras da cidade, trabalhar em uma pequena fazenda no ducado do pai na Cornualha, ser voluntário em um hospital infantil, integrar as equipes de busca e resgate de Gales e, então, iniciar as punitivas 48 semanas de treinamento militar em Sandhurst.

Foi durante esse período que ele se aproximou ainda mais dos Middleton. Nos fins de semana que não passava com Kate no apartamento dos futuros sogros em Chelsea, ele dirigia os 53 quilômetros entre Sandhurst e Oak Acre, em Bucklebury. Lá, longe dos onipresentes criados e membros da corte, ele sentia que podia relaxar de uma maneira que era impossível em Highgrove ou Clarence House. Dado o tumulto do casamento fracassado dos pais, o vislumbre do que parecia ser uma família realmente feliz pareceu a William "uma revelação". Ele gostava da companhia dos Middleton e eles, por sua vez, o tratavam como membro da família. William e os pais da namorada ficaram tão próximos que o herdeiro começou a chamar Mike Middleton de "dad" [pai].

Se seu próprio pai sentiu ciúmes ou sequer soube que William fora acolhido tão calorosamente pela família Middleton, ele não deixou transparecer. "O príncipe Charles se sentia confiante em seu papel como *papa*", disse um ex-ajudante de ordens. "A palavra *dad* não tinha o mesmo significado para ele. Os membros da família real não chamam seus pais de *dad*. É sempre *papa*, *pa* ou *father*, nunca dad." Além disso, "o príncipe de Gales estava concentrado em fazer o povo britânico se apaixonar por Camilla".

Em 2 de novembro de 2005, o príncipe de Gales e a duquesa da Cornualha embarcaram em sua primeira viagem oficial ao exterior: um tour de seis dias pelos Estados Unidos. A bordo de um jato (fretado a um custo de US$370 mil), estava uma comitiva de 16 pessoas que incluía um valete, um mordomo, um estilista, um médico, um maquiador, um cabeleireiro e várias secretárias. Mais de cinquenta jornalistas britânicos também foram convidados a viajar com o casal real. Camilla, que já fora criticada por usar um casaco vermelho e a mesma estola xadrez três vezes na mesma semana, levava na bagagem cinquenta vestidos. Charles só contava com uma dúzia de ternos e blazers.

As preocupações do príncipe de Gales não se resumiam a uma questão de indumentária. Os Estados Unidos ainda eram, como ele dizia, "o país de Diana". Charles temia que os fãs mais extremos da falecida ex-esposa os vaiassem, jogassem ovos neles ou, ainda pior, os atacassem de alguma maneira mais agressiva. Antecipando o pior, ele ordenou que a segurança da viagem fosse redobrada.

A primeira parada foi o Marco Zero, para a consagração da pedra memorial do que eventualmente seria o Jardim Rainha Elizabeth, criado em homenagem às 67 vítimas britânicas do ataque terrorista às torres do World Trade Center em 11 de setembro de 2001. A isso se seguiu uma recepção regada a champanhe no Museu de Arte Moderna de Nova York (MoMA). Na primeira página do *New York Post* do dia seguinte, havia uma foto de Camilla usando um vestido de veludo azul mal ajustado e a manchete: "A rainha Camilla desmazelada em Nova York". "Se era Diana quem eles estavam esperando, podem esquecer", comentou sarcasticamente a colunista Cindy Adams. "Camilla não é nada glamourosa." A atriz Elaine

Stritch discordou: "Não ligo para o que as outras pessoas estão falando, você está ótima. Sério, está incrível!"

O casal real participou de um almoço informal com o então presidente George W. Bush e a primeira-dama Laura Bush, retornando à Casa Branca na noite do mesmo dia como convidados de honra de um jantar de gala. O tempo todo havia manifestantes do lado de fora dos portões, cantando e segurando cartazes que diziam "Você não é Diana". Isso ficou dolorosamente evidente quando, em contraste com o deslumbrante vestido de noite que Diana usara para dançar com John Travolta vinte anos antes, Camilla surgiu com um traje mais matronal: jaqueta de cashmere e saia pregueada, ambas pretas.

Entre as duas refeições na Casa Branca, Charles e Camilla acompanharam a primeira-dama em um passeio por uma escola no sudeste de Washington, D.C. A duquesa fez um discurso sobre osteoporose no Instituto Nacional de Saúde em Bethesda, Maryland, enquanto Charles recebia o prestigiado prêmio Victor Scully por sua contribuição ao entendimento público do planejamento urbano. O príncipe anunciou que doaria o prêmio de US$25 mil, nomeado em homenagem ao renomado professor da Universidade de Yale e historiador de arquitetura, para a reconstrução das comunidades da costa do Golfo do México devastadas pelo Katrina, três meses antes.

De Washington, Charles e Camilla fizeram uma parada não programada em Nova Orleans para conferir o estrago causado pelo furacão e ficaram visivelmente abalados com o que viram. Camilla, que passou grande parte do dia carregando uma sacola de compras cheia de enfeites de Carnaval oferecidos por um sobrevivente, subiu engatinhando a lateral de um dique reconstruído, usando saia justa e saltos altos, a fim de ter uma visão melhor.

De Nova Orleans, voaram para São Francisco — onde, durante a visita a um centro de assistência aos sem-teto, o príncipe Charles foi repetidamente chamado de "Vossa Excelência" — e atravessaram a ponte Golden Gate de carro para visitar fazendas orgânicas no pitoresco Marin County. Lá, enquanto caminhavam pelas barracas de uma feira livre, Camilla experimentou vegetais, frutas, queijos e até vinho orgânico. Sua única gafe durante a viagem foi ela jamais ter pago por nada do que lhe era oferecido — algo que Diana e Charles sempre tiveram o cuidado de fazer.

Com o passar do tempo, a imprensa e o público norte-americano se mostraram gradualmente mais receptivos ao casal idoso e sem graça; qualquer um esperando que eles gerassem o mesmo tipo de entusiasmo que a lendária Lady Di ficou desapontado. "A princesa Diana era a estrela de cinema favorita de todos", comentou Letitia Baldrige, que fora secretária social de Jackie Kennedy na Casa Branca. "Camilla não é uma estrela de cinema."

Os relatos na Inglaterra, no entanto, retrataram a viagem como um triunfo incontestável, prova de que o casal era uma força real que devia ser reconhecida, mesmo no "país de Diana". À luz do desempenho estelar de Camilla nos Estados Unidos, foi um choque quando a rainha decidiu excluí-la das orações pela família real que, após uma prece exclusiva para a soberana, são recitadas nas missas de domingo da Igreja da Inglaterra. Diz a oração: "Deus Todo-Poderoso, fonte de toda bondade, humildemente pedimos que abençoes Philip, o duque de Edimburgo; Charles, o príncipe de Gales; e toda a família real." O nome de Diana também era mencionado na prece até a princesa ser desprovida de seu status real no divórcio, em 1996.

Charles era conhecido nos círculos palacianos por suas explosões e, nesse caso, exigiu saber, diretamente da fonte, o motivo de sua esposa ser desprezada. A rainha indicou as novas pesquisas, mostrando que três em cada quatro britânicos ainda se opunham à ideia de Camilla se tornar rainha. "Muitas pessoas ainda estão infelizes com esse casamento, Charles", explicou Sua Majestade, acrescentando que não queria "parecer insensível".

Do lado positivo, como membro da família real, Camilla tinha o direito de comparecer às luxuosas festividades de Natal dos Windsor em Sandringham. Ainda mais importante para ela — a amante leal, mas isolada, que foi relegada às sombras por tanto tempo —, aquela era a primeira vez em décadas que ela podia passar o Natal com o homem que amava.

Em março de 2006, Charles e Camilla embarcaram em uma viagem de duas semanas por Egito, Arábia Saudita e Índia. Para Camilla, um momento emocionante ocorreu no cemitério da Commonwealth em El Alamein, no Egito, onde ela visitou os túmulos de dois homens que haviam lutado ao lado de seu pai durante a Segunda Guerra Mundial. Enquanto Charles observava, ela depositou buquês de rosas brancas nos túmulos, com uma nota pessoal do major Bruce Shand, que dizia: "A bravura e o sacrifício de dois colegas do 12º Batalhão de Lanceiros em 6 de novembro de 1942 jamais serão esquecidos por mim."

"Fiquei com um nó na garganta", disse Camilla. "Foi muito comovente."

No Cairo, ela cobriu o rosto com um véu antes de entrar na mesquita milenar de Al-Azhar, mas desobedeceu à lei islâmica wahabista quando se esqueceu de usar um lenço na cabeça para sua introdução formal ao rei saudita Abdullah Bin Abdulaziz Al Saud. Em Riade, Charles se tornou o primeiro ocidental a fazer um discurso na Universidade Islâmica Imam Muhammad ibn Saud, considerada, pelos sauditas mais reformistas, o coração do conservadorismo islâmico inflexível. Seu tema, decididamente difícil: tolerância religiosa.

Durante a viagem, a temperatura disparou. O calor de 42°C "quase acabou comigo", admitiu Camilla, que em vários momentos se viu prestes a desabar no chão. Porém, quando isso aconteceu, não foi por causa do calor. Ao assinar o livro de visitas de um santuário sique no estado indiano de Punjab, a duquesa tentou se sentar, somente para descobrir que a cadeira não estava mais lá. Um afobado e indignado Charles ajudou a esposa a se levantar, e ela bateu a poeira da roupa e continuou apertando mãos. Caroline Davies, do *Telegraph*, ficou maravilhada com o fato de Camilla conseguir "continuar sorrindo enquanto caía no chão".

Em 21 de abril de 2006, Charles se uniu a seus conterrâneos para celebrar os 80 anos de idade da rainha. A condessa Mountbatten comentou que Elizabeth II "nunca esteve mais feliz", a despeito do tributo caracteristicamente formal, embora sincero, que Charles fez à mãe em um vídeo. Ele até assumiu sua descrição anterior da rainha como mãe fria e distante, dizendo quão frustrado ficara, quando criança, todas as vezes que tentava falar com ela ao telefone durante suas longas ausências — "e tudo que eu ouvia era o som fraco das vozes sobre incessantes estalos e estática".

Não foi surpresa surgirem rumores sobre abdicação diante do fato de a rainha atingir uma idade tão avançada, mesmo com o consenso absoluto de Sua Majestade sequer cogitar tal coisa. Mesmo assim, aos 56 anos, Charles era somente três anos mais novo que Edward VII quando ele sucedera a

Vitória. Para ambos os homens, a espera se tornara insuportável. "A maioria das pessoas precisa descobrir qual trabalho é certo para elas e então passar a vida inteira nele", observou um amigo de Charles. "Imagine nascer para fazer um único trabalho e então ter que esperar a vida inteira para isso!"

Havia uma sociedade secreta no interior do palácio que tratava de questões como a sucessão: o Way Ahead Group (algo como Grupo de Antecipação). No fim de 1992 — o *annus horribilis* em que o Castelo de Windsor quase foi destruído por um incêndio e os casamentos de dois de seus filhos chegaram ao fim —, a rainha convocou o que os oficiais do palácio chamavam de "cúpula de crise" para mapear o futuro da monarquia. Lord Airlie, um favorito de Sua Majestade e, na época, Lord Chamberlain, criou o Way Ahead Group, composto por membros da família real e alguns conselheiros, cujas identidades eram confidenciais e presidido pela rainha. Os detalhes de suas conversas bianuais — tão sensíveis que o MI5 examinava a sala de conferências em busca de aparelhos de escuta a cada reunião — não eram revelados a ninguém; até o primeiro-ministro ficava de fora.

As primeiras reuniões do grupo abriram caminho para novas políticas, de a soberana concordar em pagar imposto de renda a finalmente pôr fim à primogenitura (a regra secular que colocava os filhos à frente das filhas na linha sucessória). Em 2006, Charles insistiu com a mãe para que ela admitisse William, então com 24 anos, nesse *sanctum sanctorum* de decisões reais. Durante os seis anos seguintes, William e Charles participaram ativamente dos debates que modelaram a monarquia na era pós-Diana — até que a rainha interrompeu as reuniões por achar que já não eram úteis.

William passava por um rigoroso treinamento em Sandhurst (para mais tarde servir, como tenente de Gales, com o regimento Blues and Royals Regiment, da Household Cavalry), enquanto sua namorada era incansavelmente perseguida pelos paparazzi, assim como acontecera com Diana. Kate lidou bem com a situação — mas não William, que temia ver tudo se repetir. Ele pediu a ajuda do pai. Charles, que se mantinha afastado de tais questões, contratou a banca real Harbottle & Lewis para enviar uma série de severas advertências a fim de fazer os vorazes tabloides britânicos recuarem. Também contratou um guarda-costas para proteger Kate enquanto ela estivesse em Londres — uma proteção à qual ela não tinha legalmente direito, uma vez que não ocupava uma posição formal. Ao fazer isso, Charles mandou ao mundo a mensagem de que Kate Middleton caminharia até o altar com seu filho.

Em maio de 2006, Charles e Camilla de fato organizariam uma recepção de casamento em Ray Mill House como mãe e padrasto de uma noiva. Um ano depois do casamento de Tom Parker Bowles com a jornalista de moda Sara Buys, a filha de Camilla, Laura, casou-se com Harry Lopes, que já fora modelo de roupas íntimas para Calvin Klein e era neto do falecido (e extraordinariamente rico) Lord Astor de Hever. Mais uma vez, William e Kate foram os astros indisputáveis da noite, eclipsando não somente Charles e Camilla, como também os noivos. "Foi um grande burburinho quando eles chegaram", disse o ministro que realizou a cerimônia.

Em questão de semanas, a família de Camilla voltou a se reunir, dessa vez para enterrar o pai da duquesa, Bruce Shand, que morrera aos 89 anos. Charles contou que Camilla estava "devastada". Shand, que tinha o hábito de terminar todas as sentenças com "o quê?", era uma caricatura do perfeito cavalheiro inglês. Também era leal à filha, a ponto de certa vez ter confrontado o príncipe de Gales, furioso, querendo saber por que estava "demorando tanto tempo" para os dois se casarem.

No início de 2007, Charles estava prestes a perguntar a mesma coisa ao filho. William iniciava o que pretendia ser uma séria carreira militar — como herdeiro do trono, ele treinaria na Marinha Real, na Força Aérea Real e no Exército. Mas o jovem de 24 anos informou ao pai que seu relacionamento com Kate se tornara "claustrofóbico", apesar de ela, apelidada de "Waity Katy" ["Kate à espera"] pela imprensa, lhe dar muita liberdade para frequentar boates e até flertar com outras mulheres.

Pai e filhos haviam enfrentado outras pressões no ano interior, incluindo a publicação, no fim de 2006, de um relatório de 832 páginas com o admirável título de *Operação Paget: relatório da investigação sobre a alegação de conspiração para assassinar Diana, princesa de Gales, e Emad El-Din Mohamed Abdel Moneim Fayed*. John Stevens, então Lord Stevens, liderou a investigação e questionou tanto o príncipe de Gales quanto seu pai, o duque de Edimburgo. Ao fim de um exaustivo interrogatório em Clarence House, Charles ficara "pasmo" com a pergunta final de Lord Stevens: "Sua Alteza, o senhor conspirou para assassinar a princesa ou teve qualquer relação com sua morte?"

"Não", respondeu Charles, cerrando os punhos. "Eu não tive nada a ver com isso." Seu pai se sentira ainda mais insultado pela linha de interrogatório, mas as provocativas declarações de Diana em seus últimos meses de vida — acusando o príncipe Philip várias vezes de conspirar para "livrar-se de mim em um acidente de carro" — tornaram imperativo que Stevens seguisse esse caminho.

O relatório, que levara mais de dois anos para ficar ponto, confirmou as descobertas da investigação original do acidente. Apesar das estranhamente precisas premonições da princesa, o homem que dirigia o sedã Mercedes em que ela e Dodi Fayed viajavam estava bêbado naquela noite, e nenhum dos que morreram no acidente usava cinto de segurança.

A *Operação Paget* adicionou urgência a um problema mais imediato: com William longe em manobras militares, quem protegeria Kate da perseguição incansável da imprensa — talvez até da morte —, como acontecera com a mãe dele?

Charles passou a gostar de Kate ao longo dos anos, impressionado não somente por sua beleza, postura, charme e bom humor, como também pelo que ele chamava de sua "óbvia força de caráter". Camilla revelou ao irmão, Mark Shand, o que o marido mais gostava em Kate: ao contrário da mãe de William, ela não parecia "de modo algum neurótica". Foi uma grande ironia que, no fim das contas, o afeto do príncipe Charles por Kate o tenha levado a recomendar que William rompesse o namoro com ela. Ele perguntou ao filho: "Você pretende se casar com ela?"

William, que ouvira Camilla dizer que nenhum homem devia se casar antes dos 35 anos, deixou evidente que não estava pronto para ser marido de ninguém. Lembrando de como o próprio pai o pressionara a se casar (com resultados desastrosos), Charles disse ao filho que, ao continuar com a jovem, ele estava sendo "injusto com Kate", recomendando "terminar tudo agora". Além disso, o interesse da imprensa por ela só aumentaria com o passar do tempo, expondo-a a mais riscos.

Horas depois, William terminou o relacionamento pelo celular, levando a moça às lágrimas. "O futuro rei e sua namorada de longa data, Kate Middleton, estão separados", entoou solenemente o *Times* no dia seguinte. Os tabloides foram menos contidos. "WILLS E KATE TERMINAM", anunciou a manchete do *The Sun*, enquanto a primeira página do *Daily Mail* trazia só uma palavra: "ACABOU!"

Depois que William seguiu o conselho do pai, Kate pediu ajuda à mãe, Carole. Juntas, elas bolaram uma estratégia para fazer William voltar atrás. Kate passou a frequentar a cena social londrina ao lado da irmã, Pippa, ao lado de nobres ricos (incluindo alguns amigos) e parecendo não ter uma única preocupação no mundo. Segundo seu amigo Jules Knight, o jovem príncipe "percebeu que cometeu um grande erro".

Seis semanas depois de terminar o namoro, William a convidou para ir a Clarence House e implorou por perdão. Levaria mais de um mês para que o público descobrisse que eles haviam se reconciliado, quando ela apareceu ao lado dele em 1º de julho de 2007, durante o show que marcou os dez anos da morte da princesa Diana — e quando ela faria 46 anos de idade.

O relacionamento avançava lentamente, e Charles entendeu por quê. O príncipe de Gales, que sempre se viu como um homem ativo, via os anos na Marinha Real como uma das maiores experiências de sua vida. E ele reconheceu a mesma excitação nos olhos de William sempre que ele falava de seu treinamento militar e do desejo de se unir aos outros soldados no campo de batalha. Mas os oficiais superiores não colocariam o herdeiro do trono em uma situação perigosa. Com Harry seria diferente. O caçula real foi enviado para as linhas de frente no Afeganistão em dezembro de 2007 ("Quando Harry estava no Afeganistão, eu ficava preocupado o tempo todo", disse Charles), e William implorou pela chance de se unir a ele. "Para William, foi muito difícil. Mas eu disse a ele: 'Tive o mesmo problema quando estava na Marinha. Eles não me mandariam para lugar nenhum!'", contaria o príncipe de Gales tempos depois.

Mesmo assim, William pediu ao pai que pressionassem a rainha a interceder. No fim de abril de 2008, a avó atendeu ao desejo de William de servir com as forças britânicas no Afeganistão, mas somente por trinta horas. Sua missão ultrassecreta e perigosa foi pilotar um avião de transporte militar até as linhas de frente e recuperar o corpo de um soldado britânico.

Somente três semanas depois, Kate representou William no casamento real do primo dele, Peter Phillips, o filho mais velho da princesa Anne, com Autumn Kelly. Aquele seria o cenário para o primeiro encontro de Kate com a rainha. "Foi em meio a muitos outros convidados", comentou Kate sobre sua primeira conversa com a soberana. "A rainha foi muito amigável e acolhedora."

Charles ficou tão surpreso quanto todo mundo quando, em vez de trabalhar para a "firma" em tempo integral no fim de 2008, William entrou para a Força Aérea Real como piloto de helicóptero de busca e resgate, com um contrato de cinco anos. Ele e Kate foram morar, em 2009, em uma casa de campo alugada de cinco quartos na ilha galesa de Anglesey, perto da base aérea Valley, onde ele estava alocado. Charles fora criticado por gastar dinheiro com a amante, mas ninguém reclamou quando se soube que 15 guarda-costas adicionais foram designados para proteger o jovem casal, a um custo anual de US$2 milhões.

O mundo prendeu a respiração por mais um ano enquanto Charles observava os tabloides publicarem uma matéria desagradável depois da outra sobre a família de sua futura nora. As mais notáveis foram as fotos do irmão de Kate, James, ora nu, ora vestido de mulher, e uma série de artigos sobre Gary Goldsmith, o tio desvairado, tatuado, boca-suja, usuário de cocaína e magnata da indústria de tecnologia que hospedara a sobrinha e o príncipe William na La Maison de Bang — o nome vulgar de sua propriedade na ilha espanhola de Ibiza.

Camilla soube das atividades do tio Gary e as apresentou a Charles antes de a história se tornar pública, como prova de que os Middleton eram uma família "inadequada". Mas o príncipe, que já fizera o casal se separar antes, não iria partir o coração do filho novamente. Mesmo depois que o *News of the World* publicou um artigo sob a manchete "CHOCANTES NOTÍCIAS SOBRE DROGAS E IMORALIDADE ENVOLVENDO KATE MIDDLETON: MAGNATA QUE SE GABA DE TER HOSPEDADO WILL EM SUA VILA FORNECE COCAÍNA E PROSTITUTAS", Charles e a rainha foram só elogios para Kate. A razão principal não tinha nenhuma relação com lealdade ou gentileza. As pesquisas mostravam que, com Kate a seu lado, a popularidade de William havia disparado. Nada mais que 64% dos súditos de Sua Majestade queriam que ele fosse o próximo rei — e somente 19% (o índice mais baixo da história) queriam Charles.

Durante a maior parte de 2010, o novo piloto de helicóptero do 22º Esquadrão esteve no controle de seu Sea King Mk 3, transportando vítimas de infarto das plataformas petrolíferas no mar da Irlanda e resgatando trilheiros perdidos nas escarpadas montanhas de Snowdonia. Mais cedo no mesmo ano, no entanto, a rainha enviara William em uma missão diferente. Enquanto Kate permanecia em casa, em Gales, William viajou para a Austrália e a Nova Zelândia em seu primeiro tour internacional.

Charles, a princípio, concordou — até que leu as manchetes perguntando por que a rainha não *o* escolhera para a viagem. Ao preferir o neto em vez do filho mais velho, Sua Majestade, sem querer, encorajou os boatos de que William se tornara seu "rei das sombras" — e que estava sendo preparado para o cargo.

Mais uma vez, William ficou irritado com a sugestão de que tentava superar o pai. O príncipe Charles, disse ele, "é um homem maravilhoso e generoso que teve enorme impacto sobre o mundo. Meu pai é um grande homem, mas, infelizmente, nem todo mundo vê isso." Quanto a Kate, "ela e meu pai se adoram".

Para Charles, o romance entre William e Kate era uma faca de dois gumes. Por um lado, ela era um recurso óbvio para a realeza, dando às pessoas uma visão da monarquia se estendendo pelo século XXI. Por outro, o jovem casal dourado, cheio de promessas, minava a posição do príncipe de Gales e lançava uma sombra ainda mais densa sobre seu futuro como soberano. "Camilla entende isso melhor que ninguém", disse um membro veterano da equipe do Palácio de St. James. "Mas o príncipe Charles não tem o mesmo estômago que ela para jogos maquiavélicos."

A reação de Charles não foi surpresa quando William disse estar pronto para fazer o pedido. "Finalmente! Graças a Deus. Já estava na hora, você não acha?" A rainha, que pediu mais de uma vez que Charles incentivasse o noivado, também ficou aliviada. Em outubro de 2010, William levou Kate ao monte Quênia, ajoelhou-se e fez o pedido, dando a ela o famoso anel de noivado de safiras e diamantes de 18 quilates de Diana — "minha maneira de garantir que minha mãe participasse da ocasião".

Um mês depois, em 16 de novembro, a feliz notícia foi anunciada no Twitter e na página da rainha no Facebook. Charles afirmou estar "entusiasmado. Eles já praticaram o suficiente!". Camilla, que tinha criticado Kate e sua família por nove anos, mostrou-se ao mesmo tempo efusiva e desorientada. "Que notícia maravilhosa! Estou tão feliz por eles! É incrível."

Três dias depois, Charles e Camilla se viram em mais uma situação difícil. Em uma tentativa de explicar sua filosofia de vida e alertar sobre as mudanças climáticas — à maneira do revelador filme de 2006 do antigo vice-presidente dos Estados Unidos Al Gore, *Uma verdade inconveniente* —, Charles fez o próprio documentário, baseado em seu livro *Harmony: A New Way of Looking at Our World* [Harmonia: uma nova maneira de olhar para o nosso mundo]. A NBC concordou em transmiti-lo em horário nobre no dia 19 de novembro, juntamente com uma entrevista exclusiva concedida pelo príncipe e conduzida pelo principal âncora dos noticiários da rede na época, Brian Williams.

Williams e o príncipe Charles passearam por uma área verde e então se sentaram para conversar no salão de jantar do Castelo de Mey, antiga residência da rainha-mãe na costa norte da Escócia e que se tornara uma das cinco residências de Charles e Camilla. A conversa cobriu vários assuntos — meio ambiente, os jovens príncipes, mídia —, mas uma pergunta inesperada pegou o príncipe de surpresa: "A duquesa da Cornualha será rainha da Inglaterra se e quando o senhor se tornar monarca?"

Charles fez uma pausa. "Isso, bom... Veremos, não é? Pode ser."

A reação foi imediata. "Rainha Camilla?", perguntou a manchete do *The Guardian*, acrescentando: "O príncipe Charles não contradisse o entrevistador." A BBC relatou que o príncipe de Gales poderia ter "seguido o roteiro de Clarence House" e insistido que cumpriria a promessa de transformar Camilla em princesa consorte, e não rainha. Mas, em vez disso, escolheu dar "uma resposta hesitante [...] confirmando o que as pessoas já suspeitam, ou seja, que ele quer que Camilla seja coroada com ele, como rainha".

Menos de três meses depois, a própria Camilla deu sua opinião, deixando claro que ela e o marido não tinham a intenção de cumprir a promessa feita em 2005 para ganhar apoio do público para seu casamento. A duquesa da Cornualha visitava um centro infantil em Chippenham, Wiltshire, quando uma menina de 8 anos perguntou: "Você vai ser rainha algum dia?"

Surpresa, Camilla pensou por um momento, deu de ombros e disse: "Nunca se sabe."

"Ele está tentando salvar o mundo!
Se você não aguenta o calor, saia da cozinha."
— Elizabeth Buchanan, ex-assessora de Charles

"Até hoje, o príncipe Charles é uma pessoa insegura."
— Mark Bolland, ex-conselheiro de mídia de Charles

"Camilla ameniza as coisas. Ela antecipa o que pode dar errado."
— Anne Glenconner, amiga e ex-dama de companhia da princesa Margaret

NOVE

"CORTEM AS CABEÇAS!"

*Abadia de Westminster
29 de abril de 2011*

Os dez grandes sinos da antiga abadia ressoaram, a multidão deu vivas e um raio dourado de sol atravessou as nuvens e iluminou o Rolls-Royce Phantom VI, de 1977, no exato momento que a noiva desembarcava. Usando um vestido rendado de seda marfim, brincos de diamante e a magnífica tiara Cartier Halo emprestada pela rainha, Kate Middleton se virou e acenou para a multidão, que explodiu em aplausos e gritos. A irmã, Pippa, também deslumbrante em um simples vestido branco, segurava a cauda de três metros. Kate deu o braço ao pai e entrou pela enorme porta da esquerda da igreja.

Em um dia repleto de simbolismo, até o carro no qual eles chegaram tinha um significado especial. Cinco meses antes, Charles e Camilla foram atacados no mesmo Rolls-Royce por uma multidão furiosa que se manifestava contra a decisão do novo governo conservador do primeiro-ministro David Cameron de equilibrar o orçamento triplicando a mensalidade das universidades. Separado de seus guarda-costas por um instante, o aterrorizado casal se encolheu no banco de trás enquanto a multidão cantava "Cortem as cabeças!" e jogava pedras e garrafas no carro. Em certo momento, alguém conseguiu enfiar o braço por uma das janelas quebradas e golpear a duquesa da Cornualha com um galho antes que os guarda-costas resgatassem o casal.

Em vez de chegar à cerimônia em outro carro, Kate insistiu para que o Phantom danificado fosse restaurado à glória anterior, como uma forma de mostrar que a instituição da monarquia estava mais resiliente que nunca. Ninguém apreciou mais o gesto que Charles, que somente nove dias antes chegara a outro marco que o fez refletir. Em 20 de abril de 2011, ele havia superado Edward VII na posição de herdeiro que mais esperou para ascender ao trono: 59 anos, 2 meses e 13 dias. Ironicamente, a rainha completara 85 anos de idade no mesmo dia, parecendo ainda mais vivaz que o normal enquanto aguardava pelo casamento do neto.

O casamento do século foi assistido ao vivo, pela televisão e pela internet, por estimados 3 bilhões de pessoas em 180 países — batendo o recorde de audiência global do funeral de Diana, 14 anos antes. Os telespectadores não se decepcionaram. Em termos de espetáculo — e Charles desempenhou papel importante em quase todos eles —, o casamento do príncipe William com a namorada de faculdade foi impecável. William, vestindo o uniforme carmesim de coronel dos Guardas Irlandeses, com as asas da Força Aérea Real presas à faixa azul-céu, esperou pacientemente no altar com seu padrinho, o príncipe Harry, tão elegante quanto o noivo.

Sentado no primeiro banco com o restante da família do noivo, Charles usou um chamativo Traje Número 1 da Marinha Real, o uniforme cerimonial de almirante, com medalhas, emblemas e alamares no ombro direito indicando que ele era ajudante de campo de sua mãe, Elizabeth II. Ao lado do príncipe de Gales, repousava sua espada cerimonial preta e dourada. Philip, não querendo ficar para trás, usava o uniforme escarlate dos Guardas Granadeiros, com uma faixa mostrando que ele era cavaleiro da Jarreteira. O duque de Edimburgo também carregava uma espada em uma bainha prateada — menos extravagante, mas maior que a do filho.

Naquela manhã, a rainha, que já havia transformado o dia do casamento em feriado nacional, nomeou o neto e sua noiva duque e duquesa de Cambridge, conde e condessa de Strathearn e barão e Lady Carrickfergus. Ela também convidou os Middleton a desenharem o próprio brasão e então ordenou que ele fosse fundido ao de William, simbolizando a união dos Windsor, dos Spencer e dos Middleton. No momento que William colocava uma aliança feita de uma única pepita de ouro galês no dedo de Kate (William escolheu não usar aliança), o casal não parecia nem um pouco nervoso. Como Diana havia feito — e ao contrário de Camilla em seu casamento com Charles —, Kate omitiu intencionalmente a palavra *obedecer* de seus votos. Quando o arcebispo de Canterbury os pronunciou casados, houve um rugido do lado de fora da abadia.

Do lado de dentro, o ambiente era feliz, embora bem mais contido. A rainha tentou tornar o processo o mais fácil possível para os recém-casados. Quando William e Kate perguntaram a ela o que fazer quando receberam uma lista de convidados com 777 nomes — quase todos de pessoas que eles não conheciam —, a rainha lhes disse para "ignorar" aquela "lista e começar uma nova com seus amigos. É o dia *de vocês*".

Em contraste com a expressão abatida e dispéptica que ela mantivera durante a cerimônia de Charles e Camilla em 2005, Elizabeth II "não parou de sorrir um instante", relatou um oficial da Igreja que testemunhou a cerimônia. Já Camilla foi descrita como "nervosa e distraída". Quanto a Charles, "o príncipe de Gales tinha aquela expressão que lhe é comum: sobrancelhas arqueadas, sorriso bondoso. Presumi que ele estava muito feliz. Era difícil dizer".

Do lado de fora, William e Kate embarcaram no landau de 1902 puxado a cavalos, usado para as ocasiões reais mais importantes, e passaram por mais de 1 milhão de pessoas desejando-lhes felicidades a caminho do Palácio de Buckingham. Houve um reboliço quando eles se reuniram ao restante da família real no balcão do palácio, e os recém-casados estavam tão ávidos para agradar que, quando pareceu que eles haviam decepcionado a multidão com seu primeiro beijo, eles se beijaram novamente, com um pouco mais de paixão. Charles, em traje militar completo, manteve a mesma expressão que mostrara na abadia. Camilla estava ocupada tentando conter a inquieta neta Eliza Lopes, que, aos 3 anos, era a mais jovem das damas de honra.

Houve a tradicional sessão de fotos, seguida por um café da manhã com a rainha para 650 convidados. Em seguida, William e Kate surpreenderam a multidão atravessando os portões do Palácio de Buckingham no Aston Martin conversível azul-escuro de 1970 de Charles, com placas JUST WED [recém-casados], e fazendo uma volta da vitória antes de irem se trocar em Clarence House. Naquela noite, o príncipe de Gales ofereceu um jantar de gala para trezentas pessoas no Palácio de Buckingham, com os esperados discursos e brindes. Charles ficou em pé, olhou para a careca de William, tocou a própria careca, deu de ombros e disse: "Deve ser hereditário." Então ficou emotivo, lembrando como dera um carro de pedal a William quando ele era garotinho e lhe dissera que a única coisa que ele não podia fazer era bater no cedro do quintal. "É claro que ele fez isso e destruiu tanto o carro quanto a árvore", revelou. Depois de elogiar Kate ("Uma mulher maravilhosa que temos a sorte de ter em nossa família"), Charles brincou, dizendo esperar que o filho mais velho cuidasse dele na velhice. "Agora temo que, em vez disso, ele empurre minha cadeira de rodas de um penhasco."

Somente um ano depois do casamento do século de William e Kate, a Grã-Bretanha estava pronta para celebrar de novo. Dessa vez, haveria uma série aparentemente interminável de feiras rurais, festas ao ar livre, almoços, chás, banquetes, concertos, feiras de rua e recepções nos quatro meses que culminariam com a celebração do jubileu de diamante da rainha — uma festança de quatro dias no mês de junho, em comemoração às seis décadas de Elizabeth II como soberana. Somente outra monarca britânica reinara por tanto tempo: sua tetravó Vitória.

Ao contrário do jubileu de ouro dez anos antes, Sua Majestade estava disposta a dividir os holofotes. Charles viu uma oportunidade de exaltar a si mesmo, assim como sua equipe no Palácio de St. James, com a concordância do sagaz secretário particular da rainha, o ex-oficial de inteligência britânico Sir Christopher Geidt. O secretário particular de Charles, Clive Alderton, e seu secretário de comunicações, Paddy Harverson, colaboraram com Geidt em um esquema para mostrar "que essa não é somente uma celebração do passado, mas um olhar entusiasmado para o futuro da monarquia" (nas palavras de Harverson). Mais especificamente, Charles, William, Kate e, sim, Camilla estariam ao lado dela sempre que possível. Eles também serviriam como seus embaixadores, representando a monarca sempre que ela não pudesse estar presente.

De fevereiro em diante, a rainha cruzou o país — quase sempre com o príncipe Philip —, visitando cidades e vilarejos, enquanto seus filhos e netos eram despachados para todos os cantos da Commonwealth: Charles e Camilla para o Canadá, Austrália e Nova Zelândia; Anne para a África; Andrew para a Índia e o Caribe; William e Kate para Cingapura, Malásia e sul do Pacífico. Harry foi enviado para Bahamas, Belize e Jamaica como, nas palavras de um membro da corte, "o representante divertido da avó".

Charles queria enfatizar a importância da Commonwealth e o futuro papel que teria como seu líder. Elizabeth II apreciava o fato de um terço da população mundial ainda viver em nações da comunidade — e também que conseguira impedir, durante os sessenta anos de reinado, sua dissolução. Das 53 ex-colônias e dependências britânicas que formavam a Commonwealth, 15 haviam mantido a monarca como chefe de Estado mesmo depois da independência — um arranjo que se mantivera quase inteiramente por causa do afeto que as pessoas desses países sentiam por Elizabeth.

Sem ela no trono, havia a genuína preocupação de os países com fortes movimentos antimonarquistas, como o Canadá e a Austrália (e onde Charles não era popular), optassem pelo republicanismo, sinalizando o começo do fim para o que restava do Império Britânico. A então primeira-ministra australiana Julia Gillard ecoou o sentimento de várias nações da Commonwealth ao dizer: "Acho que o momento apropriado para esta nação se transformar em república será a mudança de monarca." (Havia preocupações similares sobre a Escócia — segundo analistas políticos, a população votou contra a independência do Reino Unido, em parte, por causa da popularidade da rainha.)

Enquanto seus filhos e netos estavam na estrada em março de 2012, Elizabeth II usou a carruagem dourada Gold State Coach — que Camilla chamava, em um tom grosseiro, de "o carrinho de bebê" — para ir ao Palácio de Westminster com o propósito de desvelar um novo vitral com seu brasão, em comemoração ao jubileu de diamante. Ainda mais importante, ela também falaria, em Westminster Hall, para membros das duas câmaras do Parlamento, pela sexta vez em seis décadas de reinado, reafirmando o compromisso de "me dedicar ao serviço de nosso grande país e seu povo agora e nos próximos anos".

O quadro real incluiu oficiais da Household Cavalry, com capacetes dourados ornados com plumas, sabres e machados de guerra de trezentos anos; os trompetistas elaboradamente adornados dos Life Guards; e, ao longo da grande escadaria, os guardiões cerimoniais da Torre de Londres, com seus uniformes Tudor vermelhos e dourados datados da Inglaterra do século XVI. Sentado ao lado da rainha estava o príncipe Philip, parecendo impassível em seu trono ligeiramente menor, mas ainda muito imponente.

Na presença dos membros da Câmara dos Lordes e da Câmara dos Comuns, a rainha agradeceu à família ("Seu apoio ao longo das gerações foi incomensurável") e, em especial, a seu imperturbável marido. "O príncipe Philip é conhecido por recusar quaisquer elogios", brincou ela enquanto ele olhava diretamente para a frente. "Mas ele sempre foi minha força e meu guia." Deixando claro que parte das celebrações do jubileu tinha o objetivo de pavimentar o caminho para as futuras gerações de monarcas, a rainha contou como se sentia "orgulhosa e grata" em relação "ao príncipe de Gales e a outros membros da família real" por viajarem pelo mundo em seu nome.

As festividades ganharam ímpeto em meados de maio, nos quatro dias do Festival do Jubileu de Diamante e Espetáculo Equestre Real de Windsor, um espetáculo internacional que os especialistas em mídia do palácio chamaram de "O mundo vem a Windsor". Durante o festival e todas as outras celebrações do jubileu de diamante, Sua Majestade foi a anfitriã da maior reunião de cabeças coroadas desde que assumira o trono: um imperador e uma imperatriz, um emir, um sultão, um grão-duque e 24 reis e rainhas.

O clímax do jubileu ocorreu no primeiro fim de semana de junho e, ao planejá-lo, Charles tratou de deixar os três irmãos de lado. O príncipe de Gales insistiu que os holofotes recaíssem sobre ele e a esposa, embora tomasse o cuidado de não interferir na atenção devida à rainha e ao príncipe Philip. O fim de semana do jubileu começou na noite de sexta-feira, com o tributo de uma hora à rainha protagonizado pelo príncipe Charles na BBC. Sentado na biblioteca de Balmoral e entre choroso e exuberante, o príncipe comentou fotos pessoais e trêmulos filmes domésticos dos pais, muito parecido com qualquer outro *baby boomer* tomado por vislumbres nostálgicos do próprio passado.

Em uma cena, a rainha e a rainha-mãe riem enquanto fingem ter dificuldade para empurrar o carrinho do bebê Charles encosta acima. Em outra,

Winston Churchill comparece a um piquenique familiar e, em outra ainda, Charles, com 8 anos, e a pequena Anne estão na praia de Holkham, perto de Sandringham, enterrados até o pescoço na areia. Charles, que 18 anos antes acusou a mãe de ser distante, fria e altiva, esforçava-se para saudá-la por sua "maravilhosa postura e graça natural".

No domingo, 3 de junho, centenas de festas aconteceram pelas ruas de toda a nação, como parte das celebrações do jubileu. Uma das maiores foi organizada no centro de Londres, onde 2.500 pessoas se sentaram em uma gigantesca mesa de piquenique — na verdade, quinhentas mesas sobre cavaletes, uma ao lado da outra — para o "grande almoço do jubileu". Alguns esperavam pela própria rainha, ou talvez William, mas não ficaram desapontados quando Charles e Camilla chegaram de surpresa, como convidados de honra. O duque e a duquesa da Cornualha foram saudados com vivas e cantaram "Deus salve a rainha" com a multidão, antes de assumirem seus lugares. Camilla não tirou o casaco impermeável nem as luvas de pelica, mas se reuniu aos presentes com facilidade, comentando sobre a comida dentro dos potes de Tupperware. "Ah, enroladinhos de salsicha", disse ela, provando o prato oferecido por uma mulher. "Eles são os melhores."

Mais tarde, quando Charles reclamou da chuva ("Tempo horrível, não é?"), Camilla abriu uma caixa e apresentou um grande bolo decorado com a bandeira do Reino Unido, dizendo ao príncipe: "Passei a noite inteira fazendo esse bolo." Ela sorriu. "Ok, não passei. Mas foi minha ideia, e é isso que conta. Acho que você não ia mesmo querer comer algo preparado por mim."

De lá, Charles e Camilla foram para o Chelsea Harbour Pier, onde se uniram à rainha e ao duque de Edimburgo em um escaler de 12 metros com destino ao *Britannia*. Charles e a rainha, que podiam ir às lágrimas só de falar do iate real desativado, saborearam o breve e nostálgico passeio pelo Tâmisa até o Cadogan Pier, onde uma embarcação mais adequada os aguardava. Lá, eles se encontraram com William, Kate e Harry a bordo do *Spirit of Chartwell*, um luxuoso navio de 64 metros que fora transformado na suntuosa e florida barcaça real e que podia acomodar toda a família da rainha, seus cônjuges e filhos — mas essa não era a ideia. Novamente, para deixar claro que ele era o próximo na sucessão, Charles achou melhor que Anne, Andrew, Edward e suas famílias viajassem em barcos menos grandiosos. Sua mãe concordou.

Com os 1,2 milhão de britânicos que ocupavam as margens do Tâmisa, o grupo real observou, sob a chuva, a passagem da flotilha de mais de mil embarcações: chalupas, barcos-dragão, veleiros, barcos de pesca e de bombeiros, drácares, uma canoa de guerra maori, um navio de pirata e, o mais comovente, uma lancha pilotada pelo último sobrevivente da Batalha de Dunquerque (um dos maiores desastres estratégicos da Segunda Guerra Mundial). A única coisa que tinham em comum: as embarcações saíram dos quatro cantos do extenso reino de Sua Majestade, a Commonwealth.

Para o passeio a bordo do *Chartwell*, a rainha decidira usar branco e pedira a Camilla e Kate que fizessem o mesmo. Embora a duquesa da Cornualha tenha obedecido, a duquesa de Cambridge aparentemente não recebeu a mensagem e apareceu com um vestido escarlate do estilista britânico Alexander McQueen, com um chapéu de penas combinando.

"Ah, Kate, no que você estava pensando?", perguntou Amanda Platell, do *Daily Mail*, uma entre tantos jornalistas a censurarem a esposa do príncipe William por tentar ofuscar a rainha. "Enquanto o restante do grupo real teve o bom senso de usar uma paleta de cores suaves, determinados a não brilhar mais que a mulher no centro de tudo, a duquesa de Cambridge optou por um vestido vermelho tão ousado e vibrante que gritava 'Olhem para mim!'" Um dos ex-conselheiros de Charles estava convencido de que a escolha foi calculada e obra dos gurus de mídia do príncipe William no Palácio de Kensington. Em uma família na qual seus membros "brigam por atenção todos os dias", disse o ex-conselheiro, Camilla "não poderia estar feliz. Toda vez que os holofotes estavam sobre William ou Kate, isso enfraquecia o príncipe de Gales".

Enquanto a imprensa se concentrava na paleta de cores do traje de Kate, ninguém pareceu notar que o duque de Edimburgo, que dali a seis dias faria 91 anos, ficou na chuva por quatro horas, sem usar o banheiro. Quando a parte marítima das festividades do dia terminou, ele foi levado para o hospital com uma severa infecção na bexiga e precisou se ausentar do concerto pop de três horas em frente ao Palácio de Buckingham.

O show contou com as apresentações de Sir Elton John, Sir Paul McCartney, Stevie Wonder, Annie Lennox, Ed Sheeran, Sir Tom Jones e Dame Shirley Bassey, da banda Goldfinger, entre outros. Ao terminar, Charles comentou que "a única coisa triste" da noite foi a ausência do príncipe Philip, por questões de saúde. "Mas, senhoras e senhores, se gritarmos bem alto, ele pode nos ouvir lá do hospital." O coro de "Philip! Philip! Philip!" subiu da multidão de mais de meio milhão de pessoas. Charles se curvou e, enquanto os fogos de artifício explodiam sobre o palácio, beijou ternamente a mão da rainha.

No dia seguinte, Charles e Camilla compareceram à missa nacional de ação de graças em homenagem à soberana na Catedral de São Paulo e participaram do "almoço da rainha" com comerciantes de Londres no Westminster Hall. Um milhão de pessoas foi para as ruas a fim de ter um vislumbre de Sua Majestade quando ela passou no landau de 1902 puxado a cavalos, com destino ao Palácio de Buckingham. Como Philip ainda não havia recebido alta, Charles sugeriu que a mãe não desfilasse sozinha — o que ela costumava fazer em situações como aquela. O príncipe de Gales a convenceu que ele e Camilla fossem com ela, liberando uma segunda carruagem para acomodar William, Kate e Harry.

A rainha não somente concordou com o plano de Charles, como também permitiu que Camilla se sentasse a seu lado — o "lugar de honra", como chamou o *Times* —, e ninguém ficou mais surpreso e deliciado que a própria Camilla. O veterano comentarista real Robert Jobson disse que a monarca estava "enviando uma mensagem muito contundente de que a duquesa da Cornualha merecia estar presente". (No ano seguinte, Philip voltaria a estar ao lado da rainha na carruagem real, dessa vez sentado perfeitamente ereto no uniforme completo dos Guardas Granadeiros — incluindo o chapéu de pele de urso.)

Ao aparecer no balcão do Palácio de Buckingham, a monarca ficou surpresa com a estrondosa ovação que recebeu da multidão. "Incrível!", disse ela a Charles. "Oh, meu Deus, que extraordinário!" Os vivas não eram somente para a soberana, é claro. Além de seu herdeiro, estavam no balcão o herdeiro *dele*, além de Camilla, Kate e Harry. Acrescente-se o príncipe

Philip e lá estava o que os membros da corte chamavam de "os sete magníficos" — uma nova face para a monarquia.

Para o príncipe de Gales, o jubileu de diamante também marcou um ponto de virada. Charles passara a ser visto como um elo indispensável com o futuro. Como observou um membro da corte: "Quando todos eles estão no balcão, Charles é quem se destaca. Ele se dedicou muito e por mais tempo que qualquer pessoa para ser monarca, e é possível ver a experiência, e mesmo a sabedoria, em seu rosto. Ele está começando a se parecer com um rei."

Mas não havia dúvidas sobre quem ainda comandava o espetáculo naquele palco. Menos de dois meses depois, Charles e Camilla esperavam que a rainha chegasse para a cerimônia de abertura dos Jogos Olímpicos de 2012 em Londres, quando a imagem do ator Daniel Craig (encarnando o lendário agente 007, James Bond) subindo a escadaria do Palácio de Buckingham surgiu nas gigantescas telas no interior do estádio. Nenhum membro da família real fazia ideia do que estava prestes a acontecer. Charles se virou para o presidente do Comitê Olímpico, Sebastian Coe, que contou que o herdeiro real "deu uma risada nervosa" e "se perguntou o que estava acontecendo". O filme continuava e, quando a rainha apareceu sentada em sua mesa de trabalho, o príncipe de Gales achou que era uma sósia, até ela se virar para a câmera. "Foi então que todo mundo, incluindo o príncipe Charles, percebeu: 'Meu Deus! É mesmo a rainha!'"

No filme, James Bond escolta Sua Majestade até um helicóptero, no qual ambos embarcam para, depois de sobrevoar os principais marcos de Londres, saltarem de paraquedas sobre o estádio olímpico. Enquanto William e Harry gritavam "Vai, vovó!", Charles e Camilla gargalhavam. "Quando a rainha apareceu no camarote real para abrir oficialmente os jogos, ninguém ficou mais espantado que o príncipe de Gales", disse Lord Coe.

Conforme o ano de 2012 se encaminhava para o fim, Charles podia respirar aliviado. Quinze anos depois da morte de Diana, seus dois filhos pareciam estar felizes como membros importantes da família real. A reforma de US$7,6 milhões no Palácio de Kensington tinha terminado, e William e Kate se mudaram para o apartamento 1A, onde antes morava a princesa Margaret — na verdade, não é um apartamento, mas uma mansão de tijolos no estilo georgiano, de quatro andares e vinte cômodos, com um jardim murado e quadra de tênis privativa. A rainha também gastaria US$3 milhões reformando Anmer Hall, uma mansão de pedra e tijolos do século XVIII com dez quartos no terreno de Sandringham que, dois anos depois, se tornaria a principal residência dos Cambridge. William começaria sua carreira como piloto no serviço de ambulância aérea East Anglian, cuja sede ficava ali perto. O emprego pagaria US$60 mil por ano, que seriam doados para a caridade, já que herdara US$18 milhões do espólio de Diana ao completar 30 anos.

Charles também estava satisfeito porque aparentemente havia parado de se envolver em confusões. O caçula real representou a rainha nas cerimônias de encerramento dos Jogos Olímpicos e, tendo completado seu treinamento como piloto do helicóptero de ataque Apache, estava prestes a ser enviado para o Afeganistão pela segunda vez. "Somente os melhores se tornam pilotos de Apache, e Harry é um dos melhores entre os melhores", disse um dos instrutores do príncipe na base naval El Centro, na Califórnia.

Depois de um ano e meio relativamente livres de escândalos, Charles e a rainha — ambos de férias em Balmoral — não esperavam pelo que aconteceu em seguida. Em 21 de agosto de 2012, o príncipe de Gales foi informado de que algumas imagens "comprometedoras" haviam sido publicadas na internet e chegavam às primeiras páginas dos jornais norte-americanos. As fotos de celular mostravam o príncipe Harry nu se divertindo com uma jovem também nua em uma suíte de hotel em Las Vegas, cujo pernoite custava US$8 mil. Ao que parecia, eles jogavam strip-sinuca.

O escritório de advocacia Harbottle & Lewis entrou em ação, exigindo que a Comissão de Queixas contra a Imprensa bloqueasse a publicação das fotos no Reino Unido. O argumento: o momento capturado nas fotos era "pessoal" e o príncipe Harry esperava "o mínimo possível de privacidade" em seu quarto de hotel. O príncipe de Gales queria ir mais longe, prometendo ação judicial se qualquer jornal na Grã-Bretanha ousasse publicar tais imagens.

A grande mídia não recuou. "Dá-lhe, herdeiro! Harry agarra as joias da Coroa!", estampava o *The Sun*, ao lado de uma foto do príncipe nu, segurando os genitais sem conseguir escondê-los, seguido do *Daily Mirror* ("Harry farreia pelado!") e do *Daily Mail* ("Fúria no palácio por causa das fotos nuas de Harry").

Charles estava furioso, e não somente com a imprensa. Ele queria saber o motivo de os guarda-costas de Harry não evitarem que as fotos fossem tiradas. Aliás, havia imagens de um deles na Jacuzzi do hotel. "Não sei como ele pretendia proteger o príncipe Harry se estava de calção em uma Jacuzzi", disse Dai Davies, ex-chefe do esquadrão de proteção real da Scotland Yard. "Para começar, onde ele colocou a arma?"

Dessa vez, Dickie Arbiter, o ex-secretário de imprensa da rainha, não mediu palavras ao falar do caçula do herdeiro real: ele disse a Charles que Harry estava "descontrolado e não devia ser deixado sozinho". O comportamento escandaloso do jovem príncipe foi denunciado, mais uma vez, no Parlamento pelo trabalhista Stephen Pound. Aquele caso era, segundo ele, "um recorde de baixaria, mesmo para a família real".

A despeito da firme crença de que a privacidade de Harry fora "flagrantemente violada", Charles fez o obrigatório e severo sermão sobre o que significava ser um Windsor. "Meu pai está sempre tentando me lembrar de quem eu sou e coisas assim", disse Harry, que, dessa vez, recusou-se a pedir desculpas publicamente, mas viajou até Balmoral para fazê-lo ao pai e à avó. "Mas é muito fácil esquecer quem eu sou quando estou no Exército. Todo mundo usa o mesmo uniforme e faz o mesmo tipo de coisa. Eu me dou bem com meus colegas e gosto do meu trabalho. É simples assim."

Os colegas de farda de Harry — tanto homens quanto mulheres — se uniram em sua defesa, postando fotos on-line de si mesmos nus, mas escondendo as partes íntimas com capacetes, bandeiras e artefatos militares, incluindo rifles e tanques. No Facebook, "Apoie o príncipe Harry com uma continência pelada" se tornou quase tão popular quanto as imagens que iniciaram toda a história.

Apesar das atrevidas respostas, Harry ficou mortificado por ter baixado a guarda em Las Vegas. "Foi um clássico exemplo de ser soldado demais e príncipe de menos", comentaria ele tempos depois. "No fim das contas, decepcionei a mim mesmo e à minha família." Além disso, "não existe mais privacidade. Todo mundo tem uma câmera no celular. Você não pode se mover um centímetro sem que alguém o julgue. As coisas são assim mesmo. Não adianta reclamar".

———

Não obstante, quando retornou de sua segunda missão, o jovem príncipe estava à beira de um ataque nervoso, como já acontecera antes. "Estive muito perto de um surto de verdade em diversas ocasiões, quando o luto e todo tipo de mentiras, enganos e tudo o mais começaram a vir de todos os lados." Harry chamou o período de dois anos depois do casamento do irmão de "caos total. Eu não conseguia descobrir o que era. Não sabia qual era o meu problema".

Enquanto cumpria seus deveres reais, ele era tomado por ataques de pânico que levavam a uma reação de luta ou fuga. "Foi quando comecei a lutar boxe, porque todo mundo dizia que era uma boa maneira de lidar com a agressividade. E realmente me salvou, porque eu estava prestes a socar alguém, então fazer isso [no ringue] era mais fácil", confessou o príncipe.

Fosse por não reconhecer os sintomas da depressão clínica do filho ou por ainda se apegar ao antigo e arrogante credo da família real, Charles não agiu. Felizmente, William disse ao irmão que ele precisava de ajuda profissional: "Você tem que cuidar disso. Não é normal pensar que nada daquilo te afetou." Também foi durante esse crítico período de ansiedade, depressão e raiva reprimida que Harry pensou seriamente em renunciar ao título e viver o resto da vida como plebeu. Como confessou tempos depois, "decidi ficar e encontrar um papel para mim mesmo". A razão: "Eu não queria decepcionar a rainha ou meu pai."

Ou sua mãe. Seguindo os passos de Diana, Harry viajara para o reino de Lesoto, em 2004, com o objetivo de ajudar a construir uma clínica para órfãos portadores do HIV. Enquanto segurava um bebê soropositivo nos braços, Harry refletiu: "Tenho muito de minha mãe em mim, e acho que ela gostaria que fizéssemos isso, eu e meu irmão." Dois anos depois, retornou para fundar a Sentebale ("Não me esqueça", em sesoto), uma organização que visa ajudar crianças órfãs de pais vitimados pela aids.

As coisas que tanto William quanto Harry acreditavam que a mãe gostaria que fizessem os aproximavam, ironicamente, do que Charles considerava o ideal de serviço público. Dois anos depois do escândalo de Las Vegas e inspirado pelo Warrior Games [Jogos de Guerreiros], Harry tentaria honrar seus camaradas militares fundando o Invictus Games, evento multiesportivo internacional no qual, como na versão original norte-americana em que se espelhava, militares feridos ou doentes, veteranos ou em serviço, competem anualmente. *Invictus* é a palavra latina para "invicto". Além disso, William e Harry — e também Kate — continuaram a apoiar muitas das mais de cem organizações filantrópicas com as quais Diana havia trabalhado, arrecadando milhões de dólares para pacientes de aids e câncer, mulheres vítimas de agressão doméstica, sem-teto e hospitais infantis.

Ninguém, é claro, arrecadava mais dinheiro que Charles. Ou se dedicava tanto em favor da monarquia. Só em 2012, Charles participou de espantosos 592 compromissos oficiais. (A rainha ficou em segundo, com 425 aparições no mesmo ano.) Por mais incrível que pareça, o príncipe de Gales ainda tinha tempo para escrever longos e detalhados memorandos à mão — 1.800 ou mais ao ano. Educação, arquitetura, agricultura orgânica, preservação da vida selvagem (dos albatrozes de Chatham às merluzas-negras), caça a texugos, ervas medicinais, financiamento para restaurar os abrigos usados na Antártida pelos exploradores Robert Scott e Ernest Shackleton no início do século XX — as mais profundas reflexões do príncipe sobre essas e outras questões urgentes eram despachadas diariamente para os oficiais do governo, do primeiro-ministro para baixo.

Chamando a si mesmo de "dissidente" e (de forma em parte autodepreciativa) de "príncipe intrometido", Charles deixava claro que, quando fosse rei, pretendia se envolver na política bem mais do que sua predecessora. Para isso, ele não hesitava em dar opiniões sobre as mais controversas questões. Em um dos memorandos enviados ao número 10 de Downing Street, tornado público em 2015, ele criticou o governo por não substituir os equipamentos militares que tiveram desempenho ruim no deserto, em especial o helicóptero Lynx. "Temo que esse seja somente mais um exemplo de que nossas Forças Armadas estão sendo solicitadas a fazer um trabalho extremamente desafiador (ainda mais no Iraque) sem os recursos necessários." Mais tarde, depois que a frota de helicópteros Lynx no Iraque teve que ficar no solo por causa do calor inclemente, o primeiro-ministro Tony Blair reconheceu que o príncipe Charles tinha razão.

Porém, tais admissões eram raras e muito poucas para o hipersensível Charles, que ficava cada vez mais frustrado com seu ingrato papel de monarca do futuro. Após o último escândalo de Harry, ele pareceu ainda mais sensível que o habitual, enraivecendo-se com as menores críticas na imprensa e agredindo indiscriminadamente seus funcionários. Quando não estava reclamando de supostos inimigos ou gritando com os empregados, Charles era dado a longos e soturnos silêncios. Até Camilla, que sempre animava o príncipe, começou a achar a tarefa cada vez mais difícil. "É tão frustrante quando ele assume aquela expressão de Burrinho Bisonho. Você sabe como é: 'Ah, coitado de mim, como sou patético.' Às vezes, tenho vontade de gritar", reclamou ela com a amiga Joan Rivers.

O mesmo pensavam muitos membros da equipe do príncipe. Charles tinha o talento de jogar mesmo os mais leais e confiáveis funcionários uns contra os outros, resultando em guerras territoriais no Palácio de St. James que, como escreveu Catherine Mayer, da *Time*, eram "comuns e sangrentas". Mayer também disse que "a corte do herdeiro do trono estala de tensão" e comparou Clarence House a Wolf Hall — uma alusão não muito sutil ao horripilante relato da romancista Hilary Mantel sobre as maquinações, traições e carnificinas da corte de Henrique VIII.

Charles pretendia ser um rei ativista. Como tal, exerceria uma forma arcana de poder que, em tempos modernos, fora ignorada como puramente cerimonial: o poder do consentimento real. Quando um projeto de lei era aprovado tanto na Câmara dos Comuns quanto na Câmaras dos Lordes, precisaria do consentimento real para virar lei. Para isso, a monarca assinava uma carta-patente — o instrumento legal que representa o poder da Coroa —, da mesma maneira que um presidente em uma república federativa assina um projeto para torná-lo lei.

Ironicamente, abusos de poder de seus antepassados homônimos haviam forçado o Parlamento a reduzir a autoridade do trono. Charles I dissolvera o Parlamento em 1629 depois que este tentara limitar seus caprichos no exercício do poder. Seguiu-se um período que se tornaria conhecido como Governo Pessoal ou Tirania dos Onze Anos, durante os quais Charles I reinou sem intervenções. Isso levou à guerra civil inglesa, à chegada ao poder de Oliver Cromwell como Lord Protetor e, por fim, à decapitação de Charles I em 1649.

O filho de Charles I estava um pouco tentado a impor suas vontades depois da restauração da monarquia em 1660. Charles II não somente se negou a conceder o consentimento real como dissolveu o Parlamento em 1681 e governou como monarca absoluto até sua morte, quatro anos depois. À medida que o poder do Parlamento crescia, a Coroa se mostrava cada vez menos interessada em desafiar a vontade dos representantes eleitos pelo povo. A última vez que isso aconteceu foi em 1708, quando, aconselhada por seus ministros, a rainha Anne se recusou a assinar o consentimento real para uma lei que criaria uma milícia na Escócia — uma força armada que, como temia a rainha, poderia acabar se voltando contra ela.

Nos três séculos seguintes, o poder político da monarquia foi corroído, sobrevivendo como um símbolo duradouro, mas politicamente ineficaz da grandiosidade imperial e da unidade nacional. Se a rainha dissolvesse o Parlamento, seria a pedido do primeiro-ministro, a fim de que novas eleições fossem realizadas. Quando o Parlamento aprovava um projeto de lei, o consentimento real era sempre concedido. Como indicou o jurista John Kirkhope, o suposto dever da monarca de aprovar legislações passou a ser visto, em tempos modernos, como pouco mais que um vestígio "exótico e doce" de uma era passada. A soberana podia ser a chefe de Estado, mas não de governo — seu papel era estritamente cerimonial.

Ou não? Como resultado de uma ação judicial para liberar documentos sob sigilo de Estado, os britânicos ficaram chocados ao descobrir, em 2013, que tanto Charles quanto a rainha haviam contrariado a vontade do Parlamento em dezenas de ocasiões. Empregando suas pouco conhecidas prerrogativas de consentimento, ambos tinham o direito de vetar qualquer legislação que afetasse suas autoridades antes de ela ser debatida no Parlamento. Em um dos casos mais flagrantes, a rainha vetara a Lei de Ação

Militar contra o Iraque em 1999, que teria transferido da soberana para o Parlamento o poder de iniciar ataques aéreos contra aquele país. Na década anterior, Charles usara o poder de consentimento para, basicamente, vetar 12 projetos de lei governamentais. A rainha e o filho tinham "influência e poder sem precisar dar satisfação a ninguém", afirmou Kirkhope.

Cedendo à pressão do Palácio de St. James, a rainha fez esforços sutis para transferir ainda mais poder para Charles. Ela ainda não permitia que ele estivesse presente nas reuniões semanais com o primeiro-ministro — um pedido que ele fizera depois da morte de Diana —, mas não impedia que ele conversasse com o primeiro-ministro e com outros líderes do governo. Charles também recebia cópias de documentos secretos das caixas vermelhas de Sua Majestade (as dele eram verdes) e cumpria cada vez mais deveres cerimoniais que normalmente cabiam à soberana. Em 2013, ele representou a rainha quando embaixadores estrangeiros chegavam ao Palácio de Buckingham para apresentar suas credenciais — assim, Charles conduziu um número recorde de investiduras na ausência da mãe.

Conceder títulos e outras honrarias era algo que tanto ele quanto a rainha levavam muito a sério. Quando se sugeriu que William realizasse investiduras como parte de seu treinamento real, Charles o acompanhou de perto e ensaiou com o filho na véspera de sua primeira cerimônia do tipo. Usando uma espada cerimonial para mostrar a maneira correta de conceder o título a um cavaleiro — um toque da espada no ombro esquerdo, uma curva sobre a cabeça e um toque no ombro direito —, ele disse, com uma expressão séria: "Cuidado com a curva. Não vá cortar a orelha de alguém."

Os emblemas e as medalhas que deviam ser pregados nos vestidos e paletós também eram problemáticos: embora os assessores do palácio já tivessem prendido ganchos nas roupas dos recipientes para que as honrarias pudessem ser apenas penduradas, muitas vezes eles se soltavam. A primeira "vítima" de William foi Nicola Cullum, professora da Universidade de Manchester, que se tornaria dama comandante da Excelente Ordem do Império Britânico por seus serviços em prol das pesquisas em enfermagem. "Minha medalha se soltou logo depois", riu Dame Cullum em seguida. "Tenho certeza que foi minha culpa. Acho que foi por causa da mesura que fiz."

Pompa e cerimônia eram, de fato, duas das mais poderosas armas de relações públicas no arsenal dos Windsor. Depois de se ausentar da abertura do Parlamento durante 17 anos, Charles decidiu que estava na hora de oferecer um vislumbre do futuro. Em maio de 2013, o futuro rei e sua rainha se sentaram do lado direito da rainha Elizabeth II na Câmara dos Lordes — Charles de uniforme naval completo, com medalhas e alamares, e Camilla usando um vestido longo branco, colar de pérolas, faixa azul e broche de Dama da Grande Cruz da Ordem Real Vitoriana, além da magnífica tiara Greville de platina e diamantes da rainha-mãe. O quanto a presença de Charles foi significativa após uma ausência tão longa? "O príncipe Charles está sendo posicionado mais como 'próximo rei'", disse Luisa Baldini, da BBC.

Na verdade, tudo o que aconteceu na Grã-Bretanha em 2013, mesmo o óbvio plano de atrair a atenção do povo britânico para o futuro monarca e sua rainha, foi mera distração do evento principal. Na tarde de 22 de julho, Charles e Camilla estavam em uma viagem a Yorkshire, planejada há muito tempo, quando receberam a notícia que o resto do mundo vinha antecipando: uma semana antes da data esperada e depois de 12 horas de trabalho de parto, Kate dera à luz um menino de 3,8kg. Charles e Camilla embarcaram em um helicóptero para o voo de 386 quilômetros até Londres e então correram para o Hospital de St. Mary a bordo de uma limusine escoltada pela polícia.

Tarde demais. Quebrando a tradição de que os membros mais velhos da família real fossem os primeiros a pôr os olhos sobre um herdeiro do trono, William recebera Michael e Carole Middleton antes. Durante a hora que eles passaram com o neto, ambos o pegaram no colo. "Incrível", respondeu Carole quando lhe perguntaram sobre o primeiro contato. "É como se eu estivesse revivendo tudo." Eles também observaram William fazer a primeira tentativa atrapalhada de trocar as fraldas. "Nada mal", comentou Carole, que, ao contrário dos membros da família real, que dependiam de enfermeiras e babás para esse tipo de coisa, estava muito familiarizada com o processo. "Ele aprende rápido."

Em contraste, Charles e Camilla desceram da limusine, entraram no hospital, olharam para o menininho ainda sem nome nos braços de Kate, expressaram surpresa com o fato de os Middleton terem chegado antes e partiram, dez minutos depois. Nem Charles nem a esposa, que era uma avó afetuosa para os cinco netos, pediram para pegar o bebê no colo. Do lado de fora, o avô real, meticulosamente vestido em um de seus ternos trespassados, afirmou que a criança era "maravilhosa, muitíssimo obrigado. Absolutamente maravilhosa. Esperem e verão!".

Um tempo depois, William e Kate levaram o "bebê Cambridge" para ser apresentado ao pequeno exército de repórteres acampados há dias em frente ao hospital. Então, como qualquer pai de primeira viagem, William penou para colocar o filho na cadeirinha do carro antes de se sentar ao volante de seu Range Rover preto e dirigir até o Palácio de Kensington. Horas depois, a rainha chegou para conhecer o bisneto e ouvir seu nome antes que fosse anunciado ao mundo: George Alexander Louis, Sua Alteza Real, o príncipe George de Cambridge.

Enquanto isso, Charles e Camilla retornaram a Yorkshire, onde foram recebidos por multidões alegres. No vilarejo de Bugthorpe, o príncipe admitiu que "abrira uma champanhe" para celebrar na noite anterior e que estava "entusiasmado, muito animado e feliz" por ser avô pela primeira vez. Camilla foi igualmente efusiva. "É um momento maravilhoso e estimulante para o país", comentou ela, acrescentando que Charles seria "um avô maravilhoso. Ele é ótimo com crianças".

Os Middleton não deixaram dúvidas de que pretendiam desempenhar um papel importante na vida do futuro rei. Carole Middleton chegou a criar um berçário para o pequeno George em sua casa em Bucklebury. Pelas seis primeiras semanas de sua vida, o neto de Charles permaneceu com Kate e os Middleton enquanto William ia e voltava da base de operações de busca e resgate em Gales. William não se iludia sobre quais avós passariam mais tempo com George. "Meu pai será um avô maravilhoso, não tenho dúvidas", disse ele a um amigo de St. Andrews. "Mas ele é muito ocupado."

Ocupado estabelecendo as fundações de seu reinado. Em novembro de 2013, enquanto os Middleton cuidavam do neto, Charles chegou ao Sri Lanka para presidir a Cúpula da Commonwealth. Costuma-se pensar que o papel de chefe da Commonwealth seria passado automaticamente de um monarca para o outro, mas, na verdade, o cargo estaria vago depois da partida de Elizabeth. Quando a hora chegasse, todas as nações-membros teriam que votar, dizendo se aceitavam ou não o novo rei como líder.

A rainha adorava essa parte de seu trabalho, e foi a primeira vez, em seu reinado de 61 anos, que ela se mostrou disposta a permitir que o filho ocupasse o papel principal. A soberana fez campanha para que cada nação da Commonwealth se comprometesse a aceitar Charles como líder da organização, e, pelo mesmo motivo, o príncipe de Gales se aproximou de 33 das 54 nações-membros.

Charles tinha uma chance de convencer uma plateia cativa de que era um sucessor digno de Elizabeth II. No que o *Daily Telegraph* descreveu como "defesa de si mesmo como eventual sucessor da rainha na liderança da organização", o príncipe abandonou as formalidades e falou de sua ligação pessoal com a Commonwealth. "Eu me sinto parte da família. Está em meu sangue, temo eu", disse aos líderes da assembleia, muitos dos quais haviam sugerido que deixariam a Commonwealth quando Charles ascendesse ao trono. Recusando-se a usar uma prosaica esferográfica, o príncipe escrevera seus comentários com uma caneta-tinteiro Parker de tinta orgânica. "Fui criado em família e acho que o que estamos renovando aqui são laços, associações e valores familiares. Sinto-me orgulhoso e privilegiado por fazer parte disso."

Camilla, que assistira ao homem com quem se casara havia oito anos fazer seu discurso, desempenhou papel importante na tentativa de sedução do príncipe. Indo de um evento para outro com confiança e tranquilidade, ela adulou e tentou persuadir primeiros-ministros e embaixadores, "sem jamais fazer alguém se sentir pressionado", maravilhou-se um diplomata. "Ela tem uma mão muito leve."

Até a imprensa presente à reunião de cúpula no Sri Lanka gostou de Camilla, especialmente depois que ela concordou em conceder sua primeira entrevista oficial. O tema: o aniversário de 65 anos de Charles, que ele celebraria no meio da conferência. "Ele nunca para de trabalhar", queixou-se, brincando, a duquesa da Cornualha quando conversou com os repórteres em uma varanda coberta em meio a uma tempestade típica do Sudeste Asiático

"É exaustivo. Qualquer que seja o dia, ele está sempre trabalhando. Eu pergunto: 'Querido, podemos ter um pouco de paz e tranquilidade, talvez um pouco de diversão?' Mas ele sempre tem que finalizar algo. Está sempre em campo. Você fica do lado de fora, mas ele está sempre lá, trabalhando, trabalhando, trabalhando."

A duquesa conseguiu convencer o marido *workaholic* a tirar um dia de folga e visitar um luxuoso resort em Kerala, na Índia. Mas mesmo então ele estava cercado de documentos. Após dizer que pensou em segurar um cartaz dizendo "Feliz aniversário" para chamar a atenção de Charles, Camilla jurou passar o dia "sem fazer nada. Para falar a verdade, acho que vou só relaxar". Será que o príncipe se uniria a ela, nem que fosse por somente uma hora ou duas? "Farei meu melhor. Mesmo com o tempo bom, não conseguimos pegar um sol e nos bronzear. Seria maravilhoso. Mas, não, meu marido não é do tipo que relaxa."

O tributo esperto e indireto de Camilla à ética de trabalho do príncipe deu resultado. Não somente os líderes da Commonwealth começaram a aceitar a ideia de tê-lo como líder da organização, como também na Inglaterra, ele foi saudado como um estadista habilidoso. "O príncipe Charles recebeu uma tarefa difícil e árdua, mas não há ninguém na Grã-Bretanha mais qualificado para assumi-la. Seu modo de lidar com a situação sugere que desempenhará soberbamente seu papel como rei", comentou o historiador Andrew Roberts.

Charles estava com 65 anos, um a mais que a pessoa mais velha a assumir o trono — William IV, que sucedera George IV em 1830, aos 64 anos —, e as especulações sobre o tipo de rei que ele poderia ser tornaram-se frenéticas. A estreia da peça de Mike Bartlett, *Rei Charles III*, no londrino Almeida Theatre, em abril de 2014, aumentou o alvoroço.

Na peça, escrita em Versos Soltos, o futuro rei Charles se recusa a dar consentimento real a uma legislação que restringe a liberdade de imprensa após o escândalo de escutas ilegais instaladas por um tabloide — um cenário improvável, dada a antipatia que Charles sempre sentiu em relação à imprensa. Quando o primeiro-ministro o pressiona, o rei Charles dissolve o Parlamento, gerando uma crise constitucional e tumultos nas ruas. No fim, a duquesa de Cambridge conspira para prejudicar o sogro, levando-o à abdicação e o substituindo pelo rei William V. No meio da história, ainda há o fantasma de Diana visitando Charles e William e um escândalo sexual envolvendo a namorada antimonarquista do príncipe Harry, que termina renunciando a seus títulos e se tornando um plebeu.

A família real teria muito tempo para assistir à peça bem recebida pela crítica. *Rei Charles III* teve temporadas decentes no West End e na Broadway e ganhou alguns prêmios antes de ser adaptada para a TV, sendo transmitida pela BBC na Inglaterra e no *Masterpiece Theatre*, da PBS, nos Estados Unidos. Mas, naquele momento, William e Kate viajavam pela Austrália e pela Nova Zelândia, acompanhados pelo queridinho das multidões, o príncipe George, de apenas 1 ano.

Foi por volta dessa época que Camilla, que estava relaxando com Charles em Birkhall, na Escócia, atendeu o telefone e ouviu "uma voz angustiada me dizendo que algo terrível acontecera a meu indestrutível irmão". Como lembrou Charles, a notícia de que Mark Shand morrera subitamente em Nova York, aos 62 anos, deixou Camilla "devastada. Ela não conseguia acreditar".

Sedutor, dado aos prazeres da carne e com uma longa lista de conquistas de ambos os lados do Atlântico, Shand também era um bem-sucedido escritor de viagens e um defensor apaixonado da vida selvagem. Depois de conseguir US$1,7 milhão em um leilão da Sotheby's em benefício de sua organização pela preservação dos ameaçados elefantes asiáticos, Shand bebeu cinco doses de uísque e uma taça de champanhe antes de se encontrar com amigos no Rose Bar, o bar da moda no Gramercy Park Hotel. Por volta das 3 horas da manhã, ele saiu para fumar um cigarro e, quando voltou para o bar, caiu ao tropeçar e bateu a cabeça na calçada. Levado ao Hospital Bellevue com uma fratura no crânio, morreria nove horas depois. O legista determinou que o nível de álcool no sangue de Shand era duas vezes o limite permitido por lei.

No funeral do irmão, Camilla se apoiou no braço de Charles e chorou com a irmã Annabel quando o ícone pop da década de 1970 Cat Stevens (Yusuf Islam) cantou a canção favorita de Mark, "Wild World". Sobre seu caixão biodegradável de vime, havia flores e uma nota manuscrita em papel cor de lavanda com a inicial "C" e uma coroa: "Querido Mark, com memórias felizes e todo meu amor, Camilla."

———

Menos de três semanas depois, Charles e Camilla eram só sorrisos durante a 17ª visita do príncipe ao Canadá. "Tive que seguir em frente", disse Camilla a uma mulher em Halifax, Nova Scotia, que expressou condolências pela morte de Mark Shand. "A vida continua, sabe, e *ele* nunca para!", acrescentou, apontando para o marido.

Durante a viagem, Charles continuou a soar o alarme sobre o aquecimento global, acrescentando que suas preocupações vinham "se tornando ainda mais intensas agora que sou avô". Ele avisou que "todos os nossos netos pagarão o preço [...] se continuarmos como estamos, como se nada tivesse mudado".

Ironicamente, o príncipe Charles prestou pouca atenção ao neto que, segundo ele, dera-lhe uma nova perspectiva sobre o mundo. Em 22 de julho de 2014, todo mundo — incluindo o príncipe Harry, vários primos reais, todos os Middleton e a rainha — compareceram à elaborada festa com tema de Pedro Coelho para celebrar o primeiro aniversário do príncipe George no Palácio de Kensington. O príncipe Charles optou por visitar Glendelvine Estate, um centro de conservação para animais selvagens ao norte de Balmoral, a fim de discursar em benefício da campanha para salvar os esquilos vermelhos da Escócia. Charles recebeu um bicho de pelúcia gigantesco, para dar ao príncipe George, mas perdeu a festa. Em vez de levar o esquilo para o neto, ele o enviou ao Palácio de Kensington por um ajudante de ordens.

O príncipe de Gales tinha uma resposta-padrão quando lhe perguntavam como era ser avô: "Você deve mimar seus netos, aproveitar o tempo com eles e então devolvê-los aos pais no fim do dia." Mas Charles parecia estar fazendo muito pouco para mimar e aproveitar o neto, optando por manter seu agitado cronograma de conferências, inaugurações e outras aparições públicas. Como resultado, ele e Camilla, em uma viagem pelo sudoeste da Inglaterra, também perderam a segunda festa de aniversário de George, dessa vez realizada em Anmer Hall, em Norfolk, onde a rainha e o restante da família real estavam presentes.

Naquele Natal, William e Kate romperam com a tradição, passando as festas de fim de ano com os Middleton e não com o restante da família real. O duque e a duquesa de Cambridge foram à missa em Sandringham na manhã de Natal e ficaram lá o tempo suficiente para marcar presença antes de correrem de volta para Bucklebury e seu pequeno príncipe. Somente anos depois que levariam George a Sandringham para o Natal, afirmando que o menino era bagunceiro demais. Embora a rainha parecesse entender que os Cambridge fossem mais próximos dos pais de Kate nesse estágio da vida da jovem família, Charles se sentia esnobado, embora ele mesmo não fosse atencioso.

A chegada, em 2 de maio de 2015, de Charlotte Elizabeth Diana, pesando 3,7kg, foi outra causa de celebração nacional. Novamente, os sinos das igrejas dobraram e unidades de artilharia dispararam 62 tiros para saudar a chegada ao mundo de Sua Alteza Real, a princesa Charlotte de Cambridge. Mas havia uma diferença, é claro: dessa vez, as fontes de Trafalgar Square estavam tingidas de cor-de-rosa, não azul.

Não fazia diferença. Como a rainha abolira a progenitura, a bebê Charlotte era agora a quarta na fila para o trono, atrás do irmão mais velho — a primeira princesa da história britânica a estar em pé de igualdade com os irmãos do sexo masculino. Como antes, Carole e Michael Middleton venceram Charles e Camilla na corrida ao hospital, mas, dessa vez, o vovô de Gales pareceu aceitar bem a situação. Charles torcera por uma neta e pretendia "mimá-la". Ele acrescentou, com ironia, que também estava "grato" pelos netos que cuidariam dele "quando eu estiver cambaleando por aí".

Embora os Cambridge insistissem que Charles era um avô babão tanto para George quanto para Charlotte, William notou que ele estava "obcecado" pela princesinha. "Como pai de meninos, é algo que ele não sabia como era", contou o príncipe, acrescentando melancolicamente: "Minha mãe sempre disse que gostaria de ter tido uma menininha." De fato, durante uma reunião de ex-pilotos nonagenários da Força Aérea Real, veteranos da Primeira Guerra Mundial, Charles se gabou da neta. "Charlotte é deslumbrante, uma criança linda", disse a um veterano de 99 anos que pilotara Spitfires durante a blitz de Londres. "Ela já dorme a noite toda e dá muito menos trabalho para a mãe que George."

Deixando de lado os comentários carinhosos,, Charles começou a reclamar que os pais de Kate, os onipresentes Middleton, haviam cooptado os netos reais. Como resmungou o príncipe, "tenho certeza de que são pessoas muito agradáveis, mas parecem estar com George e Charlotte o tempo todo, e eu quase nunca os vejo". Para sermos justos, seu cronograma deixava pouco tempo para qualquer coisa ou qualquer um — um fato da vida repetidamente lamentado por Camilla. "Trabalho, trabalho, trabalho", protestou ela para uma amiga norte-americana que a visitava. "Não há como desligá-lo. Eu aceitaria até um botão de 'pausa'. Mas ele também não tem um."

Por mais determinada que Kate estivesse em ficar em casa e ser mãe em tempo integral enquanto William continuava seu perigoso trabalho como piloto de ambulância aérea, George e Charlotte ficavam quase todo o tempo aos cuidados da babá espanhola Maria Teresa Borrallo. Formada pela Norland College, a prestigiosa escola para babás inglesas em Bath, Borrallo fora treinada em tudo, de taekwondo e direção evasiva a como lidar com os paparazzi. ocasionalmente Às vezes, a babá vestia o uniforme marrom de mangas curtas de Norland, com luvas brancas e chapéu-coco, e foi descrita por um funcionário de Anmer House como "severa e firme com as crianças, mas também gentil e branda".

O que significava ser avô estava na mente de Charles quando, algumas semanas após o nascimento de Charlotte, ele fez uma visita emotiva e histórica a Mullaghmore, o vilarejo pesqueiro irlandês onde Lord Mountbatten foi assassinado por terroristas do Exército Republicano Irlandês. Mencionando a explosão que também tirara a vida de outras três pessoas, Charles disse que "na época, eu não podia imaginar como superaríamos a angústia de uma perda tão profunda, já que, para mim, Lord Mountbatten representava o avô que nunca tive".

Em Mullaghmore, Charles se reuniu ao primo Timothy Knatchbull, que tinha 14 anos na época do atentado e perdera o irmão gêmeo, Nicholas, na explosão. O grupo real se encontrou com os moradores do vilarejo que resgataram Timothy e as outras vítimas, e com os pais de Paul Maxwell, o garoto de 15 anos que trabalhava no barco e também morrera na explosão. Charles fez questão de elogiar os moradores que "demonstraram a mais extraordinária compaixão após o ataque".

Com Camilla a seu lado, Charles explicou que, ao se tornar avô, sua perspectiva mudou em relação à do enraivecido jovem que exigira vingança para o assassinato do tio-avô em 1979. O príncipe passou a desejar a cura das feridas entre Irlanda e Inglaterra, a fim de que "todos que foram feridos e carregam cicatrizes dos problemas do passado [...] possam deixar para nossos netos um legado duradouro de paz, perdão e amizade".

No caminho até o Castelo de Classiebawn, onde os Mountbatten passavam todos os verões, o comboio do príncipe de Gales desacelerou ao lado de uma pequena cruz verde de madeira no topo de um penhasco. Daquela altura, Charles teve uma visão perfeita do local onde a bomba explodira no porto e dos minúsculos barcos pesqueiros vermelhos e azuis que oscilavam gentilmente nas águas calmas e cinzentas — assim como fazia quando, ainda jovem, costumava visitar o adorado tio. "É extraordinário", murmurou ele para Camilla enquanto observava a cena de cartão-postal. "Todo o ódio que eu sentia — e eu realmente odiava o IRA — desapareceu."

As cerimônias Trooping the Colour no início de junho daquele ano deram outro impulso à imagem da monarquia, embora não necessariamente à de Charles. Tanto ele quanto Camilla foram ofuscados quando William, ainda usando o uniforme azul e dourado de coronel dos Guardas Irlandeses, apareceu no balcão do Palácio de Buckingham segurando no colo o filho George, então prestes a completar 2 anos. O pequeno príncipe, que até então fora escondido do mundo na tentativa de ter a vida mais "normal" possível, usava o mesmo macacão azul-claro com gola de renda que William vestira ao aparecer pela primeira vez no balcão em 1984.

"Príncipe George rouba a cena", trombeteou a manchete da revista *People*, que acrescentou: "Princesa Kate parece perfeita seis semanas após o nascimento de Charlotte." De fato, a nora de Charles recebeu muitos elogios por sua aparência "incrível" e "radiante" logo depois de ter saído do hospital. A recém-nascida princesa Charlotte ficara em casa, aos cuidados da babá e dos pais de Kate, mas isso pouco importava; mesmo com um de seus dois adoráveis filhos ausente, os Cambridge ofuscaram o príncipe de Gales e sua desmazelada duquesa. Seu antigo vice-secretário particular observou que "a rainha recebeu uma enorme ovação, mas a multidão delirou com os membros mais novos da família real. O príncipe de Gales e Camilla ficaram perdidos no meio deles. Eu me pergunto se Charles não sente que, após todo esse tempo, ele perdeu sua chance".

"Desejo a você o mais especial e feliz dos aniversários,
e que possa reinar por muito tempo."
— Brinde de Charles enquanto a rainha acendia a pira cerimonial
para celebrar seu aniversário de 90 anos

"Não acho que ela seja muito otimista sobre a vida.
Ela é uma realista genuína, uma pragmática."
— Princesa Anne, sobre sua mãe

"Estou descobrindo como é estar no fim das minhas forças."
— Príncipe Philip

DEZ

A NAÇÃO PARALISADA

A distinção "foi algo que jamais desejei", contou ela. Mas, em 9 de setembro de 2015, Elizabeth II ainda assim ultrapassou o reinado da tetravó Vitória, que fora de 63 anos e 216 dias, e se tornou a monarca britânica há mais tempo no trono. A rainha estava em uma plataforma de trem, no processo de inaugurar a Borders Railway, na Escócia, quando esse marco foi atingido. Depois de receber as felicitações dos anfitriões escoceses, Sua Majestade, polida e sucintamente, se recusou a dar importância ao momento. "Inevitavelmente, uma vida longa passa por muitos marcos. A minha não é exceção", disse ela à multidão.

Mesmo assim, se as coisas tivessem sido diferentes um ano antes, ela poderia já não ser rainha — ao menos não da Escócia. Em setembro de 2014, após uma campanha amarga e decisiva, o país se recusou, por 55% contra 45%, a se tornar independente da Grã-Bretanha. Para a rainha e o príncipe Charles, que estavam em Balmoral e Birkhall quando souberam da decisão do povo escocês de não se separar do Reino Unido, foi um momento de celebração. Ambos não escondiam seus fortes laços emocionais com a Escócia, por serem ambos descendentes diretos da rainha Mary e de seu filho James I (James VI da Escócia) bem como do lendário Robert the Bruce, rei escocês do século XIV. À época, o primeiro-ministro David Cameron disse ao ex-prefeito de Nova York Michael Bloomberg que a rainha havia "ronronado ao telefone" quando ele ligara para Balmoral com a boa notícia.

Durante o ano de debates, a rainha teve o cuidado de não tomar partido — ao menos não publicamente. Nos bastidores, Sua Majestade, cujo caso de amor de longa data com a história, as tradições, o interior e o povo da Escócia sempre foi bem documentado, estava angustiada com a perspectiva de ver seu reino partido ao meio. "Você já a viu torcer nos Highland Games ou dançar o *reel*?", perguntou sua prima e confidente Margaret Rhodes. "A Escócia está no sangue da rainha, então dá para imaginar como ela se sentia sobre a independência escocesa."

Quando o referendo terminou e os Windsor respiraram aliviados, a rainha aplaudiu os 84,5% de comparecimento como prova da "robusta tradição democrática" da Escócia, acrescentando que sentia "um amor duradouro" pelo país, "que é uma das coisas que nos une".

Charles tinha ainda mais razões que a mãe para se sentir aliviado. Os separatistas escoceses até insistiam em manter Elizabeth como rainha após a independência, mas a oferta não se estendia ao seu filho, menos popular — que em algum momento precisaria receber a aprovação do Parlamento escocês e ser novamente coroado se quisesse ser tanto o rei da Inglaterra quanto o "rei dos escoceses".

———

Menos de dois meses depois de sua mãe bater o recorde de reinado mais longevo do Reino Unido, Charles a acompanhou a outra reunião de cúpula da Commonwealth — dessa vez, não como astro. Ele assumiu um papel de apoio à rainha, durante a reunião de cúpula em Malta, depois de sua estreia dois anos antes no Sri Lanka. A nostalgia desempenhou um papel importante na decisão da monarca e por isso o filho não a representou, como fizera antes; ela desejava retornar a Malta, onde havia levado uma vida mais simples e talvez mais feliz como esposa de oficial naval, antes de se tornar rainha.

Mas isso não significava que Elizabeth estava prestes a desistir de sua campanha em favor de Charles. Caminhando pelo salão como qualquer político experiente, a rainha conversou com velhos amigos e perguntou sobre seus familiares, pelo nome. Ela teve especial cuidado em conquistar a nova geração de líderes — principalmente Justin Trudeau, o primeiro-ministro destruidor de corações do Canadá. A rainha gostara do pai de Justin, Pierre, o carismático político que fora duas vezes primeiro-ministro do Canadá

(1968-1979 e 1980-1984). Em uma época de tumultos políticos e culturais, quando os separatistas francófonos de Quebec ameaçavam dividir o país, o Trudeau mais velho defendeu com unhas e dentes a monarquia em geral e Elizabeth II em particular.

Justin Trudeau conhecera a rainha quando tinha 9 anos. "A senhora parecia tão alta", comentou ele, que com seu 1,87 metro superava e muito o 1,62 metro da rainha. "Acho que a senhora consegue imaginar quão pequeno eu era e quanto tempo se passou." Mais tarde, quando brindou a Sua Majestade no banquete da Commonwealth no hotel Corinthia Palace, de Malta, Trudeau a chamou de "rainha incansável do Canadá". Ele lembrou à plateia que, em 1947, ela prometera dedicar toda a vida à Commonwealth, e então lhe disse: "A senhora mais que cumpriu sua promessa."

Quando o jovem líder canadense terminou de falar, a rainha se levantou a fim de discursar para os líderes reunidos. "Em primeiro lugar, obrigada ao primeiro-ministro do Canadá por fazer eu me sentir tão velha", brincou, com ar impassível.

Como todos os convidados, Charles riu dos irônicos comentários da mãe. Ele tinha muitas razões para estar de bom humor. O príncipe, que em breve faria um discurso-chave durante a Conferência das Partes (COP 21) na França (onde seria assinado o Acordo de Paris sobre mudanças climáticas), usou sua habilidade para ser convidado a participar de uma sessão executiva a portas fechadas — o tipo de reunião prática que a rainha desdenhava. "O príncipe Charles é um verdadeiro especialista em política, e aqueles caras adoram isso", comentou um membro da delegação australiana. "Ele também se mostra mais encantador, muito mais relaxado e acessível do que costumava ser." De fato, o primeiro-ministro canadense e o príncipe de Gales se deram bem imediatamente. "Nem imagino sobre o que os dois estão falando", disse Camilla a um de seus anfitriões em Malta quando viu, do outro lado do salão, Charles conversando e rindo com Trudeau. "Algo malicioso, imagino. Meu marido parece estar se divertindo."

Mesmo assim, seriam necessários mais três anos de persuasão, fala mansa, lisonjas e pressão para que os líderes da Commonwealth, por unanimidade, endossassem Charles como seu futuro líder — e somente depois de a rainha convocá-los para uma reunião a portas fechadas no Castelo de Windsor. Depois que a monarca providenciou uma plateia cativa para o filho, ele se adiantou para fazer uma sincera argumentação pelo cargo.

"A Commonwealth é um aspecto fundamental da minha vida desde que me entendo por gente, começando com minha primeira visita a Malta, quando eu tinha apenas 5 anos", disse ele aos líderes reunidos. Quando o veredito foi anunciado, Charles publicou uma declaração dizendo estar "comovido" com a demonstração de confiança. Ele também respirou aliviado. Qualquer coisa menos que um voto unânime, disse um membro da corte, "teria sido constrangedor para a rainha e um tapa na cara do príncipe Charles".

A gradual transição de poder continuou no cenário doméstico, capitaneada por Sir Christopher Geidt. Foram anos de combate mutuamente destrutivo entre facções da família real — a equipe de Charles no Palácio de St. James e depois em Clarence House, a de Diana no Palácio de Kensington, e os fiéis servidores da rainha no Palácio de Buckingham. Geidt fizera pressão, sem sucesso, por uma consolidação de todo o poder sob um único teto, e Charles, temendo perder sua autonomia, se opusera à mudança. Então, William e Kate criaram a própria e independente equipe de comunicação no Palácio de Kensington. Finalmente convencido a aceitar o esquema de Geidt, Charles concordou que as três facções deviam trabalhar juntas no Palácio de Buckingham — mas com gente sua nos principais cargos. A diretora de comunicação do príncipe, a antiga executiva da BBC Sally Osman, foi colocada à frente da operação, cedendo ao príncipe de Gales o controle total da imagem da monarquia. O *Times* descreveu essa passagem de poder como "outra clara indicação de que grandes mudanças estão por vir". Gordon Rayner, do jornal *Telegraph*, concordou, observando que a fusão dava "significativamente mais poder ao príncipe Charles. É um grande passo em sua jornada para se tornar rei".

Camilla também deu um grande passo em sua jornada para se tornar rainha. Como parte das celebrações de seu aniversário de 90 anos, em abril de 2016, a rainha nomeou Camilla, juntamente com William, para o poderoso Conselho Privado. A entrada da nora e do neto para o conselho, geralmente descrito pelos historiadores como "pedra angular" da monarquia constitucional britânica, foi extraordinária. Em seus 64 anos no comando, a rainha nomeara somente dois outros membros da família real para o Conselho Privado: o príncipe Charles, em 1977, e, duas décadas depois, Sir Angus Ogilvy, marido de sua prima, a princesa Alexandra. O príncipe Philip era o membro mais antigo, nomeado pelo sogro, George VI em 1947.

Com essa nomeação, a rainha mostrava publicamente mais que seu respeito por Camilla e William. Quando um monarca é substituído, seja por morte ou abdicação, em 24 horas o primeiro-ministro e seu Gabinete devem formar um conselho de ascensão, integrado por membros do Conselho Privado, altos comissários dos países da Commonwealth, o Lord-Prefeito de Londres e outros pares do reino. Além de ouvir o obrigatório voto religioso do novo monarca, o conselho de ascensão formaliza o nome do soberano. Como parte do processo de transição, a nomeação de Camilla e William para o Conselho Privado deixava claro que a rainha queria que eles estivessem presentes quando Charles fosse constitucionalmente certificado como rei.

Essa era somente uma das muitas facetas da "ponte de Londres" (ou simplesmente "A ponte"), o código usado para descrever não somente os detalhados planos para o funeral da rainha, como também a histórica e monumentalmente tensa transição de um monarca para outro. Percebendo a enorme significância simbólica de um funeral real, a rainha tinha planejado o seu até os mínimos detalhes — incluindo que unidades regimentais participariam, a cor de seus uniformes, a lista de convidados, as flores e a música.

Desde o fim da década de 1970, ensaios dos cortejos fúnebres da rainha, de Charles, de Philip e até de William e Harry foram realizados uma vez ao ano nas ruas de Londres, e sempre secretamente, na escuridão antes do alvorecer. Se Charles morresse antes da mãe, seu funeral — código "ponte Menai", em referência à ponte entre o continente e a ilha galesa de Anglesey — teria toda a grandiosidade de um enterro real. Como ele não era o monarca, não seria, porém, um funeral de Estado.

Para além das cerimônias, o aniversário da rainha deu nova urgência à questão da sucessão. Sempre se disse que Elizabeth II jamais pensou em abdicar, mas isso não era verdade. Ela discutiu a questão em várias ocasiões com seu secretário particular, Sir Christopher Geidt, e seus predecessores, o barão Fellowes e Lord Janvrin. Geidt, que tocava no assunto mais diretamente que qualquer um dos outros conselheiros da rainha, avisou que, se ela permanecesse no trono e vivesse tanto quanto sua mãe, Charles teria 79 anos ao ser coroado rei. "Não seria uma coisa boa para o príncipe Charles ou para a monarquia. Nem para Vossa Majestade ou para o país."

Com o passar do tempo, a rainha começou a considerar uma eventual abdicação. Mas dois obstáculos permaneciam: o impacto da abdicação de Edward VIII oito décadas antes e o quanto isso tinha afetado seu pai, George VI, ainda estavam frescos na mente de Sua Majestade. Ainda mais importante, Elizabeth II acreditava que Deus a fizera rainha e que tinha o dever sagrado de, nas palavras de sua prima Margaret Rhodes, "cumpri-lo até o fim".

No curto prazo, no entanto, a rainha concordou em abdicar voluntariamente se sofresse um golpe debilitante como um derrame ou demência. A Lei da Regência de 1937 seria invocada se ela não estivesse lúcida e capaz de tomar essa decisão conscientemente. De um grupo de cinco pessoas — o presidente da Câmara dos Comuns, o lorde chefe do Judiciário e presidente dos Tribunais da Inglaterra e de Gales, o presidente da seção civil do Tribunal de Apelação da Inglaterra e de Gales, o Lord Chancellor[1] e o consorte da monarca (príncipe Philip) — seriam necessários três votos para transformar Charles em regente. Isso o tornaria rei, uma situação que ocorrera na Grã-Bretanha pela última vez entre 1811 e 1820, quando George IV assumira o lugar do pai depois que uma doença mental o deixara incapacitado para governar.

Outro período de regência parecia improvável no futuro próximo, dada a robusta saúde de Sua Majestade. Como fizera durante a celebração do jubileu de diamante quatro anos antes, Charles deu ao público outro comovente vislumbre da vida no interior dos muros do palácio no especial televisivo *Elizabeth at 90: A Family Tribute* [Elizabeth aos 90: um tributo familiar]. "A mulher mais famosa do mundo pelos olhos daqueles que a conhecem melhor", entoou o narrador. Mas foi Charles quem forneceu o

---

[1] Pode-se dizer, *grosso modo*, que os três cargos equivalem a ministro e vice-ministro da Justiça e presidente do Judiciário.

comentário mais incisivo enquanto a rainha aparecia caminhando pelos corredores do Palácio de Buckingham: "Quando minha mãe tinha 5 anos, o principal compositor britânico, Sir Edward Elgar, escreveu uma música em sua homenagem.". Elgar "chamou essa peça de *Dreaming*", continuou, "mas, naquele momento, ele sequer sonhava que, um dia, ela seria rainha". Elogiando sua "mamãe", o príncipe de Gales alegou que, "de muitas maneiras", a vida dela "definiu a nossa era".

Charles e a mãe, vestida de lavanda, passaram grande parte do programa sentados lado a lado no cavernoso salão do Palácio de Buckingham, compartilhando memórias enquanto assistiam a filmes caseiros dos Windsor. Como nas transmissões anteriores da BBC, os vídeos — gravados por George VI, pela rainha, pelo príncipe Philip e por outros membros da família real — mostravam os Windsor passeando no campo e na praia, brincando (George VI com uma barba falsa), lutando com travesseiros, em tolas danças sincronizadas, descendo pelo tobogã do iate real *Britannia* e fazendo caretas exageradas.

Anne e outros membros da família real também participaram do programa, rindo como só os aristocratas britânicos fazem de suas brincadeiras infantis e dos erros bobos cometidos nas viagens reais, como a vez em que, vestidos com roupas de verão durante uma visita pelo norte do Canadá, foram fustigados, sob uma chuva intensa, pelo vento gerado por um helicóptero. Mas é a relação silenciosa entre Charles e sua mãe que se mostra reveladora. Embora críticos tenham escrito sobre o "óbvio afeto" entre eles, este era definitivamente assimétrico. Durante todo o programa, Charles arregala os olhos com alegria, ri, brinca e tenta, mas na maioria das vezes não consegue, obter resposta semelhante da rainha. Em vez disso, a monarca parece se esforçar para se lembrar das pessoas, dos lugares e do contexto de cada imagem trêmula — e faz isso com impressionante exatidão, mesmo quando o evento ocorrera oitenta anos antes.

William e Harry, chamados pelo pai para participar, ofereceram um alívio cômico. Ao assistir ao batizado de Harry, William riu e comentou: "É difícil dizer se você é menino ou menina vestindo aquilo." E Harry respondeu, com um sorriso malicioso: "Obrigado por isso."

Observando o príncipe Philip brincar com Charles, então com 4 anos, Harry exclamou: "Como o vovô é bonito!" Surpreso, ele continuou: "Um garanhão! Óculos, cabelo penteado para trás [...], ele estava na Marinha nessa época?" Vendo o pai criança brincando com um regador, William comentou: "É óbvio que seu interesse pela jardinagem começou bem nesse momento." Harry acrescentou que "o papai anda como George, ou melhor, George anda como ele". William concordou: "Sim, eles caminham com propósito." Em uma cena reveladora, William, então com 2 anos, disparou pela sala, enquanto a rainha e todos os outros tentavam interceptá-lo, sem sucesso — até Charles o pegar no colo. Esse rápido vislumbre dos laços entre um jovem pai (Charles tinha 35 anos) e seu filho foi rapidamente esquecido com a cena seguinte, dos corgis da rainha brincando na neve em Sandringham. "Cães queridos, encantadores, amigáveis", disse Sua Majestade enquanto assistia com atenção.

"*Sempre* tentando morder", comentou Charles com uma risada.

A rainha respondeu, sem entonação: "Sim."

William pareceu reconhecer o que o pai disse anos antes: a rainha não gostava muito de beijos e abraços. "Ela demonstra afeto de uma maneira muito sutil", explicou ele. "Ela presta atenção em você, sabe exatamente o que você está fazendo e o que está acontecendo ao seu redor." Ele acrescentou que "a rainha tem um olhar específico para quando você passa dos limites ou diz algo idiota. Os olhos dela ficam vidrados, como se estivesse pensando 'Quem é esse idiota?'".

Mas o respeito e a devoção dos irmãos pela avó eram inconfundíveis. "Ela liderou quando outros hesitaram", concluiu William. "Sempre foi uma avó incrível para mim [...]. Espero que ela perceba o quanto todo mundo gosta dela." Harry elogiou "sua vida inteira de dedicação. Obrigado, muito obrigado por nos mostrar o caminho".

Em outro documentário para a data, transmitido pela Sky News, William fez questão de agradecer à avó por "estar presente" depois da morte de Diana. "Tendo perdido minha mãe muito novo, foi importante para mim ter alguém como a rainha como exemplo; alguém que entendia as questões mais complexas [...]. Ela me apoiou muito, e eu sou muito grato."

William aproveitou a comoção em torno do aniversário da rainha para tratar de outra questão: a crescente impressão de que ele e Kate eram preguiçosos. Embora o herdeiro trabalhasse como piloto de ambulância aérea em Norfolk e Kate criasse duas crianças pequenas, eles mantinham uma agenda com poucos deveres reais — ao fim de 2016, o casal fez um total de 328 aparições, contrastando com as 708 de Charles e Diana quando William e Harry tinham mais ou menos a mesma idade que George e Charlotte. Àquela época, o príncipe de Gales fazia em média 530 aparições ao ano, com Anne em segundo lugar, com 509. Como observou Phil Dampier, jornalista especializado em assuntos sobre a família real, "está ficando tudo nos ombros dos mais velhos. É hora de a geração mais jovem fazer sua parte".

Em resposta às persistentes acusações de que ele e Kate não o faziam, William disse à Sky News que tanto a rainha quanto o príncipe Charles apoiavam "o que estou fazendo no momento". Embora a rainha estivesse "no comando [...] com uma agenda lotada", entendia que ele era "um homem de família" e que deseja "estar perto dos meus filhos pelo máximo de tempo possível". Descrevendo o pai como "muito ativo, seja fazendo caridade ou trabalhando por outras causas", William explicou que haveria uma hora e um lugar "para assumir mais responsabilidades" quando George e Charlotte fossem um pouco mais velhos, e que só então se demitiria. Até lá, o primogênito de Charles considerava o que fazia nos céus de Norfolk "um trabalho importante, e sei que meu pai e a rainha concordam".

Um ano mais tarde, o jovem príncipe cumpriria sua promessa, deixando o emprego como piloto de ambulância aérea para se dedicar em tempo integral a seus deveres reais. O duque e a duquesa de Cambridge, que já haviam representado a rainha no Canadá, no Pacífico Sul, na Austrália, na Nova Zelândia e na Índia, em breve acrescentariam à lista Alemanha, Polônia e Escandinávia.

Orquestradas em grande medida por Charles, as celebrações do aniversário da rainha se estenderam por meses, culminando no cerimonial desfile Trooping the Colour e em outra aparição da família no balcão do Palácio de Buckingham — dessa vez, com a princesa Charlotte como mais nova e mais querida adição. A mensagem era clara: a monarquia estava mais forte do que nunca, e sua sobrevivência, praticamente assegurada até o século XXII.

Mas 2016 não foi um ano qualquer, e atravessar o turbulento momento político foi desafiador, mesmo para a família mais famosa do planeta. Semanas depois de as celebrações do aniversário da rainha chegarem ao fim, os britânicos votaram para sair da União Europeia — um evento sísmico que pegou o *establishment* político do país de surpresa e forçou o primeiro-ministro David Cameron a renunciar.

O Brexit, como foi chamado, criou um conjunto único de problemas para a Coroa. Conforme o debate se intensificava, houve mais pressão que o normal para que a família real assumisse uma posição, algo que a rainha se recusava a fazer. Em caráter privado, no entanto, Elizabeth o apoiava. Irritada com o que via como intromissão da União Europeia nos assuntos domésticos do Reino Unido, ela acolheu bem o que tanto ela quanto o príncipe Philip viram como afirmação da soberania nacional.

Charles sempre foi um dos grandes defensores da cooperação internacional quando se tratava de questões como mudanças climáticas e comércio livre, mas ficou ao lado da mãe, por razões intimamente relacionadas a seu futuro como rei. Um economista observou, no *Financial Times*, que o Brexit podia ser "um estímulo para a Commonwealth"; segundo ele, a organização que Charles um dia lideraria poderia assumir parte do papel abandonado por uma enfraquecida União Europeia.

Quatro meses depois, Charles e Camilla estavam em uma viagem por Bahrein, um país insular no golfo Pérsico, quando souberam que Donald Trump havia derrotado a favorita Hillary Clinton nas eleições presidenciais nos Estados Unidos. "O quê? Donald *Trump*?", perguntou ele ao assessor que lhe deu a notícia. "Você só pode estar brincando. Chocante. Absolutamente chocante." Charles, que encontrara os Clinton em várias ocasiões ao longo dos anos, virou-se para Camilla. "Todos achávamos que Hillary venceria, é claro [...]. Donald Trump? Às vezes, parece que o mundo enlouqueceu." Camilla, em contraste, parecia indiferente ao tumulto do resultado da eleição. "Bem, querido", disse com naturalidade, "ele realmente enlouqueceu".

No mês seguinte, Charles faria um ataque não muito sutil ao presidente eleito em um discurso transmitido pela rádio BBC. "Vemos a ascensão de muitos grupos populistas em todo o mundo, cada vez mais agressivos contra aqueles que aderem a uma fé minoritária", disse, em clara referência à proposta de Trump de proibir a entrada de muçulmanos no país e defender outras políticas percebidas como antimigração. "Tudo isso ecoa de modo perturbador os dias sombrios da década de 1930. A geração dos meus pais lutou e morreu na batalha contra a intolerância, o extremismo monstruoso e as tentativas inumanas de exterminar a população judaica da Europa", continuou, concluindo que o surgimento de tais movimentos nacionalistas mais de setenta anos depois era, para ele, "inacreditável".

Uma pessoa que não mediu palavras ao falar sobre Trump foi Meghan, a namorada de 35 anos de Harry e uma das estrelas da série *Suits*, da rede norte-americana Network TV. O programa era gravado em Toronto e, durante a campanha do republicano, Markle fora à televisão britânica dizer que, se Trump vencesse, ela pretendia se mudar para o Canadá. Com a vitória de Trump, ela o chamou de "misógino", e insistiu que "ninguém quer o tipo de mundo que ele está descrevendo — se essa é a realidade da qual estamos falando, isso mudará tudo".

Ela também mudaria. A beldade norte-americana nasceu em Los Angeles, era atriz *e* divorciada, mais velha que Harry e filha de uma mulher negra (a assistente social Doria Ragland) e um homem branco (o diretor de iluminação vencedor do Emmy Thomas Markle Sr.). Como sua futura cunhada, Kate Middleton, Meghan tinha um diploma universitário (da Escola de Comunicação da Universidade Northwestern) e um currículo que incluía tanto um estágio na embaixada dos Estados Unidos em Buenos Aires, como uma ponta no sucesso televisivo *Deal or No Deal*. Depois de morar com o ator e produtor Trevor Engelson por seis anos, ela se casou com ele em 2011 e se divorciou dois anos depois. Seu relacionamento seguinte foi com o chef e celebridade da TV Cory Vitiello; os dois moraram juntos por dois anos até que o relacionamento acabou, em maio de 2016.

Dois meses depois, Meghan e Harry se conheceram em um encontro às cegas. Ele tivera dois romances longos e públicos com a então estudante de direito Chelsy Davy e com a modelo, atriz e neta de um conde Cressida Bonas. Tendo conquistado um grande sucesso com o Invictus Games, o príncipe problemático sentia ter encontrado sua vocação e, com ela, uma sensação de paz que jamais conhecera. Ele revelou à atriz e apresentadora da TV britânica Denise van Outen, durante uma festa de aniversário alguns meses antes de conhecer Meghan, que "pela primeira vez, estou pensando em me casar".

Meghan e Harry se deram bem imediatamente ("Eu sabia que me casaria com ela na primeira vez que nos encontramos") e, três semanas depois, estavam de férias juntos em Botsuana. Foi lá, contou Harry, que eles disseram um ao outro "Nós vamos mudar o mundo" e começaram a planejar um futuro juntos. Nos meses seguintes, conseguiram fugir dos repórteres enquanto especulações sobre o relacionamento surgiram pela internet.

Ao retornarem de Botsuana, Harry apresentou Meghan ao pai e a Camilla. O príncipe de Gales achou a jovem — que se parecia um pouco com a irmã de Kate, Pippa — "charmosa e encantadora". Na época, Charles não fazia ideia de que a nova namorada de Harry era filha uma mulher negra e um homem branco. "Não que isso fosse importante, é claro", disse ele a um amigo norte-americano. "Mas eu só percebi depois."

A etnia de Meghan não escapou à atenção da grande imprensa. No *Mail on Sunday*, a colunista Rachel Johnson escreveu que Meghan iria "engrossar o sangue azul aguado e fino" dos Windsor e temperar "a pele pálida e o cabelo ruivo dos Spencer com seu DNA rico e exótico". Em seu site, o *Daily Mail* publicou a manchete "Namorada de Harry saiu (quase diretamente) de Compton", enquanto a primeira página do *Sun* estampava um escandaloso "A namorada de Harry está no Pornhub" — ignorando o fato de que somente alguns trechos íntimos da série *Suits*, e não pornografia, haviam sido postados no site. Para piorar as coisas, os repórteres perseguiam agressivamente não somente Meghan, como também sua família e seus amigos.

Na época, Charles estava viajando pelo Oriente Médio. De Bahrein, ele foi forçado a lidar com a situação quando o filho mais novo, furioso e quase chorando, exigiu em uma ligação que algo fosse feito. Charles concordou e autorizou que uma declaração fosse divulgada pelo Palácio de Kensington. O tom era sem precedentes — na nota, o príncipe Harry dizia que "haviam passado dos limites" e que Meghan tinha sido alvo de "uma onda de agressão e perseguição". Entre muitos exemplos, ele citou "a difamação na primeira página de um jornal nacional, o tom racista dos comentários e o declarado racismo e sexismo nas mídias sociais e nos comentários dos sites". Harry disse que nunca tinha testemunhado tal "nível de pressão, escrutínio e perseguição da mídia" — precisamente as coisas que ele acreditara terem condenado seus relacionamentos anteriores e até mesmo causado a morte de sua mãe.

Muitos dos problemas do jovem casal vieram de um lugar inesperado: a família de Meghan. Dias antes de Harry trucidar a imprensa, Samantha Markle descreveu a meia-irmã como uma "alpinista social e superficial", cujo comportamento "não era adequado para um membro da família real". Samantha, que sofria de esclerose múltipla e estava confinada a uma cadeira de rodas, reclamou que Meghan dera as costas para a família Markle, incluindo o pai com dificuldades financeiras. "Ser princesa é algo com que Meghan sonha desde criança", lembrou a meia-irmã. "Ela sempre preferiu Harry, porque gosta de ruivos." A família real, acrescentou Samantha, "ficaria horrorizada com o que ela faz com a própria família. A verdade destruiria seu relacionamento com o príncipe Harry".

Havia outros obstáculos a superar, incluindo a longa e conhecida história de racismo da aristocracia. "A família real está ligada às ideias de império, colonialismo e pureza", disse Kehinde Andrews, professor de sociologia da Universidade de Birmingham. Os Windsor "provavelmente são nosso símbolo primário de branquitude".

A rainha, que experimentara incontáveis encontros próximos com pessoas de todas as etnias e religiões durante seu reinado recorde, parecia livre de preconceito: nunca ninguém a ouvira fazer um comentário insensível. O mesmo não podia ser dito sobre Charles, embora suas gafes fossem raras — como da vez que disse a uma escritora de ascendência guianesa que ela "não parecia" ter nascido na cidade britânica de Manchester, presumivelmente porque era negra e usava dreadlocks.

Mais comuns eram os perturbadores comentários e as curiosas ações da princesa Marie-Christine. Esposa do príncipe Michael de Kent, neto de

George V e primo da rainha, ela teria dito a um grupo de comensais negros em um restaurante de Nova York para "voltarem para as colônias" porque eles estavam fazendo barulho demais. A princesa negou ter dito isso, mas não o fato de ter duas ovelhas negras em sua fazenda de Gloucestershire, que ela batizara de Venus e Serena, por causa das irmãs tenistas Williams. Ela causou furor quando compareceu ao primeiro almoço de Natal de Meghan Markle com a família real usando um grande broche Blackamoor — um tipo de joia que retrata imagens exóticas de criados e escravos de origem africana. No dia seguinte, ela se desculpou oficialmente com Meghan, dizendo "sentir muito e estar perturbada", acrescentando que a joia era um presente que ela usara "muitas vezes antes, sem controvérsia".

O príncipe Philip disse que a confusão em torno do broche era uma "bobagem", mas ele tampouco era um exemplo. "Se vocês ficarem aqui por muito tempo, seus olhos vão ficar puxados", disse ele a um grupo de estudantes britânicos durante uma visita real à China. Em uma viagem à Australásia, ele se virou para um aborígene e perguntou: "Ainda arremessando lanças?" Depois de olhar para uma complicada caixa de fusíveis ao visitar uma fábrica de eletrônicos na Escócia, Philip comentou que ela parecia "algo montado por um indiano". Como outros de sua geração e classe, Philip usara a "palavra com n" [*nigger*, extremamente ofensiva] com certa frequência — embora, como confessou um funcionário aposentado de Balmoral, "eu não o ouço usar essa palavra há muito tempo — pelo menos, não desde a década de 1970".

Mas Philip gostou imediatamente de Meghan, assim como Charles e a rainha. A monarca conheceu a namorada do neto em Balmoral, em setembro de 2017, semanas depois de William e Kate anunciarem a vinda do terceiro filho. Meghan estava tão nervosa que, meses antes, enquanto visitava a mãe na Califórnia, foi à Rose Tree Cottage, uma casa de chá na cidade próxima de Pasadena. Markle não precisava ter se preocupado: seu amor por cães salvaria o dia. "Os corgis gostaram dela na mesma hora", lembrou Harry quando morava com Meghan em Nottingham Cottage ("Nott Cott"), no terreno do Palácio de Kensington. "Eles latem para mim há 33 anos, mas, quando ela chegou, não houve latidos, só rainhos indo de um lado para o outro."

Dois meses depois, em um domingo, o filho mais novo de Charles subitamente se ajoelhou e pediu Meghan em casamento. Havia um frango assando no forno. "Eu não deixei ele terminar de falar e já disse sim!", lembrou ela. Harry desenhara o anel: um diamante solitário de três quilates, vindo de Botsuana, ladeado por dois brilhantes que ele herdara da mãe. (Embora Harry tivesse escolhido o famoso anel de noivado de safira e diamantes de Diana depois da morte dela, ele entregarão havia entregado a William, sem o menor problema, quando o irmão mais velho ficara noivo de Kate.)

Enquanto a geração mais jovem da realeza prometia um casamento e um nascimento, Elizabeth II se tornava a primeira soberana da história a celebrar um jubileu de safira, marcando seus 65 anos de reinado. Mesmo assim, fosse isso sabido ou não por seus súditos, os compromissos cotidianos da monarquia repousavam cada vez mais sobre os ombros caídos de Charles. Em abril de 2017, ele viajou para Roma a fim de se encontrar pela primeira vez com o papa Francisco, que ascendera ao trono papal em 2013, depois que Bento XVI se tornara o primeiro líder da Igreja Católica a renunciar em seis séculos. Isso e uma série de abdicações (rainha Beatrix dos Países Baixos, rei Albert II da Bélgica e rei Juan Carlos I da Espanha) mais ou menos na mesma época fizeram a rainha discutir a ideia de abdicação com Christopher Geidt e seus principais assessores.

Um membro da família real que não precisou ser convencido a se aposentar foi o príncipe Philip. Em 1º de agosto de 2017, o pai de Charles, com 96 anos, participou como consorte da rainha de seu evento solo número 22.219. Em pé no átrio do Palácio de Buckingham, sob a chuva que caía, Philip passou em revista uma fileira de fuzileiros reais que haviam completado uma série de massacrantes testes de resistência. "Vocês deviam ser todos presos", brincou ele, e então tocou a aba do chapéu quando eles começaram a cantar "Ele é um bom companheiro". Essa despedida do serviço público foi bem mais preferível à notícia erroneamente divulgada mais cedo naquele dia, quando o site do *Daily Telegraph* anunciara a morte do duque de Edimburgo e detalhara os planos para seu funeral.

A aposentadoria de Philip foi significativa. Dois anos antes, a rainha informara à equipe que, depois da morte do marido, ela pretendia deixar o Palácio de Buckingham e se mudar para Balmoral. Se a rainha estivesse considerando a abdicação — uma decisão histórica que transformaria Charles em rei e ela mesma, em rainha-viúva —, viver no castelo escocês seria um grande passo nessa direção.

O homem responsável por fazer a rainha enfrentar a própria mortalidade, Christopher Geidt, seria devidamente recompensado por seus esforços com quatro títulos de cavaleiro e um assento na Câmara dos Lordes. Ainda mais revelador, a rainha agradeceu oficialmente a ele, seu oitavo secretário particular, por modelar "uma nova abordagem para questões constitucionais [...] e para a transição entre reinados".

Tristemente para Geidt, a mudança estava demorando demais para Charles. Com a consolidação do poder dos três domicílios reais (Buckingham, Clarence House e Kensington) em um só, Geidt continuaria a ter extraordinários poder e influência sobre a monarquia. "Dia após dia, Sir Christopher tinha mais acesso à rainha que o próprio príncipe Charles", disse um membro da corte. "E o príncipe achava isso irritante" — o bastante para dizer à mãe que a posição de Geidt no palácio era "insustentável".

Em uma tentativa de evitar conflito com o filho e herdeiro, a rainha concordou. Não havia dúvidas sobre quem esteve por trás da abrupta partida de Geidt quando ele arrumou as malas em meados de setembro de 2017. Depois de uma década de serviços leais a Sua Majestade, o ex-oficial da inteligência britânica foi "forçado pelo príncipe Charles a sair", relatou o *Times*. De acordo com Peter Hunt, correspondente para assuntos da realeza da BBC, o "golpe palaciano permitiu que o príncipe Charles passasse a exercer mais controle" sobre a direção da monarquia. Para enfatizar tal controle, o príncipe de Gales ordenou que o Palácio de Buckingham, Clarence House e o Palácio de Kensington tomassem a decisão sem precedentes de publicar uma declaração conjunta negando o golpe. Isso, disse Hunt, "foi um sinal de o quanto a instituição estava preocupada sobre o que o mundo poderia pensar".

Em novembro, o rolo compressor Charles-Camilla continuou a abrir caminho, dessa vez em uma viagem de duas semanas pela Índia, por Cingapura e Brunei e, por fim, pela Malásia, como parte dos continuados esforços do príncipe de seduzir a Commonwealth. Já experientes em viajar como casal em nome da Coroa, eles lidaram facilmente com o calor, a poeira e as multidões. Em Nova Déli, o duque e a duquesa da Cornualha compareceram a um desfile de elefantes e, quando uma menina de 9 anos perguntou se Charles construiria um forte quando fosse rei, ele respondeu: "Sim!"

Na Malásia, Charles tentou usar uma zarabatana, e Camilla foi saudada por centenas de estudantes agitando bandeiras quando visitou uma escola em Kuala Lumpur. Em cada parada, havia desfiles militares, jantares de Estado e visitas a zoológicos, parques, jardins, santuários e monumentos. O momento revelador pode ter sido no primeiro dia de viagem, quando chegaram a Cingapura e trocaram um raro beijo público. Horas depois, tanto Charles quanto Camilla choraram quando ele colocou uma coroa de flores no memorial de guerra em homenagem àqueles que haviam morrido defendendo a ex-colônia britânica durante a Segunda Guerra Mundial.

Os diplomatas britânicos consideraram a viagem do príncipe de Gales pelo Sudeste Asiático um imenso sucesso. Mesmo assim, ele e Camilla enfrentaram severas críticas ao voltarem para casa por causa do custo da viagem: mais de US$525 mil — principalmente por terem usado o *Voyager*, um avião da Força Aérea Real reservado para viagens internacionais do primeiro-ministro e dos membros do seu Gabinete. Os jornalistas correram para lembrar que William e Kate viajaram para a Índia e para o Butão, um ano antes, em um avião comercial. O custo da viagem: um pouco menos de US$46 mil.

Charles ignorou tal comparação, assim como com as queixas de que gastara US$1,4 milhão em viagens somente em 2017. Mas, ao celebrar 69 anos, ele disse a um grande doador de uma de suas organizações de caridade que achava "todas essas críticas frustrantes. Estou tentando manter essa coisa, a Commonwealth, unida. Será que ninguém entende isso?".

A rainha permanecia em silêncio quando se tratava dos gastos do filho. Mas deixou claro seu apoio a Charles em novembro, no Dia da Lembrança, quando a Grã-Bretanha honra seus mortos de guerra. No que a BBC chamou de "transferência histórica de deveres", ela permaneceu no balcão do Ministério do Exterior e observou Charles colocar uma coroa de flores no cenotáfio de Whitehall — uma cerimônia que ela tinha protagonizado durante todo o seu reinado como chefe de Estado, chefe das Forças Armadas e líder da Igreja da Inglaterra.

Como declarou o *Sunday Express*, naquele momento "a nação ficou paralisada" no que foi visto "como um sinal de que a rainha está se afastando de suas responsabilidades e cada vez mais as entregando a seu filho e herdeiro".

Talvez. Mas a solene dedicação de Charles ao trabalho não estava à altura da vitalidade, do glamour, do romance e da diversão personificados pelo príncipe Harry e pelo casal de Cambridge. A paixão do público pela geração mais jovem da família real se intensificou em 2018, começando com a chegada do terceiro neto de Charles em 23 de abril. Novamente a artilharia troveJou, fontes foram banhadas em luzes azuis e multidões se aglomeraram em frente à ala Lindo do Hospital de St. Mary para ter um vislumbre de Kate segurando Louis Arthur Charles — nomeado em homenagem a Louis Mountbatten e, é claro, ao avô do bebê. Dezoito reis franceses foram batizados como Louis, mas nunca um monarca inglês. Mal veio ao mundo, o principezinho ocupou um lugar único na história: foi o primeiro herdeiro real a nascer depois da abolição da primogenitura e, como tal, ficou em quinto lugar na fila de sucessão.

"Estamos muito felizes com a notícia", escreveu Charles a William e Kate naquele dia. "É uma grande alegria ter outro neto. O único problema é que não sei como vou conseguir acompanhar o ritmo deles." E ele se esforçou para isso. Charles foi avisado por amigos de que jamais conheceria os netos se deixasse tudo nas mãos de Carole e Michael Middleton. Então, instalou um parquinho com balanços e escorregas em Highgrove e reformou a casa na árvore que foi construída para William e Harry. Charlotte disparou atrás de George pelo terreno meticulosamente cuidado da mansão — na época, os dois já estavam em idade pré-escolar. "Meu marido costumava fazer uma careta quando os via correndo entre os narcisos", contou Camila a um visitante da propriedade. "Agora ele acha engraçado. Ele adora!" Bem, até certo ponto. Em uma visita a Kew Gardens, ele foi presenteado com uma muda de faia oriental para sua coleção. "Preciso protegê-la dos meus netos", disse ele.

De fato, longe dos olhos do público, Charles era tão afetuoso como qualquer avô amoroso, pegando os netos no colo, abraçando-os e beijando-os e pacientemente lhes mostrando flores, plantas, árvores e animais de fazenda que tornavam Highgrove um lugar fascinante para crianças pequenas. Grande parte da motivação para Charles ser mais afetuoso e próximo das crianças vinha de suas memórias da rainha-mãe: "É uma parte diferente de sua vida. O que você tem que fazer é encorajá-los. Mostrar coisas que os interessem. Minha avó fazia isso. Ela era maravilhosa." O príncipe de Gales acreditava ser "muito importante criar laços afetivos quando eles ainda são bem novos".

Mesmo com a chegada de Louis em abril, o início de 2018 pertenceu ao príncipe Harry e a sua noiva. Nas semanas que antecederam o casamento, marcado para 19 de maio no Castelo de Windsor, ouviram-se as especulações de sempre sobre a lista de convidados, o vestido da noiva, os votos, a festa e a lua de mel. Infelizmente, também houve drama familiar nas primeiras páginas dos jornais de todo o mundo. Depois de meses atacando a meia-irmã na imprensa, Samantha Markle recebeu o reforço do irmão, Thomas Markle Jr. Como Samantha, Thomas Jr. alegou que os Markle sempre foram unidos, mas que, desde que conquistou fama como atriz e noiva de um príncipe, sua meia-irmã Meg deu as costas à família. "Ela está interpretando o maior papel de sua vida", disse ele, alegando que Markle se via como "uma nova princesa Diana. Está sendo falsa. Quando chegou a Hollywood, ela se transformou em uma pessoa diferente. Esqueceu suas raízes [...]. Talvez sinta vergonha de nós. Um lado diferente dela começou a emergir, e um lado nada bom".

As coisas só pioraram quando o nome dos irmãos não surgiu na lista de seiscentos convidados. "Não estou amargurado, somente pasmo. Isso é doloroso, considerando-se como éramos próximos. Estou confuso e um pouco angustiado. Ela se esqueceu do próprio sangue", disse Thomas Jr. O meio-irmão tentou entrar em contato com ela através do palácio, mas foi "ignorado". Ele implorou para que a família real intercedesse e forçasse Meghan a se reconciliar antes do casamento: "Não é aqui o momento em que Charles ou a rainha dizem 'É assim que as coisas são feitas e sua família precisa estar envolvida'?"

Mas os membros da família Markle foram envolvidos. Doria Ragland voou da Califórnia para ajudar a filha com os últimos preparativos para o casamento e, dias antes da cerimônia, tomou chá com Charles e Camilla em Clarence House. Thomas Markle Sr. também poderia estar presente, se não fosse por sua decisão de ignorar os conselhos de Harry e cooperar com os paparazzi semanas antes. As imagens que circularam na internet o mostram lendo livros sobre a Grã-Bretanha em um café, pesquisando os noivos no Google e até experimentando um smoking para o grande dia. Quando se revelou que as fotos haviam sido posadas, Thomas alegou que se sentia "estúpido e canastrão" e decidiu não comparecer ao casamento. Harry telefonou para o futuro sogro e disse: "Se você tivesse me dado ouvidos, isso nunca teria acontecido." Markle, que tivera um infarto, retrucou: "Talvez fosse melhor para vocês se eu tivesse morrido. Então vocês poderiam fingir estar tristes." E desligou.

Todo esse drama, choro e ranger de dentes era um grande contraste com as palavras gentis que Meghan dissera sobre o pai dois anos antes. "Ele me ensinou a escrever notas de agradecimento e a sempre chegar cedo", lembrou ela, agradecendo-o pelo "sangue, suor e lágrimas" que investira no futuro dela. "Ele abastecia meu carro quando eu ia de teste de elenco em teste de elenco. Meu pai acreditou no meu grande sonho muito antes de eu poder achar ser possível concretizá-lo. Devo muito a ele."

Dias depois de desligar o telefone na cara de Harry, o Sr. Markle mudou de ideia e anunciou que levaria a filha ao altar. Infelizmente, um segundo infarto o impediu de comparecer ao casamento. Presumia-se que Doria assumiria seu lugar, até que Charles se ofereceu. No dia seguinte, Meghan quebrou a tradição ao caminhar por metade da Capela de São Jorge sozinha, até se encontrar com o príncipe Charles. Foi uma ação ousada e corajosa de uma jovem que não tinha medo de desafiar as normas reais. Até o pai dela, ao assistir pela televisão nos Estados Unidos enquanto se recuperava de uma cirurgia cardíaca, ficou impressionado. "Como eu poderia querer um substituto melhor que Charles?", perguntou ele. "Quase chorei quando vi o que ele estava fazendo por mim. Só queria que fosse minha mão segurando a da minha filha, não a dele."

Esperando por eles no altar estavam Harry e seu padrinho, o príncipe William. Quando Charles entregou a mão de Meghan a Harry, o noivo disse: "Obrigado, pai." Então ergueu o véu da noiva, afirmando: "Você está linda. Eu tenho tanta sorte!" A rainha concordou. Um dia antes do casamento, Sua Majestade fora fotografada no banco de trás ao lado do beagle resgatado de Meghan, Guy, a caminho de Windsor. No mesmo dia, ela concedeu os títulos de duque e duquesa de Sussex ao casal de noivos.

Embora as atenções estivessem voltadas para o casal feliz — uma plateia global de 1,9 bilhão de pessoas assistiu à cerimônia pela TV —, as mídias sociais se agitaram em relação ao afetuoso relacionamento entre Charles e a mãe de Meghan. O pai do noivo e a mãe da noiva conversaram durante todo o tempo e, em um momento particular, Charles galantemente segurou a mão que Doria lhe estendia quando se encaminharam para assinar a certidão de casamento — um momento que parece ter levado grande parte da internet às lágrimas. Mais tarde, Charles deixou a capela com Camilla no braço esquerdo e Doria no direito.

Na primeira das duas recepções, Charles novamente despertou emoções. Ele se lembrou de quando trocava as fraldas de Harry e lhe dava mamadeira, fazendo todos rirem ao dizer: "E vejam como ele se saiu bem." Então, elogiou Meghan, mas foram suas últimas palavras que levaram lágrimas aos olhos de muitos convidados: "Querido Harry, estou tão feliz por você."

Em outra quebra radical da tradição, Meghan também discursou, proclamando seu amor por Harry, agradecendo à família real por ser "tão graciosa e acolhedora" e elogiando a mãe por "sempre me ajudar". Em nenhum dos discursos — de Charles, William, Harry e Meghan —, Diana foi mencionada. Quando os brindes terminaram, William pegou o microfone e perguntou: "Alguém aqui sabe tocar piano?" E então Elton John cantou "Your Song", "Tiny Dancer", "I'm Still Standing" e "Circle of Life", de *O rei leão*. Talvez ele tenha achado arriscado demais tocar outra de suas composições para o filme animado da Disney: "I Just Can't Wait to Be King" ["O que eu quero mais é ser rei"].

As fotografias oficiais do casamento, feitas antes da recepção, revelam as mudanças acontecendo na família real. "Quando Diana morreu, eu parei de acompanhar", disse Merle Mitchell, uma enfermeira de 57 anos, descendente de africanos, que admirava o ativismo da princesa. Indicando o envolvimento de Meghan em uma ampla variedade de causas filantrópicas, Mitchell disse que esse ativismo poderia fazê-la gostar da monarquia de novo. Além disso, acrescentou: "Precisamos de um pouco de cor na família real. Nunca houve ninguém no palácio para quem as mulheres negras pudessem apontar e dizer: 'Aquela pessoa se parece comigo.'"

Ser membro da família real, como Charles sabia muito bem, tinha um custo. A duquesa de Sussex já não podia se expressar sobre questões políticas, como fizera ao criticar o candidato presidencial Donald Trump em público, ainda que não houvesse entusiastas de Trump na família real. Quando a primeira-ministra Theresa May convidou o recém-empossado presidente para fazer uma visita de Estado à Inglaterra em janeiro de 2017, britânicos indignados foram às ruas protestar. Mais de 1,5 milhão de pessoas assinaram uma petição exigindo que o convite fosse retirado. A primeira-ministra permaneceu firme, e Charles, de acordo com um conselheiro de Clarence House, fez algo inédito: pediu que a rainha instruísse May a retirar o convite, sob pena de não haver nenhum membro da família real presente para saudar Trump no Palácio de Buckingham.

A rainha recusou. Ela não somente tinha uma afeição por May, como oferecera jantares para alguns dos mais desagradáveis líderes mundiais, incluindo o presidente sírio Bashar al-Assad, o ditador do Zimbábue Robert Mugabe, o homem-forte da República do Congo Mobutu Sese Seko, o notório presidente da Indonésia Suharto — e Vladimir Putin, da Rússia. No caso do ditador romeno Nicolae Ceausescu, o presidente francês Valéry Giscard d'Estaing até telefonou para a rainha e avisou que Ceausescu e a esposa, Elena, haviam roubado objetos de valor de seus quartos no Palácio Élysée durante a visita de Estado a Paris. (Os Ceausescu foram derrubados, julgados e executados por um pelotão de fuzilamento em 1989.) Como bem lembrou William Hague, ex-secretário de Estado para Assuntos Estrangeiros da Grã-Bretanha, "a rainha lida com ditadores e déspotas. Ela não terá problemas com uma visita de Donald Trump".

Mas Trump não estava interessado em viajar para encontrar manifestantes furiosos nas ruas. Em junho, a Casa Branca adiou a visita por tempo indeterminado, embora a questão ressurgisse várias vezes ao longo de 2017. Trump fazia pouco caso do aquecimento global, em um nítido contraste com seu predecessor, o presidente Barack Obama, que, de modo geral, concordava com o príncipe de Gales. Quando retirou, de forma unilateral, os Estados Unidos do Acordo de Paris sobre mudanças climáticas em junho, Charles deixou claro, por meio dos canais do Ministério do Exterior, que não ficaria em silêncio. "Donald Trump está envolvido em uma extraordinária disputa diplomática com o príncipe de Gales em relação às mudanças climáticas, o que ameaça perturbar sua visita de Estado ao Reino Unido", escreveu Tim Shipman no *Sunday Times*, indicando as "perspectivas violentamente divergentes sobre o aquecimento global". Os oficiais da Casa Branca alertaram que Trump "explodiria" se o príncipe Charles tentasse "passar um sermão" sobre a causa ambiental e pediram que William e Harry o recebessem no lugar do pai.

O ultraje público aumentou novamente em ambos os lados do oceano em agosto do mesmo ano, quando uma manifestação de nacionalistas brancos em Charlottesville, na Virgínia, resultou na morte de um manifestante e dezenas de feridos. Trump deu mais uma de suas incendiárias declarações: tentando estabelecer uma equivalência moral entre a marcha dos nazistas e a das pessoas que eram contra eles, alegou que havia "pessoas muito boas de ambos os lados". Charles e os filhos quase queimaram as linhas telefônicas entre Clarence House e o Palácio de Kensington, e os três príncipes concordaram em trabalhar nos bastidores para desencorajar uma visita do presidente norte-americano.

Em 2017 e 2018, os britânicos pareciam quase tão fascinados quanto seus primos norte-americanos pelas tempestades criadas por Trump no Twitter. A família real não era exceção. A cada oportunidade que tinha (incluindo a festa de casamento do príncipe Harry), Charles conversava com seus ricos e influentes amigos norte-americanos para, discretamente, obter mais informações. Era importante que ele não pressionasse demais; alguns dos financiadores de suas obras de caridade, incluindo os mais ricos, eram apoiadores de Trump. Mesmo assim, quando o ouvinte era receptivo, Charles perguntava qual era a probabilidade de Trump passar por um impeachment.

"Trump não parece desligado da realidade?", perguntou a um ex-oficial de Washington que liderou um grande conglomerado norte-americano. "Que homem horrível."

Não ajudava o fato de Trump ter cortejado agressivamente a princesa Diana (e ter sido recusado por ela) depois do divórcio — e alegado mais tarde, em um programa de rádio, que poderia ter dormido com ela se quisesse, mas somente se ela passasse no teste de HIV. Trump usou tuítes para criticar o então prefeito muçulmano de Londres, Sadiq Khan, por não ter impedido os ataques terroristas à cidade ("Ele está fazendo um trabalho muito ruim, horrível") e pareceu defender os paparazzi por tirarem fotos de Kate Middleton de topless quando ela tomava banho de sol em 2012. ("Ela não devia tomar sol nua. A culpa é toda dela.") As críticas de Trump a Kate resultaram no que um mordomo de Clarence House chamou de "torrentes de profanidades" do príncipe Charles e seus filhos. A rainha tinha certo respeito pela linguagem obscena. Ao usar a palavra *fucking* ao contar uma história de mau gosto no programa da BBC *Planet Word*, uma série que explorava as origens da linguagem e suas variações, o ator britânico Brian Blessed foi chamado de lado pela rainha durante uma recepção no Palácio de Buckingham. "O senhor contou uma história engraçada", disse Sua Majestade. "Mas eu gostaria de dizer que *fuck* é uma palavra anglo-saxônica que significa 'semear'."

No início de julho de 2018, o presidente Trump viajou para o Reino Unido, mas não foi bem uma visita de Estado, em toda sua importância. Em 13 de julho, enquanto milhares de pessoas protestavam em Londres, Elizabeth II esperou pelo presidente e pela primeira-dama no pátio do Castelo de Windsor. Eles apertaram as mãos e Trump e a rainha passaram a guarda de honra em revista antes de entrarem para tomar chá. Saíram 47 minutos depois. Trump disse que a rainha foi "muito inspiradora" e então alegou que deve ter sido "a primeira vez em setenta anos" que ela passou a guarda de honra em revista — não somente a rainha estava no trono há setenta anos, como passar tropas em revista era um dos deveres mais rotineiros de sua posição, algo que ela fizera centenas de vezes durante seu reinado.

O fator incomum, a despeito das fervorosas negativas do palácio, foi a total ausência de qualquer outro membro da família real durante a visita de Trump. Dois anos antes, William, Kate e Harry recepcionaram os Obama no Palácio de Kensington, e milhões ficaram encantados com as imagens do príncipe George, de bochechas gordinhas e vestindo com um roupão, conversando com Barack e Michelle. A primeira visita estatal dos Obama a Londres, em 2011, mereceu a presença quase constante de Charles e Camilla desde a cerimônia de recepção no Palácio de Buckingham. Em 2003, o príncipe Charles saudou o presidente George W. Bush e sua esposa, Laura, ainda no aeroporto de Heathrow. Dessa vez, Charles e William fizeram questão de esnobar o homem no cargo de presidente dos Estados Unidos. Recusando o pedido do Palácio de Buckingham para ao menos participar do chá em Windsor, Charles e Camilla permaneceram em Highgrove e o príncipe William jogou polo em um evento filantrópico.

Enquanto a Grã-Bretanha lidava com a complicada questão de como implementar o Brexit na prática, a família real voltou às manchetes. Dessa vez, o duque de Edimburgo, de 97 anos, dirigia em uma estrada perto de Sandringham, em janeiro de 2019, quando seu Land Rover blindado bateu em uma minivan ocupada por duas mulheres e um bebê de 9 meses. O jipe tombou e Philip, sangrando mas não seriamente ferido, foi retirado do carro por um passante. O bebê não se feriu, mas a motorista da minivan ficou muito abalada e sua passageira, Emma Fairweather, quebrou o pulso.

A polícia fez teste de bafômetro tanto em Philip quanto na outra motorista e ambos deram negativo. Dois dias depois e ainda não tendo se desculpado, Philip foi fotografado atrás do volante novamente, e sem cinto de segurança. A indignação do público não somente levou Philip a escrever uma nota pedindo desculpas a Fairweather — na qual insistiu que conhecia bem a estrada, mas fora temporariamente cegado pelo sol —, como também o forçou a desistir da carteira de motorista a fim de não enfrentar processos judiciais. "É uma pena que ele não tenha decidido parar de dirigir antes disso, mas foi a coisa certa a fazer", disse Fairweather.

Essa era uma decisão que a rainha jamais teria que tomar. Como soberana e chefe de Estado, ela era a única pessoa na Grã-Bretanha a não precisar nem de passaporte, nem de carteira de motorista. "Mamãe adora dirigir e não vai parar até que seja necessário", disse Charles a um amigo depois do acidente do pai.

O mesmo poderia ser dito da atitude dela em relação ao trono, embora ainda houvesse surpreendentes abdicações ocorrendo em outras partes do mundo. Em 30 de abril de 2019, o imperador japonês Akihito renunciou, trinta anos depois de assumir o trono de Crisântemo após a morte do pai, o imperador Hirohito. Tornando-se o primeiro imperador japonês a abdicar em dois séculos, Akihito, de 85 anos, se tornou imperador emérito, e foi sucedido pelo filho de 59 anos, Naruhito. A esposa do novo imperador, Masako, se tornou imperatriz consorte automaticamente.

Embora o Palácio de St. James tratasse de garantir que os conselheiros da rainha fossem informados das últimas abdicações históricas, Charles se concentrou em eventos mais próximos de casa, como o nascimento de seu quarto neto. Em 6 de maio de 2019, a duquesa de Sussex deu à luz um menino de 3,3kg no Hospital de Portland, em Londres. Archie Harrison Mountbatten-Windsor, cujo nascimento foi histórico por várias razões, assumiu o sétimo lugar na fila de sucessão ao trono britânico.

Menos de um mês depois, Meghan Markle escolheria ficar em casa quando seu conterrâneo Donald Trump chegou a Londres para uma visita oficial. Dessa vez, em meio à preocupação de que o compromisso dos Estados Unidos, mesmo com seus aliados mais antigos, estivesse começando a vacilar, os membros mais importantes da família real o receberam sem reservas, mesmo depois de Trump ter atacado mais uma vez o prefeito de Londres — dessa vez, chamando-o de "perdedor de marca maior". Charles e Camilla se uniram à rainha para receber Trump e a primeira-dama, Melania Trump, no Palácio de Buckingham, com uma saudação de 82 tiros — metade em homenagem ao presidente norte-americano e metade em homenagem aos 66 anos da coroação de Sua Majestade. Então Charles, assumindo outro dever que normalmente caberia à monarca, passou em revista os Guardas Granadeiros ao lado do presidente Trump.

Um magnífico banquete de Estado foi oferecido no Palácio de Buckingham; o presidente se sentou entre Camilla e a rainha; Charles, entre a mãe e Melania, conversou amigavelmente com a primeira-dama norte-americana. Depois, Charles e Camilla os convidaram para irem a Clarence House. O príncipe de Gales e Trump deveriam ter tido uma conversa particular de 15 minutos, mas o presidente disse que a reunião durara uma hora e meia, e o príncipe falara "a maior parte do tempo".

Charles, como Trump descobriu, estava mesmo interessado "em mudanças climáticas, e acho isso ótimo, o que ele deseja e acha sobre o futuro. Ele quer garantir que as futuras gerações tenham boas condições climáticas, em vez de desastres causados pelo clima, e eu concordo". Trump insistiu ter sido "todo ouvidos" para os argumentos de Charles, mas recusado qualquer sugestão de que os Estados Unidos se envolvessem mais. "Nesse momento, os Estados Unidos têm o ar mais limpo possível, com base em todas as estatísticas", disse ao príncipe. "E as coisas estão ficando ainda melhores, porque eu concordo: queremos a melhor água, a água mais limpa. Ela é limpa como cristal, tem que ser limpa, muito limpa." Trump afirmou que "China, Índia, Rússia, muitas outras nações" eram as verdadeiras culpadas pelo aquecimento global. "Elas não têm ar limpo, água limpa ou noção sobre poluição. Em certas cidades, sequer é possível respirar [...]. Elas não agem com responsabilidade."

As discussões continuaram durante o jantar oferecido pelos Trump em Winfield House, a residência oficial do embaixador dos Estados Unidos em Londres. No mínimo, o príncipe impressionou Trump com sua devoção à causa. "O que me comoveu foi a paixão dele pelas futuras gerações", disse o presidente, que pareceu impressionado com o fato de o futuro rei se preocupar tanto com seus súditos. "Ele não está fazendo isso por si mesmo; e sim pelas futuras gerações. E isso é verdadeiro, ele acredita mesmo nisso. Ele quer um bom mundo para as futuras gerações, e eu também. Ele é o príncipe Charles. Em teoria, não precisaria se preocupar com as futuras gerações, a menos que seja uma pessoa muito boa que se importa com os outros. Foi isso que mais me impressionou, o amor dele pelo mundo."

Se Charles tinha alguma esperança de ter convencido o presidente, ela foi destruída poucos dias depois de Trump voltar aos Estados Unidos. Ao defender seu comentário de que ouviria informações prejudiciais sobre um rival político oferecidas por um governo estrangeiro, e sem informar isso ao FBI, Trump tuitou: "Acabei de me reunir com a rainha da Inglaterra (Reino Unido), o príncipe de *Whales* ["baleias", em inglês; e não *Wales*, palavra inglesa para "Gales"], os primeiros-ministros do Reino Unido e da Irlanda e os presidentes da França e da Polônia. Falamos sobre 'tudo'! Devo telefonar para o FBI sobre essas reuniões? Que ridículo!"

Ridículo certamente foi uma das palavras que ocorreram a Charles quando foi informado que Trump se referira a ele como príncipe das Baleias. Camilla disse a uma amiga norte-americana que "não conseguiu parar de rir" quando soube da gafe, mas que o marido a achou "mais decepcionante que divertida. Ele deve achar que desperdiçou muito tempo conversando com aquele homem".

O que teria acontecido se o rei Charles III estivesse no trono durante a visita de Donald Trump? Talvez tivesse recebido o presidente somente para censurá-lo ou dar-lhe um sermão sobre o meio ambiente, os perigos da tecnologia e os males da intolerância. Mais provavelmente, teria evitado tudo isso, simplesmente ao se recusar a convidá-lo. Afinal, como príncipe de Gales, Charles esnobara outras personalidades por razões políticas. Para protestar contra as políticas chinesas em relação ao Tibete, ele boicotara o banquete em homenagem ao presidente chinês Jiang Zemin no Palácio de Buckingham em 1999, e fizera o mesmo quando o sucessor de Zemin, Hu Jintao, visitara a Inglaterra seis anos depois. Em seu diário, Charles falou sobre a "ridícula ladainha" envolvida nos encontros com os líderes chineses rigidamente formais, que ele descreveu como sendo "horríveis bonecos de cera".

Charles e os outros membros da família real em pouco tempo seriam forçados a lidar com seu próprio populista infantil, extravagante e com um estranho penteado: Boris Johnson. Nascido em Nova York, ele assumiu as rédeas do Partido Conservador no lugar da sitiada Theresa May e se tornou primeiro-ministro da Grã-Bretanha em julho de 2019 — o primeiro não nascido em território britânico. Como sua contraparte do outro lado do Atlântico, Johnson fora acusado muitas vezes de ser racista. Quando Barack

Obama criticou o Brexit, ele escreveu um artigo denunciando "a ancestral antipatia de um presidente em parte queniano pelo Império Britânico". Espantosamente, também escrevera colunas chamando pessoas negras de "pretinhos com sorriso de melancia" e homens gays de "viadinhos de top".

Depois de eleito líder do partido e então nomeado primeiro-ministro pela rainha, Johnson imediatamente anunciou sua intenção de cumprir a promessa de campanha e dar seguimento ao Brexit, com ou sem um acordo estabelecendo os termos precisos para a Grã-Bretanha deixar a União Europeia. Para esse fim, a rainha se reuniu com o Conselho Privado e aprovou o pedido de Johnson por uma "prorrogação" do Parlamento: basicamente, uma suspensão temporária que teria acabado com qualquer chance de os críticos do novo primeiro-ministro na Câmara dos Comuns objetarem o plano de abandonar a União Europeia. Os tribunais anularam o pedido de prorrogação, alegando que era inconstitucional, mas não antes de Johnson ser forçado a negar que mentira para a rainha, levando-a a conceder seu pedido para o que seria nada mais que uma manobra parlamentar desastrada.

Por mais irritado que Charles estivesse com as atitudes de Johnson, essa não era, nem de perto, a maior crise que os Windsor enfrentavam. Em agosto de 2019, o financista norte-americano Jeffrey Epstein, de 66 anos, morreu por enforcamento em uma prisão de Nova York enquanto aguardava julgamento por acusações de tráfico sexual. Epstein, que tinha entre seus amigos e companheiros frequentes de viagem o príncipe Andrew e o ex-presidente Bill Clinton, era um notório abusador de menores de idade e já fora preso antes. A morte foi considerada suicídio, mas as circunstâncias bizarras nas quais ela aconteceu (ele estava sob vigilância para não se matar) geraram teorias da conspiração: Epstein fora assassinado por vingança ou talvez silenciado por amigos poderosos que temiam que ele falasse demais?

O público em geral estava ciente das atividades desprezíveis de Epstein desde 2005, quando o FBI compilou uma lista de "quarenta menores de idade confirmadas" de terem sido agredidas sexualmente por ele e iniciou ações judiciais contra ele. Mas, mesmo depois de ter cumprido 13 dos 18 meses a que fora sentenciado na prisão (e supostamente fazer dezenas de acordos extrajudiciais com suas vítimas), Epstein não parou. Documentos apresentados ao tribunal em 2014 sustentaram a acusação contra ele ser o líder de um "grupo de abusadores sexuais" que entregava garotas para "políticos norte-americanos proeminentes, empresários poderosos, um conhecido primeiro-ministro e outros líderes mundiais".

O príncipe Andrew fora apresentado a Epstein em 1999 pela socialite britânica Ghislaine Maxwell, namorada do financista na época — que seria julgada e condenada como cúmplice, em 2022, a 20 anos de prisão. Nas duas décadas seguintes, Andrew se hospedaria várias vezes nas muitas propriedades do empresário por todo o mundo. Depois da morte de Epstein, o Palácio de Buckingham publicou uma série de declarações nas quais o príncipe admitia ter sido "um erro" conviver com Epstein depois que ele saíra da prisão em 2009, mas também insistia não ter "visto, testemunhado ou ter suspeitado de qualquer comportamento" como os que levara o financista a ser condenado. Outra declaração foi publicada quando um vídeo de 2010 veio à tona, mostrando o príncipe Andrew no limiar de uma das portas da mansão de Epstein em Nova York, acenando para uma jovem do lado de fora. A nota dizia que o duque de York ficara "horrorizado com os relatos recentes sobre os supostos crimes de Jeffrey Epstein. Sua Alteza Real lamenta a exploração de qualquer ser humano, e a sugestão de que ele poderia concordar com tal comportamento, participar dele ou encorajá-lo é ultrajante".

Segundo uma das supostas vítimas de Epstein, Virginia Roberts Giuffre, não foi bem assim. Em uma entrevista coletiva, ela declarou que o príncipe Andrew "sabe exatamente o que fez, e eu espero que ele seja honesto a respeito disso". Mais tarde, Giuffre o acusou de abuso sexual, dizendo que, quando ainda era menor de idade, foi forçada a transar com o príncipe em Londres, em Nova York e na ilha particular de Epstein no Caribe. Epstein a manteve, disse Giuffre, como sua "escrava sexual".

Com as evidências de seu envolvimento se multiplicando, o príncipe Andrew decidiu dar uma longa entrevista no horário nobre da BBC, refutando as alegações de Giuffre — o que se converteu em um desastre irreparável. Não somente Andrew declarou várias vezes, e de modo pouco convincente, que não se lembrava de ter conhecido Giuffre, como também se recusou a lamentar sua amizade com Epstein. O príncipe permaneceu irrequieto durante toda a entrevista de 45 minutos enquanto buscava maneiras plausíveis de explicar seu relacionamento com Epstein, e se esqueceu de expressar qualquer solidariedade pelas vítimas do financista. No entanto, reconheceu que "havia decepcionado" ao continuar aquela amizade, mesmo depois de o predador sexual reincidente ter sido exposto, preso e cumprido pena.

Não havia dúvida de que a pessoa "decepcionada" fora a rainha. Apesar de Elizabeth II não se surpreender com mais nada que os filhos pudessem fazer, Charles ficou indignado porque o irmão mais novo, cujas atividades sexuais anteriores levaram ao apelido "Andy Lascivo", foi tão irresponsável. O príncipe de Gales ficou furioso por Andrew achar que se livraria do problema com uma entrevista reveladora na televisão.

Charles se reuniu com a rainha no Palácio de Buckingham e a convenceu de que ações drásticas eram necessárias. Andrew foi convocado a Sandringham para almoçar com Charles e o príncipe Philip. Os dois informaram que, pelo bem da monarquia, ele se "aposentaria" como membro atuante da família real. Em 19 de novembro de 2019, o príncipe Andrew publicou uma declaração reconhecendo que sua "associação com Jeffrey Epstein tornou-se um grande problema para a obra de minha família". Ele perguntou "a Sua Majestade se poderia me afastar das funções públicas em um futuro previsível, e ela deu sua permissão".

Por insistência de Charles, Andrew continuou dizendo que "se arrependia" de sua "associação imprudente" com Epstein, "se solidarizava" com as vítimas e estava disposto a cooperar com as investigações sobre os alegados crimes de Epstein. Quando sua filha mais velha, a princesa Beatrice, casou-se com o construtor Edoardo Mapelli Mozzi em julho de 2020, o banimento de Andrew do círculo real se completou. Embora tenha conduzido a princesa ao altar, Andrew não aparece em nenhuma das fotografias oficiais do casamento divulgadas pelo Palácio de Buckingham.

Foi outro momento divisor de águas na história da família real, mas ao menos impulsionou os planos do príncipe de Gales para o futuro. Ele expressava sua visão de uma monarquia "reduzida", e estava evidente que pretendia afastar também seu irmão caçula, Edward; a aposentadoria forçada de Andrew foi um primeiro passo importante, embora constrangedor, nessa direção. No entanto, o que Charles não antecipou foi a partida de outra figural real que ele sempre vira como parte de sua monarquia moderna.

Durante as festas de fim de ano, Harry e Meghan provocaram pequenas ondas de choque no palácio quando decidiram passar o Natal com a mãe dela na ilha de Vancouver, na Colúmbia Britânica, não comparecendo à tradicional celebração dos Windsor em Sandringham. Então, no início de janeiro de 2020, eles chocaram o mundo ao anunciar, em sua página oficial no Instagram, que pretendiam "se retirar" de seus papéis como "membros seniores" da família real e "trabalhar para se tornarem financeiramente independentes, embora continuando a apoiar Sua Majestade, a rainha". Como parte de seu desejo de ter "um papel novo e progressista", os Sussex também não morariam em tempo integral em Londres, mas se dividiriam entre o Reino Unido e a América do Norte — presumivelmente o Canadá, onde pretendiam fundar a própria "entidade filantrópica".

Embora negociassem com o Palácio de Buckingham havia meses, eles não pediram autorização à rainha para anunciar a partida. Com a surpresa, uma declaração foi publicada pelo palácio, dizendo que as conversas com o casal ainda estavam em um "estágio inicial". Mais uma vez, Charles, que não fora consultado pelo filho caçula, sentiu-se traído — um sentimento partilhado por William, cujo relacionamento com o irmão caçula mudara muito desde a chegada de Meghan. Embora Harry já tivesse reconhecido publicamente que ele e William trilhavam "caminhos diferentes" e já não eram tão próximos quanto antes, ambos negaram um distanciamento sério entre eles. E, embora fosse verdade que Harry e Meghan haviam se afastado da fundação filantrópica dos Cambridge para criar a própria, as tensões entre os dois príncipes não foi a causa da decisão dos Sussex de reinventar seus papéis reais.

Alguns dias depois, a rainha cedeu e abençoou o neto e sua esposa. "Eu e minha família apoiamos o desejo de Harry e Meghan de construir uma nova vida como uma jovem família", disse Sua Majestade em uma rara declaração pessoal. "Embora preferíssemos que eles permanecessem membros integrais da família real, respeitamos e entendemos seu desejo de ter uma vida mais independente, continuando como uma parte valiosa de minha família."

Não era segredo que os Sussex eram vítimas dos implacáveis tabloides britânicos, que, em artigos com óbvio tom racista, retratavam Meghan como neurótica, manipuladora e irresponsavelmente ambiciosa. Em um documentário da ITV sobre a obra filantrópica deles na África, Harry disse que a presença diária da imprensa em sua vida era um lembrete constante de como sua mãe foi perseguida pelos paparazzi. "É uma ferida que não cicatriza", confessou ele. "Ser parte dessa família, nesse papel, nesse trabalho, além de todas as vezes que vejo uma câmera, ouço um clique ou vejo um flash — tudo isso me leva de volta àquela época."

No mesmo documentário, Meghan lutou contra as lágrimas quando lhe perguntaram como ela estava. "Obrigada por perguntar", respondeu ela. "Poucas pessoas desejam saber se eu estou bem."

A cobertura da imprensa se intensificara exponencialmente depois do nascimento do primeiro filho do casal, Archie, em 6 de maio de 2019, e Harry e Meghan reagiram. "Perdi minha mãe e vejo minha esposa ser vítima das mesmas poderosas forças", contou Harry, explicando o motivo de eles iniciarem processos judiciais contra vários tabloides por invasão de privacidade. Ao mesmo tempo, o casal real se sentia mais que confortável ao explorar seu status de celebridade global a fim de se tornarem "financeiramente independentes", usando sua marca registrada em centenas de itens, como camisetas, meias, moletons e jeans com a logomarca "Sussex Royal".

Mesmo assim, sua inesperada declaração de independência gerou uma tempestade de controvérsias e especulações. O terceiro julgamento de impeachment de um presidente norte-americano em toda a história estava na iminência de acontecer, e mesmo assim o Megxit (como a confusão real passou a ser chamada) conquistou as primeiras páginas em todo o mundo. Na maior parte das vezes, o duque e a duquesa de Sussex eram criticados de ambos os lados do Atlântico pela decisão unilateral de se afastarem da família real. Como escreveu a colunista Maureen Dowd no *New York Times*: "Não foi decente da parte de Meghan e Harry criticar a rainha de 93 anos, anunciar o plano Megxit no Instagram e agravar a triste desavença entre os irmãos [...]. Por que a pressa de abandonar a influência real para se tornar uma influência no Instagram? Além disso, quem para de seguir a própria avó?"

Com até 90% de sua renda vindo do ducado da Cornualha, Harry e Meghan não podiam se dar ao luxo de irritar o príncipe de Gales — afinal, como duque da Cornualha, era ele quem tinha a chave do cofre. Mas foi o que eles fizeram. Em certo momento, Charles sugeriu, a portas fechadas, que, se o casal insistisse em ter uma marca própria, ele atenderia ao desejo dos rebeldes e os excluiria de tudo. "É o que eles querem, não é?", perguntou em um acesso de raiva. "Não serem membros dessa família?" Harry ainda era muito mais popular que o pai nas pesquisas, e por isso William pediu para o pai reconsiderar. Charles, então, abandonou a ideia.

Em breve, novos imprevistos surgiriam no caminho dos Sussex, como a possibilidade de o Canadá proibir sua imigração. Em um editorial muito crítico, o *Globe and Mail* (maior e mais influente jornal canadense) argumentou que "a resposta do governo Trudeau deve ser simples e sucinta: não". E então, dirigindo-se a Harry e Meghan: "Vocês são bem-vindos para visitar, mas, enquanto forem membros seniores da família real, o Canadá não pode permitir que aqui permaneçam [...]. Isso vai contra um tabu constitucional [...]. Apesar de o Canadá ter nascido da Grã-Bretanha, não é e nunca foi a Grã-Bretanha. E, há muito tempo, este país deu passos para deixar isso bem evidente." Assim, a despeito de a monarca da Inglaterra tecnicamente reinar sobre o Canadá, a nação mantinha distância da Coroa a fim de manter sua soberania. "Se você é membro da família real, este país não pode se tornar seu lar", declarou o jornal. Para Charles, a controvérsia sobre se o filho e a nora poderiam morar no exterior — e em um país da Commonwealth, para piorar — foi mais um indicativo da corda bamba em que ele teria de caminhar como rei.

Mas os Sussex não pretendiam ficar no Canadá por muito tempo. Duas semanas depois de irem para lá, partiram de Vancouver para Los Angeles nas primeiras horas de 14 de março de 2020, a bordo do jato particular de US$150 milhões do ator e produtor Tyler Perry. Quando chegaram à Califórnia, o casal real e seu filho foram levados para a vila de Perry, uma propriedade de oito hectares no valor de US$18 milhões, na elegante Beverly Ridge Estates.

A missão ultrassecreta para passar os Sussex pela fronteira entre o Canadá e os Estados Unidos foi apressada, mas por uma razão válida. Semanas antes, os especialistas em saúde tentavam evitar outra catástrofe global como a epidemia de gripe de 1918 que infectou um terço da população mundial e matou cerca de 50 milhões de pessoas em todo o mundo. A doença, batizada de covid-19 e originada na cidade de Wuhan, na China, rapidamente tinha se espalhado pela Europa e pela América do Norte. Para interromper o alastramento do vírus, o Canadá estava prestes a fechar suas fronteiras — uma decisão que tornaria muito difícil, senão impossível, para os Sussex visitarem a avó de Archie, Doria, em sua casa em Los Angeles. Isso também forçaria Meghan a abandonar os planos de se reconectar com sua antiga rede de amigos e colegas atores em Hollywood, um hesitante primeiro passo no caminho para ressuscitar sua carreira em frente às câmeras.

O que nem Harry, Meghan ou outra pessoa sabia na época era que o coronavírus já havia contaminado a família. Em março, o príncipe de Gales testou positivo para o vírus. Sua agenda de eventos foi cancelada, incluindo uma viagem à Jordânia com Camilla. Charles participara em Londres, no dia 10, de uma mesa-redonda sobre o clima e os recursos hídricos — ao seu lado, estava o príncipe Albert de Mônaco, que foi diagnosticado com a doença no dia 19. Não parecia coincidência que o teste de Charles para covid desse positivo no dia 25.

Três semanas depois do diagnóstico de Charles, William também contraiu o vírus. De algum modo, a notícia foi mantida em segredo por um ano.

Aos 71 anos, Charles estava no grupo de alto risco, sujeito a sérias complicações em função do vírus, mas sua preocupação imediata foi com a rainha. Ele se encontrara com a mãe, de 93 anos, um dia antes do diagnóstico e eles haviam se abraçado duas vezes. Enquanto os médicos reais examinavam a monarca, Charles e Camilla deixaram Clarence House para uma rápida visita a Highgrove, onde ele se comunicou com a equipe da mansão por telefone e e-mail. O príncipe tinha somente sintomas leves — dor de cabeça, tosse seca, febre baixa — quando ele e Camilla embarcaram no jato real com destino a Birkhall, sua residência na propriedade de Balmoral. Dias depois, ele perdeu o olfato e o paladar, dois sintomas adicionais da covid-19.

Sem surpresa, a chegada de Charles em uma época na qual as pessoas eram desencorajadas ou mesmo proibidas de viajar não foi bem recebida pelos nacionalistas escoceses. "Talvez Charles achasse que as regras não se aplicavam a ele", criticou a parlamentar Joan McAlpine. A primeira-ministra escocesa Nicola Sturgeon desejou rápida recuperação ao príncipe, mas acrescentou que não queria "que as pessoas vissem as Terras Altas escocesas como lugar para onde fugir do vírus".

O impacto do diagnóstico de Charles sobre seus conterrâneos foi imenso. Como escreveu Helen Lewis na *Atlantic*, "minutos depois de a notícia ser publicada, recebi textos de amigos que diziam basicamente a mesma coisa: 'Agora ferrou'". Lewis explicou que, até aquele momento, o coronavírus fora "uma ideia abstrata para a maioria dos britânicos. Pessoas que você conhecia, na vida real ou na mídia, contrairiam o vírus. Algumas delas ficariam muito doentes. Algumas morreriam".

Mais do que algumas, como se viu. Charles ainda fazia dieta e se exercitava regularmente, e reconfortou-se com o fato de não ter nenhuma das comorbidades que aumentavam o risco de tantas pessoas de sua idade de morrerem em função do vírus. O príncipe se isolou em Birkhall, e tanto ele quanto Camilla, que não contraíra a doença, tiveram o cuidado de manter entre si uma distância segura. Todos os outros membros da família real fizeram quarentena, em um esforço para impedir a disseminação do vírus. Enquanto a rainha e o príncipe Philip se isolaram no Castelo de Windsor, os Cambridge permaneceram em Anmer Hall, no terreno de Sandringham.

A um mundo de distância, na Califórnia, os Sussex se isolaram em suas luxuosas acomodações — mas logo saíram para distribuir alimentos para centenas de famílias necessitadas que foram duramente atingidas pela pandemia, o que era coerente. Vestindo jeans e bonés de beisebol e usando máscaras de proteção, Harry e Meghan pegaram sacolas de compras do porta-malas de uma SUV e as carregaram até a porta da casa de pessoas que não podiam sair. Tudo fazia parte do Projeto Angel Food, uma das organizações de caridade favoritas de Doria Ragland.

Também entraria para a lista de britânicos proeminentes infectados pela covid-19 o controverso primeiro-ministro Boris Johnson, que havia declarado aos repórteres ter visitado pacientes em um hospital de Londres e "apertado as mãos de todo mundo, sim, senhor". Charles, em suas próprias palavras, "teve sintomas muito leves" e foi capaz de retornar a seus deveres em pouco mais de uma semana depois do diagnóstico. Johnson não teve tanta sorte. Com o número de casos aumentando drasticamente, ele decidiu que estava na hora de impedir a disseminação do vírus, ordenando que a nação entrasse em *lockdown* a partir de 23 de março de 2020. Três dias depois, ele apareceu suado e doente durante uma entrevista coletiva. O primeiro-ministro foi diagnosticado com covid-19 e mandado para a quarentena. Nos dez dias seguintes, sua condição piorou e ele foi hospitalizado. Foi somente ao ser admitido na UTI que Johnson entregou as rédeas do governo a seu secretário do Exterior, Dominic Raab. Quando reassumiu o cargo, no fim de abril, mais de 21 mil britânicos haviam sucumbido à doença.

Enquanto o primeiro-ministro lutava por sua vida na UTI do Hospital St. Thomas, em Londres, o governo britânico empregou as maiores armas de seu arsenal de relações públicas. Em 5 de abril de 2020, Elizabeth II fez um raro e histórico "discurso especial" à nação — o quinto de todo seu reinado —, com o objetivo de unir o país nos esforços para combater o vírus e de agradecer aos trabalhadores da área de saúde que estavam nas linhas de frente. O discurso foi gravado na Sala de Estar Branca do Castelo de Windsor, escolhida porque era grande o bastante para manter a distância adequada entre Sua Majestade e um operador de câmera, que usou máscara e luvas.

"Falo a vocês em um momento que sei ser cada vez mais desafiador", disse a rainha. "Um momento de tumulto na vida de nosso país, um tumulto que trouxe pesar para alguns, dificuldades financeiras para muitos e enormes desafios para nosso dia a dia [...]. Espero que, nos próximos anos, todos sejam capazes de se orgulhar da maneira como reagiram a esse desafio. E aqueles que virão depois de nós dirão que os britânicos de nossa geração foram muito fortes." Evocando o mesmo espírito de luta dos discursos de Winston Churchill durante a Segunda Guerra Mundial, a monarca prometeu a seus súditos que "dias melhores virão. Estaremos com nossos amigos, com nossas famílias de novo. Nós nos encontraremos novamente", finalizou a rainha, lembrando-se da famosa balada "'We'll Meet Again", que se tornara o hino britânico da resistência durante os anos da Segunda Guerra Mundial.

Ela também pediu paciência e incentivou os britânicos a continuarem seguindo as normas sanitárias estabelecidas pelos especialistas em doenças infecciosas a fim de derrotar o vírus. Mesmo assim, a despeito de admitir que poderia ter morrido, no início de maio Boris Johnson seguiu adiante com seu plano de diminuir as restrições e reabrir gradualmente a economia — um plano que foi criticado como prematuro, considerando o agravamento da pandemia.

Como sempre, Charles tinha o próprio plano. Discursando durante a abertura virtual do Fórum Econômico Mundial (realizado todos os anos em Davos, na Suíça), ele argumentou que a covid-19 oferecia uma oportunidade única para reinventar a economia global. "As ondas de choque sem precedentes" provocadas pela doença "podem muito bem tornar as pessoas mais receptivas a grandes visões de mudança", sugeriu o príncipe, que então delineou sua proposta de cinco pontos, enfatizando a precificação do carbono, a sustentabilidade e "investimentos verdes" mais agressivos. Charles chamou sua visão pós-pandemia de "grande reinício".

E a família real também passava por um grande reinício. Meghan havia sofrido um aborto espontâneo em julho de 2020. Ela e Harry tinham a intenção de se estabelecer na Califórnia, e gastaram US$14,65 milhões em uma propriedade em estilo mediterrâneo de quase três hectares ao norte de Los Angeles, no exclusivo enclave de Montecito, em Santa Barbara. Por volta da mesma época, de acordo com Harry, Charles parou de mandar dinheiro para o filho e de atender seus telefonemas. Não que os Sussex tivessem qualquer problema financeiro. A essa altura, eles já haviam fechado lucrativos acordos de milhões (se não de bilhões) de dólares com diversas corporações, incluindo um contrato com a Netflix para produzir documentários e séries e estrelar filmes e programas infantis.

Um dos acordos foi com a apresentadora Oprah Winfrey; o casal real e a rainha da televisão norte-americana anunciaram que coproduziriam uma série documental sobre saúde mental. No entanto, antes de isso acontecer,

Harry e Meghan anunciaram, em 14 de fevereiro de 2021, que esperavam seu segundo filho. Logo depois, cumprindo o acordo de rever a questão do casal depois de um ano de afastamento, o Palácio de Buckingham anunciou que os Sussex seriam afastados de forma permanente de seus deveres reais. Então, os dois se encontraram com Oprah no quintal de sua mansão para uma entrevista reveladora de três horas de duração.

Quando o programa foi ao ar, em 7 de março de 2021, mais de 60 milhões de telespectadores assistiram a Meghan confessar que foi levada a pensamentos suicidas pelos impiedosos oficiais do palácio e afirmar que a cunhada Kate já a fizera chorar. Harry revelou que o pai não só havia parado de pagar por sua segurança, como também se recusava a falar com ele há mais de um ano, justificando o rompimento com um "Há muita mágoa". Também foram abordadas as acusações de racismo e de que, antes do nascimento de Archie, alguns membros da família real haviam ficado "preocupados" com a aparência do menino — com o quanto sua pele seria escura e "o que isso significaria" para o futuro da monarquia.

Harry rapidamente absolveu os avós, mas manteve os outros membros da família real na mira, em especial Charles e William. A alegação de que ambos estavam "presos" em seus papéis reais piorou ainda mais a relação entre eles. Os herdeiros levavam a sério seu dever para com o país, e William, em particular, tinha uma forte tendência a proteger o homem que passara mais de sete décadas esperando para fazer o trabalho que nascera para fazer. Logo após a entrevista, William também parou de atender aos telefonemas de Harry.

Charles não estava disposto a perdoar o filho caçula e a nora. Desde o início do Megxit, ele concordou com as medidas da rainha para mostrar que Harry não poderia ser membro da família real somente por meio período — incluindo a decisão de Sua Majestade de despir o neto dos seus estimados títulos cerimoniais de que ele tanto gostava e dos suntuosos trajes militares que os acompanhavam. A esperança de Harry de quebrar o impasse estava na celebração de 100 anos do duque de Edimburgo em 10 de junho, somente alguns dias antes do aniversário oficial da rainha. Embora a pandemia tivesse forçado o cancelamento do Trooping the Colour e de qualquer celebração maior em homenagem ao príncipe Philip, Harry planejava estar presente à pequena reunião familiar em Sandringham.

Contudo, Charles não sabia se o próprio pai estaria presente na festa. Nos últimos tempos, Philip entrou e saiu de hospitais, recebendo tratamento para uma infecção em fevereiro de 2021 e, um mês depois, passou por um procedimento cardíaco. Devido às restrições impostas pela covid-19, o paciente só podia receber um número limitado de visitantes, algo que o duque, áspero e avesso a trivialidades, achou ótimo. Mas Charles ficou surpreso quando o pai, que ele já havia descrito publicamente como um valentão e distante, pedira a ele que fosse ao hospital. Philip, não querendo aborrecer a esposa, confiava no filho para dar à rainha notícias sobre sua condição de forma comedida e não emotiva. O príncipe de Gales permaneceria em contato constante com o pai, relatando a situação diariamente para a rainha e outros membros da família real.

A princesa Anne, o príncipe Andrew e o príncipe Edward (assim como os Cambridge e os Sussex) telefonaram para Philip durante sua estadia no hospital e depois, quando ele se recuperava em Windsor. Em 8 de abril, Charles conversou com o pai pelo telefone e tentou convencê-lo a planejar sua festa de aniversário. "Estamos falando sobre a data, e se haverá ou não uma festa!", disse Charles, querendo uma resposta.

"Bom", retrucou Philip, "eu tenho que estar vivo para celebrar".

"Eu sabia que você diria isso!", replicou Charles, rindo.

No dia seguinte, com a esposa de mais de sete décadas a seu lado, o príncipe Philip morreu. Entre outras coisas, ele era o consorte mais longevo da história da Grã-Bretanha e o membro mais velho da família real em qualquer época. "Como vocês podem imaginar, eu e minha família sentimos imensa falta do meu pai [...]. Ele era uma pessoa muito especial e ficaria maravilhado com a reação de todos e as palavras comoventes que foram ditas a seu respeito", disse Charles em uma declaração oficial.

Todos os olhos se voltaram para o funeral de Philip e se ele seria ou não a oportunidade para a reconciliação entre os Sussex e o restante da família. Não se esperava que Meghan fosse a Londres, e por uma boa razão: os médicos acreditavam que a viagem era muito perigosa naquele ponto da gravidez, especialmente durante uma pandemia. Mesmo antes de Harry embarcar, parecia que os Windsor tentavam acomodá-lo. Charles e William haviam planejado usar uniformes militares na pequena cerimônia fúnebre na Capela de São Jorge, em Windsor, mas a rainha, consciente de que Harry já não podia fazer o mesmo durante eventos reais, ordenou que todos usassem trajes civis.

O funeral, como todos os outros durante a pandemia, foi modesto. Charles, parecendo verdadeiramente abalado, com a expressão triste, liderou o cortejo de membros da família real atrás do jipe Land Rover Defender TD 130 (produzido de acordo com as especificações do próprio príncipe) que carregava o caixão até a capela. Durante a cerimônia, trinta membros da família, usando máscaras de proteção, se sentaram a três metros uns dos outros nos bancos alinhados contra as paredes da capela. Mais perto do caixão estava a rainha, uma figura diminuta e solitária que, naquele momento, parecia ser o ponto focal do luto da nação. Charles e Camilla se sentaram em frente à Sua Majestade do outro lado da nave, ao passo que o filho favorito da rainha, Andrew, estava mais perto da monarca, a três metros de distância. Charles queria ficar de olho na mãe, mas o caixão do pai bloqueava sua visão. Quando a cerimônia simples e comovente chegou ao fim, a rainha embarcou na limusine e foi para casa. Os outros tiraram suas máscaras e subiram, sob o sol, o caminho até o Castelo de Windsor. William e Harry pareciam estar se entendendo, conversavam sobre como tudo transcorrera bem. Com todos os olhos na possível reconciliação, Charles e William concordaram com uma breve reunião com Harry em Windsor — a condição era de que só os três estivessem presentes. Mas, se Harry esperava vencer o abismo que o separava do restante da família, enganou-se. O príncipe de Gales não tentou esconder como estava decepcionado nem que acreditava que os Sussex tinham jogado uma luz pouquíssimo lisonjeira sobre uma das mais duradouras instituições do mundo. Harry não se deu ao trabalho de permanecer em Londres para parabenizar a avó por seus 95 anos, retornando à Califórnia um dia antes da data.

Semanas depois, ele atacou novamente, criticando as habilidades parentais do príncipe de Gales em um podcast e em outra entrevista para Oprah, dessa vez para sua série de documentários *The Me You Can't See* [O eu que você não vê]. "Ele me tratou como foi tratado", disse Harry, falando sobre o pai. O príncipe prometeu "quebrar o ciclo" para pôr um fim "à dor e ao sofrimento genéticos que continuam sendo passados adiante".

Parecia cada vez mais improvável Charles perdoar o filho rebelde. Mesmo o nascimento, em 4 de junho de 2021, do segundo bebê dos Sussex, Lilibet "Lili" Diana Mountbatten-Windsor — batizada em homenagem à rainha, cujo apelido de infância era Lilibet, e, é claro, à mãe de Harry —, pouco fez para aproximar Harry de seu pai e de seu irmão, cada vez mais distantes. Declarações *pro forma* foram publicadas, dando as boas-vindas ao mais novo membro da família real, e nada mais.

A oportunidade seguinte de reaproximação surgiu em 1º de julho de 2021, quando Harry voou para Londres a fim de se unir ao irmão no que seria o aniversário de 60 anos de Diana para, juntos, receberem os membros da família Spencer e desvelarem uma estátua em homenagem a ela no Sunken Garden do Palácio de Kensington — um lugar onde haviam brincado quando crianças. A rainha, Charles ou qualquer outro membro da família real preferiram não comparecer. No fim, ficou evidente que nenhum progresso foi feito no relacionamento entre os filhos de Charles. Mais uma vez, eles se separaram rapidamente.

Charles voltou a estremecer quando Harry anunciou que publicaria um livro de memórias revelador no fim de 2022. Na visão de uma monarquia reduzida, simplificada e mais eficiente do futuro monarca, ficava cada vez mais evidente que não haveria espaço para os Sussex — ao menos, não enquanto eles continuassem a construir uma "marca" própria do outro lado do Atlântico. Tampouco ajudou o fato de, no processo, Harry e Meghan parecerem determinados a espalhar críticas. "É uma pílula muito amarga para o príncipe Charles engolir", disse um ex-funcionário de Clarence House. "Harry tem tanta energia e carisma, era uma das poucas pessoas com as quais o príncipe de Gales contava para desempenhar um papel-chave quando ele se tornasse rei." A maior parte do fardo poderia recair sobre William e Kate.

O livro de memórias de Harry não era o único potencialmente explosivo no radar de Charles. No fim de dezembro de 2021, veículos de mídia relataram que Charles fora identificado como o "racista" em meu livro, *Brothers and Wives: Inside the Private Lives of William, Kate, Harry, and Meghan* [Irmãos e esposas: por dentro das vidas privadas de William, Kate, Harry e Meghan]. Assim que a notícia foi publicada, o Palácio de Buckingham deu o extraordinário passo de publicar uma declaração alegando se tratar de uma "ficção".

Para ser específico, o trecho de *Brothers and Wives* se baseava em relatos de testemunhas e de um comentário despreocupado e inocente feito pelo príncipe de Gales a Camilla durante o noivado de Harry e Meghan. Na época, Charles se perguntou, afetuosamente, qual seria a aparência dos futuros filhos daquele casal jovem e atraente — cor dos olhos e do cabelo —, como qualquer avô faria.

Infelizmente, essas especulações ingênuas foram ouvidas, repetidas por funcionários do palácio com interesses próprios e transformadas em algo muito mais tóxico quando chegaram aos ouvidos de Harry. William e seu irmão, por sua vez, permaneceram curiosamente em silêncio.

Não era possível dizer que os Sussex conseguiriam encontrar alguma coisa em comum com o restante da família real. Muito dependia de um movimento unilateral da avó de Harry. Pelo segundo ano, o tradicional Natal da família em Sandringham foi cancelado devido à ressurgência do vírus da covid-19, e a imprensa e o público estavam ávidos para saber se o casal seria incluído entre as fotografias exibidas perto da rainha durante o "gracioso discurso de Sua Majestade". Mas aqueles que esperavam por um sinal da monarca estavam sem sorte. Pela primeira vez em 73 anos, Elizabeth não tinha o consorte a seu lado e, para marcar essa triste ocasião, havia somente uma única foto colorida da rainha e seu marido na mesa ao lado dela. "Sua noção de serviço, sua curiosidade intelectual e sua capacidade de se divertir em qualquer situação eram irreprimíveis", disse a rainha, que usou o espetacular broche de crisântemo de safiras — o mesmo que usara durante sua lua de mel e em suas bodas de diamante, em 2007, cuja foto aparecia na gravação. "Aquele brilho travesso e inquiridor em seus olhos estava tão presente no fim quanto da primeira vez em que o vi."

O que a rainha disse — ou, mais especificamente, o que não disse — foi muito revelador. Embora elogiasse o príncipe de Gales e William, assim como as esposas Camilla e Kate, por defenderem um meio ambiente mais limpo, Sua Majestade não mencionou Harry e Meghan em seus esforços para combater as mudanças climáticas. Nem os citou.

O pecado de omissão da rainha foi percebido por Charles, que elogiou a dedicação apaixonada de Harry à causa em um ensaio sobre o meio ambiente para a *Newsweek*. Harry e Meghan leram o artigo, mas não se comoveram, e aparentemente não houve tentativa de reaproximação de nenhum dos lados. Charles esperava que o filho mais novo tentasse comparecer à cerimônia em memória do príncipe Philip na Abadia de Westminster no fim de março — um primeiro passo no caminho para comparecer às festividades do jubileu de platina da rainha no início de junho e, com sorte, de fazer as pazes com o restante da família real. Mas Harry estava preocupado com a segurança da família enquanto ele estivesse na Inglaterra, já que lhe fora negada proteção real. Por isso, abriu processos judiciais para reaver direito a ela. Ansioso para facilitar o retorno do filho, Charles convidou o casal para se hospedar em Clarence House. Lá, eles teriam a mesma proteção que o príncipe de Gales e a duquesa da Cornualha. Harry, porém, decidiu não comparecer à cerimônia em homenagem ao avô, que contou com não menos que cinco reis e cinco rainhas.

Enquanto pensava em maneiras de diminuir a crescente distância entre Harry e os Windsor, Charles trabalhava para praticamente expulsar o próprio irmão da família real. Depois que Ghislaine Maxwell foi condenada, em Nova York, por ajudar a encontrar garotas menores de idade para serem sexualmente abusadas por Jeffrey Epstein, o príncipe Andrew tentou e não conseguiu fazer o processo civil movido pela mulher que o acusara de estupro, Virginia Giuffre, ser rejeitado. O dever da rainha para com a instituição da monarquia superava até o amor que ela tinha pelo filho favorito. Por isso, dividiu as patronagens de Andrew entre outros membros da família e revogou seus títulos militares honorários. Também ordenou que ele não mais usasse o título de Sua Alteza Real oficialmente.

Era compreensível que Charles temesse — talvez mais que qualquer outro membro da família real — que o comportamento libertino do irmão deixasse uma nódoa na Coroa. Ao mesmo tempo, pressionou por outras mudanças. No topo da lista, estava convencer seus futuros súditos a aceitarem Camilla como rainha, e não meramente princesa consorte. Mesmo depois que uma pesquisa realizada em novembro de 2021 mostrou que somente 14% do país era favorável e 42% estavam dispostos a aceitá-la como "princesa consorte", Charles continuou teimando. Em vez de aceitar a derrota — afinal, ele tentava fazer com que Camilla fosse aceita há quase 17 anos —, o príncipe de Gales pediu que a mãe interferisse, por acreditar que somente uma bênção sincera partindo dela seria capaz de criar a mudança sísmica necessária na opinião pública.

A monarca, ainda lidando com a morte do marido, recusou. Mas uma confluência de eventos daria a Charles um empurrão inesperado. Andrew havia exaurido todas as manobras reais para não ser submetido a um julgamento civil e as revelações explosivamente sórdidas que dele surgissem, e tudo indicava que ele seria forçado a fazer um acordo com Virginia Giuffre na esperança de evitar um futuro sombrio. A rainha e seus conselheiros, por sua vez, não queriam que nada atrapalhasse as celebrações do jubileu de platina em junho.

Os advogados de Andrew negociaram um acordo de US$14 milhões, mas quem desembolsaria o dinheiro? Ele não conseguiria pagar, ainda mais depois de gastar mais de US$3 milhões em despesas judiciais. Sabendo que nem um único centavo dos fundos dos contribuintes podia ser usado, a rainha teria que tirar essa quantia do próprio bolso. Isso significava usar os quase US$33 milhões em fundos gerados pelo ducado de Lancaster todos os anos — uma renda paga diretamente à soberana — ou parte dos US$500 milhões em economias e investimentos acumulados por Sua Majestade nos últimos setenta anos.

Charles e William estavam entre os críticos mais duros de Andrew no interior da família e achavam que ele devia cooperar com o FBI. No entanto, sabiam que o filho favorito da rainha receberia o apoio dela.

Havia um problema. Para todos os propósitos, os fundos sairiam da herança de Charles — ao se tornar rei, ele herdaria tanto a renda do ducado de Lancaster quanto a maior parte do dinheiro da mãe. Se não assinasse o acordo, ao menos não precisaria objetar publicamente a ele. Por mais desagradável que fosse ver parte de sua herança ser gasta com esse propósito, Charles reconheceu ali uma rara oportunidade para um informal *quid pro quo*. Enquanto se discutia sobre de onde sairia o dinheiro, o príncipe de Gales sugeriu que 6 de fevereiro de 2022 — quando se completariam 60 anos da morte do rei George VI — seria uma data ideal para a rainha demonstrar seu apoio à ideia de Camilla se tornar rainha.

O mundo não sabia dessas manobras no interior do palácio e, portanto, estava despreparado para a proclamação da rainha em 6 de fevereiro. Em sua declaração, Elizabeth II agradeceu ao povo britânico por seu apoio e elogiou o príncipe Philip por suas contribuições à nação — tudo muito previsível. Mas também disse ter "o sincero desejo de que, quando a hora chegar, Camilla seja conhecida como rainha enquanto continua a prestar seu leal serviço". O anúncio da rainha pareceu funcionar. Da noite para o dia, as pesquisas mostraram que metade dos súditos estava disposta a aceitar Camilla como rainha, se esse era o desejo da soberana. No entanto, isso ainda mostrava que a outra metade do país era contra a ideia de ver Camilla roubar o título que teria pertencido a Diana.

Um membro da corte observou que a "constante repetição" de que Camilla "merece" o título de rainha "exauriu Sua Majestade". Camilla e Charles publicaram uma declaração conjunta dizendo estarem "comovidos e honrados com as palavras de Sua Majestade" — e não fizeram esforço algum para impedir que os fundos da rainha fossem usados para pagar o acordo de Andrew no caso Giuffre-Epstein.

Não demorou muito para que o impacto da pandemia reocupasse o centro do palco quando Charles testou positivo para a covid pela segunda vez. Alguns dias depois, a rainha e Camilla também testaram positivo. Todos tiveram somente sintomas leves, mas imagens da rainha liberadas pouco antes de seu aniversário de 96 anos indicaram que a doença e a idade haviam cobrado um preço. Ao se aproximar inevitavelmente do fim de seu reinado, ela só retornaria ao Palácio de Buckingham para breves visitas cerimoniais. Daquele momento em diante, Windsor seria sua residência permanente, interrompida por longas estadias no sempre amado Castelo de Balmoral.

Qualquer que fosse o castelo que chamassem de lar, tanto a rainha quanto seu filho e herdeiro continuaram a ser informados detalhadamente sobre o que acontecia no mundo. As icônicas caixas vermelhas que eram entregues todos os dias à soberana e ao príncipe de Gales continham despachos secretos avisando que a Rússia se preparava para atacar a Ucrânia. Após a invasão em 24 de fevereiro, Charles e Camilla usaram o primeiro dia da Quaresma para visitar a Catedral Católica Ucraniana de Londres, denunciar a "terrível agressão" da Rússia e elogiar "a extraordinária bravura, generosidade e força" do povo ucraniano. Ele criticaria a decisão do presidente russo de iniciar tal guerra, dizendo ser um ato "inescrupuloso" de "brutal agressão". Na verdade, Charles e Putin não se suportavam, desde que o príncipe de Gales comparara publicamente o líder russo a Adolf Hitler em 2017.

A guerra da Ucrânia se estendeu pelo verão de 2022, trazendo detalhes a cada dia mais assustadores das atrocidades russas contra civis. Unindo-se à Organização do Tratado do Atlântico Norte (Otan) e outros aliados, a Grã-Bretanha se alinhou ao heroicamente desafiador presidente ucraniano Volodymyr Zelensky.

Sanções sem precedentes foram impostas à Rússia e bilhões de dólares em auxílio militar e humanitário, enviados à nação sitiada que já fizera parte da antiga União Soviética.

Tanto a rainha quando seu herdeiro, servos das caixas vermelhas, liam avidamente os despachos secretos detalhando o que acontecia na Ucrânia e em outros lugares importantes, tornando mãe e filho duas das pessoas mais bem informadas do mundo.

A essa altura, Charles já assumira tantos deveres da monarca — presidindo investiduras, aceitando credenciais diplomáticas e muito mais — que foi menos chocante do que poderia ter sido quando, em 10 de maio de 2022, ele substituiu a mãe na abertura cerimonial do Parlamento.

Era somente a terceira vez em setenta anos que a rainha, devido a "problemas de mobilidade", faltava à cerimônia. Das duas outras vezes, ela estava grávida dos filhos mais novos, Andrew e Edward, na década de 1960.

Aquele foi um vislumbre de um futuro com Charles como rei, mas lembrou a todos que tal momento ainda não tinha chegado. Ele não se sentou no trono dourado da soberana, e sim no do consorte, que era quase idêntico, mas menor alguns centímetros. O discurso, escrito pelo governo e que delineava as prioridades para aquele ano, teve que ser alterado em função da ausência da rainha; em vez de dizer "meu governo", Charles tinha que se referir ao governo "dela". Como se não bastasse, a coroa imperial permaneceu sobre uma almofada vermelha de veludo ao lado dele — como uma lembrança.

Em um degrau abaixo do herdeiro real se sentaram o futuro príncipe de Gales e a futura rainha: William e Camilla estavam presentes para completar a face da monarquia no século XXI. Simbolismos à parte, Charles estava insatisfeito porque, em seu primeiro discurso durante uma abertura do Parlamento, não havia uma única menção ao meio ambiente.

Era difícil imaginar que qualquer evento pudesse tirar a atenção dos sangrentos horrores impostos diariamente aos ucranianos. Mas, em 24 de maio de 2022, todos os olhos se voltaram para os Estados Unidos quando um atirador solitário de 18 anos, armado com um rifle de assalto, matou 19 crianças e dois adultos na Escola Elementar Robb, na pequena cidade de Uvalde, no sul do Texas.

Charles se uniu à rainha e ao restante da família real para expressar suas condolências, mas Meghan deu um passo além e fez uma visita não anunciada à cidade dois dias após o massacre, para expressar seu respeito "como mãe". Seu distante pai, Thomas Markle, tinha sofrido um derrame no mesmo dia do tiroteio em Uvalde e se recuperava no hospital. Os críticos não perderam tempo para sugerir que Meghan deveria visitá-lo, em vez de viajar até Uvalde para o que seu meio-irmão Thomas Jr. chamou de "golpe publicitário".

Por mais tensas que fossem as relações entre os Sussex e o restante da família, nenhum dos Windsor criticou a visita. Charles e, em particular, os Cambridge estavam abalados pelo acontecido — um sombrio aviso de que milhares de norte-americanos perdiam a vida para a violência armada sem sentido, todos os anos. Em certo momento, Kate disse a uma amiga que entendia por que Meghan, como norte-americana e mãe de duas crianças pequenas, havia se sentido compelida a ir até lá. Kate fizera o mesmo, no ano anterior, ao comparecer sem anunciar à vigília à luz de velas em Londres por uma jovem assassinada por um policial. A diferença gritante entre as duas é que Kate não fora submetida às críticas contundentes dirigidas contra sua cunhada.

Em uma pausa bem-vinda do caos e da loucura, o inédito jubileu de platina de uma monarca britânica teve início em 2 de junho com a Trooping the Color, seguida pelo tradicional sobrevoo da Força Aérea Real nos céus do Palácio de Buckingham. Dessa vez, a cena refletiu os esforços de Charles para modernizar a instituição milenar que estava prestes a herdar.

Somente os "reais na ativa" foram convidados, o que significou que, pela primeira vez na vida, Harry, que já fora um dos "sete magníficos", não teve permissão para acenar para a multidão de admiradores ao lado do pai, do irmão e da rainha.

Embora a monarca fosse a estrela incontestável dos eventos daquela semana, o príncipe Louis, de 4 anos, roubou o espetáculo mais de uma vez fazendo caretas e cobrindo as orelhas quando os aviões britânicos rugiram nos céus. A rainha, que parecia ter usado toda sua energia para estar no evento, andou com o auxílio de uma bengala, mas pareceu energizada pela multidão. No dia seguinte, Sua Majestade se ausentou da cerimônia na Catedral de São Paulo, deixando que Charles representasse a família real mais uma vez.

Elizabeth II também não compareceu a outros eventos importantes do jubileu, incluindo o show pop "Party at the Palace". Com os Sussex deixados de lado — eles voltaram para a Califórnia depois de terem sido recebidos pela monarca durante 15 minutos para uma rápida audiência privada —, Charles, William e suas esposas se viram no centro do palco.

Nos bastidores, os Cambridge discretamente faziam planos de morar em Windsor a fim de estarem mais perto da rainha e do príncipe Charles. Com William se aproximando dos 40 anos e as crianças mais crescidas, Charles sugeriu que talvez estivesse na hora de deixar Anmer Hall, em Norfolk, e se mudar para mais perto do centro do poder.

A propriedade que William e Kate desejavam era Adelaide Cottage, uma modesta casa de quatro quartos construída em 1831 pelo rei William IV (o último com esse nome) para sua consorte, a rainha Adelaide, nos terrenos do Castelo de Windsor. Dessa maneira, como o Palácio de Kensington continuaria a ser sua residência em Londres, William e Kate não estariam longe de George, Charlotte e Louis começassem a estudar na cidade.

Assim como outros membros da corte real, Charles se preocupara com o fato de William preferir pilotar helicópteros de resgate a cumprir seus deveres cerimoniais. Para ele, essa mudança para as proximidades do Castelo de Windsor foi outro sinal de solidariedade familiar. Como Harry não só se mantinha distante, como também estivesse prestes a revelar mais segredos familiares em seu livro de memórias, os futuros reis precisavam mais que nunca do apoio um do outro.

Aos setenta e poucos anos, Charles pouco lembrava o jovem esguio e inexperiente que prometera servir a rainha "de corpo e alma" durante sua investidura como príncipe de Gales, em 1969. Grisalho e mais gordo sob os ternos transpassados imaculadamente cortados, ele era o retrato do cavalheiro rural com ares de avô, mas ainda com as qualidades essenciais de sua juventude, ao contrário da maioria dos homens que haviam chegado à maioridade no fim da década de 1960. Nunca um rebelde, mas sempre curioso e questionador, o jovem formal em excesso, que foi alvo de zombarias por ser mais uma criatura do século XIX que do século XX, parecia finalmente ter se tornado o que estava predestinado a ser. Palavras como *experiente, refinado, abrandado, maduro, sábio* — qualidades desejáveis em um soberano — passaram a ser usadas para descrever o filho e herdeiro de Elizabeth II.

A monarquia constitucional é um oximoro. Não há nada democrático no conceito de rei — algo apontado cada vez mais pelos barulhentos republicanos antimonarquistas no Reino Unido e em países da Commonwealth. Todavia, ao separar a política de seu chefe de Estado, a Grã-Bretanha conseguiu uma forte democracia representativa e um caráter nacional único. De fato, sua existência requer um equilíbrio delicado entre pompa, cerimônia e simbolismo, de um lado, e verdadeiro poder e influência política do outro. O fascínio que a monarquia britânica exerce em todo o planeta tampouco deve ser subestimado. Algumas estimativas revelam que a família real atrai para o Reino Unido turistas que injetam na economia britânica mais de US$1 bilhão todos os anos.

Charles sempre disse que pretendia modernizar a monarquia, começando com uma coroação mais discreta e ainda assim deslumbrante (pela primeira vez, as mídias sociais tiveram um papel na divulgação da cobertura). Ele obteve o que desejava, com Camilla ao seu lado e coroada rainha. Sus planos para um Palácio de Buckingham mais esguio e eficiente envolvem equipes reduzidas, responsabilidades redistribuídas e tarefas delegadas, a fim de que Charles possa ler o conteúdo das caixas vermelhas de Estado que exigem tanto tempo do soberano.

Ninguém jamais entendeu as restrições como substituto da rainha melhor que Charles, que passou a vida inteira sendo guiado, controlado e, em grande parte, reprimido pelos agentes do palácio. Embora não fosse obrigado a seguir os conselhos dos oficiais governamentais, ele sempre submeteu seus textos para comentários. Como monarca, sempre fará pronunciamentos oficiais seguindo as linhas impostas pelos ministros — embora, como a mãe, possa falar sem interferência em seus discursos anuais de Natal e no Dia da Commonwealth.

Ao contrário de Elizabeth, é quase certo que Charles não seguirá o lema dos tempos da guerra, *Keep Calm and Carry On*. Ele não possui a autodisciplina, a discreta autoconfiança e a paciência da mãe, qualidades que foram muito úteis para Elizabeth II durante seu reinado. Desta forma, está destinado a conflitos não só com os oficiais do governo, como também com os agentes do palácio. Os "homens de cinza" que tanto irritaram Diana e intimidaram até a rainha ("Há poderes em ação...") já não serão obedecidos sem questionamento por uma monarca do tipo "submissa e comprometida com seu dever até o amargo fim". Se os últimos setenta anos servem como indicativo, o novo monarca será muito mais ruidoso: cutucando, alfinetando e discutindo com quem ocupar o cargo de chefe de governo durante as sessões semanais, enviando mais memorandos escritos à mão para os burocratas, falando sobre questões que sempre o intrigaram — tudo enquanto mantém-se acima dos conflitos políticos.

Charles sabe melhor que ninguém que seu reinado não será longo. Entre a monarca mais admirada e que reinou por mais tempo na história e um deslumbrante e jovem príncipe que é o herdeiro da mítica princesa martirizada, Charles só pode esperar conquistar o afeto do público com sua dignidade discreta, charme do Velho Mundo e ativismo do Novo Mundo.

Uma criança negligenciada, perseguida e agredida. Um jovem desajeitado, com orelhas de abano e praticamente sem amigos, mais afinado com o século XIX que com o próprio. Um adúltero desprezado. Um marido infeliz envolvido em um conflito de poder com a mulher mais adorada do mundo. Um pai amoroso e um avô bobão. Um visionário, um iconoclasta, um chorão que adora a autopiedade. Um filantropo de classe mundial, mas ainda um mistério. Um filho obediente e um herdeiro paciente, mas inquieto. Charles tem sido todas essas coisas e finalmente tornou-se rei.

AGRADECIMENTOS

Quando uma tímida professora de jardim de infância de 20 anos se casou com o herdeiro do trono britânico em 29 de julho de 1981, mais de 750 milhões de pessoas ligaram a televisão — incluindo milhões de norte-americanos de olhos injetados que acordaram antes do alvorecer para assistir ao alegre evento, transmitido ao vivo. Mais de 16 anos depois, uma audiência mundial de dois bilhões de pessoas ficou ao mesmo tempo mesmerizada e entristecida com a visão dos jovens príncipes William e Harry caminhando, de cabeças abaixadas, atrás do caixão da mãe pelas ruas de Londres, tomadas por mais de um milhão de espectadores enlutados. O mundo esperaria até 2011 para que a família real britânica oferecesse outro evento capaz de quebrar recordes mundiais. Dessa vez, foi o muito aguardado casamento entre William e Kate Middleton na Abadia de Westminster, assistido por inacreditáveis 2,5 bilhões de pessoas, de Boston a Pequim.

Dos acontecimentos capazes de abalar o planeta, a partida de uma monarca e a coroação de outro foram dois dos mais bem ensaiados da história. Todavia, conforme nos aproximávamos do inevitável, tornou-se cada vez mais evidente que nada poderia nos preparar para o fim da segunda era elisabetana e o início da era do rei Charles III. Ao fim de seu reinado, que se estendeu pela passagem do milênio, a mulher conhecida por bilhões como "a rainha" podia reivindicar o título de figura mais celebrada da idade moderna — uma atriz a ocupar o cenário mundial por mais tempo que qualquer um na história registrada.

É irônico que o herdeiro de Elizabeth, também objeto de curiosidade e especulação durante mais de sete décadas, ainda permaneça um mistério. Durante quarenta anos, cobri a família real, escrevendo vários best-sellers da lista do *New York Times* sobre a malfadada dinastia Windsor, atormentada por escândalos. Mas, ao redigir a biografia definitiva de Charles, descobri que, como Winston Churchill disse certa vez sobre a União Soviética, o novo monarca é nada menos que uma charada envolta em um mistério no interior de um enigma.

Igualmente atemorizante foi a tarefa de acompanhar uma família que, tendo sido transformada pela vida e pela morte da notável Diana, permitiu mudanças e as abraçou com paixão e fervor. O casamento de Harry com Meghan Markle e o nascimento de seu filho, Archie Harrison Mountbatten-Windsor, teriam parecido inimagináveis uma década antes. Somente o fato de o novo rei aprovar a noiva escolhida pelo filho — algo inédito em muitos níveis — já parecia espantoso. Que Charles conduziria a futura nora até o altar e fizesse dela alvo de demonstrações públicas de afeto beirava o surreal.

Minha esposa e eu conhecemos de perto toda a família real em 1977, quando a rainha tinha 51 anos e celebrava seu jubileu de prata. Charles tinha somente 28 anos e Diana, uma colegial de 15 anos, ainda não estava no radar de ninguém. Nos 42 anos seguintes, escrevi seis livros sobre os Windsor, cobrindo cada reviravolta inesperada de sua notável saga familiar. No início de mais um excitante capítulo da história milenar de uma das monarquias mais antigas do mundo, vejo Charles tão insondável — e imprevisível — como sempre.

Novamente, me encontro trabalhando com alguns dos melhores talentos que o mundo editorial tem a oferecer. Sou grato a Aimée Bell, minha editora que também é diretora editorial da Gallery, por seu passional compromisso com o projeto e por nossa partilhada fascinação por todas as coisas ligadas à família real. Meu agradecimento também à toda a equipe Gallery/Simon & Schuster — especialmente Jennifer Bergstrom, Jonathan Karp, a falecida Carolyn Reidy, Jennifer Long, Jennifer Robinson, Max Meltzer, Lisa Litwack, John Vairo, Caroline Pallotta, Natasha Simons, Paul O'Halloran, Davina Mock-Maniscalco, Celeste Phillips, Chelsea Cohen, Michael Kwan,

Samantha Hoback, Brigid Black, Felice Javit, Karyn Marcus, Molly Gregory e Lisa Rivlin.

Depois de 35 livros juntos, espero que minha grande amiga e editora para toda a vida, Ellen Levine, não esteja cansada das minhas efusivas expressões de gratidão. Elas são tão sinceras hoje quanto da primeira vez que a incluí nos meus agradecimentos, em 1983. Meu reconhecimento aos colegas extremamente profissionais de Ellen no Trident Media Group, incluindo Claire Roberts, Martha Wydysh, Nicole Robson, Caitlin O'Beirne, Diana Rodon, Alicia Granstein, Meredith Miller, Alexander Slater e Alexa Stark.

Desde que nos conhecemos, ainda alunos da Universidade da Califórnia em Berkeley há mais de meio século, minha maravilhosa e espirituosa esposa Valerie tem sido, como Elizabeth disse em relação a Philip, "minha força e meu lar". Ela também participou do processo editorial, enquanto tocava a própria carreira no setor bancário internacional e atuava em nossa comunidade. Nossa filha mais velha, a jornalista e historiadora Kate Andersen Brower, observou a mãe sendo muito valiosa como conselheira editorial, pensadora e guru literária, e escreveu três importantes best-sellers de não ficção enquanto criava três crianças pequenas — um trabalho fenomenal. A exemplo de seu pai, ela faz questão de que a mãe seja a primeira a ler seus manuscritos. Somos eternamente gratos pelo importante papel que ela desempenha ao nos indicar a direção e o tom de nossas obras — sem mencionar a paciência, o apoio, o encorajamento e a inspiração que sempre ofereceu não somente a nós, como também a seu grande círculo de familiares e amigos. Valerie sempre retruca: "Sim, eu sou uma santa." As pessoas acham que ela está brincando. Não está. E talvez ela seja mesmo.

Temos sorte por ter não somente uma, mas duas filhas notáveis. Kelly é a nossa filha caçula e a única na família a ter talento real como artista. Ela cursou mestrado em arte contemporânea na Universidade de Manchester/ Instituto de Arte da Sotheby's em Londres e pretende começar uma carreira como museóloga. Nesse meio-tempo, o marido de Kate até agora se saiu bem, ao menos como genro. Falando sério, é difícil encontrar qualquer motivo para criticá-lo, o que torna difícil desempenhar meu papel de sogro rabugento. Brooke Brower é um executivo muito conceituado da CNN em Washington, D.C., pai devotado de Graham, Charlotte e Teddy, e um grande cara.

Meus falecidos pais permanecem como uma força profunda, embora invisível, em nossas vidas. Conforme o tempo passa, parece ainda mais surpreendente que meu pai, o comandante Edward Andersen, tenha pilotado bombardeiros a partir de porta-aviões no Pacífico e sido abatido na baía de Manila, nas Filipinas, durante a Segunda Guerra Mundial (ele serviria ainda nas guerras da Coreia e do Vietnã). Essa foi uma das muitas experiências vividas em batalha como oficial naval que ele raramente mencionava. Minha mãe, Jeanette, leitora voraz e uma das mulheres mais inteligentes que já conheci, teria amado seguir carreira como repórter de jornal — pense em Rosalind Russell em *Jejum de amor* —, mas, como esposa de oficial, cuidava da família conforme nos mudávamos de uma base militar para a outra no auge da Guerra Fria. Ela é a razão pela qual, aos 16 anos, eu me tornei jornalista.

Agradecimentos adicionais a Alan Hamilton, Lady Margaret Rhodes, Peter Archer, Aileen Mehle, Richard Kay, condessa Mountbatten, Lord Mishcon, Andrew Gailey, Janet Jenkins, Lady Elsa Bowker, Vivian Parry, Lady Yolanda Joseph, Mark Shand, Penny Walker, Guy Pelly, Dr. Frederic Mailliez, Lord Carnarvon, Harold Brooks-Baker, Jules Knight, Tara Palmer-Tomkinson, Joan Rivers, Geoffrey Bignell, Alexandra ("Tiggy") Legge-Bourke Pettifer, Beatrice Hubert, Vivienne Parry, a falecida Lucia Flecha de Lima, Philip Higgs, Hamish Barne, Mimi Massy-Birch, condessa de Romanones, James Whitaker, Richard Greene, Norman Parkinson, Lord Bathurst, Raine Spencer, Natalie Symonds, Lynn Redgrave, Gered Mankowitz, Richard Grant, Andy Radford, Pierre Trudeau, Cecile Zilkha, Winston Spencer-Churchill, Hugh Massy-Birch, Emma Sayle, Max Clifford, Jules de Rosee, duquesa de Alba, Thierry Meresse, Muriel Hartwick, Janet Lizop, conde de Powis, Penny Russell-Smith, Sharman Douglas, Patrick Demarchelier, Tom Sykes, Ezra Zilkha, Kitty Carlisle Hart, Elizabeth d'Erlanger, Lord Olivier, Adrian Munsey, Miriam Lefort, Claude Garrick, Peter Allen, Delissa Needham, Jeanne Lecorcher, Lady Elizabeth Longman, Laura Watts, Mark Butt, Pierre Suu, Jessica Hogan,

Alfred Eisenstaedt, Alain-Phillipe Feutre, Mary Robertson, Malcolm Forbes, Rosemary McClure, Dee Ennifer, Rachel Witburn, John Kaufman, Remi Gaston-Dreyfus, John Marion, Regina Feiler, Fred Hauptfuhrer, Debbie Goodsite, Dudley Freeman, Daniel Taylor, Ian Walde, Mel Lyons, Tom Wolfe, Yvette Reyes, Larry King, Matthew Lutts, Rhoda Prelic, Jeanette Peterson, Tom Corby, Bill Diehl, Simone Dibley, Scott Burkhead, Kevin Lemarque, David McGough, Hilary Hard, Mary Beth Whelan, Hazel Southam, Marc Halpern, Andy Rouvalis, Steve Stylandoudis, Wolfgang Ratay, Tasha Hannah, Paula Dranov, Betty Kelly Sargent, Charles Furneaux, Lord Glenconner, Connie Erickson, Marcel Turgot, Everett Raymond Kinstler, Julie Cammer, John Stillwell, Michael Cantlebury, Amber Weitz, Vincent Martin, Michelle Lapautre, David Bergeron, Stuart Scheinman, Alla Diment, Tucker DiEdwardo, Mick Magsino, Lindsay Sutton, Art Kaligos, Ron Galella, Elizabeth Loth, Tiffany Miller, Francis Specker, Jane Clucas, Tim Graham, Tom Freeman, Tom McShane, Ray Whelan Jr., Lindsay Potenza, Kyle Cowser, Barry Schenck, Agnieszka Mejri, Gary Gunderson, Press Association, Palácio de Buckingham, Clarence House, Palácio de Kensington, Castelo de Windsor, Palácio de St. James, Cheam School, Gordonstoun School, Trinity College, Universidade de Cambridge, Timbertop, Geelong Grammar School, Universidade de St. Andrews, Eton College, Ludgrove School, Academia Militar Real de Sandhurst, BBC, Channel Four Television Ltd, Sky News, *The Times*, *The Guardian*, *Daily Mail*, *Daily Telegraph*, *Mail on Sunday*, *Sunday Times*, *Daily Express*, *The New York Times*, *Financial Times*, *London Evening Standard*, Biblioteca Pública de Nova York, Biblioteca Bodleiana de Oxford, Sala de Leitura do Museu Britânico, Biblioteca Bancroft da Universidade da Califórnia em Berkeley, Biblioteca Beinecke de Livros e Manuscritos Raros da Universidade de Yale, Biblioteca Memorial Gunn, Biblioteca Silas Bronson, Biblioteca Litchfield, Reform Club, Lansdowne Club, Athenaeum, Savile Club, Garrick Club, East India Club, Lotos Club, Bloomberg News, Associated Press, Reuters, Rex USA, Globe Photos, Getty Images, Capital Art e Shutterstock.

FONTES E NOTAS

As notas a seguir oferecem uma visão geral das fontes acessadas para a pesquisa e a redação deste livro, mas não devem ser consideradas completas. Muitas fontes importantes de locais como os Palácios de Buckingham, St. James, Kensington e Lambeth, e os castelos de Windsor e Balmoral, além de Clarence House, Sandringham, Highgrove, as escolas Cheam e Gordonstoun, Ludgrove, Universidade de Cambridge, Marlborough College, Eton, Scotland Yard, Sandhurst e Universidade de St. Andrews, assim como familiares, amigos próximos, conhecidos, ex-professores e colegas, conselheiros, oficiais governamentais, funcionários e colegas, concordaram em cooperar somente se pudessem permanecer anônimas. Elas são, em muitos casos, as mesmas impecáveis fontes internas que me forneceram informações acuradas e detalhadas ao longo das décadas para meus livros anteriores sobre a família real. Para respeitar seu desejo e como sinal de gratidão por sua continuada cooperação, o autor não as nomeou nas notas ou no corpo do texto. Vale notar que a maioria das informações contidas em *O rei: A vida de Charles III* é de domínio público.

Não é preciso dizer que milhões de palavras foram escritas sobre Charles, a rainha, o príncipe Philip, a princesa Diana, Camilla, o príncipe Andrew e sua ex-mulher Sarah Ferguson, a rainha-mãe e a princesa Margaret, sem mencionar os príncipes William e Harry, suas esposas Kate e Meghan e seus adoráveis filhos. De fato, desde a morte trágica e chocante da princesa Diana em 1997, a família real recebeu uma cobertura de mídia que só pode ser descrita como inédita, tal é a fascinação pública pela Casa de Windsor. Entre os veículos nos quais artigos relevantes foram publicados estão: *The New York Times*, *The Times* (Londres), *The Guardian* (edição do Reino Unido), *Sunday Times* (Londres), *The Wall Street Journal*, *Daily Mail* (Reino Unido), *The Washington Post*, *Daily Telegraph* (Reino Unido), *The Boston Globe*, *Los Angeles Times*, *Vanity Fair*, *Time*, *People*, *Newsweek*, *The New Yorker*, *Life*, *Le Monde* (França), *Paris Match* e *The Economist*, além das agências de notícias Associated Press, Reuters e Bloomberg.

CAPÍTULOS 1 E 2

Concederam entrevistas, entre outros: Lady Margaret Rhodes, condessa Mountbatten, Norman Parkinson, Lord Mishcon, Alan Hamilton, Mark Shand, o Dr. Frederic Mailliez, a falecida Lady Elsa Bowker, Sharman Douglas, Jeanne Lecorcher, Beatrice Humbert, Richard Kay, Thierry Meresse, Harold Brooks-Baker, Lady Yolanda Joseph, Mark Butt, Richard Greene, Peter Archer, Andy Radford, Ezra Zilkha, Tess Rock, Claude Garreck, Josy Duclos, Malcolm Forbes, Remi Gaston-Dreyfus, Barry Schenck, Miriam Lefort, Janet Lizop, Pierre Suu, Steve Stylandoudis e Peter Allen. As fontes publicadas incluem: Philip Eade, *Prince Philip: The Turbulent Early Life of the Man Who Married Queen Elizabeth II* (Nova York: Henry Holt, 2011); Hannah Lazatin, "How Prince Philip's Tragic Childhood Affected His Relationship with His Son, Prince Charles", *Town & Country*, 11 de dezembro de 2017; John Parker, *Prince Philip: His Secret Life* (Nova York: St. Martin's Press, 1991); *The Coronation*, BBC One, 14 de janeiro de 2018; A. P. Herbert, "Here Comes the Queen", *Life*, 27 de abril de 1953; John Brooke-Little, *Royal Ceremonies of State* (Londres: Littlehampton, 1980); "The Ceremonial of the Coronation of Her Majesty Queen Elizabeth II", suplemento em *The London Gazette*, 17 de novembro de 1952; "The Form and Order of Service That Is to Be Performed and the Ceremonies That Are to Be Observed in the Coronation of Her Majesty Queen Elizabeth II in the Abbey Church of St. Peter, Westminster, on Tuesday, the Second Day of June 1953", Biblioteca Litúrgica da Igreja da Inglaterra; Tom Sykes, "What Will Happen When the Queen Dies?", *The*

Daily Beast, modificado pela última vez em 2 de junho de 2015; *Inaugurating a New Reign: Planning for Accession and Coronation* (Londres: University College, 2018); Rob Price, "This Is What Happens When the Queen Dies: The Death of Queen Elizabeth Will Be the Most Disruptive Event in Britain in the Last 70 Years", *Business Insider*, modificado pela última vez em 6 de maio de 2015; Matthew Weaver, "UK Republicans Debate How to React When the Queen Dies", *The Guardian*, 12 de julho de 2015; Robert Lacey, *Majesty* (Nova York: Harcourt Brace Jovanovich, 1977); Adrian Higgins, "How Britain Came to Revere Elizabeth II", *The Washington Post*, 8 de setembro de 2015; Duncan Hill et al., *The Royal Family: A Year by Year Chronicle of the House of Windsor* (Nova York: Parragon, 2012); Charles Moore, "An Act of National Communion — But What Will Happen at the Next Coronation?", *The Daily Telegraph*, 31 de maio de 2013; "The Nation Unites Against Tradition", *The Observer* (Reino Unido), 7 de setembro de 1997; Lord Stevens de Kirkwhelpington, *The Operation Paget Inquiry Report into the Allegation of Conspiracy to Murder Diana, Princess of Wales, and Emad El-Din Mohamed Abdel Moneim Fayed*, 14 de dezembro de 2006; Emily Nash, "Diana: The Verdict", *Daily Mirror* (Reino Unido), 11 de dezembro de 2006; "Farewell, Diana", *Newsweek*, 15 de setembro de 1997; "Charles Escorts Diana Back to a Grieving Britain", *The New York Times*, 1º de setembro de 1997; Anthony Holden, "Why Royals Must Express Remorse", *Daily Express* (Reino Unido), 3 de setembro de 1997; "The Princes' Final Farewell", *The Sunday Times*, 7 de setembro de 1997; Alan Hamilton, Andrew Pierce e Philip Webster, "Royal Family Is 'Deeply Touched' by Public Support", *The Times*, 4 de setembro de 1997; "Diana, Princess of Wales 1961-1997", *The Week*, 6 de setembro de 1997; John Simpson, "Goodbye England's Rose: A Nation Says Farewell", *The Sunday Telegraph* (Reino Unido), 7 de setembro de 1997; "Driver Was Drunk", *Le Monde*, 3 de setembro de 1997; Andrew Morton, *Diana: Sua verdadeira história* (Rio de Janeiro: BestSeller, 1997); Christopher Andersen, *The Day Diana Died* (Nova York: William Morrow, 1998); Christopher Wilson, *A Greater Love: Prince Charles's Twenty-Year Affair with Camilla Parker Bowles* (Nova York: William Morrow, 1994); "Boys to Men", *New York Daily News*,

21 de dezembro de 1997; Robert Jobson e Greg Swift, "Look After William and Harry", *Daily Express*, 22 de dezembro de 1997; Tess Rock e Natalie Symonds, "Our Diana Diaries", *Sunday Mirror*, 16 de novembro de 1997; Simone Simmons, *Diana: The Last Word* (Nova York: St. Martin's Press, 2005); "Flashback to the Accident", *Libération*, 2 de setembro de 1997; Robert Hardman, "Princes' Last Minutes with Mother", *The Daily Telegraph*, 3 de setembro de 1997; Howard Chua-Eoan et al., "A Death in Paris: The Passing of Diana", *Time*, 8 de setembro de 1997; "Diana: Investigation of the Investigation", *Le Point*, 13 de setembro de 1997; Rosa Monckton, "Time to End False Rumors", *Newsweek*, 2 de março de 1998; Jerome Dupuis, "Diana: The Unpublished Report of Witnesses at the Ritz", *L'Express*, 2 de março de 1998; Tom Sancton e Scott MacLeod, *Death of a Princess: The Investigation* (Nova York: St. Martin's Press, 1998); Angela Levin, "Exclusive: Prince Harry on Chaos After Diana's Death and Why the World Needs 'the Magic' of the Royal Family", *Newsweek*, 21 de junho de 2017; conde Spencer, "I Was Lied to Over Princes' Wish to Follow Diana's Coffin", *BBC Radio 4 Today*, 26 de julho de 2017; "Diana: 7 Days That Shook the World", BBC One, 13 de setembro de 2017; Marianne Macdonald, "A Rift Death Can't Heal", *The Observer*, 14 de setembro de 1997; Jonathan Dimbleby, *O príncipe de Gales* (Rio de Janeiro: Best Seller, 1994); "Princess Diana's Brother Says He Was Lied to Over Princes Following Coffin", *The Guardian*, 26 de julho de 2017; Abe Hawken, "Diana's Brother Says Royal Officials Lied to Him", *Daily Mail*, 26 de julho de 2017; Sarah Bradford, *The Reluctant King: The Life and Reign of George VI, 1895–1952* (Nova York: St. Martin's Press, 1990); "The Day the King Died", BBC One, 6 de fevereiro de 2002; William Shawcross, *Queen Elizabeth the Queen Mother: The Official Biography* (Londres: Macmillan, 2009); "1952: King George VI Dies in His Sleep", BBC One, 6 de fevereiro de 1952; H. C. Matthew, "George VI (1895–1952)", *Oxford Dictionary of National Biography* (Oxford: Oxford University, 2004); Sir John Wheeler-Bennett, *King George VI: His Life and Reign* (Nova York: St. Martin's Press, 1958); Ben Pimlott, *The Queen: A Biography of Elizabeth II* (Nova York: John Wiley & Sons, 1996); Sally Bedell Smith, *Elizabeth the Queen* (Nova York: Random House, 2012);

Sarah Lyall, "Peter Townsend Dies at 80: Princess Margaret's Love", *The New York Times*, 21 de junho de 1995; Peter Townsend, *The Last Emperor* (Londres: Weidenfeld and Nicolson, 1975); "Princess Margaret and a Love Affair Denied", *Daily Mail*, 9 de fevereiro de 2002; Theo Aronson, *Royal Family: Years of Transition* (Londres: Thistle, 2014); Noreen Taylor, "Saying What Everyone Thinks: Private Secretary Lord Charteris, Still with a Keen Finger on the Royal Pulse", *The Spectator*, 7 de janeiro de 1995; Hayley Mick, "The Special Role of Britain's Royal Nannies", *The Globe and Mail* (Canadá), 17 de junho de 2013; Kathryn Hughes, "Royal Nannies, Past and Present", *The Daily Telegraph*, 19 de julho de 2014; Anthony Holden, *Prince Charles* (Londres: Atheneum, 1979); Alex Renton, "Abuse in Britain's Boarding Schools: Why I Decided to Confront My Demons", *The Guardian*, 4 de maio de 2014; Joanna Scutts, "Britain's Boarding School Problem: How the Country's Elite Institutions Have Shaped Colonialism, Brexit, and Today's Global Superrich", *The New Republic*, 14 de setembro de 2018; Robert Verkaik, *Posh Boys: How the English Public Schools Ruin Britain* (Londres: One World Publications, 2018).

CAPÍTULOS 3–5

Entrevistas e conversas nesses capítulos incluem: Janet Jenkins, Alan Hamilton, duquesa de Alba, Peter Archer, Lady Yolanda Joseph, Emma Sayle, Lord Bathurst, Lord Mishcon, Patricia Knatchbull, a falecida Lady Elsa Bowker, Hamish Barne, Hugh Massy-Birch, príncipe Rupert Loewenstein, Charles Furneaux, Jules Knight, Tom Sykes, Mimi Massy-Birch, Delissa Needham, Alice Tomlinson, Pat Charman, Earl McGrath, Richard Greene, Guy Pelly, Geoffrey Bignell, Penny Walker, Tess Rock, Jules de Rosee, Richard Kay, Farris Rookstool, Fred Hauptfuhrer, Colin St. John Wilson, Evelyn Phillips, Susan Crimp, Kitty Carlisle Hart, Elizabeth Widdett, a falecida Joan Rivers, Janet Allison e Mary Robertson. Fontes publicadas incluem: Claire Carter, "Prince Charles's School Hit by Claims of Child Sex Abuse", *Daily Mail*, 12 de abril de 2015; Alex Renton, "Rape, Child Abuse, and Prince Charles's Former School", *The Guardian*, 12 de abril de 2015; Magnus Linklater, "Gordonstoun School Asks Former

Pupils If They Were Abused", *The Times*, 24 de junho de 2017; Marc Horn, "Miranda Doyle Tells of 'Abuse' at Gordonstoun", *The Times*, 4 de junho de 2018; Christopher Wilson, "Charles Punched as He Slept, Friends Tortured with Pliers", *Daily Mail*, 1º de fevereiro de 2013; Sarah Lyall, "British Boarding School Walls Hid Abuse", *The New York Times*, 11 de outubro de 2004; A. N. Wilson, "Scarred for Life by the Boarding School Sadists", *Daily Mail*, 16 de maio de 2014; "Prince Charles, Cambridge B.A. (with Honors)", *The New York Times*, 24 de junho de 1970; "Prince Charles at Trinity College, Cambridge University", *Pathé News*, 12 de outubro de 1967; "Prince of Wales Forgets His Lines", *The Times*, 23 de fevereiro de 1970; Zoe Heller, "Where Prince Charles Went Wrong", *The New Yorker*, 10 de abril de 2017; Peter Gordon e Denis Lawton, *Royal Education: Past, Present, and Future* (Londres: Psychology Press, 2003); "Education", Royal Household, site oficial do príncipe de Gales, disponível em: https://www.princeofwales.gov.uk; Tim Heald e Mayor Mohrs, *The Man Who Will Be King* (Nova York: Arbor House, 1979); "Investiture of the Prince of Wales", *British Pathé*, 1º de julho de 1969; "Buckingham Palace Event Marks Prince of Wales's 50 Years", BBC, 5 de março de 2019; "Honours of the Principality of Wales", Royal Household, site oficial do príncipe de Gales; Dermot Morrah, *To Be a King* (Arrow Books, 1969); Leonard Downie Jr., "Lord 'Rab' Butler, Tory Leader, Is Dead", *The Washington Post*, 10 de março de 1982; "The Man Who Will Be King", *Time*, 15 de maio de 1978; Crispin Gill, *The Duchy of Cornwall* (Londres: David and Charles, 1987); site do ducado da Cornualha, disponível em: https://duchyofcornwall.org; *Prince Charles at 50: A Life in Waiting*, Panorama, BBC, 9 de novembro de 1998; Mollie Butler, *August and RAB: A Memoir* (Londres: Robin Clark, 1992); Jonathan Dimbleby, *O príncipe de Gales* (Rio de Janeiro: Best Seller, 1994); "The New Boy at Timbertop", *The Australian Women's Weekly*, 9 de fevereiro de 1966; "Prince Had Happy Time at Timbertop", *The Canberra Times* (Austrália), 31 de janeiro de 1973; Caroline Davies, "I Loved It All, Says Prince on Return to Geelong, the School That Gave Him Hell", *The Daily Telegraph*, 4 de março de 2005; príncipe Charles, "150th Anniversary Dinner of the Royal Institute of British Architects, Hampton Court Palace, London,

May 30, 1984", *Speeches and Articles*, site oficial de Sua Alteza Real, o príncipe de Gales; Katy Winter, "'William and Harry Get Their Moves from Me'", *Daily Mail*, 23 de setembro de 2013; "Royal Residences: Balmoral Castle", site da família real, acessado em 19 de maio de 2019, disponível em: https://www.royal.uk/royal-residences-balmoral-castle; "The Final Interview", *Le Monde*, 27 de agosto de 1997; Stephen Barry, *Royal Service: My Twelve Years as Valet to Prince Charles* (Nova York: Macmillan, 1983); James Hewitt, *Love and War* (Londres: Blake, 1999); Delia Millar, *Queen Victoria's Life in the Scottish Highlands* (Londres: Philip Wilson, 1985); Annick Cojean, "Balmoral: The History of the Scottish Holiday Home to the Royal Family", Balmoral: Scottish Home to the Royal Family, acessado em 20 de maio de 2019, disponível em: www.balmoralcastle.com; Ronald Clark, *Balmoral: Queen Victoria's Highland Home* (Londres: Bloomsbury, 2012); Richenda Miers, *Scotland's Highlands and Islands* (Londres: Cadogan Books, 1994); Sua Alteza Real Príncipe Charles, *The Old Man of Lochnagar* (Londres: Royal Collection Trust, 1980); "Balmoral: Why the Royals Love Spending Time There", *Hello!*, 7 de setembro de 2016; Katie Frost, "Balmoral: Everything You Need to Know About the Queen's Scottish Retreat", *Harper's Bazaar*, 7 de agosto de 2018; Patrick Sawer, "Why the Queen Loves Balmoral", *The Daily Telegraph*, 26 de dezembro de 2015; Philip Ziegler, *Mountbatten* (Londres: Smithmark, 1986); "A Man Should Sow His Wild Oats", correspondência de Mountbatten para Charles, Arquivos Mountbatten, 14 de fevereiro de 1974; "Charles Begins Naval Career, 1971", *Prince of Wales: The Man Who Would Be King*, BBC, 14 de novembro de 2018; Christopher Lydon, "Prince Charles Talks with Nixon for over an Hour", *The New York Times*, 19 de julho de 1970; Christopher Andersen, *George and Laura: Portrait of an American Marriage* (Nova York: William Morrow, 2002); Christopher Ogden, *Legacy: A Biography of Moses and Walter Annenberg* (Nova York: Little, Brown, 1999); Alvin Shuster, "Prince Charles Speaks in Lords", *The New York Times*, 14 de junho de 1974; Anna Quindlen, "Barbra Streisand, Superstar", *New York Post*, 15 de março de 1975; "Prince Charles Reflects on 40 Years of the Prince's Trust", BBC, 15 de abril de 2016, disponível em: www.princes-trust.org.uk; Tom Quinn, "What a

Naughty Girl! Camilla's Great-Granny Alice Keppel Who Famously Seduced Edward VII Also Bedded Men for Money", *Daily Mail*, 9 de setembro de 2016; Christopher Wilson, "Prince Charles and His Relationships", *The Sunday Telegraph*, 10 de novembro de 2013; Annette Witheridge, "I Helped Charles Bed Dozens of Girls", *Sunday Mirror*, 20 de janeiro de 2002; Warren Hoge, "Queen Breaks the Ice: Camilla's out of the Fridge", *The New York Times*, 5 de junho de 2000; Rita Delfiner, "Camilla Finally Comes in from the Cold", *New York Post*, 6 de junho de 2000; Richard Kay, "William Stalked by His Uncle's TV Crew", *Daily Mail*, 27 de setembro de 2001; Bob Colacello, "A Court of His Own", *Vanity Fair*, outubro de 2001; Alan Cowell, "Charles's Leaked Letters Land Him in Hot Water", *The New York Times*, 26 de setembro de 2002; Roxanne Roberts, "Fairy Tale for Grown-Ups: Charles and Camilla Once Upon a Time", *The Washington Post*, 11 de fevereiro de 2005; "A Love Lived in Public and in Private", *The Guardian*, 10 de fevereiro de 2005; Caroline Graham, *Camilla and Charles: The Love Story* (Londres: Blake, 2005); Heather Timmons, "The Once and Future Camilla", *The New York Times*, 3 de abril de 2005; Peter Foster, "Has the Puppet-Master of St. James's Palace Finally Pulled One String Too Many?", *The Daily Telegraph*, 1º de dezembro de 2001; Penny Junor, *The Duchess: The Untold Story* (Londres: William Collins, 2017); Sarah Ferguson, *Finding Sarah: A Duchess's Journey to Find Herself* (Nova York: Atria Books, 2011); P. D. Jephson, *Shadows of a Princess* (Nova York: HarperCollins, 2000); Robert Hardman, "Just (Call Me) William", *The Daily Telegraph*, 9 de junho de 2000; David Leppard e Christopher Morgan, "Police Fears over William's Friends", *The Sunday Times*, 27 de fevereiro de 2000; Reiss Smith, "The Royal House of Windsor: Prince Charles's Girlfriends from Diana's Sister to Camilla", *Daily Express*, 16 de março de 2017; Annette Witheridge, "Exclusive: The Friend Who 'Fixed' Young Prince's Love Life", *Sunday Mirror*, 20 de janeiro de 2002; Vanessa Thorpe, "Secret Life of Royal Guru Revealed", *The Guardian*, 3 de fevereiro de 2001; Christopher Booker, "Small Lies and the Greater Truth", *The Spectator*, 20 de outubro de 2001; Dinitia Smith, "Master Storyteller or Master Deceiver?", *The New York Times*, 3 de agosto de 2002; J. D. F. Jones,

Teller of Many Tales: The Lives of Laurens van der Post (Londres: Carroll & Graf, 2002); "A Prophet Out of Africa", *The Times*, 7 de setembro de 2006; Stephen Cook e Joe Joyce, "IRA Bombs Kill Mountbatten and 17 Soldiers", *The Guardian*, 28 de agosto de 1979; "Britain: A Nation Mourns Its Loss", *Time*, 10 de setembro de 1979; Richard Hough, *Mountbatten: A Biography* (Nova York: Random House, 1981); Timothy Knatchbull, *From a Clear Blue Sky: Surviving the Mountbatten Bomb* (Londres: Hutchinson, 2009); Fred Barbash, "The Case of the Telltale Valet", *The Washington Post*, 17 de janeiro de 1995; "Rejoice! A Prince Is Born!", *Time*, 5 de julho de 1982; "His Name Is Prince William of Wales", *The Times*, 29 de junho de 1982; "They'll Never Call Him Bill", United Press International, 15 de agosto de 1982; Jo Thomas, "The Early Education of a Future King", *The New York Times*, 13 de abril de 1986; Fred Bernstein, "William the Terrible", *People*, 7 de julho de 1986; Wendy Berry, *The Housekeeper's Diary* (Nova York: Barricade Books, 1995); Graham Jones e Jenny Shields, "Champagne Flows and Charles Hits a Polo Hat Trick", *The Daily Telegraph*, 17 de setembro de 1984; Sue Ryan, "Here's Harry!", *The Mail on Sunday*, 14 de outubro de 1984; Tony Frost, "Hello Bright Eyes", *Sunday Mirror*, 14 de outubro de 1984; Nicholas Davies, *William: The Inside Story of the Man Who Will Be King* (Nova York: St. Martin's Press, 1998); "Di's Son Injured", Associated Press, 4 de junho de 1991; Ken Wharfe, com Robert Jobson, *Diana: Closely Guarded Secret* (Londres: Michael O'Mara Books, 2003); Paul Harris e Tom Kelly, "Queen's Fury at 'Squidgygate' Tape", *Daily Mail*, 10 de janeiro de 2008; príncipe Charles, "A speech by HRH the Prince of Wales at the 150th Anniversary of the Royal Institute of British Architects (RIBA), Royal Gala Evening at Hampton Court Palace, May 30 1984", site oficial do príncipe de Gales, disponível em: https://www.princeofwales.gov.uk; Terry Trucco, "2 New Fronts in Charles's Architecture War", *The New York Times*, 9 de setembro de 1989; Stephen Bayley, "I'll Show You a Real Carbuncle, Charles", *The Guardian*, 6 de dezembro de 2008; Sua Alteza Real, o príncipe de Gales, *A Vision of Britain: A Personal View of Architecture* (Nova York: Doubleday, 1989); Sally Bedell Smith, *Diana in Search of Herself* (Nova York: Signet, 2000); Matilda Battersby, "A Day That Shook

The World: Windsor Castle Fire", *The Independent*, 18 de novembro de 2010; Richard W. Stevenson, "Big Fire in Windsor Castle Raises Fear About Artwork", *The New York Times*, 21 de novembro de 1992; "A Speech by the Queen on the Fortieth Anniversary of Her Succession (Annus Horribilis Speech)", 24 de novembro de 1992, site da família real, acessado em 19 de maio de 2019, disponível em: www.royal.uk/annus-horribilis-speech; William E. Schmidt, "Charles and Diana Are Separating 'Amicably'", *The New York Times*, 9 de dezembro de 1992; Paul Harris, "Christmas Sadness", *Daily Mail*, 24 de dezembro de 1992; Oliver Morgan e Alexander Hitchen, "Diana's Chilly Royal Christmas", *Sunday Express*, 28 de novembro de 1993.

CAPÍTULOS 6–8

As informações desses capítulos foram baseadas, em parte, em conversas com Richard Kay, Mark Shand, Martin Bashir, Ezra Zilkha, Richard Greene, Mimi Massy-Birch, Peter Archer, Lord Mishcon, Winston Spencer-Churchill, Alan Hamilton, condessa de Romanones, a falecida Joan Rivers, Hugh Massy-Birch, Guy Pelly, a falecida Lady Elsa Bowker, Grigori Rassinier, Oonagh Toffolo, Emma Sayle, a falecida Lucia Flecha de Lima, Cecile Zilkha, Philip Higgs, Geoffrey Bignell, Aileen Mehle, Muriel Hartwick, Alex Shirley-Smith, Sioned Compton, Robin Leach, Gared Mankowitz, Natalie Symonds e Janet Lizop. Fontes publicadas incluem: "Prince Charles Keeps His Cool Under Fire", *Sun Journal* (Lewiston), 27 de janeiro de 1994; "Student Fires 2 Blanks at Prince Charles", *Los Angeles Times*, 27 de janeiro de 1994; Dickie Arbiter, *On Duty with the Queen: My Time as a Buckingham Palace Press Secretary* (Londres: Blink, 2014); "An Interview with HRH the Princess of Wales", *Panorama*, BBC One, 20 de novembro de 1995; Anna Pasternak, *Princess in Love* (Nova York: Dutton, 1994); Richard Alleyne, "Princess Diana 'Deeply Regretted' *Panorama* Interview", *The Daily Telegraph*, 15 de dezembro de 2007; Rebecca Flood, "'I Understand': Prince William Opens Up over Princess Diana's Bombshell *Panorama* Interview", *Daily Express*, 23 de agosto de 2017; Tony Blair, *Uma jornada* (Rio de Janeiro: Benvirá, 2012); Sean O'Neill, "Lady 'Kanga' Tryon Is Detained Under Mental Health Act", *The Daily Telegraph*, 18 de junho de 1997; Christopher Wilson, "The Lonely Death of Charles's Other Mistress", *Daily Mail*, 10 de outubro de 2008; "Diana: The Man She Really Loved", *Point de Vue, Images du Monde*, 5–11 de novembro de 1997; Kate Snell, *Diana: O último amor de uma princesa* (São Paulo: Prata Editora, 2013); David Ward, "Prince's Pride in His Sons", *The Guardian*, 20 de setembro de 1997; "Royal First as Queen Goes to the Pub", *The Independent*, 28 de março de 1998; Richard Kay e Geoffrey Levy, "A Son to Be Proud Of", *Daily Mail*, 23 de maio de 1998; Warren Hoge, "William, a Shy Conqueror, Pursued by Groupies", *The New York Times*, 22 de junho de 1998; Charles Rae, "Wills and Harry Do Full Monty", *The Sun* (Reino Unido), 1º de agosto de 1998; "Charles's Mistress Joins His Sons for 50th Birthday Party", *Chicago Tribune*, 2 de agosto de 1998; "Charles, A Life in Waiting", *Panorama*, BBC One, 9 de novembro de 1998; Judy Wade, "Marking a Milestone in Charles's and Camilla's Relationship", *Hello!*, 15 de agosto de 1998; Alan Hamilton, "The Pariah Prince Wins Back the Hearts of His Public", *The Times*, 24 de outubro de 1998; Rachel Donnelly, "Charles Tries to Shield Camilla After Her Son Admits Using Cocaine", *The Irish Times*, 20 de maio de 1999; Christopher Mason, "Orchestrating the Camilla Parker Bowles Visit", *The New York Times*, 26 de setembro de 1999; Samuel Maull, "Friend: Astor Disparaged Parker Bowles, Zeta-Jones", Associated Press, 18 de maio de 2009; Melissa Grace e Corky Siemaszko, "Brooke Astor's Prince Charles 'Mistress' Crack to Camilla Parker Bowles in 1999", *New York Daily News*, 19 de maio de 2009; Christopher Andersen, *After Diana* (Nova York: Hyperion, 2007); *Prince Charles at 50: A Life in Waiting*, *Panorama*, BBC; Sally Bedell Smith, *Prince Charles: The Passions and Paradoxes of an Improbable Life* (Nova York: Random House, 2017); Sua Alteza Real, o príncipe de Gales, "Broadcast for BBC Radio 4's 'Thought for the Day'", 1º de janeiro de 2000; *Speeches and Articles*, site oficial do príncipe de Gales, disponível em: https://www.princeofwales.gov.uk; Christopher Morgan e David Leppard, "Party Girl in William's Circle Snorted Cocaine", *The Sunday Times*, 26 de fevereiro de 2000; David Leppard e Christopher Morgan, "Police Fears over William's Friends", *The Sunday Times*, 27 de fevereiro de 2000; Barbara Kantrowitz, "William: The

Making of a Modern King", *Newsweek*, 26 de junho de 2000; Andrew Pierce e Simon de Bruxelles, "Our Mother Was Betrayed", *The Times*, 30 de setembro de 2000; Michelle Tauber, "Speaking His Mind", *People*, 16 de outubro de 2000; Sarah Goodall e Nicholas Monson, *The Palace Diaries: The True Story of Life at the Palace by Prince Charles's Secretary* (Londres: Dynasty Press, 2008); "Diana's Butler Is Charged in Theft of Family Personal Items", Associated Press, 17 de agosto de 2001; Entrevista do conde Spencer a Simon Mayo, "Charles Has Yet to Visit Diana's Grave", *Radio 5 Live*, agosto de 2001; Ben Summerskill, "The Trouble with Harry", *The Observer* (Reino Unido), 13 de janeiro de 2002; Antony Barnett, "Prince Taken to Drink and Drugs Rehab Clinic", *The Observer*, 13 de janeiro de 2002; Warren Hoge, "Charles's Response to Use of Drugs by Son Is Praised", *The New York Times*, 14 de janeiro de 2002; J. F. O. McAllister, "Once upon a Time, There Was a Pot-Smoking Prince", *Time*, 28 de janeiro de 2002; "The Queen Mother Dies Peacefully, Aged 101", *The Guardian*, 30 de março de 2002; "A Tribute by HRH the Prince of Wales Following the Death of Her Late Majesty Queen Elizabeth the Queen Mother on Saturday 30th March 2002, London", 4 de abril de 2002; "Queen's Evidence Clears Butler", *The Guardian*, 1º de novembro de 2002; "Diana Butler Theft Case Thrown Out", CNN, 1º de novembro de 2002; "Chronology of the Queen's Involvement in the Paul Burrell Case", declaração do secretário de imprensa da rainha, Palácio de Buckingham, 14 de novembro de 2002; Paul Henderson, "I Was Raped by Charles's Servant", *The Mail on Sunday*, 10 de novembro de 2002; Warren Hoge, "As Royal Rumors Swirl in Britain, Charles Orders a Palace Inquiry", *The New York Times*, 13 de novembro de 2002; Dominick Dunne, "Diana's Secrets", *Vanity Fair*, janeiro de 2003; Ben Glaze e Nicola Bartlett, "Prince Charles Claimed Fox-Hunting Was 'Romantic' in a 2002 Letter to Tony Blair", *Sunday Mirror*, 8 de outubro de 2017; Caroline Davies, "'Blackadder' Keeps Close Ties to Camilla", *The Daily Telegraph*, 6 de janeiro de 2003; Joan Smith, "Prince Charles: What a Guy! What a Boss! What?", *The Independent*, 12 de março de 2003; Peter Archer, "My Normal Life as a Student Prince: William's 21st Birthday Interview", Press Association, 30 de maio de 2003; Tom Rawstorne,

"William: In His Own Words", *Daily Mail*, 30 de maio de 2003; Matthew Bayley, "William the Young Yob: Charles Forced to Apologize for His Son's Road-Rage", *Daily Mail*, 16 de junho de 2003; "Partying Prince Turns Windsor Wild", BBC News, 22 de junho de 2003; Owen Bowcott e Brian Logan, "Comedy Terrorist Inquiry Exposes Royal Security Farce", *The Guardian*, 14 de agosto de 2003; Christopher Andersen, "The Divided Prince", *Vanity Fair*, setembro de 2003; Peter Archer e Tim Graham, *William* (Nova York: Simon & Schuster, 2003); Richard Kay e Michael Seamark, "Charles on the Rack", *Daily Mail*, 8 de novembro de 2003; John Arlidge, "Why Palace Is Under Siege over Sex Rumor Frenzy", *The Guardian*, 8 de novembro de 2003; Stephen Glove, "The Royals Must Change... or Die", *Daily Mail*, 11 de novembro de 2003; Mary Riddell, "Blackadder Bites Back", *British Journalism Review* 15 (2004); Michael Dynes e Alan Hamilton, "Harry's Sobering Stay in the AIDS Kingdom", *The Times*, 4 de março de 2004; Andrew Pierce, "'I'm Sorry for Wearing Nazi Swastika', Says Prince Harry", *The Times*, 13 de janeiro de 2005; Neil Tweedie e Michael Kallenbach, "Prince Harry Faces Outcry at Nazi Outfit", *The Daily Telegraph*, 14 de janeiro de 2005; Mark Bolland, "Secret Meeting I Hosted for Charles, Camilla, and Peter Mandelson That Cleared the Way for Saturday's Wedding", *London Evening Standard*, 6 de abril de 2005; "After Star-Crossed Romance, Prince Charles Will Get Married", *The New York Times*, 10 de fevereiro de 2005; Josh Tyrangiel, "The Prince Proposes", *Time*, 21 de fevereiro de 2005; Thomas Fields-Mayer e Pam Lambert, "Royal Stepmum", *People*, 28 de fevereiro de 2005; Sholto Byrnes, "Mark Bolland: Marital Aide", *The Independent*, 30 de março de 2005; Patrick Jephson, "Everybody Loves a Royal Wedding... Usually", *The Sunday Telegraph*, 27 de março de 2005; Hamish Bowles, "At Long Last Love", *Vogue*, abril de 2005; Heather Timmons, "The Once and Future Camilla", *The New York Times*, 3 de abril de 2005; Alan Cowell, "Wedding Put Off One Day for Funeral", *The New York Times*, 5 de abril de 2005; Cobertura ao vivo do casamento de Charles e Camilla pelas emissoras BBC, MSNBC, CNN, Fox News (para a qual o autor foi comentarista em tempo real), 9 de abril de 2005; Simon Freeman, "The Royal Wedding Day, Minute by Minute", *The Times*, 9 de abril de

2005; Andrew Alderson, "Husband and Wife — At Last", *The Sunday Telegraph*, 10 de abril de 2005; Jasper Gerard, "Wed at Last After 34 Years", *The Sunday Times*, 10 de abril de 2005; Anne-Marie O'Neill, "Finally, Husband and Wife", *People*, 25 de abril de 2005; Barbara Kantrowitz, "Legal at Last", *Newsweek*, 18 de abril de 2005; Susan Schindehette e Allison Adato, "Princes in Love", *People*, 8 de agosto de 2005; Nicola Methven, "Hypno-Di-Sed: Hewitt Put in a Trance", *Daily Mirror*, 19 de setembro de 2005; Michelle Green, "Is She the One?", *People*, 17 de outubro de 2005; Joyce Wadler e Christopher Mason, "Charles and Camilla in Low-Key U.S. Debut", *The New York Times*, 2 de novembro de 2005; Victoria Warden Washington, "U.S. Media Dubs Camilla 'New York's Frump Tower'", *The Independent*, 3 de novembro de 2005; Caroline Davies, "First Royal Sandringham Christmas for Camilla", *The Daily Telegraph*, 24 de dezembro de 2005; Paul Cheston, "Charles's Dicey Court Drama", *Evening Standard*, 17 de março de 2006; Caroline Davies, "Duchess Gets a Glimpse of Life Behind the Veil in Saudi Arabia", *The Daily Telegraph*, 30 de março de 2006; Robert Jobson, *William's Princess* (Londres: Blake Publishing, 2006); "Key Aides Move to Windsor Ahead of Queen's Retirement", *Evening Standard*, 18 de novembro de 2006; Alex Tresniowski e Ashley Williams, "Will & Kate: The Perfect Match", *People*, 11 de dezembro de 2006; "Prince William Graduates as an Officer", *The Guardian*, 15 de dezembro de 2006; John Elliott, "Charles Plans a Mansion Fit for Lovebirds", *The Sunday Times*, 17 de dezembro de 2006; Christopher Wilson, "Kate, the Coal Miner's Girl", *Daily Mail*, 22 de dezembro de 2006; Deirdre Fernand, "The Girl Who Would Be Queen", *The Sunday Times*, 31 de dezembro de 2006; Sua Alteza Real, o príncipe de Gales com Stephanie Donaldson, *The Elements of Organic Gardening* (Carlsbad: Kales Press, 2007); Kira Cochrane, "In Diana's Footsteps", *The Guardian*, 9 de janeiro de 2007; "Lawyers Planning Test Case to Stop Paparazzi Hounding Kate Middleton", *The Times*, 9 de janeiro de 2007; "*News of the World* Journalist Jailed", Reuters, 26 de janeiro de 2007; Oliver Marre, "Girl, Interrupted", *The Observer*, 18 de março de 2007; Zoe Griffin e Grant Hodgson, "Wills & Kate 2002–2007: The Fairytale's Over", *Sunday Mirror*, 15 de abril de 2007; Laura Collins,

Katie Nicholl e Ian Gallagher, "Kate Was Too Middle Class", *The Mail on Sunday*, 15 de abril de 2007; Rajeev Syal, "Tony Blair: Let Them Be, They Are Young", *The Times*, 16 de abril de 2007; Laura Collins e Louise Hannah, "As Kate Re-Emerges More Tanned and Confident, a New Middleton Girl Takes a Bow", *Daily Mail*, 27 de maio de 2007; Karen Rockett, "It's Back On", *Sunday Mirror*, 24 de junho de 2007; Richard Woods, "Leave Us Alone", *The Sunday Times*, 7 de outubro de 2007; Andrew Alderson, "Prince Eyes Legal Action", *The Sunday Telegraph*, 7 de outubro de 2007; Andrew Alderson, "The Queen and I, by Her Majesty's PA", *The Sunday Telegraph*, 9 de dezembro de 2007; Robert Jobson e Keith Dovkants, "Kate, the 'New Royal,' Gets Her Own Bodyguards", *Evening Standard*, 9 de janeiro de 2008; Andrew Pierce, "Prince's Lawyers Warn Paparazzi Off Stalking Middleton", *The Daily Telegraph*, 23 de fevereiro de 2008; Rebecca English, "William Landed His Air Force Helicopter in Kate's Garden", *Daily Mail*, 21 de abril de 2008; "William and RAF Sorry for Prince's *Five* Chinook Joyrides", BBC News, 23 de abril de 2008; Richard Kay e Geoffrey Levy, "Camilla and the Blonde Private Secretary Who's Paid the Price for Being Too Close to Prince Charles", *Daily Mail*, 13 de junho de 2008; Lucy Cockcroft, "Prince William's Chinook Flight to Stag Party Costs 8,716 Pounds", *The Daily Telegraph*, 30 de junho de 2008; Alan Hamilton, "A Feather in His Cap: Young Prince Is New Recruit to the World's Oldest Order of Chivalry", *The Times*, 17 de junho de 2008; Richard Kay, Geoffrey Levy e Katie Glass, "Wild Side of Kate's Family", *Daily Mail*, 9 de agosto de 2008; Vicky Ward, "Will's Cup of Tea", *Vanity Fair*, novembro de 2008; Geoffrey Levy e Richard Kay, "How Many *More* Skeletons in Kate's Closet?", *Daily Mail*, 22 de julho de 2009; James Whitaker e David Collins, "One's Been Frozen Out: Queen Tells Kate It's Family *Only* at Sandringham This Christmas", *People*, 20 de dezembro de 2009; Liz Hoggard, "Let Them Eat Cake", *Evening Standard*, 18 de fevereiro de 2010; Alex Tresniowski, "A Royal Love", *People*, 3 de maio de 2010; "Duchess of York Scandal", ABC News, 24 de maio de 2010; David Stringer, "Prince William Makes First Royal Rescue for RAF", Associated Press, 5 de outubro de 2010.

CAPÍTULOS 9-10

Para esses capítulos, o autor se baseou em parte em conversas com Lady Margaret Rhodes, condessa Mountbatten, a falecida Joan Rivers, Lord Bathurst, Lady Yolanda Joseph, James Whitaker, Shana Alexander, Tom Sykes, Wendi Rothman, Cecile Thibaud, Mark Shand, Liz Smith, Richard Kay, Wendy Leigh, Elizabeth d'Erlanger, Alex Kidson, Robin Leach, David McGough, Janet Allison, a falecida Lucia Flecha de Lima e John Marion. Fontes impressas e outras mídias incluem a transmissão ao vivo do casamento de William e Kate pelas emissoras BBC, CBS, NBC, ABC, CNN, HLN, Fox News (para a qual o autor foi comentarista em tempo real), 29 de abril de 2011; Sarah Lyall, "A Traditional Royal Wedding, but for the 3 Billion Witnesses", *The New York Times*, 29 de abril de 2011; Victoria Murphy, "You Look Like You Need a Drink", *Daily Mirror*, 20 de fevereiro de 2012; Rachel Cooke, "What the Royals Eat at Home", *The Guardian*, 19 de maio de 2012; "A Speech by HRH the Prince of Wales Paying Tribute to Her Majesty the Queen on Her Diamond Jubilee, Buckingham Palace", 4 de junho de 2012, príncipe de Gales e duquesa da Cornualha, acessado em 20 de maio de 2019, disponível em: www.princeofwales.gov.uk/speech/speech-hrh-Prince-wales-paying-tribute-her-majesty-queen-her-diamond--jubilee-buckingham; Robert Hardman, *Her Majesty: Queen Elizabeth II and Her Court* (Nova York: Pegasus Books, 2012); "Queen Camilla? How Once Sidelined Duchess Is Now Center-Stage... and Could Take Title When Charles Is King", *Daily Mirror*, 6 de junho de 2012; Penny Junor, *The Firm: The Troubled Life of the House of Windsor* (Nova York: Thomas Dunne Books, 2008); Luisa Kroll, "Queen Elizabeth Lives Like a Billionaire but Is Herself Not Quite as Rich", *Forbes*, 7 de junho de 2012; Doug Saunders, "Britain's Crisis of Succession", *The Globe and Mail*, 23 de agosto de 2012; "Prince Harry — Partying Completely Naked in Vegas!", TMZ online, modificado pela última vez em 21 de agosto de 2012, disponível em: www.tmz.com/videos/0_412ff1b5; Rebecca English, "Palace Fury at Harry Naked Photos", *Daily Mail*, 22 de agosto de 2012; Laura Butler, "Not Even the Heir to the Throne Can Protect the Playboy Prince in Fallout over Naked Vegas Pictures", *The Irish Herald*, 23 de agosto de 2012; Andrew

Marr, *A Real Elizabeth* (São Paulo: Editora Europa, 2013); Catherine Mayer, "The Queen's Era Is Drawing to an End as Prince Charles Assumes New Royal Duties", *Time*, 7 de maio de 2013; Robert Booth e Julian Borger, "Christopher Geidt: The Suave, Shrewd and Mysterious Royal Insider", *The Guardian*, 31 de maio de 2013; Alice Philipson, "Queen and Prince Charles Using Power of Veto over New Laws, Whitehall Documents Reveal", *The Daily Telegraph*, 15 de janeiro de 2013; Robert Booth, "Secret Papers Show Extent of Senior Royals' Veto Over Bills", *The Guardian*, 14 de janeiro de 2013; Paul Owen et al., "Royal Baby: Duchess of Cambridge Gives Birth to a Boy — As It Happened", *The Guardian*, 22 de julho de 2013; Gordon Rayner e Victoria Ward, "The Middletons Have Become the Future King's First Visitors", *The Daily Telegraph*, 23 de julho de 2013; "Royal Baby: Kate and William Visited by Prince Charles", BBC News, 23 de julho de 2013; "The Christening of Prince George of Cambridge", News and Diary, príncipe de Gales e duquesa da Cornualha, 27 de setembro de 2013, acessado em 20 de maio de 2019, disponível em: https://www.princeofwales.gov.uk.; Christopher Andersen, *William and Kate and Baby George: Royal Baby Edition* (Nova York: Gallery Books, 2013); Jessica Derschowitz, "Prince Charles 'Overjoyed' at Being a Grandfather", CBS News, 22 de julho de 2013; Richard Palmer, "It's Fun to Be a Grandfather, Says Prince Charles", *Daily Express*, 26 de julho de 2013; "Prince George Makes Friends on Royal Tour of New Zealand", Reuters, 9 de abril de 2014; Nicholas Witchell, "Royal Tour: Prince George Steals the Show as Support for Monarchy Rises", BBC News, 25 de abril de 2014; Catherine Mayer, *Charles: The Heart of a King* (Londres: W. H. Allen, 2015); Ingrid Seward, "Duchess of Dazzle: How Camilla Amassed a Treasure Trove of Jewels, Thanks to Charles and the Saudis", *Daily Mail*, 21 de fevereiro de 2015; Emma Green, "Why It's Now Easier for a Princess to Become Queen", *The Atlantic*, 2 de maio de 2015; "Royal Baby: London Gun Salutes Mark Birth of Princess", BBC News, 4 de maio de 2015; "Royal Princess Named Charlotte Elizabeth Diana", BBC News, 4 de maio de 2015; Tom Sykes, "William and Kate Should Stop Hiding Prince George and Princess Charlotte Away", *The Daily Beast*, modificado pela última vez em 11 de outubro de 2015; Vanessa

Friedman, "The Duchess of Cambridge and Sartorial Diplomacy", *The New York Times*, 21 de outubro de 2015; Minyvonne Burke, "Prince William Reveals Christmas Plans for Prince George, Princess Charlotte", *International Business Times*, 6 de dezembro de 2015; Antony Barnett, "The Prince of Property and His 460 Million Pound Business Empire", *The Guardian*, 29 de janeiro de 2005; Anna Pukas, "Revealed: Positive Impact of Camilla on Prince Charles After a Decade of Marriage", *Daily Express*, 8 de abril de 2015; Penny Junor, "Camilla Has Won Us Over and Deserves to Become Queen", *The Daily Telegraph*, 8 de abril de 2015; James Tapper, "Prince George Makes First Appearance on Buckingham Palace Balcony", *The Guardian*, 13 de junho de 2015; Maria Puente, "Prince George Makes Palace Balcony Debut", *USA Today*, 13 de junho de 2015; Chris Pleasance, "All Eyes on Gorgeous George!", *Daily Mail*, 13 de junho de 2015; Angela Levin, "Will Charles Risk Making Camilla, Duchess of Cornwall, His Queen?", *Newsweek*, 9 de dezembro de 2015; *Elizabeth at 90: A Family Tribute*, narrado por Sua Alteza Real, o príncipe de Gales, BBC One, 20 de abril de 2016; Erik Sherman, "Queen Elizabeth: A Look at 90 Years of Vast Wealth and Perks", *Fortune*, 21 de abril de 2016; Peter Hunt, "Queen Lobbies for Prince Charles to Be Commonwealth Head", BBC News, 10 de outubro de 2016; Hannah Furness, "Prince Harry Rumored to Be Dating American Actress Meghan Markle", *The Daily Telegraph*, 31 de outubro de 2016; Robert Booth e Lisa O'Carroll, "Prince Harry Attacks Press over 'Wave of Abuse' of Girlfriend Meghan Markle", *The Guardian*, 8 de novembro de 2016; Siobhan Fenton, "Donald Trump and Prince Charles in Diplomacy Row over Climate Change Ahead of President's First UK Visit", *The Independent*, 29 de janeiro de 2017; Katie Mettler, "'All of This Grief': Prince Harry Opens Up About His Mental Health", *The Washington Post*, 17 de abril de 2017; Angela Levin, "Exclusive: Prince Harry on Chaos After Diana's Death and Why the World Needs 'the Magic' of the Royal Family", *Newsweek*, 21 de junho de 2017; Graham Norwood, "Poundbury: A Look at Prince Charles' Sustainable Village in Dorset, on Its 30th Birthday", *The Daily Telegraph*, 26 de abril de 2017; Fleur Netley, "Meghan Markle's Pre-Prince Dating History", *Marie Claire*, 29 de setembro de 2017; Elise Taylor,

"Prince Harry and Meghan Markle's Love Story: A Timeline", *Vogue*, 27 de novembro de 2017; "Harry and Meghan: How the Prince Proposed", entrevista conjunta a BBC News Joint Interview, 27 de novembro de 2017; "Leaders Approve Prince Charles to Succeed Queen as Commonwealth Head", Reuters, 20 de abril de 2018; Karla Adam, "Commonwealth Backs Prince Charles as Its Next Leader", *The Washington Post*, 20 de abril de 2018; Hannah Furness, "Prince Charles 'Deeply Touched' to Be Confirmed as Queen's Head of the Commonwealth Successor", *The Daily Telegraph*, 20 de abril de 2018; "Financial Statements of the Duchy of Cornwall, 2012–2018", site do ducado da Cornualha, acessado em 20 de maio de 2019, disponível em: https://duchyofcornwall.org/financial; Margo Jefferson, "No Cinderella: Margo Jefferson on the Real Meghan Markle", *The Guardian*, 5 de maio de 2018; Jane Onyanga-Omara e Maria Puente, "Meghan Markle Says Her Father Won't Attend Her Wedding to Prince Harry", *USA Today*, 17 de maio de 2018; Cobertura ao vivo do casamento de Harry e Meghan Markle pelas emissoras BBC, CBS, NBC, ABC, CNN, Fox News e outros importantes veículos de mídia, 19 de maio de 2018; "Royal Wedding 2018: Who Is Meghan Markle?", BBC News, 18 de maio de 2018; Doreen St. Felix, "The Profound Presence of Doria Ragland", *The New Yorker*, 21 de maio de 2018; Paul Withers, "Meghan Markle Urged to 'Do the Right Thing' and Fly Father to London in Wake of Royal Wedding", *Daily Express*, 22 de maio de 2018; Joy Basu, "Charles' Budding Bond with Meghan's Mum Doria", *The Daily Star* (Reino Unido), 23 de maio de 2018; Carolyn Durand, "Prince Harry Makes Emotional, 'Private Visit' to Sentebale Charity in Lesotho", ABC News, 24 de junho de 2018; Tim Shipman e Roya Nikkhah, "Royal Family 'Snub' Donald Trump During UK Visit", *The Sunday Times*, 15 de julho de 2018; Caroline Hallemann, "Prince Charles and Prince William Reportedly Refused to Meet with Donald Trump", *Town & Country*, 16 de julho de 2018; Aine Cain, "What Is Prince Charles Worth?", *Business Insider*, modificado pela última vez em 22 de agosto de 2018; Alix Langone e Jennifer Calfas, "All the Members of the Royal Family, Ranked by Net Worth", *Money*, 14 de maio de 2018; Jessica Contrera, "The Making of Meghan Markle", *The Washington Post*,

16 de maio de 2018; Rob Picheta, "Prince William Launches Mental Health Website", CNN, 11 de setembro de 2018; Robert Hardman, "Charles on His Fears for George's World", *Daily Mail*, 2 de novembro de 2018; Abbie Llewelyn, "Peas in a Pod: Meghan Markle and Prince Charles Bonded over Their Dysfunctional Families", *The Express*, 4 de novembro de 2018; "The Man Who Would Be King, Eventually: Prince Charles Turns 70", Reuters, 5 de novembro de 2018; Meaghan Wray, "Prince Harry Reveals Prince Charles's Excited Reaction to Walking Meghan Down the Aisle", *Hello!*, 8 de novembro de 2018; Cecelia Rodriguez, "At 70, Is Prince Charles Ready to be King?", *Forbes*, 14 de novembro de 2018; "The Queen Gives a Toast at The Prince of Wales' 70th Birthday Party", site oficial do Palácio de Buckingham, 14 de novembro de 2018; Rebecca Mead, "A Birthday Celebration for Prince Charles Amid the Chaos of BREXIT", *The New Yorker*, 19 de novembro de 2018; Vanessa Grigoriadis, "Inside the Meghan Markle Family Breakdown", *Vanity Fair*, 19 de dezembro de 2018; "'Fab Four' Prince William, Prince Harry, Duchess Kate and Duchess Meghan Join Queen Elizabeth to Celebrate Prince Charles' Anniversary", ABC News, 5 de março de 2019; "Prince Charles Cuddles with Grandson Prince Louis", NBC News, 19 de novembro de 2018; Katie Kindelan, "Will Prince Charles Ever Be Crowned King?", *The Week*, 6 de março de 2019; Robert Booth, "What Kind of King Will Charles III Be?", *The Guardian*, 19 de novembro de 2014.

BIBLIOGRAFIA

Allison, Ronald e Riddell, Sarah (orgs.). *The Royal Encyclopedia*. Londres: Macmillan, 1991.
Andersen, Christopher. *After Diana: William, Harry, Charles and the Royal House of Windsor*. Nova York: Hyperion, 2007.
_____. *The Day Diana Died*. Nova York: William Morrow, 1998.
_____. *The Day John Died*. Nova York: William Morrow, 2000.
_____. *Diana's Boys*. Nova York: William Morrow, 2001.
_____. *Game of Crowns: Elizabeth, Camilla, Kate, and the Throne*. Nova York: Gallery Books, 2016.
_____. *William and Kate: Royal Baby Edition*. Nova York: Gallery Books, 2013.
_____. *William and Kate: A Royal Love Story*. Nova York: Gallery Books, 2011.
_____. *William and Kate: Special Wedding Edition*. Nova York: Gallery Books, 2011.
Arbiter, Dickie. *On Duty with the Queen: My Time as a Buckingham Palace Press Secretary*. Londres: Blink, 2014.
Aronson, Theo. *Royal Family: Years of Transition*. Londres: Thistle, 2014.
Barry, Stephen P. *Royal Service: My Twelve Years as Valet to Prince Charles*. Nova York: Macmillan, 1983.
Beaton, Cecil. *Beaton in the Sixties: More Unexpurgated Diaries*. Londres: Weidenfeld & Nicolson, 2003.

Berry, Wendy. *The Housekeeper's Diary*. Nova York: Barricade Books, 1995.
Blair, Tony. *Uma jornada*. Rio de Janeiro: Benvirá, 2012.
Boca, Geoffrey. *Elizabeth and Philip*. Nova York: Henry Holt, 1953.
Botham, Noel. *The Murder of Princess Diana*. Nova York: Pinnacle Books, 2004.
Bradford, Sarah. *Diana*. Nova York: Viking, 2006.
_____. *Elizabeth*. Nova York: Riverhead Books, 1996.
Brander, Michael. *The Making of the Highlands*. Londres: Constable, 1980.
Bryan III, J., e Charles, J. V. Murphy. *The Windsor Story*. Nova York: William Morrow, 1979.
Burrell, Paul. *A Royal Duty*. Nova York: New American Library, 2004.
_____. *The Way We Were: Remembering Diana*. Nova York: William Morrow, 2006.
Campbell, Lady Colin. *Diana in Private*. Londres: Smith Gryphon, 1993.
Cannadine, David. *The Decline and Fall of the British Aristocracy*. New Haven: Yale University Press, 1990.
Cannon, John e Griffiths, Ralph. *The Oxford Illustrated History of the British Monarchy*. Oxford e Nova York: Oxford University Press, 1992.
Cathcart, Helen. *The Queen and Prince Philip: Forty Years of Happiness*. Londres: Hodder and Stoughton, 1987.
_____. *The Queen Herself*. Londres: W. H. Allen, 1983.
Clarke, Mary. *Diana Once Upon a Time*. Londres: Sidgwick & Jackson, 1994.
Clifford, Max e Levin, Angela. *Max Clifford: Read All About It*. Londres: Virgin, 2005.
Davies, Nicholas. *Diana: The Lonely Princess*. Nova York: Birch Lane, 1996.
_____. *Queen Elizabeth II*. Nova York: Carol, 1996.
_____. *William: The Inside Story of the Man Who Will Be King*. Nova York: St. Martin's Press, 1998.
Delderfield, Eric R. *Kings and Queen of England and Great Britain*. Londres: David & Charles, 1990.
Delorm, Rene. *Diana and Dodi: A Love Story*. Los Angeles: Tallfellow Press, 1998.

Dempster, Nigel e Evans, Peter. *Behind Palace Doors*. Nova York: Putnam, 1993.

Dimbleby, Jonathan. *O príncipe de Gales*. Rio de Janeiro: BestSeller, 1994.

Dolby, Karen. *The Wicked Wit of Queen Elizabeth II*. Londres: Michael O'Mara Books, 2015.

Edwards, Anne. *Diana and the Rise of the House of Spencer*. Londres: Hodder and Stoughton, 1999.

Ferguson, Ronald. *The Galloping Major: My Life and Singular Times*. Londres: Macmillan, 1994.

Fisher, Graham e Heather. *Elizabeth: Queen & Mother*. Nova York: Hawthorn Books, 1964.

Foreman, J. B. (org.). *Scotland's Splendour*. Glasgow: William Collins Sons, 1961.

Fox, Mary Virginia. *Princess Diana*. Hillside: Enslow, 1986.

Goldsmith, Lady Annabel. *Annabel: An Unconventional Life*. Londres: Phoenix, 2004.

Goodall, Sarah e Monson, Nicholas. *The Palace Diaries: A Story Inspired by Twelve Years of Life Behind Palace Gates*. Londres: Mainstream, 2006.

Graham, Caroline. *Camilla: A amante do rei*. São Paulo: Editora Talento, 1994.

_____. *Camilla and Charles: The Love Story*. Londres: John Blake, 2005.

Graham, Tim. *Diana: HRH the Princess of Wales*. Nova York: Summit, 1988.

_____. *The Royal Year 1993*. Londres: Michael O'Mara, 1993.

Gregory, Martyn. *The Diana Conspiracy Exposed*. Londres: Virgin, 1999.

Hardman, Robert. *Her Majesty: Queen Elizabeth II and Her Court*. Nova York: Pegasus Books, 2012.

Hewitt, James. *Love and War*. Londres: John Blake, 1999.

Hill, Duncan, Alison Guantlett, Sarah Rickayzen e Gareth Thomas. *The Royal Family: A Year by Year Chronicle of the House of Windsor*. Londres: Parragon, 2012.

Hoey, Brian. *All the King's Men*. Londres: HarperCollins, 1992.

Holden, Anthony. *Charles*. Londres: Weidenfeld and Nicolson, 1988.

_____. *The Tarnished Crown*. Nova York: Random House, 1993.

Hough, Richard. *Born Royal: The Lives and Loves of the Young Windsors*. Nova York: Bantam, 1988.
Hutchins, Chris e Thompson, Peter. *Sarah's Story: The Duchess Who Defied the Royal House of Windsor*. Londres: Smith Gryphon, 1992.
Jephson, P. D. *Shadows of a Princess*. Nova York: HarperCollins, 2000.
Jobson, Robert. *Harry's War*. Londres: John Blake, 2008.
_____. *The New Royal Family: Prince George, William and Kate, the Next Generation*. Londres: John Blake, 2013.
_____. *William's Princess: The Love Story That Will Change the Royal Family Forever*. Londres: John Blake, 2006.
Joseph, Claudia. *Kate: Nasce uma princesa*. Rio de Janeiro: BestSeller, 2011.
Junor, Penny. *Charles*. Nova York: St. Martin's Press, 1987.
_____. *Prince William: The Man Who Will Be King*. Nova York: Pegasus Books, 2012.
_____. *The Firm*. Nova York: Thomas Dunne Books, 2005.
Knatchbull, Timothy. *From a Clear Blue Sky: Surviving the Mountbatten Bomb*. Londres: Hutchinson, 2009.
Lacey, Robert. *Majesty*. Nova York: Harcourt Brace Jovanovich, 1977.
_____. *Queen Mother*. Boston: Little, Brown, 1986.
Lathan, Caroline e Sakol, Jeannie. *The Royals*. Nova York: Congdon & Weed, 1987.
Lloyd, Ian. *William & Catherine's New Royal Family: Celebrating the Arrival of Princess Charlotte*. Londres: Carlton Books, 2015.
Lord Stevens de Kirkwhelpington. *The Operation Paget Inquiry Report into the Allegation of Conspiracy to Murder Diana, Princess of Wales, and Emad El-Din Mohamed Abdel Moneim Fayed*. Londres, 14 de dezembro de 2006.
Lorimer, David. *Radical Prince*. Edimburgo: Floris Books, 2003.
Maclean, Veronica. *Crowned Heads*. Londres: Hodder & Stoughton, 1993.
Marr, Andrew. *A Real Elizabeth: Uma visão inteligente e intimista do papel de uma monarca em pleno século XXI*. São Paulo: Editora Europa, 2013.
Martin, Ralph G. *Charles & Diana*. Nova York: Putnam, 1985.
Mayer, Catherine. *Born to Be King: Prince Charles on Planet Windsor*. Nova York: Henry Holt, 2015.

_____. *Charles: The Heart of a King*. Londres: W. H. Allen, 2015.
Montgomery-Massingberd, Hugh. *Burke's Guide to the British Monarchy*. Londres: Burke's Peerage, 1977.
Morrah, Dermot. *To Be a King: A Privileged Account of the Early Life and Education of H.R.H. the Prince of Wales, Written with the Approval of H.M. the Queen*. Londres: Hutchinson, 1968.
Morrow, Ann. *The Queen*. Londres: Granada, 1983.
Morton, Andrew. *Diana: In Pursuit of Love*. Londres: Michael O'Mara, 2004.
_____. *Diana: Sua verdadeira história*. Rio de Janeiro: Best Seller, 1997.
_____. *Inside Buckingham Palace*. Londres: Michael O'Mara, 1991.
Pasternak, Anna. *Princess in Love*. Londres: Bloomsbury, 1994.
Pimlott, Ben. *The Queen: A Biography of Elizabeth II*. Nova York: John Wiley & Sons, 1996.
Reese-Jones, Trevor e Johnston, Moira. *The Bodyguard's Story*. Nova York: Warner Books, 2000.
Rhodes, Margaret. *The Final Curtsey*. Londres: Umbria, 2011.
Sancton, Thomas e Macleod, Scott. *Death of a Princess: The Investigation*. Nova York: St. Martin's Press, 1998.
Sarah, duquesa de York, e Coplon, Jeff. *My Story*. Nova York: Simon & Schuster, 1996.
Seward, Ingrid. *The Queen and Di*. Nova York: HarperCollins, 2000.
_____. *William & Harry: The People's Princes*. Londres: Carlton Books, 2009.
Simmons, Simone e Hill, Susan. *Diana: The Secret Years*. Londres: Michael O'Mara, 1998.
_____. *The Last Word*. Nova York: St. Martin's Press, 2005.
Smith, Sally Bedell. *Diana in Search of Herself*. Nova York: Times Books, 1999.
_____. *Elizabeth the Queen: The Life of a Modern Monarch*. Nova York: Random House, 2012.
_____. *Prince Charles: The Passions and Paradoxes of an Improbable Life*. Nova York: Random House, 2017.

Snell, Kate. *Diana: O último amor de uma princesa.* São Paulo: Prata Editora, 2013.

Spencer, Charles. *The Spencers: A Personal History of an English Family.* Nova York: St. Martin's Press, 2000.

Spoto, Donald. *Diana: The Last Year.* Nova York: Harmony Books, 1997.

_____. *The Decline and Fall of the House of Windsor.* Nova York: Simon & Schuster, 1995.

SAR, a princesa real, Anne, com Herbert, Ivor. *Riding Through My Life.* Londres: Pelham, 1991.

SAR, o príncipe de Gales. *A Vision of Britain: A Personal View of Architecture.* Londres: Doubleday, 1989.

_____. *Watercolours.* Londres: Little, Brown (UK), 1991.

SAR, o príncipe de Gales, e Clover, Charles. *Highgrove: Portrait of an Estate.* Londres: Chapmans, 1993.

SAR, o príncipe de Gales, Juniper, Tony e Skelly, Ian. *Harmony: A New Way of Looking at Our World.* Nova York: HarperCollins, 2010.

SAR, o príncipe de Gales, e Green, Candida Lycett. *The Garden at Highgrove.* Londres: Weidenfeld & Nicholson, 2000.

Thornton, Michael. *Royal Feud.* Londres: Michael Joseph, 1985.

Thornton, Penny. *With Love from Diana.* Nova York: Pocket Books, 1995.

Vickers, Hugo. *Alice: Princess Andrew of Greece.* Nova York: St. Martin's, 2002.

_____. *Elizabeth the Queen Mother.* Londres: Arrow, 2006.

Wade, Judy. *The Truth: The Friends of Diana, Princess of Wales, Tell Their Stories.* Londres: John Blake, 2001.

Warwick, Christopher. *Princess Margaret: A Life of Contrasts.* Londres: Andre Deutsch, 2000.

Wharfe, Ken e Jobson, Robert. *Diana: Closely Guarded Secret.* Londres: Michael O'Mara Books, 2003.

Whitaker, James. *Diana v. Charles.* Londres: Signet, 1993.

Wilson, Christopher. *A Greater Love: Prince Charles's Twenty-Year Affair with Camilla Parker Bowles.* Nova York: William Morrow, 1994.

_____. *The Windsor Knot*. Nova York: Citadel Press, 2002.

York, Rosemary (org.) *Charles in His Own Words*. Londres: W. H. Allen, 1981.

Ziegler, Philip. *Queen Elizabeth II*. Londres: Thames & Hudson, 2010.

Este livro foi composto na tipografia Adobe
Garamond Pro, em corpo 11,5/15,5, e impresso
em papel off-white no Sistema Cameron da
Divisão Gráfica da Distribuidora Record.